U0960069

权威·前沿·原创

皮书系列为
“十二五”“十三五”国家重点图书出版规划项目

马来西亚蓝皮书

BLUE BOOK OF MALAYSIA

马来西亚发展报告（2020）

ANNUAL REPORT ON DEVELOPMENT OF MALAYSIA (2020)

北京外国语大学亚洲学院
北京外国语大学中国马来研究中心
北京大学东盟国家研究中心
主　编／苏莹莹　翟　崑
副主编／宋清润　傅聪聪

社会科学文献出版社
SOCIAL SCIENCES ACADEMIC PRESS（CHINA）

图书在版编目(CIP)数据

马来西亚发展报告. 2020 / 苏莹莹，翟崑主编. --
北京：社会科学文献出版社，2020.12
（马来西亚蓝皮书）
ISBN 978-7-5201-7630-9

Ⅰ.①马… Ⅱ.①苏… ②翟… Ⅲ.①马来西亚-研
究报告-2020 Ⅳ.①D733.8

中国版本图书馆 CIP 数据核字（2020）第 229215 号

马来西亚蓝皮书
马来西亚发展报告（2020）

主　　编 / 苏莹莹　翟　崑
副 主 编 / 宋清润　傅聪聪

出 版 人 / 王利民
组稿编辑 / 张晓莉
责任编辑 / 叶　娟

出　　版 / 社会科学文献出版社·国别区域分社（010）59367078
　　　　　地址：北京市北三环中路甲 29 号院华龙大厦　邮编：100029
　　　　　网址：www.ssap.com.cn
发　　行 / 市场营销中心（010）59367081　59367083
印　　装 / 天津千鹤文化传播有限公司

规　　格 / 开 本：787mm × 1092mm　1/16
　　　　　印 张：25.25　字 数：377 千字
版　　次 / 2020 年 12 月第 1 版　2020 年 12 月第 1 次印刷
书　　号 / ISBN 978-7-5201-7630-9
定　　价 / 198.00 元

北京外国语大学区域与全球治理高等研究院
“区域和国别研究蓝皮书系列”

马来西亚蓝皮书编委会

主要编撰者简介

苏莹莹　北京外国语大学亚洲学院院长，马来语专业教授。主要研究领域为马来语言文学、南海问题、东南亚社会文化、非通用语种专业人才培养。中国高校马来语专业发展委员会首任主席。出版《马来西亚南海政策研究》（专著）、《20世纪中国古代文化经典在东南亚的传播编年》（主编），以及教材6部、专业辞书5部，发表学术论文近40篇，主持或参与国家级和省部级科研课题6项。

翟　崑　北京大学国际关系学院国际政治系教授、博士生导师；北京大学区域与国别研究院副院长、全球互联互通研究中心主任。主要研究领域有东南亚、亚太问题，世界政治和国际战略问题，以及中国的国际化战略、“一带一路”等。曾任中国现代国际关系研究院世界政治研究所所长（2011～2014）、南亚东南亚及大洋洲研究所所长（2008～2011），研究员。长期从事全球、周边地区及国别（尤其是东南亚和大洋洲地区）的综合研究和科研管理。为东盟地区论坛（ARF）中方专家名人、中国东南亚研究会副会长、中国外交学会理事，以及泛北部湾经济合作中方专家组成员、中国－东盟博览会高级顾问。

摘　要

2019 年是马来西亚历史上又一个重要的年份。在这一年里，马来西亚的政治、经济、外交、国防都发生了新的变化。马哈蒂尔领导的希望联盟政府执政满一周年。但希望联盟内讧加剧，民众对政府的不满和批评增加，马哈蒂尔与人民公正党主席安瓦尔的关系也日益微妙，这些矛盾和斗争最终以马哈蒂尔在 2020 年 2 月的辞职下台而告终。由于忙于权力斗争，过去一年里，马来西亚的经济不见起色，经济增速放缓，外贸、外资表现平平，未达到预期目标。加上新冠肺炎疫情影响，经济下行压力不断增大。尽管如此，马哈蒂尔政府在年内推出了“外交政策框架”和《国防白皮书》两份重要的指导性文件，欲在外交和国防领域积极作为，以发挥马来西亚作为区域大国的作用。

2019 年也是中马建交 45 周年。45 年前的 5 月 31 日，中马在美苏对抗的冷战背景下建交。在过去的 45 年里，中马两国虽然经历了风风雨雨，但双边关系始终稳定向前。尤其是在 2018 年 5 月，马来西亚政权更迭后，中马关系在波动中实现了稳步发展，双方在政治、经济、安全、社会、文化等各领域的合作继续加强。如今，中国与马来西亚已互为重要贸易伙伴，马来西亚成为中国“一带一路”投资的重点伙伴国家，中马全面战略伙伴关系成为中国与周边国家关系的典范。不过，随着马来西亚政权的再次更迭以及新冠肺炎疫情的持续蔓延，中马关系又将迎来新的机遇和挑战。

本报告以马来西亚的政治、经济、外交、安全、社会、文化及中马关系为研究重点，以总报告、分报告、专题报告、中马关系研究等形式全景展现 2019 年以来，马来西亚政治、经济、外交、安全、社会、文化以及中马关系等各领域形势的最新变化，并对未来局势发展做出预测和分析，为中国的外交决策提供参考。其中，总报告突出马来西亚局势的年度特征；分报告重点介绍马来西亚政治、经济、外交的新变化和首份《国防白皮书》；专题报告则选取2019年马来西亚的热点和前沿问题，比如洋垃圾问题、马来西亚报业和教育的发展情况、中马在东盟东部增长区的合作、国内外学者关于马来西亚的研究现状等。附录部分为2019年大事记。

关键词： 马来西亚 政治形势 经济形势 中马关系

前 言

马来西亚蓝皮书由北京外国语大学区域与全球治理高等研究院、亚洲学院、中国马来研究中心牵头，联合北京大学东盟国家研究中心，组织国内外知名专家学者撰写，2019 年底发布了第一本马来西亚蓝皮书——《马来西亚发展报告（2019）》。在此基础上，承蒙中马两国学者的支持与厚爱，我们再接再厉，组织撰写《马来西亚发展报告（2020）》。希望通过这部年度蓝皮书的发布，加深国内读者对马来西亚当前局势和对中马关系的了解。

中国和马来西亚有着 2000 多年源远流长的交往历史。两国同处于当今世界经济发展最为活跃的东亚地区。1974 年 5 月 31 日中马建交，马来西亚成为东盟创始成员国中第一个与中国建交的国家。中马关系自 20 世纪 90 年代开始进入积极开拓的阶段。近年来，高层互访频繁，民间互动积极，各领域务实合作全面推进，发展势头良好。两国在金融和大项目方面以及在人文交流领域的合作成果突出，持续提升的中马经贸关系与稳步发展的政治外交关系相得益彰，在近年显示出积极的发展态势。

2013 年 10 月，习近平主席上任后首访东南亚，马来西亚成为他的两个访问国之一，显示了中国新一届政府对马来西亚以及中马关系的高度重视。习主席在此次访问中对中马关系下了这样的定义——“中国和马来西亚是谈得来、信得过、靠得住的好朋友”，并评价马来西亚是中国“隔海相望的邻居、真心相待的朋友、互利合作的伙伴”。两国领导人一致决定，在新形势下将中马关系提升为全面战略伙伴关系。也是在 2013 年，中国提出了“一带一路”倡议，命运共同体意识在许多沿线国家落地生根。马来西亚政府及商界对“一带一路”倡议，尤其是“21 世纪海上丝绸之路”的建设规划持积极欢迎的态度。此外，中国于同年提出了筹建亚投行的倡议，马来西亚亦积极响应，成为50多个成员国中首批签约的创始成员国之一。

近两年，中马关系的发展面临较多的波折与挑战。2018年5月，马哈蒂尔领导的希盟政府上台执政，受前任政府贪腐问题所累，中国在马的一些大型投资项目的部分合作内容及具体条款被修订与调整。但希盟政府相信中国的繁荣和发展将对该国及地区产生多层次的积极影响；而中国也真心实意地希望与马来西亚加深在各领域的互利合作，并一道推动中国—东盟关系的巩固与加强。两国的政治互信及良性互动也得到了较好的维护。

希盟政府执政的1年9个月是马哈蒂尔执政2.0时代，这位东南亚政治强人的鲜明风格体现在马来西亚发展的各个方面。2018年9月28日，马哈蒂尔在第73届联合国大会上发表讲话。他说："马来西亚人希望有一个秉持公平、良政、诚信和法治精神的新马来西亚；一个保持中立和不结盟的马来西亚；一个憎恨战争和暴力的马来西亚。他们希望马来西亚成为所有国家的朋友，而不是所有国家的敌人。他们还希望马来西亚能够直言不讳地说出对与错，既不畏惧也不偏袒。人民希望建设一个基于相互尊重、互惠互利精神与各国进行合作的新马来西亚。"这一发言体现了马来西亚在新的历史发展时期对自身定位的思考。

2019年马来西亚有许多新的重大举措。9月和12月，希盟政府相继发布了《新马来西亚外交政策框架：延续中的变革》和主题为"和平、自主、繁荣的马来西亚"的《国防白皮书》。前者致力于将马来西亚打造成一个进步、开明、包容的伊斯兰国家；后者立足于对今后十年（2020～2030年）充满不确定性的区域局势以及全球局势的预判而制定了国防长期战略，系该国历史上第一份正式发布的国防白皮书。

2019年在中马关系历史上也是非常重要的一年。两国间的一些大型合作项目，在经过最初的波折之后顺利重启。中马贸易总额在2019年达到3151.9亿林吉特，占该年马来西亚贸易总额的17.2%，中国仍是马来西亚的最大进口来源地，并取代新加坡自2012年以来保持的马来西亚最大出口目的地的地位。中国连续11年保持了马来西亚最大贸易伙伴的地位。

2019年恰值中马建交45周年。4月25～27日，第二届"一带一路"国际合作高峰论坛在北京举行，马哈蒂尔总理应邀出席。这是马哈蒂尔自2018年5月就任总理以来第二次访华，也是他本人的第九次访华。马哈蒂尔此行成果丰硕：中国将在2019~2023年5年内，向马来西亚购买总价值约74亿元人民币的棕榈油；中国交通建设集团有限公司与马来西亚投资促进局签署了关于加强东海岸铁路产业园、基础设施、物流中心以及沿线开发合作的谅解备忘录。马哈蒂尔总理一行还参观了华为的研发中心以及中国人工智能公司，显示了希盟政府对中国各领域发展的高度重视以及加强中马合作的友善态度。

然而在2020年2月底3月初，马来西亚政坛风云突变，马哈蒂尔总理于2月24日闪电辞职，希盟政府正式瓦解。短短一周之后，丹斯里·穆希丁·亚辛于3月1日在国家王宫宣布就职，成为该国第八任总理，组织了国民联盟政府（Perikatan Nasional），并于3月9日完成了组阁。马来西亚快速进入“后马哈蒂尔时代”。尽管马来西亚的政治变局颇为出人意料，新上台的穆希丁政府也还需在一段时期内将应对新冠肺炎疫情、稳定政局、安抚民心作为主要任务。但中马两国在应对疫情中所表现出的“遇山一起爬，遇沟一起跨”（Bukit sama didaki，lurah sama dituruni）的同舟共济精神以及“投我以木桃，报之以琼瑶”（Orang berbudi kita berbahasa，orang memberi kita bcrasa）的美好情谊，充分体现了中马传统友谊的深厚积淀。可以说，在传统友谊的基础上发展起来的中马关系大局稳定向好，互信共存、互利共赢的理念在两国从官方到民间都达成了共识，两国的合作空间必将不断拓宽。

当前，中马关系站在了新的历史起点上。两国都处在发展的战略关键期，合作前景广阔。中国高度重视中马关系，希望双方以共建“人类命运共同体”为导向，以合作开展“一带一路”项目为契机，加强发展战略对接，为中马全面战略伙伴关系注入新内涵，为地区发展增添新助力，为中马关系开创美好未来。这迫切需要国内加快相关研究产出，为两国加强战略协作提供智力支持。由此，《马来西亚发展报告（2020）》的推出将肩负起重要使命。

《马来西亚发展报告（2020）》包括总报告、分报告、专题报告、中马关系篇和附录几个部分。本书的作者除了来自国内知名高校及权威科研机构之外，还有部分来自马来西亚。在大家的通力合作下，本书全面呈现了2019 年至 2020 年初希盟执政下的马来西亚在政治、经济、外交、国防、教育、文化等各领域的发展状况以及中马关系的最新发展态势。我们希望借助马来西亚蓝皮书这一平台，充分发挥中国高校、研究机构与马来西亚高校、智库的合作优势，通过两国学者对马来西亚政经社情和双边关系发展的全面跟踪、系统整理和综合分析，形成较为权威的报告，为中国各界了解马来西亚当代发展情况提供较为全面的研究资料，为中国“一带一路”倡议与马来西亚国内发展计划对接、中国企业“走出去”等提供重要参考。

展望未来，相信中马两国将在全力推进基础设施建设、经贸金融拓展、文化教育交流、外交防务合作的同时，积极促进中马文化的交流互鉴与和谐共生，为双边关系的持续健康发展创造良好的文化氛围。中马双方将不断努力，借助“新海上丝绸之路”的伟大战略，携手共赢，继续为本区域的繁荣与稳定贡献力量。

苏莹莹　翟　崑

2020 年 5 月于北京

目 录

Ⅰ 总报告

Ⅱ 分报告

Ⅲ 专题报告

Ⅳ 中马关系篇

Ⅴ 附录

总 报 告

General Report

B.1 2019年马来西亚总体形势：不确定性增强

骆永昆 *

摘 要： 2019年，马来西亚执政的希望联盟发生内讧，政治斗争加剧，民众对希望联盟的不满情绪增加。马哈蒂尔总理与人民公正党主席安瓦尔之间的权力交接问题受到普遍关注，二人关系微妙、复杂、多变。政府出台了新外交政策框架和国防白皮书，务实推进对华、对东南亚外交和国防建设，应对恐怖主义、疾病灾害等安全威胁。但全年经济发展下行压力加大，马来民族主义情绪上升，族群矛盾加剧，国家治理困难凸显。2020年2月，马哈蒂尔突然辞职下台，使其与安瓦尔

* 骆永昆，博士，中国现代国际关系研究院东南亚和大洋洲研究所所长助理，副研究员，主要研究方向为印度尼西亚、马来西亚、东盟及亚太安全。

之间的权力交接问题画上句号。3 月 1 日，土著团结党主席穆希丁被最高元首任命为第八届政府总理，引发新一轮政治博弈。

关键词： 马哈蒂尔　安瓦尔　穆希丁　权力交接

2019 年是马哈蒂尔再次执政的第二年。在这一年里，马来西亚局势发展围绕马哈蒂尔与安瓦尔之间的权力交接问题展开，政治斗争进一步加剧，族群矛盾上升，经济下行压力增大。随着马哈蒂尔突然辞职下台及土著团结党退出执政联盟，希望联盟政府一夜之间倒台，执政尚不到两年。尽管穆希丁最终获得最高元首御准，出任新一届政府总理，但并未改变马来西亚微妙、复杂、胶着的政治格局。

一　政治：斗争依然胶着

2018 年 5 月马哈蒂尔总理再次执政后，马来西亚民众对新成立的希望联盟政府充满期待。然而，仅仅一年过后，马哈蒂尔政府的支持率便持续走低，希望联盟内部矛盾加剧。马哈蒂尔与安瓦尔之间的权力交接问题成为局势发展的焦点。

（一）马哈蒂尔支持率下降

马哈蒂尔是在马来西亚很受欢迎的领导人，尤其是当其领导希望联盟在 2018 年 5 月的大选中获胜后，民众对他的支持率一度高达 83%，对其政府的支持率也高达 79%。① 但随着执政联盟内讧加剧，经济和民生问题没有得

① 《马哈蒂尔上台一年支持率减半，马来西亚改革积重难返?》，2019 年 5 月 10 日，https：//xw. qq. com/cmsid/20190510A0C5FT00（访问时间：2020 年 3 月 5 日）。

到根本解决，民众对马哈蒂尔和希望联盟的抱怨逐渐增多，其支持率开始下降。截至 2019 年 3 月，希望联盟政府的支持率仅有 39%，而马哈蒂尔的支持率也下降至 46%。有 67% 的选民认为，新政府需要用更多的时间履行选举承诺。[①] 一些民众批评政府执政有方向性错误，还有民众表示已厌倦了政党斗争。[②] 独立民调机构"灵感中心"（ILHAM）的报告显示，超过 2/3 的受访马来西亚民众认为希望联盟没有捍卫马来人的权益，华人政党民主行动党在掌控着希盟政府。[③]

支持率下降是民众对马哈蒂尔政府不满的主要表现。实际上，从 2018 年 5 月以来，希望联盟已经连续在多场议席的补选中出现败绩，这是民众对政府执政不满的强有力表现。其中，最值得一提的是 2019 年 11 月 16 日举行的柔佛州丹绒比艾（Tanjung Piai）国会议席补选。此次补选有两位候选人最有竞争力，一是最大反对党巫统领导的国民阵线提名的马华公会前丹绒比艾区国会议员拿督斯里黄日昇，二是希望联盟中的土著团结党丹绒比艾区主席卡敏。由于马华公会在 2018 年大选中惨败，仅获得一个国会席位，支持率大减，因此希望联盟和大多数民众对反对派国民阵线推出马华公会的候选人表示极大的质疑，但 11 月 16 日的投票结果显示，黄日昇以 15086 张多数票击败卡敏。[④] 希望联盟所获得的华裔选票从 2018 年大选的 74.5% 降至 34.0%，马来人选票从 28.3% 进一步跌至 23.2%，可谓惨败。这是国民阵线自 2018 年 5 月以来继金马仑区国会议席、士毛月州议

---

① 《马哈蒂尔上台一年支持率减半，马来西亚改革积重难返?》，2019 年 5 月 10 日，https：//xw. qq. com/cmsid/20190510A0C5FT00（访问时间：2020 年 3 月 5 日）。

② 《不足四成，马哈蒂尔执政周年庆难开心，此消彼长纳吉布迎来机会》，2020 年 1 月 11 日，https：//www. 360kuai. com/pc/92b13af32ffd22705？cota = 3&kuai _ so = 1&sign = 360 _ 57c3bbd1&refer_ scene = so_ 1（访问时间：2020 年 3 月 5 日）。

③ 林宏祥：《丹绒比艾补选：希盟争取马来选票的挑战》，〔马来西亚〕《东方日报》2019 年 11 月 29 日，https：//www. orientaldaily. com. my/news/shp/2019/11/29/316577（访问时间：2020 年 3 月 5 日）。

④ Barisan Nasional wins Tg Piai by-election with 15，086 vote majority，November 16，2019，*The Star*，https：//www. thestar. com. my/news/nation/2019/11/16/unofficial - barisan - nasional - wins - tg - piai - by - election - by - a - 15086 - vote - majority - with - all - ballot - boxes - opened（访问时间：2020 年 1 月 5 日）。

席及晏斗区州议席补选后第四次在补选中击败希望联盟。希望联盟补选惨败后，一些人将矛头指向马哈蒂尔。希望联盟副主席拿督斯里阿兹敏·阿里（下称阿兹敏）敦促各方不要相互指责，继续支持马哈蒂尔领导马来西亚。

（二）人民公正党内讧加剧

2019 年，马来西亚政局的最大看点之一就是主要执政党人民公正党高层内讧。该党主席安瓦尔与署理主席、经济事务部长阿兹敏的矛盾在一夜之间浮上水面，使得人民公正党乃至希望联盟危机重重。阿兹敏是人民公正党的重要人物，与安瓦尔关系密切。1987 年，阿兹敏担任时任副总理安瓦尔的机要秘书；1998 年安瓦尔被捕后，阿兹敏协助安瓦尔夫人万·阿齐扎创立国民公正党。[①] 安瓦尔一度被誉为阿兹敏的政治导师。然而，如此亲密的师徒关系未能阻止两人的政治纷争。2018 年 11 月，人民公正党主席万·阿齐扎退位，本意是让位于安瓦尔，但坊间一度传出阿兹敏有意竞选党主席，对安瓦尔发起挑战。2019 年 6 月，阿兹敏被爆卷入性爱短片丑闻，警方逮捕了 9 人进行调查。此后，安瓦尔表态称，若查证阿兹敏是性爱短片主角，阿兹敏必须辞职下台。随后，阿兹敏派系的 27 名人民公正党领袖联名签署文告炮轰安瓦尔，敦促安瓦尔勿分裂党。安瓦尔随即回击，称党的中央及各州多数领导支持自己担任党主席，且多数国会议员支持自己出任下任总理。阿兹敏与安瓦尔的矛盾公开化。2019 年 7 月起，阿兹敏多次缺席党内高层会议，且秘密与巫统领袖接触会晤，遭到党内严厉批评。7 月 17 日，阿兹敏在国会走廊公开批评诋毁安瓦尔，两人矛盾加剧。12 月 8 日，人民公正党大会举行最后一天会议，阿兹敏派系集体缺席。至此，阿兹敏与安瓦尔的矛盾已无法调和。

正当执政党内讧加剧时，两大在野党巫统和伊斯兰教党的合作却进一步加强。2019 年 6 月，伊斯兰教党代表大会一致决定，同意伊斯兰教党与巫

---

① 人民公正党的前身是 1999 年 4 月成立的国民公正党。

统正式展开合作。9月，巫统与伊斯兰教党在世界贸易中心举办穆斯林团结集会，签署《全国共识合作宪章》。双方达成5项重要共识：一是捍卫宪法权威，确保国家权力结构、马来语、伊斯兰教、马来苏丹主权、马来人和土著的特殊地位及其他种族的合法利益得到保障；二是就宗教、种族和文化以及国家利益问题进行磋商，以巩固共识；三是在宪法框架下全面强化伊斯兰教、马来人与土著议程，维护国家稳定；四是肯定宗教、种族和文化多元性作为政治稳定、种族和谐与国家安宁的基础作用；五是为国家治理及构建跨文化和信仰的公平社会提出建议。[①] 实际上，巫统与伊斯兰教党的合作并非偶然，历史上两党关系密切。1951年11月，伊斯兰教党刚成立时，党内亦有巫统和马来亚独立党的党员。[②] 1974年，伊斯兰教党一度加入国民阵线，成为巫统的合作伙伴。2018年大选后，巫统和伊斯兰教党曾共同反对政府批准《消除一切形式种族歧视国际公约》，后来又三次合作赢得补选。由于巫统和伊斯兰教党在国会都占有可观的席位[③]，两党的结盟可能对马来西亚政治格局产生重要影响。

（三）权力交接问题成为焦点

2018年5月大选前，希望联盟各党达成协定，马哈蒂尔在出任总理两年后将交权于安瓦尔。然而出任总理后，马哈蒂尔虽然几次在公开场合表态将遵守承诺交权，但对有关交权的细节问题一直措辞模糊，不仅没有明确说明交权的具体时间，也没有说明会将权力交给安瓦尔，而且有关表态一变再变。比如，马哈蒂尔曾表示两年后即在2020年5月会按承诺交权，但后来

---

① Nazura Ngah, Piagam Muafakat Nasional UMNO, PAS dimeterai, September 14, 2019, Berita Harian, https://www.bharian.com.my/berita/politik/2019/09/606917/piagam-muafakat-nasional-umno-pas-dimeterai（访问时间：2020年1月13日），《巫统与伊斯兰党签署〈全国共识合作宪章〉》，2019年9月16日，东盟学院，http://dongmengxueyuan.gxun.edu.cn/info/1502/14048.htm（访问时间：2020年3月5日）。

② 陈中和：《马来西亚伊斯兰政党政治——巫统和伊斯兰党之比较》，新纪元学院马来西亚族群研究中心、策略咨询研究中心联合出版，2006，第121页。

③ 巫统和伊斯兰教党共有56个国会席位，超过最大执政党人民公正党。

又表示只要国家需要会一直担任总理，此后又公开讲话称若提前交权会导致国家混乱。马哈蒂尔在最近一次公开讲话中表示，将在2020年由马来西亚主办的亚太经合组织（APEC）领导人非正式会议后交权。[①] 对于马哈蒂尔的这种模糊态度，安瓦尔表示充分理解，不但未对马哈蒂尔予以批评指责，反而一再表示自己不急于上位，相信马哈蒂尔会遵守承诺。安瓦尔称，希望联盟各党曾共同赢得大选，他支持马哈蒂尔担任总理，也相信自己将接替马哈蒂尔成为马来西亚第八任总理。[②] 安瓦尔同时劝告人民公正党各领袖，不要身居高位就忘了人民的重托，只要民众依然被贫困羁绊，他们的斗争就未完成。

然而，执政联盟内部及反对派各政党对马哈蒂尔与安瓦尔之间的交权问题意见不一。人民公正党的一些高官坚决要求马哈蒂尔按承诺时间交权下台，比如人民公正党的前任柔佛州主席哈桑·阿卜杜勒·卡瑞姆（Hassan Abdul Karim）就公开表态称，两年后马哈蒂尔必须交权下台，因为两年已经太久。[③] 土著团结党、民主行动党内部也有类似表态，有的官员甚至有直接逼宫的意思。而作为反对党的巫统和伊斯兰教党以及阿兹敏则公开表示支持马哈蒂尔任满5年任期。[④]

与此同时，社会上普遍猜测，人民公正党内讧的主角阿兹敏曾私下与马哈蒂尔密谋，受到其器重。马哈蒂尔可能有意扶持阿兹敏出任总理，以

---

① Malaysia's Mahathir Mohamad Says He'll Hand over Power to Anwar Ibrahim after Apec 2020, December 10, 2019, https://www.scmp.com/news/asia/southeast-asia/article/3041492/malaysias-mahathir-mohamad-says-hell-hand-over-power-anwar（访问时间：2020年2月13日）。

② Power Transition: Anwar Inclined to Wait until after APEC; PH to Decide on Feb 21, February 14, 2020, https://www.theedgemarkets.com/article/power-transition-anwar-inclined-wait-until-after-apec-ph-decide-feb-21（访问时间：2020年3月13日）。

③ Pasir Gudang MP: Dr M Should Keep His Word and Step down Next Year, September 27, 2019, https://www.thestar.com.my/news/nation/2019/09/27/pasir-gudang-mp-dr-m-should-keep-his-word-and-step-down-next-year（访问时间：2020年3月13日）。

④ Azmin Backs Opposition Call for PM Mahathir to Stay on for Full Term, July 29, 2019, https://www.straitstimes.com/asia/se-asia/azmin-backs-opposition-call-for-pm-mahathir-to-stay-on-for-full-term（访问时间：2020年3月13日）。

制衡安瓦尔。安瓦尔与阿兹敏的矛盾因此被赋予了新的含义，这为希望联盟最终走向分裂、马来西亚政局发生根本性变化埋下了伏笔。另外，反对党也加紧谋划权力布局。巫统重要官员、前国防部长希山慕丁被媒体爆料正在策划组建联合政府，以取代希望联盟。据悉，希山慕丁计划推动成立一个排除民主行动党与国家诚信党的联合政府。① 虽然此后希山慕丁否认有组建联合政府的意图，并且希望联盟也强调会坚守人民公正党、土著团结党、国家诚信党与民主行动党的合作共识，并表示将与沙巴民兴党一起捍卫民选政府。

2020 年 2 月 24 日，马哈蒂尔突然向最高元首阿卜杜拉递交辞呈，其所属的土著团结党宣布退出希望联盟，阿兹敏及其追随者也退出人民公正党，这使得希望联盟一夜之间失去在国会下议院的多数席位，沦为在野党。此后，土著团结党发生内讧，马哈蒂尔与该党主席穆希丁矛盾加剧。2 月 28 日，土著团结党提名穆希丁为总理候选人。此前表态支持马哈蒂尔再任总理的巫统和伊斯兰教党也转而支持穆希丁，这令马哈蒂尔措手不及。尽管马哈蒂尔与安瓦尔再次结盟谋求连任，并宣称自己获得了国会下议院过半数议员支持出任总理，但最高元首阿卜杜拉最终任命穆希丁为第八任政府总理，结束了持续一周的政治乱局。马哈蒂尔在不满和愤恨中失去总理宝座。而穆希丁的执政地位是否稳固，对国家政治、经济、外交等政策举措将产生什么影响，成为民众担心和国际社会关注的新的重点。

（四）最高元首职位意外换人

最高元首是马来西亚宪法意义上的国家元首和武装部队统帅，由马来西亚 9 个州的苏丹或州统治者轮流担任，每届任期 5 年。2018 年 5 月大选后，马来西亚最高元首为吉兰丹州苏丹穆罕默德五世。穆罕默德五世毕业于牛津

① K'jaan pintu belakang：Bincang dengan PM，kata Hisham，October 21，2019，https：//www.malaysiakini. com/news/496744（访问时间：2020 年 3 月 13 日）。

大学，2016 年 12 月 13 日出任马来西亚第 15 任国家元首。然而，令人感到意外的是，2019 年 1 月 6 日，马来西亚王宫发布声明，称穆罕默德五世按照联邦宪法规定，辞去现任国家元首职务，震惊了全国。这是马来西亚历史上首位在任内宣布辞职的国家元首。马来西亚王室对穆罕默德五世退位的原因讳莫如深。但据相关报道，穆罕默德五世在 2018 年 11 月 2 日至 12 月 31 日曾请病假，并在这期间迎娶 25 岁的莫斯科小姐选美冠军、俄罗斯人奥克萨纳·沃耶沃金娜（Oksana Voevodina）①，这可能是他辞职的重要原因。随后，马来西亚统治者会议于 1 月 24 日任命彭亨州苏丹阿卜杜拉为新任最高元首。任期从 2019 年 1 月 31 日开始，为期 5 年。霹雳州苏丹纳兹林被任命为副最高元首。②

二　经济：目标调整，不见起色

马哈蒂尔执政一年多来，国家经济发展面临较大挑战。一方面，政府内部权力斗争加剧，诸多发展政策落实不力，投资商对马来西亚的经济发展前景信心不足；另一方面，中美贸易摩擦加剧，美国单边主义破坏国际多边贸易机制，外部环境挑战增多、不确定性增强。随着马哈蒂尔辞职下台、穆希丁出任总理，以及新冠肺炎疫情的全球性传播，马来西亚经济发展又面临新的变数。

（一）经济增速放缓

与 2018 年相比，2019 年马来西亚经济增速明显放缓。依据国际货币基金组织（IMF）的数据，2019 年马来西亚 GDP 增速仅为 4.5%，低于 2018

① Mahathir Says Can't Confirm if Malaysian King has Married, as Widely Reported on Social Media, November 29, 2018, https://www.straitstimes.com/asia/se-asia/mahathir-says-cant-confirm-if-malaysian-king-has-married-as-widely-reported-on-social（访问时间：2020 年 3 月 13 日）。

② 《阿卜杜拉成为马来西亚最高元首》，2019 年 1 月 24 日，http://sz.people.com.cn/n2/2019/0124/c202846-32573523.html（访问时间：2020 年 3 月 7 日）。

年的4.7%，是5年来马来西亚经济的最低增速。2017年马来西亚GDP增速达到5%。而依据马来西亚央行公布的数据，2019年马来西亚经济增速仅为4.3%[①]，为10年来的最低增速。其中，第一季度GDP增速为4.5%，第二季度为4.9%，但从第三季度起增速开始放缓至4.4%，第四季度仅为3.6%。经济增速放缓的主要原因是服务业、制造业、农业、矿业和建筑业增速放缓，出口需求减弱。

令人担心的是，2020年马来西亚经济可能仍不见起色，GDP或将进一步放缓至4.4%。[②] 从2021年起，马来西亚经济将有望恢复增长，预计GDP增速将达到4.9%。由表1可知，2019年，马来西亚人均GDP为11137美元。按照马哈蒂尔时期制定的"2020宏愿"规划，2020年马来西亚将迈入发达国家行列，人均GDP将达到1.5万美元。但2020年人均GDP仅为11485美元，远低于预期。

从通货膨胀率看，2019年CPI增速为1%，到2020年将达到2.1%，以上两个数据均高于2018年的0.97%。与此同时，2019年失业率保持在3.4%左右的相对高位。其中，2019年12月，失业率为3.35%，与11月持平。失业人数同比增加0.5%，达到51.7万人；同时，就业人数与劳动力人口均增加2.0%，就业人数达到1529万（见图1）[③]、劳动力人口达到1580万。[④] 相比之下，2019年，马来西亚的经常项目收支盈余有所增加，达到114亿美元，比2018年有所增加。但2020年后，经常项目收支盈余减少，2020年将降至72.52亿美元。

---

① Malaysia's GDP Grows 4.3 pct in 2019, February 12, 2020, https://www.nst.com.my/business/2020/02/564829/malaysias-gdp-grows-43-pct-2019（访问时间：2020年3月13日）。

② 国际货币基金组织，https://www.imf.org/en/Countries/MYS（访问时间2020年2月10日）。

③ https://tradingeconomics.com/malaysia/employed-persons)（访问时间：2020年2月10日）。

④ https://tradingeconomics.com/malaysia/unemployment-rate（访问时间：2020年2月10日）。

表 1　2018 ~ 2021 年马来西亚经济数据

经济指标	2018	2019	2020	2021
GDP 增速(%)	4.741	4.500	4.400	4.900
GDP 总量(十亿美元)	358.579	365.303	381.523	409.533
人均 GDP(美元)	11072.387	11136.812	11484.505	12172.162
总投资额占 GDP 比重(%)	23.614	22.484	23.141	23.129
通胀率(%)	0.969	1.024	2.076	2.216
失业率(%)	3.325	3.425	3.425	3.425
经常项目平衡(十亿美元)	7.523	11.444	7.252	7.719
经常项目平衡占 GDP 比重(%)	2.098	3.133	1.901	1.885

资料来源：国际货币基金组织。

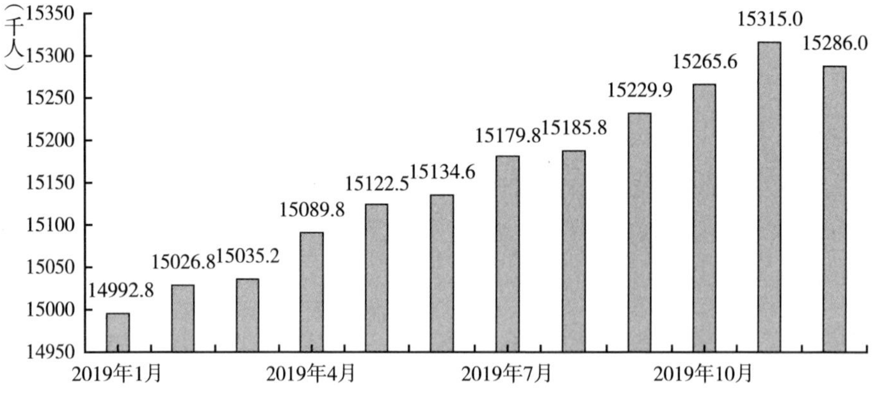

图 1　2019 年马来西亚就业人数统计

资料来源：https：//tradingeconomics. com/malaysia/employed - persons（访问时间：2020 年 2 月 10 日）。

（二）外贸减少，外资增加

2019 年，马来西亚对外贸易盈余显著增加。全年贸易盈余 1373 亿林吉特，是自 2009 年以来的最大额。仅 2019 年 12 月，贸易盈余就增加至 126 亿林吉特，高于市场预期。但 2019 年，马来西亚进口总额和出口总额双双下降。根据马来西亚外贸发展局数据，2019 年进口总额为 8491 亿林吉特，低于2018年的8798亿林吉特。消费品和中间产品是进口的主要商品。中国仍是马来西亚最大的进口来源地，中国商品占马来西亚进口总额的20.7%。其次为新加坡（10.5%），美国（8.1%）居第三位。① 出口总额为9864亿林吉特，低于2018年的1万亿林吉特。出口增长主要得益于锡、棕榈油、石油、橡胶等大宗商品及相关制品出口的增长。中国继续成为马来西亚最大的出口对象（占14.2%），其次为新加坡（13.9%），美国（9.7%）居第三位。②

投资方面，依据马来西亚投资发展局（MIDA）的数据，2019年上半年，马来西亚批准的外资增加97.2%，达到495亿美元，2018年同期仅为251亿美元。其中，制造业的投资增长74.2%，在各领域中增速最快，达到331亿美元，远高于2018年190亿美元，创造了30449个工作岗位。美国是马来西亚制造业的最大投资来源国，其获批的投资额为117亿美元，其次为中国（48亿美元），新加坡（31亿美元）和日本（21亿美元）分别居第三位和第四位。③ 此外，2019年12月，马来西亚外汇储备为1059亿美元④，林吉特兑美元年内第二度跌穿4.2，贬至4.2083，为21个月来最低。⑤ 2019年11月8日，马来西亚央行突然宣布从11月16日起下调存款准备金50个基点至3%，为市场注入73.5亿林吉特，增加金融市场流动性。⑥

---

① Top 10 Major Import Countries, 2019, http://www.matrade.gov.my/en/malaysian-exporters/services-for-exporters/trade-market-information/trade-statistics/28-malaysian-exporters/trade-statistics/4547-top-10-major-import-countries-2019（访问时间：2020年3月13日）。

② Top 10 Major Export Countries, 2019, http://www.matrade.gov.my/en/malaysian-exporters/services-for-exporters/trade-market-information/trade-statistics/28-malaysian-exporters/trade-statistics/4546-top-10-major-export-country-2019（访问时间：2020年3月13日）。

③ https://www.nst.com.my/business/2019/08/514506/lim-malaysia-remains-attractive-foreign-investors（访问时间：2020年2月10日）。

④ https://tradingeconomics.com/malaysia/foreign-exchange-reserves（访问时间：2020年2月10日）。

⑤《马币汇率下跌　失守4.2关卡》，2019年8月20日，http://my.mofcom.gov.cn/article/sqfb/201908/20190802895005.shtml（访问时间：2020年3月7日）。

⑥《马来西亚央行宣布降准0.5%　预计释放73.5亿马币资金》，2019年11月11日，http://my.mofcom.gov.cn/article/sqfb/201911/20191102912030.shtml（访问时间：2020年3月7日）。

（三）发布“2030愿景”

马哈蒂尔首次任总理时曾提出“2020宏愿”。按照“2020宏愿”的原定规划，马来西亚应在2020年成为先进的工业化国家，人均国民收入达到1.5万美元。但现实情况是，2018年度马来西亚名义人均GDP仅排全球第63名，远没有达到发达国家的水平。纳吉布执政时曾提出“2050国家转型计划”（Transformasi Nasional 2050），旨在帮助马来西亚跻身发达国家行列，并在2050年前成为发达国家。2018年5月，纳吉布政府倒台。马哈蒂尔上任后，认为“2020宏愿”目标已难以实现，于是为马来西亚设定了“共享繁荣2030愿景”（Wawasan Kemakmuran Bersama 2030，简称“2030愿景”）。该愿景的主要目标是实现全面发展，解决收入和财富鸿沟，确保国家团结、繁荣、有尊严。① 其主要目标对象是低收入群体、核心贫困户、土著及沙巴和沙捞越原住民、残疾人、青年、女性、儿童及老年人。② 2019年10月5日，希望联盟政府召开“2030愿景”推介会。马哈蒂尔表示，希望借助这一规划帮助马来西亚重新成为“亚洲之虎”。

与此同时，2019年7月，马来西亚发布2030年国家企业家政策，计划打造一个良好的企业家生态系统，以推动落实包容、平衡及可持续的经济发展议程。马哈蒂尔在主持政策推介仪式时称，此项政策旨在促进形成一个以企业家思想及文化为主的马来西亚社会，提高企业家素质，使其更具全球思维、创新精神及竞争力。③

---

① Wawasan Kemakmuran Bersama 2030 dilancarkan, Oktober 5, 2019, http://www.astroawani.com/berita-malaysia/wawasan-kemakmuran-bersama-2030-dilancarkan-219258（访问时间：2020年3月13日）。

② PM Launches Shared Prosperity Vision 2030, Says Will Hit the Ground Running, October 5, 2019, https://www.thestar.com.my/news/nation/2019/10/05/pm-launches-shared-prosperity-vision-2030-says-will-hit-the-ground-running（访问时间：2020年3月16日）。

③《马来西亚推介2030年国家企业家政策 打造有利企业家生态系统》，2019年7月12日，http://my.mofcom.gov.cn/article/sqfb/201907/20190702881308.shtml（访问时间：2020年3月7日）。

三　外交：政策框架更趋务实

在内部政治斗争激化、外部中美博弈加剧的背景下，2019 年，马来西亚颁布了外交政策框架，并将外交重点集中于应对与中国、美国的关系，继续加强与东盟国家关系。务实理念再次在马哈蒂尔政府外交中得到体现。

（一）外交政策框架

2019 年 6 月，马来西亚外交部发布《新马来西亚外交框架：延续中的变化》报告，全面阐述希望联盟政府的外交理念。① 马哈蒂尔总理在序言中强调，马来西亚致力于与所有国家建立友好关系，不论其意识形态如何，致力于反对不公平、捍卫被压迫者的权利。马来西亚要对影响国家利益的事务做出有效决策，积极融入国际社会，对影响马来西亚的地区和国际问题进行塑造引导。

报告指出，马来西亚制定此外交政策框架基于两个重要身份定位：一是 2025 年将建成位于发达国家行列的“新马来西亚”②；二是“新马来西亚”是一个成熟的民主国家，一个热爱和平、多元和谐的国家，崇尚民主、人权、法治、自由，将在国际社会上发挥积极作用，致力于建设一个更加繁荣、和平、公平的世界。报告强调，马来西亚的外交服务于三大国家利益，一是国家和人民的生存，涉及主权、领土和独立；二是经济发展，涉及国家和民众的繁荣；三是国家和民众的身份与地位，涉及国家的名声，包括国家在国际社会的地位以及对国际社会的贡献。为实现马来西亚的外交利益目标，马来西亚坚持与所有国家建立友好的双边关系，主张和平解决争端，不干涉他国内政。

在具体议题方面，报告认为，在地区与经济合作领域，马来西亚应坚持

---

① 以下有关外交框架的内容引自 *Foreign Policy Framework of the New Malaysia Change in Continuity*，June 2019，Ministry of Foreign Affairs of Malaysia。

② 指 2018 年 5 月成立的新政府。

以东盟为外交基石，重视东盟地区论坛及亚太经合组织（APEC）在安全问题上发挥的作用，积极推进东盟经济一体化进程，推动东盟发展成为一个地区和国际消费品的生产枢纽；要重视开展经济外交，努力实现自由、公平的贸易，积极适应和推进“工业革命4.0”，加强数字经济合作。在外交与安全领域，马来西亚要与东盟成员国就南海问题加强对话合作，在东盟框架下谈判完成“南海行为准则”（COC）。马来西亚将在东盟和平与和解研究所、东南亚区域反恐中心发挥积极作用，加强与各伙伴国合作，应对恐怖主义威胁；坚持不结盟立场，加强与所有大国合作；注重在联合国中发挥作用，在穆斯林社会发挥显著影响，加强南南合作。

此外，报告还特别指出马来西亚要加强外交机构改革，尤其是加强对外交官的培训；加强民间外交，增加与民间沟通的渠道，与利益攸关方就特定问题举行定期对话和研讨会，展现马来西亚的文化身份；外交部要与高校、智库、文化团体等机构加强合作，推进体育外交，同时要加强机构间合作和民间及公共机构的参与。

（二）谨慎应对与中国、美国的关系

2019年，马来西亚将应对中美博弈，尤其是发展对华关系作为外交的重要议题之一。对华关系方面，2019年4月24～28日，马哈蒂尔出访中国，这是希望联盟执政以来，马哈蒂尔第二次到访中国。就在马哈蒂尔启程前后，中马达成多项重要合作协议。4月12日，中马签署补充协议，就继续建设东海岸铁路达成一致。根据补充协议，东海岸铁路总造价为440亿林吉特（约合711亿元人民币），线路全长640公里，计划于2026年底前完工。4月17日，马来西亚海军从中国引进的第一艘濒海任务舰举行下水仪式。该型舰艇由中船重工为马来西亚海军设计，是中马首次开展的大型军事装备合作项目。根据协议，中船重工将为马来西亚设计并建造4艘濒海任务舰，用于执行巡逻、反恐、搜救、护渔等多重任务，总额为2.5亿美元。4月19日，马哈蒂尔宣布重启此前暂停的房地产项目“马来西亚城”（Bandar Malaysia）计划。依据新方案，马来西亚政府拟在城内兴建人民公

园、增建保障性住房，同时增加使用国内建材。4 月 25 日，马来西亚棕榈油局与中国食品土畜进出口商会签署备忘录，增加棕榈油贸易及合作。此后，马来西亚投资发展局与中国交建签署第二份备忘录，进一步推进与东海岸铁路计划相关的合作，建设工业园、基础设施、物流中心及公共交通枢纽项目。5 月 31 日，中国国家主席习近平同马来西亚最高元首阿卜杜拉互致贺电，庆祝两国建交 45 周年。

对美关系方面，2019 年，马哈蒂尔对美国的批评仍连续不断，两国关系没有实质性进展。年初以来，马哈蒂尔公开表态，反对大国的军舰在南海和马六甲海峡出没，以避免发生冲突和战争，维护南海的和平稳定。因为近一段时间以来，美国舰船频繁在南海出没，闯入南海岛礁的 12 海里海域，使原本和平稳定的南海局势骤然升温。作为小国的马来西亚不愿沦为大国博弈的牺牲品，极力反对大国在南海炫耀武力。2019 年 7 月，马来西亚外交部长赛夫丁明确表态，称面对美国舰船，马来西亚需要增强海军能力，为南海可能发生的冲突做准备。马来西亚因此不得不升级防卫装备，以便自卫。同时，马来西亚将敦促东盟成员国在涉及大国时保持中立，不与有关国家建立海事合作关系。

此后，马来西亚又对美国发起的对华贸易战做出表态。2019 年 11 月，马哈蒂尔在出席第 34 届东亚领导人系列会议时，严厉批评美方挑起贸易战，指出特朗普与全球近 10% 的国家（而且都是重要经济体）大打贸易战，不仅未得到任何支持，而且在美国国内也遭到强烈反对。马哈蒂尔认为，中美贸易摩擦浪费时间和金钱，是毫无生产力的“愚蠢行为”，无助于中美经济以及世界经济增长，马来西亚将深受其害，呼吁中美尝试遵循法治精神，通过谈判解决争端。而关于美国对华为的禁运措施，马哈蒂尔批评称，必须承认东方国家在研发领域正在变强，东方国家的产品已不再是仿制品，西方应该在其他领域竞争。

针对美国支持以色列将耶路撒冷定为其首都，马哈蒂尔在第 18 届不结盟运动首脑峰会上公开表示，以色列非法侵占属于巴勒斯坦人民的土地，吞并约旦河西岸部分地区的企图违反国际法。马来西亚决定为巴勒斯坦开设大使馆，以此表示对巴勒斯坦人民的支持。但由于以色列不允许马来西亚在被占领的领土上开设大使馆，因此马方的使馆将设在约旦。

（三）与新加坡开展合作

马、新两国自2018年马哈蒂尔再次上台以来在柔佛海域划界、领空管理、供水问题、新加坡柔佛大桥以及新马高铁等问题上摩擦不断，双边关系一度紧张。其中，新马高铁项目受到普遍关注。该项目全长350公里，属于泛亚铁路的一部分，合作协定于2016年12月签署，计划于2019年动工、2026年底投入运营。但2018年5月大选后，马哈蒂尔以减少国家债务为由要求取消新马高铁计划。同年9月，新马签署协定，同意高铁工程展延两年，但马来西亚须赔偿新加坡1500万新元。2019年12月，马哈蒂尔在多次表态不需要新马高铁后突然改口，表示对计划进行调整、降低项目成本后，马来西亚同意继续推进新马高铁项目。经济事务部长阿兹敏也表态称将在2020年5月后跟进该项目。据悉，马来西亚希望通过减少高铁停靠站点及缩小站点建筑规模来降低建设成本，缓解政府的债务压力。消息人士表示，柔佛州依斯干达布蒂里站点面积将被缩小。但在马哈蒂尔表态后，新加坡方面未收到马来西亚有关新隆高铁项目的任何正式企划书。[①] 此外，在与新加坡和柔佛的连接问题上，马来西亚同意重启柔佛新山和新加坡的地铁线路。2019年10月31日，马哈蒂尔宣布重启新柔地铁。柔佛苏丹依布拉欣愿意无偿献出土地，使建设成本大大降低，是项目重启的重要原因。新柔地铁系统连接新山武吉查卡至新加坡兀兰北站，预计2024年12月启用，每小时单向可承载1万人，建成后将成为继马来亚铁道城际铁路南北线（西海岸线）之后，新马两国间的第二条铁路线。与此同时，柔佛州同意兴建新

① 《传马国新隆高铁要减站点缩规模降成本》，2019年12月13日，〔新加坡〕《联合早报》，https：//www.zaobao.com/znews/sea/story20191213 - 1012864（访问时间：2020年3月13日）。

马第三大桥，并将与马中央政府协商解决新马关卡人员堵塞问题。[1] 但在供水问题上[2]，新加坡希望通过国际仲裁解决。[3]

（四）积极应对洋垃圾问题

自 2017 年中国禁止塑料垃圾进口以来，马来西亚和许多发展中国家成为新的垃圾倾倒目的地。根据绿色和平组织统计，马来西亚每月废塑料进口量由 2016 年的 2 万吨飙升至 2018 年 4 月的 11 万吨。据不完全统计，2019 年以来，马来西亚当局查扣了 150 个来自美国、英国、日本、加拿大、法国、西班牙等发达国家的洋垃圾集装箱，并将其退回来源国。据悉，这些洋垃圾包括电缆、受污染的牛奶盒、光盘、电子和家庭垃圾等。马来西亚能源、科技、气候变化与环境部长杨美盈表示，政府严肃看待外国垃圾非法入境问题，将继续打击包括塑料垃圾在内的跨境污染，以保护环境。[4] 自 2018 年 7 月以来，马来西亚已取缔数十家非法塑料回收设施，关闭了 150 多家工厂。[5]

四　社会：族群矛盾上升

马来西亚是多元族群国家，马来人与华人的矛盾是左右国家和社会发展的基本矛盾。2019 年以来，随着政治斗争加剧，马来民族主义抬头，族群矛盾升温。

---

① 《柔州同意兴建马新第三大桥》，2019 年 11 月 25 日，https：//www. orientaldaily. com. my/news/nation/2019/11/25/316126（访问时间：2020 年 3 月 13 日）。

② 新加坡淡水供应依靠马来西亚。1961 年和 1962 年，新马就先后签署两份供水协议。协议规定：2011 年前，新加坡每天从马来西亚南部的柔佛州进口 3. 25 亿升淡水，价格为每 1000 加仑（4540 升）未经处理的“生水”0. 03 林吉特（约合 0. 01 美元）；2011 ~ 2061 年，新加坡每天从柔佛州进口的淡水增加到 9. 46 亿升；2061 年后，双方将根据新加坡的实际用水量另行商谈具体的供水量。2018 年 5 月，马哈蒂尔上台后，认为马来西亚向新加坡提供淡水的价格太低，要求涨价；新加坡则认为马来西亚应该遵守 1962 年供水协议。

③ 《新加坡与马来西亚就水价纠纷申请国际仲裁》，2019 年 3 月 14 日，http：//www. businessnews. cn/2019/03/14/13012. html（访问时间：2020 年 3 月 13 日）。

④ http：//www. chinanews. com/gj/2020/01 – 20/9065520. shtml.

⑤ https：//new. qq. com/omn/20190528/20190528A0MBY2. html.

（一）加威文课题引发华社极力反对

所谓加威文（Jawi，也译作爪威文、爪夷文[①]）是一种用阿拉伯字母书写的马来语文字，目前在马来西亚使用较少。2019 年下半年以来，由于政府欲将加威文纳入 2020 年的华文、淡米尔文小学的四年级国文课本，加威文问题持续发酵，引发华人社会的强烈不满。华社 2000 多名网民发起联署签名请愿，要求马哈蒂尔和教育部长马智礼搁置加威文方案，重新检讨相关政策。2019 年 8 月 15 日，马来西亚华校董事联合会总会、马来西亚华校教师会总会（简称董教总）宣布将联合 12 个华人社团和淡米尔组织，呼吁教育部搁置加威文政策。12 月 28 日，董教总召开全国华人社团大会，促请政府听取民意，取消华小、淡小的加威文课程。董教总吁请各华小董事部与家教协会将加威文指南退回教育部。华人社团大会最终签署联合声明，表示加威文方案违反内阁决议和课程及评价标准文件（DSKP），无视《1996 年教育法令》所赋予华小董事部的管理权力，董教总坚决不接受、不认同及不执行，呼吁各州董联会召开董事部与家教协会特别大会，抗议推行加威文，并收集各华小董事部与家教协会的签名。[②] 然而，正当华人社会对加威文表达强烈不满时，马来人则极力捍卫加威文。总理府负责宗教事务的部长姆扎希称，加威文是马来西亚历史的一部分，应成为被保存和介绍的一种历史文化。巫统副主席依斯迈·沙比里警告华社不要挑衅和挑战马来人的耐性。由于特殊的历史和国情，教育和语言问题在马来西亚是重要而敏感的政治问题，加威文议题的提出不仅涉及几大族群的语言和教育权利问题，而且关系到马来人、华人和印度人在国家中的地位。

（二）马来人尊严大会

正当加威文议题引发马来人与华人之间的紧张关系时，2019 年 10 月 6

① 有关 Jawi 一词的翻译，本文采用商务部主编的《对外投资合作国别（地区）指南：文莱》（2018）中的译法，即加威文。

② 《董教总号召华团　踊跃出席 1228 大会》，2019 年 12 月 18 日，https：//www. orientaldaily. com. my/index. php/news/nation/2019/12/18/319297（访问时间：2020 年 3 月 13 日）。

日，马来人尊严大会（Kongres Maruah Melayu）在吉隆坡召开，使原本就紧张的族群关系骤然升温。此次大会由巫统、伊斯兰教党、马来西亚穆斯林律师协会、马来亚大学马来辉煌中心、马拉工艺大学、博特拉大学和苏丹伊德里斯教育大学发起。除个别政党外，主要的朝野政党领导人均受邀出席会议。大会执行秘书再纳·吉林在演讲中强调马来主权和特殊地位不可动摇，警告其他族群勿忽视与马来人曾经达成的社会契约（华人、印度人等少数族群获得公民权，以换取马来人在政治、经济、文化等领域的特权）。

大会提出涉及文化、宗教、教育、经济、政治五大议案，每个议案的核心均是捍卫马来人的特权和尊严。相关要点有：第一，保障伊斯兰教的"纯正性"；修改宪法，将逊尼圣众派伊斯兰教作为唯一生活方式，且所有政策、法令和行为须以此为基础；人权委员会、律师公会等团体不得以人权为由干预伊斯兰教事务；禁止向穆斯林宣扬与伊斯兰教冲突的信仰和主义。第二，颁布修改国语法令，进一步明确马来语作为国语的官方地位；将加威文纳入各阶段的国文课程中；政府的所有官方事务只能使用罗马文字和加威文；国家公务员的教育文凭国文科目考试必须获得优等，且考试人员要熟练书写国文；修改1996年教育法令，确保马来语作为小学和中学的媒介语，6年内废除多语言源流学校；设立内阁委员会，监督国语法令的执行。第三，中央和地方的主要领导，包括总理、州务大臣、州元首应由马来穆斯林担任；增加贫穷家庭土著群体的奖学金人数，且奖学金只提供给马来学生。第四，提高马来人和土著群体的经济能力，以协助马来人在市区拥有房屋和商业建筑，给予马来人参与新经济和高科技领域的机会；官方公司应优先选择马来人和土著候选人，所有与马来人相关的经济单位应由马来人领导和管理。① 针对大会的5项提案，马哈蒂尔表示政府没有必要照单全收，因为相

---

① Resolusi Kongres Maruah Melayu，https：//upm. edu. my/newspaper/resolusi_ kongres_ maruah_ melayu－141209（访问时间：2020年3月13日）；有关提案要点参见《马来人尊严大会》，维基百科，https：//zh. wikipedia. org/wiki/% E9% A9% AC% E6% 9D% A5% E4% BA% BA% E5% B0% 8A% E4% B8% A5% E5% A4% A7% E4% BC% 9A（访问时间：2020年3月13日）、《审视五大议案，敦马：未必照单全收》，2019年10月6日，https：//www. enanyang. my/news/20191006/（访问时间：2020年3月13日）。

关措施无法落实。

马来人尊严大会的举行，引发华人社会强烈不满。2019 年 10 月 14 日，由于不满马来亚大学副校长阿都拉欣在马来人尊严大会上的种族言论，该校新青年组织主席黄彦铬在毕业典礼上公开敦促副校长辞职下台，引起轩然大波。马来亚大学随即报警，并扣押其毕业证书。2020 年 2 月 26 日，黄彦铬因触犯刑法第 504 条（蓄意侮辱及破坏公共安宁）被马来西亚总检察长指控。

五　安全：妥善应对威胁

2019 年，马来西亚安全局势相对较好。政府发布了《国防白皮书》，规划未来 10 年防务发展蓝图，以进一步增强军力，有效应对安全威胁。恐怖主义、疾病灾害是当前马来西亚面临的主要安全威胁。其中，新冠肺炎疫情影响较大。

（一）发布国防白皮书

2019 年 12 月 2 日，马来西亚《国防白皮书（2020 ~ 2030）》草案提交至国会下议院。这是马来西亚历史上首份国防白皮书，对马来西亚军队和国防建设有重要指导意义。马来西亚政府高度重视白皮书的编写工作，早在年初国防部就组建了一个专门技术小组，包括国防部政策规划及相关部门、三军代表、马来西亚防务与安全研究院研究人员及马来西亚高校战略研究领域的专家。该小组先后举行多次会议，广泛听取国防部、军队及民众等各方面的意见建议，寻求民众对白皮书和国防预算的支持。

国防白皮书草案共 90 页，8 个章节，分别是概述、战略观、国防战略、未来部队、人民与国防、国际防务合作、防务科技与国防工业及改革、管理与资金。白皮书对马来西亚的国防政策提出三个重要原则：一是不结盟、不选边站；二是包容性合作；三是共享安全，强调马来西亚要持续维护和平与稳定，加强与周边国家和密切伙伴的宽领域防务伙伴关系，马来西亚军队要做好有效应对任务的准备。[①] 同时，白皮书明确指出，当前马来西亚面临三个主要安全威胁：一是不确定的大国关系，主要指中美关系的不确定性；二是东南亚国家的复杂局势；三是日益增加的非传统安全威胁，如极端主义、恐怖主义、绑架、海盗、非法捕捞、网络安全问题以及自然灾害等。为应对安全威胁，马来西亚确立了以同心威慑、综合防务、可信赖的伙伴关系为三大支柱的国防战略，以及以人力资源发展、科技发展、工业发展、朝向自主与开拓全球市场为主要内容的国防工业政策。

（二）优化国防预算

自2014年以来，由于全球能源价格持续走低，马来西亚财政收入减少，国防支出面临巨大压力。2015年，马来西亚国防预算曾达46亿美元，但2016年减少至40亿美元，2017年进一步降至36亿美元，国防预算占GDP的比重也由1.5%（2016年）减少至1.2%（2017年）。2018年，国防预算虽增加至37.57亿美元，同比增长5.3%，但占GDP的比重继续下降至1.1%。2019年，国防预算大幅减少至34亿美元，后获得国会追加最终达到37.8亿美元。[②] 财力不足已经成为马来西亚军队和国防建设中的主要困难，尤其是国防预算中用于研发和采购支出的增长明显不足，这将严重制约武器研发与采购，迟滞军队现代化建设进程。马来西亚国防部长穆罕默德·萨布（Mohamad Sabu）曾指出，国防白皮书设定的目标能否实现关键取决于财务状况。2019年10月14日，马来西亚财政部公布2020年国防预算将达约37亿美元，较2019年增长12%，但鉴于通货膨胀和2018年实际国防支出增幅有限，2020年国防预算不得不进一步优化资金使用，重点用于增强本国武装力量的战备和机动性。其中，军事管理支出（包括作战和薪金）

① The Making of Defence White Paper，December 6，2019，https：//www.nst.com.my/opinion/columnists/2019/12/545531/making-defence-white-paper（访问时间：2020年3月3日）。

② Malaysia Approves Additional Defence Funds for 2019，April 8，2019，https：//www.janes.com/article/87752/malaysia-approves-additional-defence-funds-for-2019（访问时间2020年3月3日）。

29.66 亿美元，同比增长 22%；装备采购费 7.31 亿美元，同比减少 15%。从军种看，陆军获得约 2.03 亿美元，海军获得约 2.31 亿美元，空军获得约 0.95 亿美元，海事执法局获得 2.13 亿美元。① 发展海事力量仍然是马来西亚军队和国防建设的重中之重。

（三）妥善应对安全威胁

马来西亚是东南亚相对较安全的国家。但近年来恐怖主义威胁上升、水灾频繁成为马来西亚日益严峻的安全威胁。恐怖主义方面，2018 年 6 月，马来西亚遭遇首次恐袭，此后政府持续加大反恐力度，重创恐怖势力。2019 年以来，马来西亚警方逮捕上百名恐怖分子，挫败多起恐怖袭击阴谋。其中较大的逮捕行动有：5 月 5 ~7 日，警方逮捕“伊斯兰国”在马来西亚的 3 名恐怖分子。这些恐怖分子策划于斋戒月第一周在吉隆坡及雪兰莪的教堂、印度庙、寺庙及娱乐场所发动恐袭，并准备了炸弹、武士刀及手枪，计划暗杀 4 名重要政治人物。警方当场缴获一支 CZ75B 半自动手枪、15 枚子弹及 6 个简易爆炸装置。② 7 月 10 日至 9 月 25 日，警方在吉隆坡及 5 个州先后逮捕 16 名恐怖分子，其中 12 人来自印尼，3 人为马来西亚公民，另外 1 人为印度人。这些恐怖分子被指控企图在马来西亚袭击非穆斯林场所和杀害非穆斯林部长。③ 据内政部长穆希丁透露，仅 2019 年 7 月，马来西亚警方就逮捕 519 名恐怖分子④，反恐成效显著。据悉，2013 年以来，马来西亚警方已

① 《马来西亚 2020 年国防预算同比略有增长》，2019 年 10 月 16 日，http：//www.dsti.net/Information/News/116979（访问时间 2020 年 3 月 3 日）。

② 《拟发动恐袭及暗杀重要人物 马四伊国组织分子遭逮捕 另三人在逃》，〔新加坡〕《联合早报》2019 年 5 月 14 日，http：//www.zaobao.com/special/report/politic/attack/story20190514－956284（访问时间：2020 年 3 月 11 日）。

③ 《计划袭击非回教场所 16 恐嫌马国被捕》，〔新加坡〕《联合早报》2019 年 9 月 27 日，http：//www.zaobao.com/special/report/politic/attack/story20190927 － 992321（访问时间：2020 年 3 月 11 日）。

④ 519 Arrested for Terrorism Activities as of July：Malaysian Home Minister，August 26，2019，https：//www.channelnewsasia.com/news/asia/519－arrested－for－terrorism－activities－as－of－july－malaysia－11842496（访问时间：2020 年 3 月13 日）。

25 次粉碎恐怖分子的大规模恐袭图谋。[①] 此外，马来西亚还加大对恐怖主义融资的打击力度。2019 年 11 月，马哈蒂尔在第 11 届打击国际金融犯罪和恐怖主义融资会议上表示，马来西亚将由中央银行、证券委员会、执法机构联合发起倡议，要求金融机构向执法机构提供有关洗钱和恐怖主义融资的信息情报，以配合政府部门强力打击恐怖主义。[②] 与此同时，马来西亚不断加大国际合作，打击恐怖势力。2019 年 3 月，马哈蒂尔在访问菲律宾期间表示，马来西亚致力于打击恐怖主义和极端主义，将与菲律宾和印尼一道在三方对话合作机制框架下，以联合空中和海上的常态化巡逻，应对日益增长的安全挑战。马来西亚与菲律宾将进一步加强反恐、打击跨国毒品贩运等领域合作。[③] 同年 6 月，马来西亚反恐培训班在中国举行，中马两国共同交流反恐合作经验。9 月，马来西亚国防部长萨布在访问澳大利亚期间，与澳方达成合作打击恐怖主义的共识，强调从海外返回的恐怖分子对国家安全威胁较大，两国必须通过多边、双边平台加强反恐合作，分享防务经验和教训。[④] 10 月，马来西亚与土耳其达成反恐合作共识。土方表示将与马来西亚进一步加大合作，分享有关马来西亚的“伊斯兰国”恐怖分子在叙利亚活动的情报。[⑤] 11 月，马来西亚在“东盟 +3”领导人会议上重申，将在东盟与中日韩框架下加强打击恐怖主义和跨国犯罪的合作。

---

① 《马国六年来挫败 25 次恐袭阴谋》，〔新加坡〕《联合早报》2019 年 10 月 3 日，http：//www. zaobao. com/special/report/politic/attack/story20191003 – 993921（访问时间：2020 年 3 月 11 日）。

② Malaysia：Mahathir Announces Program to Combat Terrorism Financing，November 15，2019，https：//www. benarnews. org/english/news/malaysian/financial – crimes – 11052019180210. html（访问时间：2020 年 3 月 13 日）。

③ 《菲律宾和马来西亚将加强反恐等领域合作》，新华网，2019 年 3 月 7 日，http：//www. xinhuanet. com/world/2019 – 03/07/c _ 1124206318. htm（访问时间：2020 年 3 月 13 日）。

④ Malaysia-Australia Joint Statement on Defence Cooperation，September 25，2019，https：//www. minister. defence. gov. au/minister/lreynolds/statements/malaysia – australia – joint – statement – defence – cooperation（访问时间：2020 年 3 月 16 日）。

⑤ Turkey Working with Malaysia to Stamp out IS Terrorist Threat，October 16，2019，https：//www. malaysiakini. com/news/496075（访问时间：2020 年 3 月 16 日）。

相较于恐怖主义，马来西亚在防范洪灾方面招数不多。受季风气候影响，每年9月至次年3月，马来西亚大部分地区进入雨季。东海岸的登嘉楼、关丹等州会出现强风暴雨等极端天气，造成大面积洪涝灾害。洪灾已经成为令马来西亚政府非常棘手的非传统安全威胁。2019年9月下旬以来，东海岸地区出现持续降雨天气，引发严重洪灾。据马来西亚国家灾难管理机构公布的数据，雪兰莪、霹雳、槟城、吉打、玻璃市、柔佛6个州发生洪灾，2143户居民受灾①，共8703人被安置在152个临时救援中心。② 12月以来，沙巴、沙捞越、彭亨、柔佛4州连遭暴雨，引发水灾，共10652人受到影响。③ 其中，柔佛州最为严重，其10个县中有9个县出现水患。截至12月17日，柔佛共有8527人受灾，2312户家庭受到影响④，当局设立了63个临时收容所。⑤ 此外，登嘉楼州和吉兰丹州也遭遇洪水，共计11443人受灾⑥，1.6万人被疏散。马来西亚相关各地方政府在灾难发生后组织救援行动队，第一时间赶赴现场救援，并及时启动疏散中心和救济中心，疏散和安置难民。马哈蒂尔高度重视气候变化及其带来的自然灾害对国家发展的影响。他在出席第74届联合国大会辩论时表示，马来西亚正在变得比以往更热，国际社会应该关注气候变化和自然灾害，而非战争和

① 《水灾：雪州、霹雳及吉打仍受影响》，2019年10月31日，https：//selangorkini. my/zh-hans/2019/10/（访问时间：2020年3月16日）。

② 《马来西亚东海岸水灾严重 气象部门发降雨红色预警》，2019年12月2日，http：//news. cri. cn/20191202/980f545c-27b9-970e-485b-1e9c6389b2e5. html（访问时间：2020年3月16日）。

③ Banjir：Jumlah Mangsa Meningkat Kepada 10，652 Orang，Disember 17，2019，https：//www. bharian. com. my/berita/kes/2019/12/639314/banjir-jumlah-mangsa-meningkat-kepada-10652-orang（访问时间：2020年3月16日）。

④ Banjir：Jumlah Mangsa Meningkat Kepada 10，652 Orang，Disember 17，2019，https：//www. bharian. com. my/berita/kes/2019/12/639314/banjir-jumlah-mangsa-meningkat-kepada-10652-orang（访问时间：2020年3月16日）。

⑤ 《大马柔佛遭大雨侵袭灾情持续恶化 数千人受影响》，2019年12月16日，http：//www. chinanews. com/gj/2019/12-16/9034760. shtml（访问时间：2020年3月16日）。

⑥ Banjir landa Malaysia，lebih dari 11 ribu warga mengungsi，Disember 2，2019，https：//www. aa. com. tr/id/regional/banjir-landa-malaysia-lebih-dari-11-ribu-warga-mengungsi/1661180（访问时间：2020年3月16日）。

冲突，要准备好应对大地震、台风、洪灾和山体滑坡等灾害，学会如何缓解自然灾害带来的影响。①

此外，2020 年以来，马来西亚政府还积极应对新冠肺炎疫情。由于吉隆坡一座清真寺在 2 月 27 日至 3 月 1 日举办“2020 年马来西亚传教士集会”引发交叉感染，马来西亚新冠肺炎疫情病例剧增。截至 3 月 16 日，马来西亚确诊病例累计达 553 人，其中 300 多例与宗教集会活动相关②，成为疫情最严重的东南亚国家。政府决定于 3 月 18 ~ 31 日在全国范围内实施行动限制令，全面禁止大规模聚集性活动，包括宗教、文化、体育等活动；关闭除超市、便利店等出售日常必需品以外的商店；全面禁止民众出国，回国民众需进行健康检查和自我隔离 14 天；禁止外国游客和访客入境；关闭所有高等院校、中小学校和幼儿园等；关闭除水、电、医疗等必要设施以外的公共和私人设施。③ 这是马来西亚历史上首次因疫情影响实施行动限制令。

参考文献

陈中和：《马来西亚伊斯兰政党政治——巫统和伊斯兰党之比较》，新纪元学院马来西亚族群研究中心、策略咨询研究中心联合出版，2006。

骆永昆、马燕冰、张学刚编著《马来西亚》（第二版），社会科学文献出版社，2017。

2019 OECD Economic Survey of Malaysia, July 2019, https：/www. oecd. org/eco/surveys/economic – survey – malaysia. htm.

EIU Country Report：*Malaysia*, The Economist Intelligence Unit, https：//country. eiu.

① Dr M in New York：Pay Attention to Climate Change and Natural Disasters, September 28, 2019, https：//www. nst. com. my/news/nation/2019/09/525318/dr – m – new – york – pay – attention – climate – change – and – natural – disasters – nsttv（访问时间：2020 年 3 月 16 日）。

②《马来西亚颁布“限制活动令”应对新冠疫情》，中国新闻网，2020 年 3 月 16 日，https：//m. chinanews. com/wap/detail/zw/gj/2020/03 – 16/9127452. shtml（访问时间：2020 年 3 月 16 日）。

③《马来西亚宣布实施更严格措施防控新冠肺炎疫情》，新华网，2020 年 3 月 17 日，http：//www. xinhuanet. com/2020 – 03/17/c_ 1125721824. htm（访问时间：2020 年 3 月 17 日）。

com/malaysia.

Foreign Policy Framework of The New Malaysia Change in Continuity, Ministry of Foreign Affairs, Malaysia, 2019.

Defence White Paper：A Secure, Sovereign and Prosperous Malaysia, Ministry of Defence, 2020.

分报告

Topical Reports

B.2
2019年马来西亚政治形势

傅聪聪*

摘　要：　2019年，马来西亚希望联盟政府“乱中求治”，步履蹒跚推动政治改革，但由于竞选承诺难以兑现、族群政治阴影犹在、政策反复令出难行，在其执政周年“改革光环”逐渐褪色，社会不满情绪上升，补选连败导致政府支持率下降。最终，希望联盟在内部路线分歧、派系争斗、选民基础不同等问题中分裂和瓦解。第八任总理穆希丁领导的国民联盟依然面对朝野争斗、派系林立、党内竞争，以及联盟内竞争与合作中的利益纠葛和东马地区主义等挑战。

关键词：　马来西亚　政治形势　希望联盟　政党分裂

* 傅聪聪，北京外国语大学区域与全球治理高等研究院、中印尼人文交流研究中心研究员，主要研究方向为马来西亚政治、族群关系、东南亚国际关系。

2019年12月8日，由马来西亚中华大会堂总会（华总）主推，马来西亚汉文化中心主办，马来西亚华语规范理事会、马来西亚华文报刊编辑人协会及马来西亚广播电台爱FM联办的“2019年马来西亚年度汉字评选”中，“骗”字当选为年度汉字。[①] 这似乎映射出人民对希盟政府执政一年零8个月的综合表现与政绩的心态。

2018年5月9日，成立仅两年多的在野党阵营——希盟在马来西亚前总理、巫统前党主席、92岁高龄的马哈蒂尔领导下，在第14届全国大选（简称“509大选”）中，击败了连续执政61年、由前总理纳吉布·拉扎克领导的执政联盟国民阵线，实现了马来西亚自1957年独立后首次政权更迭。2019年见证了打破国民阵线政治垄断的希盟在实现历史性“变天”之后，乱中求治、极力稳定国内政局。本报告分四个部分，首先分析了2019年马来西亚政治形势，阐述希盟执政一周年的表现与成绩及其尝试重构国家政治生态的努力，其次梳理希盟、巫统和伊斯兰教党等的变化重组，然后分析马来西亚政党政治格局的变化、后威权时代马来西亚政治面临的困境，最后对2020年政局的走向进行展望。

一 2019年马来西亚政治形势

希盟在“509大选”中共夺得下议院113个议席，以“简单多数”优势赢得大选，并联合沙巴民族复兴党（8席）组建新政府。国民阵线仅赢得79席，伊斯兰教党获得18席，沙巴联合阵线（立新党）获得1席，独立人士3席（见表1）。92岁的马哈蒂尔再度“拜相”，成为世界上年龄最高的国家领导人。人民公正党主席万·阿齐扎成为马来西亚首位女性副总理。[②]

---

① 《2019年度汉字：骗》，〔马来西亚〕星洲网，2019年12月8日，https：//www. sinchew. com. my/content/content_ 2159084. html（访问时间：2020年2月9日）。

② 傅聪聪：《马来西亚选后政治：新的希望》，《世界知识》2018年第11期，第38页。

表1　马来西亚第13、14届大选国会下议院各政党席位对比

阵营名称	领袖	2013年大选成绩（第13届）		第13届下议院各阵营席位数	2018年大选成绩（第14届）	
		得票率（%）	席位/总席位数		得票率（%）	席位/总席位数
国民阵线	纳吉布	47.38	133/222	130/222	47.92	79/222
希盟	马哈蒂尔	36.1	67/222	72/222	33.8	113/222
和谐阵线	哈迪·阿旺	14.78	21/222	13/222	16.99	18/222
沙巴民族复兴党	沙菲益			2/222	2.32	8/222
沙巴联合阵线（立新党）	百林·吉丁岸			0/222	0.56	1/222
社会主义党	穆罕默德·纳西尔	0.19	1/222	1/222	0.03	0/222
独立人士				2/222	0.59	3/222

资料来源：根据《维基百科》“2018 Malaysian general election”、“2018年马来西亚大选”、“Pilihan raya umum Malaysia 2018”三个词条整理。Malaysian general election, https://en.wikipedia.org/wiki/2018_ Malaysian_ general_ election; Pilihan raya umum Malaysia 2018, https://ms.wikipedia.org/wiki/Pilihan_ raya_ umum_ Malaysia_ 2018；2018年马来西亚大选，https://zh.wikipedia.org/wiki/2018（访问时间：2020年2月9日）。

与此同时，13个地方州的议会也重新选举出了505名议员，其中12个州的政局发生了巨变。国民阵线失去马来半岛的吉打、霹雳、森美兰、马六甲、柔佛5州的政权，仅保住了玻璃市和彭亨2州的政权。希盟一举夺下马来半岛的槟榔屿、雪兰莪等7个州，而伊斯兰教党守住了吉兰丹和登嘉楼2州。此外，希盟的盟友沙巴民族复兴党与民主行动党和人民公正党合作掌控了东马沙巴州的政权。

2018年希盟在全国大选中获胜后，成功实现政权的和平转移，而未像一些东南亚国家那样出现军人干政现象，这本身就是马来西亚民主政治的成功。① 希盟执政伊始，总理马哈蒂尔颁布新政，推动改革，获得好评，如

① 马来西亚学者蓝中华认为，政权和平转移最关键的因素是马来族群的政治权力和王室权力没有受到侵蚀，国家总体政治和社会秩序仍然维持稳定的状况下，武装部队倾向于接受王室劝告，接受政权必须从国民阵线转移至希盟。同时，英国殖民政府遗留的文人主政、军人不参政传统，成为军人不干涉政治进程的因素之一。详见蓝中华《第14届全国大选政权和平移交的观察》，载潘永强主编《未巩固的民主：马来西亚2018年选举》，〔马来西亚〕华社研究中心，2019，第41～54页。

面见最高元首，启动赦免程序，释放希望联盟精神领袖安瓦尔；[①] 在人事任命上不分族群，44 年来再次任命华人担任财政部长；设立皇家调查委员会调查“一马公司”、联邦土地发展局、人民信托局以及朝圣基金局，并改革重组这些机构的管理层，追查涉案资金资产，对前总理纳吉布提起诉讼；成立内阁特别委员会，重新检讨《马来西亚协议》（1963 年）；等等。尽管其竞选宣言中的“百日十大新政”仅落实了 2 项，部分落实 5 项，3 项尚在进行中，但民调显示，67% 的选民对希盟执政百日的表现给予正面评价。[②]

（一）政治改革步履蹒跚，执政周年光环褪色

尽管马哈蒂尔任职后迅速稳住政局、组建内阁、巩固政府、周旋王室、抗衡巫统、重新审查大型项目，同时游走于中日两国间，执政百日的表现令人眼前一亮，呈现全新面貌。然而，其随后的政策逐渐呈现倒退趋势，如强调马来土著议程，重新重用前巫统“老臣”，令国人感觉仿佛回到 20 世纪 90 年代，引发了分析人士对于新政府推进政治改革决心和能力的忧虑。2019 年 4 月，默迪卡中心公布的希盟执政一周年民望状况调查显示，截至 2018 年 3 月，希盟政府和总理马哈蒂尔的支持率分别从 2018 年的 79% 跌至 39%、从 71% 跌至 46%。[③] 调查还显示，人民最关注的是通货膨胀、贪污和马来人特权与各族群平等待遇等问题，而前总理贪腐问题已经明显淡出选民的视线，尤其马来族群更是很少关心此事。

---

① 《安华将获元首赦免重返政坛》，〔新加坡〕《联合早报》2018 年 5 月 12 日，https：//www. zaobao. com. sg/special/report/politic/mypol/story20180512 - 858267（访问时间：2020 年 6 月 12 日）。

② 《民调：逾 3 分 2 人民满意新政府表现》，〔马来西亚〕透视大马网，2018 年 8 月 15 日，https：//www. themalaysianinsight. com/chinese/s/88098（访问时间：2020 年 3 月 2 日）。

③ “Getting into one year after GE14：PM’s approval rating at 46%，government at 39%”，Merdeka Center，http：//merdeka. org/v4/index. php/downloads/category/2 - researches? download = 192：national - march - 2019 - excerpt - for - press - release，March 11，2019；《希盟民望满江红，你觉得意外吗?》，〔马来西亚〕《光华日报》2019 年 4 月 27 日，https：//www. kwongwah. com. my/20190427/（访问时间：2020 年 3 月 30 日）。

在执政方面，由于民众对上届政府贪污腐败、经济下滑、民生等问题不满，希盟才有机会入主中央，因此解决上述问题成为希盟执政第一年的首要任务。马哈蒂尔大力推进反腐倡廉，效果显著，尤其是彻查“一马公司”弊案、重整反贪委员会，同时强力打击贪腐，调查联邦土地发展局、朝圣基金丑闻，并要求部长申报财产等，成为希盟执政一周年的最大政绩。2019年的全球民主指数与廉洁印象指数也从侧面反映了马来西亚新政与反腐的成效，其中，马来西亚民主指数排名上升9位至全球第43位，而“透明国际”发布的廉洁印象指数中，马来西亚也跃升10位，在180个国家中居第51位。[①]

尽管如此，由于竞选承诺落实不力，族群政治、人权问题等议题频现政策倒退，以及行政方面表现欠佳，希盟政府执政一年来备受批评，具体表现在以下几个方面。

首先，竞选承诺无法兑现，马哈蒂尔坦言“自作自受”。希盟在竞选宣言中曾向选民承诺百日十大新政、五年六十大承诺，然而执政后，承认华文独中统考文凭、废除大道通行费等诸多方面却迟迟难以落实，引起了选民极大不满。2019年底，马哈蒂尔坦言，希盟没想到会胜选，因此确定了“高难度”的承诺，目的是令国阵难堪，结果许多承诺难以实现，如涉及联邦宪法修订，如今自食其果。[②] 财政部长林冠英则指出，2020年对于希盟政府是重要的一年，以其作为起点落实希盟仍未兑现的40%的承诺。而根据“希盟追踪器”的统计，其执政的702天里，556项具体承诺仅完成了26项（5%），122项开始推行（22%），397项（73%）尚未启动。[③]

其次，族群政治如影随形，人权议题频频退让。希盟政府在族群关系、

---

① Kedudukan demokrasi Malaysia lebih baik 2019, Berita Harian Online, Februari 3, 2020, https://www.bharian.com.my/berita/nasional/2020/02/652298/kedudukan-demokrasi-malaysia-lebih-baik-2019-laporan（访问时间：2020年3月30日）。

② 《马哈迪：竞选承诺兑现难 希盟自作自受》，〔新加坡〕《联合早报》2019年10月5日，https://www.zaobao.com/special/report/politic/mypol/story20191005-994488（访问时间：2020年3月30日）。

③ The Harapan Tracker, https://harapantracker.polimeter.org/（访问时间：2020年4月1日）。

宗教、人权等议题上处理不当，屡屡遭到反对党攻击。在签署联合国《消除一切形式种族歧视国际公约》（ICERD）和《国际刑事法院罗马规约》问题上，政府面对来自反对党、马来人社会团体和马来王室的多重压力，民间团体甚至在吉隆坡举行反对签署 ICERD 万人集会，以向政府抗议，柔佛王室也对此多有批评，由此未能签署相关条约。同时，马哈蒂尔在政策上热衷“土著议程”，召开“土著尊严大会”，通过加大扶持土著经济决议，并推动“单一源流教育”，也遭到其他族群选民的反对。

最后，政策“U”形突转，令出难行，引发民怨。首次执政的希盟虽有政坛老将马哈蒂尔坐镇，但其内阁部长和副部长多数为首次任职的“新人”，在与人民沟通和传递政府信息时明显经验不足，过于纠缠政治问题，忽略了部门间政策的协调和推行，造成朝令夕改，政令难行。不仅选民怨声载道，反对党不断嘲笑，就连马哈蒂尔也时而表示对内阁不满意，并对媒体表示，假如给内阁评分，如 10 分是满分，则只能给 5 分。[①]

2019 年底，希盟执政 19 个月后，马来西亚首份《对政府满意度指数》（GSI）显示，综合 1992 名各族群受访者对 6 位主要部长及其他内阁部长的表现评分后，希盟政府仅获得 0.53 分的“普遍满意”分数，其中马来族受访者对政府的满意度最低。而“选民投票意愿”调查显示，巫统与伊党在合作签署《全民共识宪章》（Muafakat Nasional）后，获得了 38% 的受访选民支持，但希盟的支持率则比巫伊组合略高，有 41% 的受访选民表示依然支持希盟。[②] 对于希盟支持率下跌的主要原因，《联合早报》社论认为，一方面是选民期望过高，另一方面是希盟执政经验尚浅，导致一些选民失去耐心。马哈蒂尔表示，希盟在拟定竞选纲领时还是反对党，未考虑到落实竞选承诺可能会碰到的实际困难。而内政部长、土著团结党主席穆希丁表示，雪

① 《内阁不改组　马哈迪：整体表现打 5 分》，〔马来西亚〕透视大马网，2019 年 5 月 6 日，https：//www. themalaysianinsight. com/chinese/s/152627（访问时间：2020 年 3 月 30 日）。

② Annabelle Lee, Harapan Gets “Average” Score on Gov't Satisfaction Index, *Malaysiakini*, December 12, 2019, https：//www. malaysiakini. com/news/503384；《对政府满意度指数出炉　国民评希盟 0. 53 分》，〔马来西亚〕星洲网，2019 年 12 月 12 日，https：//www. sinchew. com. my/content/content_ 2160857. html（访问时间：2020 年 3 月 30 日）。

兰莪州印度庙族群骚乱、希盟政府与王室摩擦等事件，反映了族群与宗教问题是希盟执政面临的最大挑战。[①]

（二）补选连败：新政府支持率和凝聚力不断下降

希盟新政府的政权过渡及其有效治理国家的努力，被接二连三的联邦下议院和州立法议会议席补选打乱。2018 年大选后，希盟与国阵共进行了 9 次补选交战，其中 2018 年 4 场、2019 年 5 场。希盟乘大选胜利之势，在 2018 年的 4 场补选中全部获胜。然而在 2019 年的 5 场补选中 4 次告负，尤其是最后一场涉及丹绒比艾下议院席位的补选，更是惨败给了得到巫伊联盟支持的国阵。补选连胜令国阵尤其是巫统和马华公会重振士气，前总理纳吉布在波各先那下议院选区接受媒体采访时表示，随着人民对国阵和《全民共识宪章》的支持率逐渐提升，巫统和国阵在一些很难取胜的选区也能获胜。尽管补选成绩不能反映大选结果，但是国阵应做好准备，提供更好的方案以获得人民的拥护和认同。[②]

补选接连遭到挫败让希盟新政府“风雨飘摇”，总理马哈蒂尔接受采访时也坦诚未想到会输得如此惨烈。补选结果本身折射出三点：一是中间选民（大部分为青年）在通过选票表达自身的愤怒与对政府的抗议，尤其是对政府兑现竞选承诺和推行政策不力的不满。二是马来族群并未因为土著团结党的马来民族主义政党议程而倒向希盟，巫伊结盟在吸引马来人选票上效应明显，选民明显不认同马哈蒂尔和土著团结党，这也为该党的内部路线分歧埋下了伏笔。三是选民在改革力度、服务效率方面，将新旧政府，尤其将巫统、马华公会与土著团结党、民主行动党进行对比后，做出了新的选择。随着“加威文书法”“马来人尊严大会”“土著经济大会”等事件引发的国内

① 《社论：马国政治恒与变》，〔新加坡〕《联合早报》2019 年 5 月 8 日，https://www.zaobao.com/zopinions/editorial/story20190508 -954810（访问时间：2020 年 3 月 30 日）。

② 《补选连胜≠大选必赢 “国阵须寻良方争支持”》，〔马来西亚〕星洲网，2020 年 1 月 26 日，https://www.sinchew.com.my/content/content_2206667.html（访问时间：2020 年 3 月 30 日）。

族群关系紧张加剧、林吉特贬值导致的生活成本上升、新政府兑现选举承诺不力、部长们因缺乏经验而屡屡犯错、改革步伐慢于预期，尤其是年高 94 岁的马哈蒂尔在向安瓦尔移交总理职位上的反复和不确定性，不同族群、性别、年龄的选民对新政府逐渐丧失信心。

此外，丹绒比艾选区的败选还触发了希盟对马哈蒂尔的再次逼宫，人民公正党元老赛义德·侯赛因·阿里（Syed Husin Ali）高呼这是人民反对马哈蒂尔的一场公投；① 党主席安瓦尔随即拜会马哈蒂尔商讨"交棒计划"，一时间马哈蒂尔总理面临下台压力。

（三）最高元首跳跃轮替

2019 年新年伊始，国家王宫庶务主管发布声明，最高元首（Yang di-Pertuan Agong）苏丹穆罕默德五世已根据联邦宪法辞职，并于 1 月 16 日生效。这是马来西亚独立 60 年来首位任期未满便提前退位的最高元首，也是历史上任职时间第二短的最高元首，在任仅 2 年零 24 天。对于这一事件，马国内媒体低调报道，部分网媒暗示苏丹"爱美人不爱江山"，曾于 2018 年 11 月在海外休假就医期间，与前莫斯科小姐沃耶沃金娜秘密结婚。然而，国家王宫并无任何官方消息，对此次最高元首退位也未做任何说明。49 岁的吉兰丹苏丹穆罕默德五世于 2016 年 12 月 13 日就任第 15 任最高元首，任职期间关注经济与发展，支持废除消费税和稳定油价等政策，提倡团结与和谐价值观，并在全国大选后迅速全面赦免并释放人民公正党实权领袖、前副总理安瓦尔，得到了马来西亚社会的称赞。②

穆罕默德五世退位后，根据联邦宪法，继任最高元首者的顺序依次为彭亨、柔佛、霹雳、森美兰、玻璃市、登嘉楼和吉打州的苏丹（这些州在马

① Kekalahan PH referendum rakyat terhadap pentadbiran Dr M，*Malaysiakini*，November 16，2019，https：//www. malaysiakini. com/news/500100（访问时间：2020 年 4 月 2 日）。

② 傅聪聪：《主动退位与跳跃接班：马来西亚最高元首轮替》，《世界知识》2019 年第 5 期，第 32 页。

来西亚历史上曾是苏丹小国)。由于时任彭亨苏丹艾哈迈德·沙年迈体弱，恐难接任最高元首一职，媒体热议谁将成为继任人选。同时，总理马哈蒂尔亲赴新山与柔佛苏丹易卜拉欣“修好”，更引发猜测。但是，2019 年 1 月 12 日彭亨州王宫突然宣布老苏丹艾哈迈德同意逊位，由王储、摄政王东姑·阿卜杜拉继任彭亨第六任苏丹。这一举动让各界明显感觉到是为其接任最高元首一职铺垫。1 月 24 日，第 251 次统治者特别会议最终推选 60 岁的彭亨新苏丹阿卜杜拉·里阿亚图丁·穆斯塔法·比拉·沙为第 16 任最高元首。阿卜杜拉苏丹接任最高元首颇具戏剧性，也再度创造了历史。因为最高元首和各州君主主动逊位本就十分罕见，而短短一个月内同时发生逊位与继位，则更是百年难遇。[①]

马来西亚是君主立宪制国家，政府实行联邦议会制。宪法规定最高元首为国家元首，行政权属于由总理领导的内阁，内阁由最高元首在总理的建议下从议员中任命并集体对议会负责。尽管最高元首是联邦的最高领导人、武装部队最高统帅，但是在大多数问题上，最高元首需根据总理领导的内阁建议行事，并不行使统治权。但最高元首在立法、任命总理和内阁、召开或解散议会等方面拥有特定的权力。

(四)《马来西亚协议》(1963年)：中央 - 地方关系重塑

除了“一马公司”贪腐案、纳吉布与巫统声誉日下，东马来西亚的沙巴和沙捞越两州也是“509 大选”中国民阵线历史性落败的关键因素之一。原属文莱的沙巴和沙捞越两州位于加里曼丹岛东北部和西北部，与印尼接壤，远离马来西亚政治、经济与文化中心，属于“边缘地区”。东马两州议席对于马来西亚半岛的政党而言，是赢得全国大选的稳定器。第 14 届大选前夕，朝野政党纷纷在竞选承诺中推出惠及东马的施政纲领，希盟在竞选宣言第四章中明确提出“恢复沙捞越和沙巴州的平等伙伴关系”，并在“百日

① 傅聪聪:《主动退位与跳跃接班：马来西亚最高元首轮替》，《世界知识》2019 年第 5 期，第 33 页。

新政”中承诺将成立内阁特别委员会，检讨和落实《马来西亚协议》（1963年）。[1] 国民阵线也在《给力国阵，共创强盛大马》的宣言中承诺要让东马两州“乐开怀”，包括落实1963年《马来西亚协议》中给予两州的特权、提供大型基础设施建设项目。[2] 最终在大选沙巴州角逐中，沙巴民族复兴党和希盟共赢得沙巴125个下议院议席中的15席（民族复兴党8席、民族行动党3席、人民公正党3席、立新党1席），而在州选举层面，民族复兴党也赢得了21个州立法议会议席，这对于成立仅两年的政党而言是十分出色的成绩。大选后，东马的两个州自20世纪80年代以来首次实现了某种意义上的“自治”。州议会层面，一边是推崇“沙捞越优先”的沙捞越政党联盟执政“犀鸟之邦”；另一边民族复兴党拒绝加入希盟，只以盟友方式和希盟联合组建沙巴州政府。[3]

1.《马来西亚协议》与婆罗洲的困境

《马来西亚协议》（以下简称《协议》）是了解当代婆罗洲政治与马来西亚央地关系的出发点。《协议》由英国、马来亚、北婆罗洲（后称“沙巴”）、沙捞越及新加坡五方于1963年7月9日在英国伦敦签署。[4]《协议》赋予北婆罗洲和沙捞越在拟议的联邦内的高度自治权。这一自治权源自北婆罗洲和沙捞越的政治领袖提出的20项要求，即“二十点”协议，作为同意组建马来西亚联邦的回报。“二十点”协议是两个州在联邦体制内高

---

① 《希盟宣言：拥抱希望、重建家园》，2018，第11~12页。

② BERSAMA BN, HEBATKAN NEGARAKU, *Manifesto Barisan Nasional*, 2018.

③ James Chin, GE14 in East Malaysia: MA63 and Marching to a Different Drum, *Southeast Asian Affairs*, Volume 2019, p. 211.

④ 1962年7月31日马来西亚首任总理东姑·拉赫曼和英国政府签订协定，规定英国在北婆罗洲、沙捞越和新加坡的权力将于1963年8月31日马来西亚联邦成立时完成移交。协定还同意任命一个双边政治委员会，做出宪法上的安排，以保障婆罗洲各州的特殊利益。见骆永昆、马燕冰、张学刚编著《马来西亚》（第二版），社会科学文献出版社，2017，第91页。《马来西亚协议》内容分英文及马来文两部分，虽然只有简单的11个条文，但是附录部分有11项非常重要的文件，即附录A—K，包括马来西亚法案，沙巴、沙捞越及新加坡三地宪法，以及马来西亚移民法案等。见邬平生《大马协议与大马未来》，〔马来西亚〕当今大马网，2016年9月19日，https://www.malaysiakini.com/letters/356212（访问时间：2020年4月5日）。

度自治的政治保障。[①] 沙巴和沙捞越当时和现今的领袖都认为，如不保留高度自治权，东马则会被马来西亚半岛的人“占领”。因此，他们在语言、宗教、移民、关税与财政、教育以及自然资源等方面要求自治。

联邦建立半个多世纪以来，东马人民感到本应自治的事务已被联邦政府通过行政规定和违背《协议》的宪法修正案而有效接管。两州民族主义者认为，沙巴和沙捞越在经济上对联邦的贡献大于所得，尤其是石油天然气方面。政治上被忽视也导致东马的发展相对于半岛严重滞后。例如，东马内陆地区很多地方尚未通水通电。[②] 同时，巫统长期奉行的“马来人至上”和“伊斯兰至上”的政治意识形态在沙巴和沙捞越均有争议。一方面，沙巴的主体民族是土著卡达山杜顺毛律族，沙捞越的主体民族是达雅克族，他们基本上是非穆斯林和非马来人；另一方面，东马两州的马来人也并不将马来亚的马来人视为“同胞兄弟”，两州在伊斯兰教上也更为宽容，这主要是由于两州在人口结构上更具多元性。[③]

对历史遗留问题的不满引发了对《协议》的争议。作为共同建立联邦

① James Chin, Sabah and Sarawak in the 14th General Election 2018（GE14）: Local Factors and State Nationalism, *Journal of Current Southeast Asian Affairs*, Vol. 3, 2018, p. 174. “二十点”协议主要内容包括：（1）伊斯兰教作为马来西亚的国教，不应适用于沙捞越和沙巴。（2）移民控制权应由沙巴州和沙捞越州政府负责。（3）公务员应尽可能由本地居民担任。（4）未经沙巴州和沙捞越州政府同意，不得对“二十点”协议进行任何修改或修正。（5）不允许脱离联邦。（6）沙捞越州和沙巴州的土著民族应享有与马来族相应的“特殊地位”。（7）沙巴州和沙捞越州应享有高度的财政自主权，如控制本州财政、发展支出和关税等。（8）英语应继续作为官方语言。（9）未经沙巴州和沙捞越州同意，联邦政府不得对保障措施进行修正。详见 James Chin, GE14 in East Malaysia: MA63 and Marching to a Different Drum, *Southeast Asian Affairs*, Vol. 2019, p. 212. James Chin, “New” Malaysia: Four Key Challenges in the Near Term, *Lowy Institute Analyses*, The Lowy Institute, March 2019, p. 6。

② James Chin, Sabah and Sarawak in the 14th General Election 2018（GE14）: Local Factors and State Nationalism, *Journal of Current Southeast Asian Affairs*, Vol. 3, 2018, p. 175. James Chin, “New” Malaysia: Four Key Challenges in the Near Term, *Lowy Institute Analyses*, The Lowy Institute, March 2019, p. 7.

③ James Chin, Sabah and Sarawak in the 14th General Election 2018（GE14）: Local Factors and State Nationalism, *Journal of Current Southeast Asian Affairs*, Vol. 3, 2018, p. 175. James Chin, “New” Malaysia: Four Key Challenges in the Near Term, *Lowy Institute Analyses*, The Lowy Institute, March 2019, p. 7.

的三个政治实体之一（马来亚、新加坡、北婆罗洲/沙捞越），东马人民强烈感到联邦政府并没有遵守《协议》中承诺给予其的保障与特权，自身作为与马来亚“同等立国之邦”的地位，也在联邦中被边缘化了。卡达山杜顺毛律族和达雅克族间常开的玩笑是，相比马来族他们是“二等土著”。[①]

2. 修宪进程与央地关系未来

第 14 届大选结果改变了东马两州与联邦的关系，执政联盟无法控制沙巴州和沙捞越州，而沙巴民族复兴党和沙捞越政党联盟作为东马民族主义的政党（联盟），积极要求重新获得《协议》规定的“自治权”。对此，如果联邦政府不能在政治层面妥善处理两州的历史积怨，这一问题将会演变为分离主义的动力。[②] 希盟政府执政以来，首先就落实《协议》和处理沙巴、沙捞越两州地位问题专门成立内阁特别委员会，作为对百日新政的落实和对东马不满情绪的回应。[③] 同时，总理马哈蒂尔也在“土著与国家未来大会”“马来西亚日”等庆典活动中表示，政府将按照《协议》内容，恢复沙巴和沙捞越两州平等伙伴的地位，并承诺关注东马的基础设施建设与发展。2019 年初，负责法律事务、来自东马的总理府部长刘伟强宣布，经过内阁决议，他将向下议院提呈《2019 年联邦宪法（修正）法案》，通过修正联邦宪法第 1（2）条，恢复沙巴、沙捞越在 1963 年组建马来西亚联邦时的地位。[④]

4 月 4 日，刘伟强首先在下议院提呈修宪法案一读，但遭到东马和西马

---

① 东马人民认为他们未真正从 1971 年开始的“新经济政策”中广泛的平权行动中受益。见 James Chin, Sabah and Sarawak in the 14th General Election 2018（GE14）: Local Factors and State Nationalism, *Journal of Current Southeast Asian Affairs*, Vol. 3, 2018, p. 175.

② James Chin, “New” Malaysia: Four Key Challenges in the Near Term, *Lowy Institute Analyses*, The Lowy Institute, March 2019, p. 8. 詹运豪指出，小规模的分离主义运动已经在这两个州活跃起来。如果联邦政府继续无视历史问题造成的不满情绪，这些运动很容易形成势头。

③《内阁设特委会，检讨和落实 1963 年大马协议》，〔马来西亚〕当今大马网，2018 年 7 月 19 日，https://www.malaysiakini.com/news/434978（访问时间：2020 年 4 月 5 日）。

④《政府将动议修宪，恢复沙砂平等伙伴地位》，〔马来西亚〕当今大马网，2019 年 3 月 8 日，https://www.malaysiakini.com/news/467187；《政府呈法案修宪，寻求恢复沙巴砂拉越地位》，〔马来西亚〕当今大马网，2019 年 4 月 4 日，https://www.malaysiakini.com/news/470818（访问时间，2020 年 4 月 5 日）。

反对党议员的反对和抗议。沙捞越政党联盟、沙巴团结联盟及国民阵线发表联合声明，认为修宪法案的提交过于仓促，应在总理马哈蒂尔主持的《协议》指导委员会完全确定宪法中关于沙巴、沙捞越的权利后再提交。4 月 9 日下议院修宪法案二读后，最终只有 138 票支持，未能达到议会 2/3 票数，由此，希盟执政不到一年的首个修宪法案未能通过。刘伟强表示，希盟政府不会放弃修宪，将为恢复东马两州地位斗争到底，并将失败归咎于反对党，认为这是对人民意愿的漠视。沙捞越政党联盟主席法迪拉表示，希望修宪法案不要仓促通过，而是经过涵盖沙巴及沙捞越代表的委员会协商后做出全面修正，并经过议会遴选委员讨论后再寻求通过。巫统副主席莫哈末哈山则认为，法案不可仓促通过，议会的否决反映了希盟政府的疲软、部长准备不足，将给执政方带来负面影响。[①] 巫统总秘书安努亚更将此次修宪失败形容为历史性溃败，敦促政府下台。

虽然修宪法案无疾而终，沙巴和沙捞越两州在希盟执政的第二年也未看到任何实质的地位变化和利益分配。但是，刘伟强透露，政府与沙巴、沙捞越两州针对《协议》中“二十一点”已达成 17 点，另有 4 点将继续商榷。总理马哈蒂尔在 2019 年的“马来西亚日”再次承诺，政府将继续努力恢复沙巴和沙捞越的伙伴地位，首先将把西巴丹岛（Pulau Sipadan）及利吉丹岛（Pulau Ligitan）的行政权全部归还给沙巴州。[②]

展望未来，除了曾是英帝国的一部分，马来西亚半岛与婆罗洲在历史、文化、族群等方面没有任何共同点，联邦政府将继续面对婆罗洲民族主义的浪潮。两州也将继续坚持与联盟政府围绕《协议》中的自治权问题进行谈判。随着马来西亚政党政治碎片化加剧，两州的议席在新马来西亚权力格局中的分量将越来越重，甚至成为“决定一票”，这将进一步改变联邦与两州

① 《同情敦马修宪遭否决　“不靠谱部长没做足准备”》，〔马来西亚〕星洲网，2019 年 4 月 10 日，https：//www. sinchew. com. my/content/content_ 2036282. html（访问时间：2020 年 4 月 10 日）。

② 《首相承诺持续努力，恢复砂沙伙伴地位》，〔马来西亚〕星洲网，2019 年 9 月 17 日，https：//www. sinchew. com. my/content/content_ 2117091. html（访问时间：2020 年 4 月 6 日）。

原有的政治关系。虽然未来央地关系的形态无法确定，但联邦对东马两州直接干预的时代已经一去不返。①

（五）失去希望的人民与马哈蒂尔的困境

人们对马哈蒂尔控制马来西亚政治的能力早就不再怀疑，他曾多次领导巫统和国民阵线连续取得大选胜利；他曾“两进两出”巫统，并另创新党，击败执政长达60年的国民阵线；他曾多次直面党内的挑战者，罢黜副手，赢得党内斗争；他还曾挑战马来君主，修改宪法削弱君主的政治影响，巩固自己的政治权力。然而，2019年11月16日，马哈蒂尔领导的希盟在柔佛州丹绒比艾议会议席补选中惨败于前执政联盟国民阵线，似乎映射出人们对希盟的执政能力和马哈蒂尔政治能力的疑虑。② 林瑞源指出，尽管马哈蒂尔否认希盟是“国民阵线2.0”，但执政一年多后，希盟形同另一个国阵，政治上依然被族群政治捆绑和牵制，无法推动改革。如果希盟走不出族群政治的困境，最终支持者会不再相信希盟。③ 拉曼大学学者陈中和认为，希盟执政一年来已出现至少三个重大危机。一是信心危机，体现在政策变化大、承诺难兑现、治理水平低，使民怨积累；二是接班危机，主要指马哈蒂尔在“权力交接”上悬而未决，为希盟执政埋下隐忧；三是方向危机，当前政府的施政方向与原本主张打破顽固守旧的族群政治，朝向任人唯才、公平合理的发展方向背道而驰，形成严重的方向危机。④ 马华公会总会长魏家祥表示，马哈蒂尔“二度任相”却并未如期实现他所倡议的“2020宏愿”，马来西亚也无法摆脱数十年的种族政治思维框架，政府新推出的《共享繁荣

---

① James Chin, Sabah and Sarawak in the 14th General Election 2018（GE14）：Local Factors and State Nationalism, *Journal of Current Southeast Asian Affairs*, Vol. 3, 2018, p. 189.

② 傅聪聪：《选区补选失利折射马来西亚执政联盟困境》，《世界知识》2019年第24期，第50页。

③ 《林瑞源：希盟走不出困境》，〔马来西亚〕星洲网，2019年8月27日，https：//www.sinchew.com.my/content/content_2106586.html（访问时间：2020年4月2日）。

④ 陈中和：《希盟执政一周年危机四伏》，〔马来西亚〕星洲网，2019年5月10日，https：//www.sinchew.com.my/content/content_2051529.html（访问时间：2020年4月2日）。

2030愿景》反映了经济分配依然是按照族群比例，这与希盟公认的第八任总理人选安瓦尔所倡议的“不分种族”背道而驰。[①]

纵观希盟政府执政的19个月，第一年政令反复无常，陷入族群与宗教问题的泥沼，竞选承诺难以兑现，施政方针与路线不清；第二年围绕领导权交接而浮现了比以往更激烈的内斗，朝野各政党合纵连横，执政党内部派系斗争白热化，基层嫌隙不断。

二　联盟重构：巫统、伊斯兰教党与“国家和谐联盟”

（一）“国民阵线”分崩离析

第14届大选前，由于2009年沙巴进步党退出，国阵尚余13个成员党，包括巫统、马华公会（MCA）、印度人国大党（MIC）、民政运动党（Gerakan）、人民进步党（MyPPP）、沙捞越土保党（PBB）、沙捞越人民联合党（SUPP）、沙捞越人民党（PRS）、沙捞越民主进步党（PDP）、沙巴团结党（PBS）、沙巴人民团结党（PBRS）、沙巴自由民主党（LDP）和沙巴民统党（UPKO）。

“509大选”甫一失利，国民阵线内部就出现分裂，各成员党酝酿退出国阵。2018年5月10日，沙巴民统党率先退出国阵，转而支持希盟与民兴党，导致国阵沙巴州新政府不到48小时就宣布倒台。11日，沙巴自由民主党以大选落败为由宣布退出国阵。12日，沙巴人民团结党宣布加入希盟，成为第三个离开沙巴国阵的政党。同日，沙巴团结党主席丹斯里拜林认为国阵不再是合适的平台，该党将退出并寻求建立沙巴“团结联盟”。19日，备受争议的人民进步党主席卡维斯宣布该党退出国阵。半年后的12月12日，沙巴巫统再次爆发大规模退党潮，主席拿督哈芝芝诺率领25个区部集体退

① 《敦马虽二度任相　“马没摆脱种族政治”》，〔马来西亚〕星洲网，2020年1月27日，https://www.sinchew.com.my/content/content_2207145.html（访问时间：2020年4月2日）。

党，其中包括9名州议员、5名下议院议员、2名上议院议员及21名区部领袖、青年团和妇女组领袖，导致沙巴巫统仅剩下1国1州议员。[①] 随着2019年2月马哈蒂尔宣布土著团结党“东渡沙巴”，12月退出沙巴巫统的5名议会议员、8名州议员加入土著团结党。[②] 由此，国民阵线在东马沙巴州的势力几乎全军覆没。

沙捞越州政局如出一辙。2018年5月12日，祖卡和孙伟瑄两名独立议员宣布加入希盟公正党。6月12日，沙捞越土保党、沙捞越人民联合党、沙捞越人民党和沙捞越民主进步党4个国阵盟党集体宣布退出，并筹组以沙捞越本土政党为主的新联盟——沙捞越政党联盟（GPS）。[③] 四党联合声明指出，考虑到全国大选后的政治发展方向，决定退出国阵。新联盟将在涉及国家利益和州利益，以及基于联邦宪法和马来西亚联邦利益的议题上，与中央政府合作。[④] 这一政党联盟在议会下议院共有19个议席，在沙捞越州立法议会拥有82席中的72席。四党的退出使国阵在下议院议席数大减，再次削弱了国阵的政治实力。至此，国民阵线在东马的政治存在消亡殆尽。

在马来西亚半岛，国民阵线同样呈现实力萎缩趋势，党员纷纷“跳槽”加入希盟。先是霹雳州巫统开除了两名表示支持希盟组建州政府的议员，随后巫统柔佛州三名议员加入土著团结党，使希盟在柔佛州议会议席数超过

---

① 《数十领袖集体退党　沙巴巫统濒临瓦解》，〔新加坡〕《联合早报》2018年12月13日，https：//www. zaobao. com. sg/special/report/politic/mypol/story20181213 – 915345（访问时间：2020年4月2日）。

② 5 Ahli Parlimen, 8 ADUN dari Sabah serah borang BERSATU, Berita Harian Online, February 15, 2019, https：//www. bharian. com. my/berita/politik/2019/02/531185/5 – ahli – parlimen – 8 – adun – dari – sabah – serah – borang – bersatu；《土团东渡沙巴，前巫统13国州议员申请加入》，〔马来西亚〕星洲网，2019年2月16日，https：//www. sinchew. com. my/content/2019 – 02/16/content_ 2010433. html（访问时间：2020年3月24日）。

③ Parti komponen BN Sarawak bentuk Gabungan Parti Sarawak, Utusan Borneo Online, June 12, 2018, https：//www. utusanborneo. com. my/2018/06/12/parti – komponen – bn – sarawak – bentuk – gabungan – parti – sarawak（访问时间：2020年3月24日）。

④ 《尊重砂四政党退出国阵》，〔马来西亚〕透视大马网，2018年6月13日，https：//www. themalaysianinsight. com/chinese/s/54501（访问时间：2020年3月24日）。

2/3。2018 年 6 月 23 日，民政党中央委员会一致决定，结束该党 44 年来作为国阵内盟党的历史。这使国民阵线作为马政治史上最大的政党联盟已经坍塌，仅剩巫统、马华公会、国大党三个成员党，下议院议员也锐减至 57 人。① 然而，国阵的分裂尚未结束。前副总理、巫统署理主席艾哈迈德 · 扎希德在 6 月底以高票当选第八任党主席，引发了包括前贸工部长慕斯达法、前外交部长阿尼法、旅游部副部长玛丝在内的 6 名党内要员退党，直接导致巫统丧失国会第一大政党地位。12 月，巫统东西马掀起又一波退党潮，先有沙巴巫统集体退党，随后趋势蔓延到西马，第二批 6 名巫统下议院议员退党，由此巫统在联邦议会第二大政党地位不保。此时，巫统党内多名领袖向党主席“逼宫”，要求其主动卸职，他们认为艾哈迈德 · 扎希德面对 46 项指控，一旦被判决有罪，很可能牵连政党。②

2018 年 12 月 18 日，受到退党潮的冲击，同时身陷贪腐丑闻，扎希德不得不宣布休假，移交巫统主席和国阵主席的职务。扎希德直言巫统已经四分五裂：“第一派是那些要维持原状的人，他们不想与其他政党联手；第二派则希望跟希盟的某个政党联手；第三派则要与另一个与行动党有合作的希盟成员党联手；第四派要求巫统跟伊党合作，组成在野党联盟；第五派要求建立一个全新的组合，是一个包含在野党的大联盟。”③

国阵分崩离析、组织涣散，其核心巫统的党中央羸弱、士气低迷，国阵和巫统都无力进行彻底改革，急需通过接连不断的补选，在短期内重振士气。由此，是否与伊党合作，或与希盟及马哈蒂尔合作，党内一直争论不休。

---

① Prasadh Michael, Gerakan umum keluar BN, keputusan “sebulat suara”, *Malaysiakini*, June 23, 2018, https: //www. malaysiakini. com/news/430943;《探讨民政退出，扎希冀组“类国阵”新联盟》,〔马来西亚〕当今大马网，https: //www. malaysiakini. com/news/430979（访问时间：2020 年 3 月 24 日）。

② 《巫统退党潮内乱，希山：须马上会商》,〔马来西亚〕东方日报网，2018 年 12 月 16 日，https: //www. orientaldaily. com. my/news/nation/2018/12/16/271668（访问时间：2020 年 3 月 24 日）。

③ 《扎希坦言巫统分裂五派，透露已入禀起诉退党议员》,〔马来西亚〕当今大马网，2018 年 12 月 18 日，https: //www. malaysiakini. com/news/456789（访问时间：2020 年 3 月 24 日）。

表 2　第 14 届大选后马来西亚议会下议院各政党席位数分配（2019 年最新）

阵营/政党名称	领袖	第 14 届下议院议席数（截至 2020 年 2 月 24 日）	2018 年大选后下议院议席数(2018 年 5 月 9 日)
国民阵线	艾哈迈德·扎希德	42/222	79/222
巫统	艾哈迈德·扎希德	39/222	54/222
马华公会	魏家祥	2/222	1/222
印度人国大党	维纳斯瓦兰	1/222	2/222
希盟	马哈蒂尔	129/222	113/222
人民公正党	安瓦尔	50/222	47/222
民主行动党	林冠英	42/222	42/222
土著团结党	马哈蒂尔、穆希丁	26/222	13/222
国家诚信党	穆罕默德·萨布	11/222	11/222
和谐阵线	哈迪·阿旺	18/222	18/222
伊斯兰教党	哈迪·阿旺	18/222	18/222
沙捞越政党联盟	阿邦佐哈里	18/222	18/222
沙巴民族复兴党	沙菲益	9/222	8/222
沙巴民统党	马迪乌斯	1/222	1/222
沙巴立新党	百林·吉丁岸	1/222	1/222
沙巴团结党	麦西慕	1/222	1/222
沙巴人民团结党	佐瑟古律	1/222	1/222
沙捞越团结党	黄顺舸	1/222	1/222
独立人士		1/222	3/222

资料来源：《每日新闻》（*Berita Harian*）、《维基百科》“Pilihan Raya Umum Malaysia 2018”。Kerusi Parlimen, https://www.bharian.com.my/image/infografik-kerusi-parlimen-setakat-jam-8-malam-24-februari?page=6（访问时间：2020 年 3 月 24 日）。

（二）鏖战补选：走向“巫伊合作”

2018 年大选前，重新洗牌的大马政坛呈现巫统领导的“国民阵线”、伊党领导的“和谐阵线”与人民公正党和马哈蒂尔领导的希盟彼此竞争的“三足鼎立”之势。这最终分散了马来人选票，大选后统计数据表明，超过 20% 的选票流向了伊党——其中有不少是巫统最为看重的乡村马来选民。马来西亚半岛的 30 个选区中，国阵和伊党的得票之和高于希盟票数。由此，许多巫统党员坚信，只要重新凝聚分散的马来人选票，巫统一定能夺回政权。巫统内部也出现了与伊党合作的声音。随后，巫统党选中以艾哈迈德·扎希德为首的保守派大获全胜，为巫统与伊党开展政治合作奠定了基础。[①]

早在第14届大选前，巫伊合作就初现端倪。2015年，纳吉布政府在联邦议会支持伊党主席哈迪·阿旺提呈的《1965年伊斯兰法庭（刑事权限）法令修正案》。2016年，纳吉布还与哈迪·阿旺共同出席声援罗兴亚人集会，并对记者坦言两党在穆斯林议题上可以合作。实际上，早在2008年的政治海啸中，执政联盟国民阵线自1969年大选以来首次失去了联邦议会下议院2/3的议席优势，同时在反对党“人民联盟”赢下马来西亚半岛5个州的选举后，巫统党内就有声音呼吁要与伊斯兰教党合作，否则马来人将失去权力。[②] 10年之后，历史重现。

2018年7月20日，行动党原任无拉港州议员黄田志因车祸逝世；8月2日，人民公正党斯里斯蒂亚州议员萨哈鲁丁因癌症逝世，两场补选的突然到来，为巫伊合作提供了契机。国阵与伊党的候选人形成了非正式联盟，在两个议席分别对阵来自希盟的候选人。巫统高层领袖悉数上台，声援“非正式盟友”伊党。尽管此次双补选中，巫统和伊党都未能取胜，但是两党的得票率有了显著提升。巫统显然从两次补选的结果中受到鼓舞，并且相信“巫伊合作”能够带来更多的马来选票。[③] 然而，“巫伊合作”似乎只是权宜之计，两党如若正式联合，依然会受到来自社会的质疑——巫统和伊党已然被贴上了煽动种族仇恨的标签[④]，甚至许多保守的巫统以及伊党议员都对

① 陈戎轩、傅聪聪：《马来西亚两党合作：新的“马来圣战”开始?》，《世界知识》2019年第16期，第34页。

② Kamarumdin Jaffar, *Krisis Ketuanan Melayu*, IKDAS, 2010, pp. ix – xi.

③ 陈戎轩、傅聪聪：《马来西亚两党合作：新的“马来圣战”开始?》，《世界知识》2019年第16期，第34页。

④ Isu kerjasama PAS-Umno：Lim Guan Eng perbetul kenyataan “perang”, *MSN Malaysia*, March 7, 2019, https：//www. msn. com/en – my/news/national/isu – kerjasama – pas – umno – lim – guan – eng – perbetul – kenyataan – perang/ar – BBUtMKi（访问时间：2019年3月24日）。

两党合作态度谨慎。①

经历了元老离党和大规模退党潮的巫统，内部动荡、实力锐减，急需外部力量支持，但哈迪·阿旺态度尚显犹豫，担心巫统沉没牵连伊党。这一阶段，两党在反对《消除一切形式种族歧视国际公约》大集会的良好合作，以及在金马仑、士毛月两场补选中通过合作接连获胜，使两党领袖看到了合作共赢的可能性，打消了顾虑，巫伊合作也由此进入第三阶段。②

2019 年 3 月 5 日，巫统宣布将与伊党正式展开合作，并成立特别技术委员会，以探讨未来的合作方向。巫统代理主席穆罕默德·哈桑不无戏谑地在发布会上将两党合作比喻为“联姻”。4 月 14 日，穆罕默德·哈桑在森美兰州立法议会晏斗选区补选中再次获胜。这不仅是巫统连续第三次在补选中击败执政党希盟，更是巫伊正式合作后取得的首场胜利。5 月 11 日，哈迪·阿旺正式宣布，伊党和巫统商讨结盟迎战第 15 届全国大选。③

（三）组建新阵线：“国家和谐联盟”

历史上，巫伊两党关系渊源深厚。伊党与巫统同宗同源，1951 年，由于对世俗主义路线不满，马来西亚北部一批巫统党员宣布退党并创建伊斯兰教党。伊党曾作为 9 个创始成员党之一，于 20 世纪 70 年代短暂参与时任总理拉扎克组建的“国民阵线”。此次合作在 1977 年伊党内部分裂后，走向瓦解。1990 年，伊党还曾与从巫统中分裂出的“四六精神党”短暂结盟迎战大选。

2019 年 6 月 22 日，第 65 届马来西亚伊斯兰教党全国大会通过动议，正式批准该党与巫统开展政治合作（Taawun Siyasi），授权党中央在适当的时候与巫统缔结正式政党联盟（Tahaluf Siyasi）。伊党乌理玛理事会成员

---

① Lepas “sanding”, Mohd Amar kata PAS-Umno “baru main mata”, *Malaysiakini*, https://www.malaysiakini.com/news/467783（访问时间：2019 年 3 月 24 日）。

② 陈戎轩、傅聪聪：《马来西亚两党合作：新的“马来圣战”开始?》，《世界知识》2019 年第 16 期，第 34 页。

③ 陈戎轩、傅聪聪：《马来西亚两党合作：新的“马来圣战”开始?》，《世界知识》2019 年第 16 期，第 34 页。

阿斯里解释，政治合作指两党的合作无约定期限，而政治结盟指有协议的联盟。他表示，“伊党与巫统都是一同为伊斯兰教和马来民族而斗争的”。[①]

9月14日，马来西亚国内两个最大的马来族群政党终于正式结盟，两党领袖签署《全民共识宪章》（Muafakat Nasional），旨在团结马来人和穆斯林力量，作为下一届全国大选重夺政权的战略。宪章强调，一方面要在联邦宪法框架下，全面强化伊斯兰教、马来人和土著议程；另一方面在不否认多元宗教、族群和文化作为国家政治稳定、民族和谐和国家繁荣的基础作用下，来守卫伊斯兰教和马来人论述以建立合作。[②]

宪章的签署标志着以巫统和伊斯兰教党为核心的“国家和谐联盟”的建立，其目标就是通过政治联盟来赢得马来人的选票。这一点在2019年最后一场补选中得到了检验，扎希德甚至表示：“国阵以获得1.5万多张选票的大胜证明《全民共识宪章》是超越种族及政治理念的，除了证明这种合作模式获得人民支持，证明了多元理念的成功，也粉碎了对两个最大马来人政党的合作是种族主义和塔利班的抨击。”[③]

国家和谐联盟是否会取代国民阵线尚不确定。一方面，马华公会和印度人国大党虽然接受了国家和谐联盟，但仍表示要以多元文化和中庸价值为基础，巫统需要在伊斯兰教党和马华公会、印度人国大党之间扮演联盟支点角色；另一方面，巫统需要从沙巴和沙捞越政党中赢回失去的支持。一种观点认为，对巫统而言最理想的情况是由国家和谐联盟取代过时的国阵，说服国

① 陈戎轩、傅聪聪：《马来西亚两党合作：新的“马来圣战”开始?》，《世界知识》2019年第16期，第34页。

② Piagam Muafakat Nasional UMNO, PAS dimeterai, Berita Harian Online, September 14, 2019, https://www.bharian.com.my/berita/politik/2019/09/606917/piagam-muafakat-nasional-umno-pas-dimeterai；《巫伊签〈全民共识宪章〉 大团结加强土著议程》，〔马来西亚〕星洲网，2019年9月14日，https://www.sinchew.com.my/content/content_2115973.html（访问时间：2020年3月28日）。

③ 《巫统做出很多改变·重夺政权 首要任务》，〔马来西亚〕星洲网，2019年12月6日，https://www.sinchew.com.my/content/content_2158303.html（访问时间：2020年3月28日）。

阵现有的成员党和东马政党加入这一全新的联盟。①

以政治伊斯兰为核心的伊党和以马来民族主义为支柱的巫统形成的“政治同盟”给年轻的希望联盟政府和马来西亚政治格局带来了巨大的冲击。“巫伊合作”在补选中的连胜证明了“族群政治”在当今马来西亚仍然是主流，而以多元主义与协商民主为“新马来西亚”旗帜的希望联盟政府，面临着来自巫伊两党在意识形态领域的巨大挑战。

三 内部分崩离析：希盟面临困境

（一）马哈蒂尔新内阁：希盟内部的权力分配

希盟不是一个强势的政府，而马哈蒂尔也难像 15 年前的国阵领袖一样专权。一方面，在确定内阁人选时，他需要与各盟党的领导层持续协商；②另一方面，土著团结党从历史、组织、资源看均无法与巫统相比，在希盟内的地位也不如巫统在国阵中独大。因此，马哈蒂尔在内阁的安排上注重均衡、平衡、制衡，他耗时两个多月时间才最终完成组阁。

第一，内阁中各政党获得的正副部长数量与其赢得的联邦议席数量并不成正比，除了盟友沙巴民族复兴党外，希盟内 4 个政党的权力分配并无太大差异。对此，获得议席较多的人民公正党和民主行动党表露不满。这也反证了希盟中的力量均衡是妥协与协商的产物。③

这一内阁安排在权力平衡方面明显对小党如国家诚信党、土著团结党有

① Mustafa Izzuddin, Malaysia in 2019: Enduring Stability in a Chaotic Year, *Asian Survey*, Vol. 60, No. 1, January/February 2020, p. 102. 作者认为，国家和谐联盟的成功很大程度上取决于巫统和国民阵线，一个强大而团结的巫统领导层维系着巫伊合作，其背后是主席扎希德和前主席、现巫统及国阵顾问纳吉布。

② 〔韩〕黄仁元：《马来西亚政治在选举威权主义体制崩溃后的可能性：以 2018 年第 14 届议会选举为中心》，《南洋资料译丛》2018 年第 4 期，第 25 ~ 36 页。

③ 〔韩〕黄仁元：《马来西亚政治在选举威权主义体制崩溃后的可能性：以 2018 年第 14 届议会选举为中心》，《南洋资料译丛》2018 年第 4 期，第 25 ~ 36 页。

利，仅赢得11个议席的国家诚信党有5名议员担任部长，另有5人担任副部长，在“职位议席比”上已达90.91%；而拥有13名下议员的土著团结党被分配了10个正副部长职位，比例为76.92%。人民公正党和民主行动党占有73.7%的下议院议席，其“职位议席比”仅为50%，代表性不足。其中民主行动党尽管在大选中拿下42个议席，但被分配的正副部长职位仅有12个，比例为25.57%，整体而言偏低①（见表3）。

表3　马来西亚希盟所属各政党的议席比率与部长副部长任命比率（2018年）

单位：%

	人民公正党	民主行动党	土著团结党	国家诚信党	沙巴民族复兴党
议席比率	39.3(48)	34.4(42)	10.7(13)	9.0(11)	6.6(8)
部长比率	25.9(7)	22.2(6)	18.5(5)	18.5(5)	11.1(3)
副部长比率	25.9(7)	25.9(7)	22.2(6)	18.5(5)	7.4(2)
部长及副部长比率	25.9(14)	24.1(13)	20.4(11)	18.5(10)	9.3(5)

注：括号内数字为当选者人数。

资料来源：黄仁元：《马来西亚政治在选举威权主义体制崩溃后的可能性：以2018年第14届议会选举为中心》，《南洋资料译丛》2018年第4期，第34页。

第二，看似各党平均分配职位的内阁安排，实际暗藏着马哈蒂尔在制衡中行使集权的策略。一是土著团结党所占有的部委皆为国家权力、资源高度集中的核心部门，如总理府、内政部和教育部，而一些不太重要的部门则分配给其他党派。二是马哈蒂尔虽然没有像历任总理一样兼任某一部委，如财政部部长、国防部部长，但是在人民公正党主席、副总理万·阿齐扎的职位安排上，他却委任其妇女家庭部部长这一虚职，而不是像历任副总理一样兼任内政部部长、国防部部长等要职。三是尽管财政部部长一职由民主行动党秘书长林冠英出任，然而马哈蒂尔又新增设经济事务部，并委任人民公正党署理主席、前雪兰莪州务大臣阿兹敏担任部长，并委任土著团结党议员担任

① 《希盟新内阁万象更新　时评人形容“重用人才的折衷方案”》，〔马来西亚〕透视大马网，2018年7月3日，https://www.themalaysianinsight.com/chinese/s/66706（访问时间：2020年4月1日）。

企业家发展部部长、财政部副部长，由此间接制衡民主行动党在经济上的话语权；随后，马哈蒂尔又成立由国家政商界耆宿组成的元老精英委员会，以及由自己主持、由财经贸等部委部长、政商名宿组成的国家经济行动理事会，直接将国家的经济和财政权力集中在自己手里。四是不安排“候任总理”安瓦尔进入内阁，尽管安瓦尔获得了最高元首的特赦，并在波迪申选区的补选中获胜成为下议员，同时在人民公正党党选中接替妻子万·阿齐扎担任党主席，然而马哈蒂尔却并不给这位“接棒”领袖安排任何内阁职务。

第三，马哈蒂尔的25人内阁充分考虑了沙巴、沙捞越州的利益分配，正副部长中有7人来自东马。作为内阁核心部门之一的国际贸易和工业部部长首次由来自沙巴州的议员担任，而公共工程部部长则由来自沙捞越的议员担任。此外，内阁中女性仅占21.43%，与竞选宣言中承诺有“30%的女性领导政府部门”似乎不符。

总体而言，希盟政府的内阁反映了马哈蒂尔本人对于集权与制衡的精准把握，“当今大马”网站将希盟内阁概括为“小中男”，即小党占优、多为中年、男性为主。[①] 尽管如此，当地时评人对于内阁分配较为认可，认为马哈蒂尔摒弃了国阵政府刻板分配方式，大胆启用高学历新人，在职位安排上不分族群。[②]

（二）人民公正党：濒临分裂的下议院第一大政党

第14届大选后，在马来人、华人支持下，通过混合选区优势，人民公正党一举拿下47个议席，比上届大选多17个席位，崛起成为希盟最大的政党。随着大选后巫统议员跳槽和退党，以及党主席安瓦尔在波德申补选中胜出，人民公正党趁势在2018年10月首次成为掌握50个议席的下议院第一

① 《希盟正副部长阵容一瞥：“小中男”》，〔马来西亚〕当今大马网，2018年7月2日，https：//www.malaysiakini.com/news/432398（访问时间：2020年4月1日）。

② 《希盟新内阁万象更新　时评人形容“重用人才的折衷方案”》，〔马来西亚〕透视大马网，2018年7月3日，https：//www.themalaysianinsight.com/chinese/s/66706（访问时间：2020年4月1日）。

大政党。

安瓦尔作为大选后的“候任总理”，虽然看似领导着人民公正党蒸蒸日上，然而这个新崛起的政党内部潜藏着严重的派系斗争，分裂一触即发。2018 年大选前的候选人名单曾经“难产”，已然凸显党内派系斗争激烈。一派以署理主席、雪兰莪州务大臣、党内中坚力量阿兹敏为首，另一派是以党副主席、因罪无法参加大选的拉菲兹为先锋的“亲安瓦尔”派系。两派内斗可以追溯到 2014 年的“加影行动”，时任党副主席兼策略局主任拉菲兹为清除党内问题分子，稳定雪兰莪州内族群与宗教紧张局势，最重要的是为安瓦尔恢复议员身份并担任雪兰莪州务大臣铺路，人为制造补选。尽管安瓦尔因被最高法院再次判决有罪，当年失去参选资格，但“加影行动”中党主席万·阿齐扎“替夫出征”，成功胜选并引发了人民公正党撤换州务大臣的政治风暴。最终州务大臣卡立辞职，但因苏丹不接受当时反对党联盟共同支持的万·阿齐扎担任州务大臣，苏丹最终委任阿兹敏为新任大臣。[①] “加影行动”造成雪兰莪州内 8 个月政治不稳定，干扰了州行政运作且耗资巨大，这场政治危机也遭到苏丹的斥责，然而间接让阿兹敏从幕后走到台前。

2017 年，就是否与伊斯兰教党继续合作的问题，人民公正党支持派和反对派再次爆发公开斗争，[②] 而拉菲兹与阿兹敏的斗争也逐渐演变为“安瓦尔家族”与阿兹敏派系的斗争。[③] 刚刚赢得全国大选的人民公正党本应上下一心，党主席应团结各派专注党建、强化政府的运作和捍卫政党议程。然而，在 2018 年的党选中，阿兹敏与拉菲兹两大阵营各自组队竞选，除了党主席职位因无人竞争由安瓦尔自动当选外，包括署理主席、副主席、青年团

① 《加影行动打不响 阿兹敏冷手执雪州》，〔马来西亚〕东方日报网，2014 年 12 月 28 日，https：//www.orientaldaily.com.my/news/nation/2014/12/28/42051（访问时间：2020 年 4 月 1 日）。

② 《公正党两派系水火不容》，〔马来西亚〕《诗华日报》，http：//news.seehua.com/？p = 300737，2020 年 4 月 1 日。《安华亲信拉菲兹宣布退出政坛》，〔新加坡〕《联合早报》2019 年 12 月 10 日，https：//www.zaobao.com/special/report/politic/mypol/story20191210 - 1011990（访问时间：2020 年 4 月 1 日）。

③ 《安华阿兹敏分成两派，分析员促公正党正视危机》，〔马来西亚〕当今大马网，2017 年 8 月 26 日，https：//www.malaysiakini.com/news/393307（访问时间：2020 年 4 月 1 日）。

长、妇女组主席等全部党内高层职务均出现两派竞选。安瓦尔之女努鲁依莎加入拉菲兹团队更是意味深长。尽管最后阿兹敏派系全面获胜，阿兹敏再次当选署理主席，人民公正党也开启了安瓦尔—阿兹敏时代，然而安瓦尔仍然委任“亲信”拉菲兹担任副主席。

与拉菲兹“半路出家”的背景不同，留美精英阿兹敏早在1987年就经由马哈蒂尔推荐担任时任教育部长安瓦尔的机要秘书，在安瓦尔任副总理后也一直任其秘书。1998年因安瓦尔入狱，阿兹敏加入“烈火莫熄”运动，并协助安瓦尔家族创立国民公正党。2008年阿兹敏在下议院竞选中获胜，并于2014年被选为雪兰莪州务大臣，他凭借这一职位积累了大量政治资本并在党内逐渐形成自己的阵营。在安排新内阁时，马哈蒂尔出人意料地从总理府划分出一个负责国有企业的经济事务部，并委任阿兹敏出任部长。马来西亚舆论普遍认为，马哈蒂尔欲培植制衡安瓦尔的政治领袖，媒体也频现阿兹敏是否会取代安瓦尔成为马哈蒂尔接班人的报道。

在这样的背景下，安瓦尔及其亲信却想把人民公正党打造为一个家族政党。当波德申议员丹雅巴拉哥帕主动辞职为安瓦尔创造补选机会时，人民公正党内外便已经出现很多非议，因为这已经是人民公正党第三次为安瓦尔制造补选机会。第一次是在2008年大选后，万·阿齐扎辞去峇东埔议员职务，以便让其夫回归下议院担任反对党领袖。第二次是备受争议的“加影行动”①，虽然最终事与愿违，但是为安瓦尔铺路的意图明显。而第三次波德申补选是希盟大选胜利后首个下议院议席补选，目的就是让安瓦尔重返议会，具备成为第八任总理的资格。

随着安瓦尔胜选并成为希盟实权领袖，他与阿兹敏之间的矛盾，或者说安瓦尔家族一派和阿兹敏派系的矛盾逐渐表面化。首先是人民公正党党员哈兹公布“性悖轨”短片揭发阿兹敏，敦促其辞职或请假接受调查，安瓦尔随即也表示如果情况属实，涉事领袖应辞职，由此开启了第一波派系斗争。

① 《加影行动只为安华家族》，〔马来西亚〕当今大马网，2014年3月28日，https://www.malaysiakini.com/bulletin/258506（访问时间：2020年4月1日）。

阿兹敏派的23位党内最高理事发表联合声明批评党主席安瓦尔，总理马哈蒂尔也表示视频真假未明，对阿兹敏表示支持。自此之后，阿兹敏的立场开始改为支持马哈蒂尔担任总理到届满，无须提前“交棒”。[①] 在经历旅行社诉讼、缺席人民公正党政治局会议等风波后，阿兹敏在丹绒比艾败选当夜，与22名国阵议员、5名人民公正党议员会晤，再次引起了安瓦尔派的猜疑和担忧，外界猜测阿兹敏意图支持马哈蒂尔长期担任总理，组建后门政府，阻挡安瓦尔“任相”之路。

随着人民公正党纪律委员会开除被视为亲阿兹敏的最高理事查卡利亚，两派矛盾逐渐激化，并最终在2019年12月人民公正党第14届全国代表大会上爆发。在人民公正党创立20周年、安瓦尔首次以党主席身份为大会揭幕之际，他在发言中引用马六甲王朝叛徒的历史典故，指内斗导致马六甲被葡萄牙人侵略，让在座的党员将矛头指向阿兹敏，引发其派系强烈不满。随后，阿兹敏率领上百名支持者集体离席抗议。大会期间还发生青年团冲突，闭幕式也惨淡收场。阿兹敏召开记者会斥责安瓦尔违反数天前达成的和解协议，并对党代会辩论内容中的人身攻击向安瓦尔阵营表达不满。由此，阿兹敏与安瓦尔两派正式决裂。

对于人民公正党内部冲突与分裂的原因，马来西亚学者潘永强认为，派系斗争源于两个阵营都担心在党内被边缘化。[②] 人民公正党内乱的最大获益者无疑是总理马哈蒂尔，因为人民公正党的衰弱有利于他和土著团结党在希盟内的壮大。他拒绝评论人民公正党内斗，表示自身没有能力平息，也无意做调解人。[③]

（三）土著团结党：马来族群分裂下的此消彼长

尽管土著团结党成立仅两年多，但已经是一个拥有总理、6名部长、6

① 《欢迎巫伊力挺敦马继续任相》，〔马来西亚〕星洲网，2019年7月29日，https://www.sinchew.com.my/content/content_2091510.html（访问时间：2020年4月5日）。

② 《公正党派系内斗，不利安华拜相》，〔马来西亚〕《诗华日报》2019年7月19日，http://news.seehua.com/?p=465934（访问时间：2020年4月1日）。

③ 《社论：马国公正党两派之争激化》，〔新加坡〕《联合早报》2019年12月9日，https://www.zaobao.com/zopinions/editorial/story20191209-1011818（访问时间：2020年4月1日）。

名副部长的执政联盟成员党。尽管如此，土著团结党依然是个小党，仅有13个下议院议席，在希盟中的地位并不稳固。如果两年后安瓦尔顺利接班，土著团结党将面临被边缘化的危险。土著团结党的目标是取代巫统，成为马来人新的避风港及马来西亚土著的代理人。对于如何壮大土著团结党，平衡希盟内部各派的力量，防范在野马来人政党间合作，马哈蒂尔已有自己的策略。他一方面通过各种土著议程吸引和提高马来人的支持；另一方面“开放门户”，欢迎巫统前党员加入土著团结党，在发展本党的同时达到分裂巫统的目的。[①]

在策略层面，他一方面吸纳巫统中的“亲马”队伍，另一方面和人民公正党内支持自己的派系、巫统内反对安瓦尔的派系合作，最终实现这些派系与土著团结党的结合，形成一个可以像旧格局中巫统一样强大的纯马来人政党。马哈蒂尔充分利用2018年12月的巫统退党潮，收编原巫统议员，试图将土著团结党打造成为“新巫统”。前贸工部长慕斯达法是首位从巫统来到土著团结党的议员，随后峇眼色海下议院议员诺阿兹米宣布离开巫统，加入土著团结党，同时还拉拢4名巫统上议员“跳槽”。2019年初，又有7名已经退党的巫统议员加入土著团结党，使得该党的下议院议席数增至22个，一跃超过伊斯兰教党，成为下议院第四大政党，排在人民公正党、民主行动党和巫统之后。[②] 虽然朝野对于党员“跳槽”是否违背道德和民意，以及土著团结党是否会变为“巫统2.0”争论不休，然而争议背后的现实是希盟内部的实力格局已经改变，掌握了更雄厚的政治资本，使得土著团结党在内部谈判中更有话语权。[③] 在州层面，马哈蒂尔通过吸收东马的巫统跳槽议员，

① 《势力渐壮大　土团党要成为巫统2.0》，〔新加坡〕《联合早报》2019年1月1日，https://www.zaobao.com/news/sea/story20190101-920120（访问时间：2020年4月1日）。

② 《马哈迪宣布巫统7退党议员加入土团党》，〔新加坡〕《联合早报》2019年2月12日，https://www.zaobao.com.sg/realtime/world/story20190212-931311；《招降纳叛后，马哈迪趋近掌国会三分二》，〔马来西亚〕当今大马网，2019年2月12日，https://www.malaysiakini.com/news/463730（访问时间：2020年3月2日）。

③ 《希盟内部均衡的微妙变化》，〔马来西亚〕星洲网，2019年2月20日，https://www.sinchew.com.my/content/content_2011704.html（访问时间：2020年4月1日）。

成功“东渡沙巴”开设党支部，土著团结党一举成为沙巴州拥有9名州议员的第二大政党。①

马哈蒂尔非常清楚，马来人的分裂是马来西亚政党政治格局的最大变量，而族群政治依然是国内政党政治的核心。2019年开斋节之际，马哈蒂尔提出一个宏大的概念，邀请全马来西亚的马来人政党（包括巫统），加入土著团结党中，团结并加强马来人的政治力量。②随后在10月的“马来人尊严大会”上，马哈蒂尔进一步表示，如今的政府没有此前强大，是因为马来人分裂为弱势群体；当前占全国人口60%的马来人分裂为6个群体，没有任何一个群体能够获得一半以上人民的支持，这是导致马来人被压迫和歧视的原因。③他同时再次指责巫统因为贪恋权位，造成了马来人分裂。④然而，前总理纳吉布、伊斯兰教党副主席等此前则批评马哈蒂尔另组新的政党，他才是分裂马来人的“元凶”。⑤

四　2020年政治走向：重返“马来民族中心主义”？

2019年是马来西亚政治历史上值得铭记的一年，希盟政府虽然步履蹒跚，但在混乱中努力保持了国家的稳定和发展，并成功执政了完整的一

---

① 《给力州政府不夺权　土团成沙第二大党》，〔马来西亚〕星洲网，2019年4月7日，https://www.sinchew.com.my/content/content_2034519.html（访问时间：2020年4月5日）。

② 《马哈迪不欲见力量分裂，吁所有马来政党归附》，〔马来西亚〕当今大马网，2019年7月5日，https://www.malaysiakini.com/news/482632（访问时间：2020年4月5日）。

③ Geraldine Tong dan Haspaizi Zain, Mahathir akui kerajaan kini “tak cukup Melayu”, *Malaysiakini*, October 6, 2019, https://www.malaysiakini.com/news/494649（访问时间：2020年4月5日）。

④ 《马哈迪的谬论》，〔马来西亚〕东方日报网，2012年7月19日，https://www.orientaldaily.com.my/news/mingjia/2012/07/19/61831（访问时间：2020年4月5日）。

⑤ SM Amin, Melayu pecah sebab Dr Mahathir lawan Umno, kata Najib, *The Malaysian Insight*, July 6, 2019, https://www.themalaysianinsight.com/bahasa/s/166049; Shakira Buang, “Mahathir sebenarnya punca Melayu berpecah”, *Malaysiakini*, November 2, 2017, https://www.malaysiakini.com/news/494649（访问时间：2020年4月5日）。

年。同时，巫统也在这一年凭借韧性扭转了自身濒临分裂的政治命运。通过与伊斯兰教党达成政治合作，巫统已经从第14届大选的颓势中逐渐恢复。然而，由于投资增长放缓和出口需求减弱，2019年马来西亚经济增长变缓。同时，由于马来民族主义和伊斯兰保守主义，国内民族与宗教两极分化加剧，社会不满情绪持续升温。在竞选期间的过多承诺无法兑现，一年多来的执政成绩不尽如人意，希盟逐渐失去其政治资本和国内选民的支持。

在新的10年到来之际，当世界面临新冠肺炎疫情扩散危机时，马来西亚国内被一场自我制造的政治危机笼罩。刚刚迎来"新马来西亚"21个月的希盟政府在2020年2月土崩瓦解。尽管联盟内"逼宫"传言甚嚣尘上，然而2月22日的希盟主席理事会最终未确定总理职务"交棒"时间，而是由马哈蒂尔在11月的亚太经合组织峰会后再决定。[①] 但是，第二天政局突然间风起云涌，朝野多党派参加"喜来登夜宴"密谋"政变"。2月24日，马哈蒂尔闪电辞去总理和土著团结党总主席职务[②]，主席穆希丁随即宣布土著团结党退出希望联盟，希盟政府在执掌联邦政权1年零9个月后解散。[③] 安瓦尔、马哈蒂尔、希望联盟、国民阵线围绕争取朝野、东西马党派和议员支持，从而组建新政府的政治斗争持续了近一周，充满了不确定性与变数。最终，最高元首苏丹阿卜杜拉经斟酌宣布，土著团结党主席穆希丁得到下议院多数议员支持，委任其为马来西亚第八任总理。[④] 联盟政府更替的同时，

---

① PH serah pada Dr M tarikh peralihan kuasa, *Malaysiakini*, February 22, 2020, https://www.malaysiakini.com/news/511789（访问时间：2020年4月20日）。

② Mahathir letak jawatan sebagai perdana menteri, pengerusi Bersatu, *BERNAMA*, February 24, 2020, https://www.bernama.com/bm/am/news_kemelut.php?id=1816091（访问时间：2020年4月20日）。

③《任期最短+过渡首相·敦马再创2纪录》，〔马来西亚〕星洲网，2020年2月24日，https://www.sinchew.com.my/content/content_2222701.html;（访问时间：2020年4月20日）；Kai Ostwald, Malaysia 2020: The Impasse of Two-Coalition Politics, *Iseas Perspective*, April 6, 2020, p.2.

④ Pengumuman Agong lantik Muhyiddin sebagai PM atasi krisis kepimpinan negara, Bernama, February 29, 2020, https://www.bernama.com/bm/am/news_kemelut.php?id=1817591（访问时间：2020年4月20日）。

柔佛、马六甲、霹雳三州州政府也发生更迭。[①]

希望联盟瓦解并非单纯由于马哈蒂尔与安瓦尔为“权力移交”引发的“政治洗牌”，它一方面是希盟和国阵内反对安瓦尔的派系为争夺政权发起的“政变”，另一方面是马来西亚族群政治、马来人分裂和政党派系斗争的结果。这场朝野各党派为追逐政治机会展开的权力角逐，无关各派意识形态或政治路线，始于人民公正党内安瓦尔与阿兹敏的派系斗争，随后蔓延至整个联盟，最终导致联盟整体崩塌。[②] 其中还隐藏着马来西亚政党政治结构性原因。上届大选打破了国阵执政时代巫统一党独大的政党体制，马来族群政党数量增多，实力接近，各党派需合作重新组建稳定联盟。然而，族群政治阻碍了新联盟内政党合作，旧的庇护政治、任人唯亲和派系斗争，引发了整个联盟内的党派分裂与联盟瓦解。最终，分裂解体后的各政党和派系寻求重新组合，并以符合宪法的方式再次组建新政府。[③]

3 月 1 日，新任总理穆希丁宣誓就职，政府再次更迭后政局依然不稳定，权力角逐尚未落幕。尽管新政府将议会复会日期从 3 月 9 日推迟到 5 月 18 日，使得反对党无法对所谓“后门政府”发起“不信任投票”，从而迫使穆希丁辞职并解散议会。然而，新的政府——筹组中的“国民联盟”(Perikatan Nasional)[④] ——能否在朝野交困中生存，尚有许多不确定性。第一，临时筹组的“国民联盟”并非一个政党联盟，而是政党间合作的结果，盟内派系林立，隐患重重。前国防部长刘镇东认为，穆希丁领导的国民联盟是由 10 个派系组成的脆弱联盟，包括土著团结党内 4 个不同派

---

① 《喜来登政变余震：多少个州属权力大洗牌?》，〔马来西亚〕当今大马网，2020 年 3 月 14 日，https://www.malaysiakini.com/news/514645（访问时间：2020 年 4 月 28 日）。

② 傅聪聪：《马哈蒂尔辞职，马来西亚政权再更迭》，《世界知识》2020 年第 6 期，第 26 ~ 27 页。

③ 傅聪聪、陈戎轩：《社会转型、路线之争与马来西亚伊斯兰政党分裂》，《南洋问题研究》2020 年第 1 期，第 93 页。

④ “国民联盟”是土著团结党主席穆希丁组织其党内派系、原人民公正党阿兹敏派系，联合巫统领导的“国民阵线”（包含马华公会和印度人国大党）、伊斯兰教党筹组的新政党联盟。这一联盟与沙捞越政党联盟、沙巴团结联盟（GBS）以及两名独立议员共同组建新一届政府。

系，巫统内 4 个派系，以及伊斯兰教党和沙捞越政党联盟。① 不同派系间存在冲突，脆弱联盟亟待巩固。第二，土著团结党与巫统、伊斯兰教党之间的关系是合作但又竞争。在竞争方面，几个马来族群政党在选民群体上存在重叠，政治路线也有差异。国民联盟内缺乏类似国阵内“核心政党—从属政党”的等级制度，伊斯兰教党、土著团结党、阿兹敏派系都认为自己与巫统“平起平坐”，容易导致联盟内部秩序混乱。② 巫统已表明自己并未加入国民联盟，当前的合作只维持到下届大选。由此，在“竞合关系”中，土著团结党更担心被巫统瓦解吸收，增加了联盟的不稳定性。第三，穆希丁通过内阁安排等方式，稳定了土著团结党内 90% 的议员，但仍要面对即将来临的党选中马哈蒂尔派系的挑战。穆希丁需要赢得党主席选举才能控制全党。党选后马哈蒂尔派系是回归还是分裂，未来如何整合党内不同派系，也是穆希丁面临的一大问题。第四，依靠东马沙捞越政党联盟支持争取到议会多数议席的穆希丁政府将面临地区主义的挑战。随着即将到来的沙捞越州选举举行，在伊斯兰化、对伊斯兰教党态度、资源分配等问题上，沙捞越州的合作伙伴将提出更多要求，使新政府执政面临更加复杂的情况。③

即便解决了上述问题，巩固了联盟合作关系，在第 15 届大选到来之前，穆希丁政府必将面对政权合法性问题和族群分裂与派系斗争问题。缺乏主导政党的新联盟内派系斗争、选民范围重叠，为避免各自选民基础分裂，在彼此间席位分配上必然要竞争，因为席位分配将决定下议院议员数量，这又将

---

① “土著团结党有四个不同的派系，包括了 2016 年草创时期加入的党员；2018 年希望联盟执政后的巫统降将；阿兹敏的人马；以及马哈迪的支持者。巫统的四个派系，则是以纳吉、阿末扎希、希山慕丁分别为首的派系，还有不属任何一派的莫哈末哈山和凯里等人。剩余的两个是伊党和砂盟。”见刘镇东《慕尤丁阿兹敏希山筹创新党?》，〔马来西亚〕当今大马网，2020 年 4 月 28 日，https：//www. malaysiakini. com/news/522941（访问时间：2020 年 4 月 28 日）。

② Kai Ostwald, Malaysia 2020：The Impasse of Two-Coalition Politics, *Iseas Perspective*, April 6, 2020, p. 5.

③ Kai Ostwald, Malaysia 2020：The Impasse of Two-Coalition Politics, *Iseas Perspective*, April 6, 2020, p. 6.

在大选后构成各党派之间的权力基础。[1] 这一竞争和矛盾是否能妥善协调，将影响联盟的稳定。同时，马来西亚政党政治历史上首次出现一个以单一民族为中心的政党合作联盟，如何让选民相信国民联盟政府也会代表国内其他多元族群，而不是在“马来民族中心主义”道路上一去不返，新政府构建自身合法性面临艰巨的任务。

参考文献

Meredith L. Weiss, *Routledge Handbook of Contemporary Malaysia*, Oxon: Routledge, 2018.

骆永昆、马燕冰、张学刚编著《马来西亚》（第二版），社会科学文献出版社，2017。

〔澳〕约翰·芬斯顿主编《东南亚政府与政治》，张锡镇等译，北京大学出版社，2007。

〔马来西亚〕潘永强主编《未巩固的民主：马来西亚2018年选举》，华社研究中心，2019。

〔马来西亚〕孙和声、唐南发主编《风云五十年：马来西亚政党政治》，燧人氏事业，2007。

① Kai Ostwald, Malaysia 2020: The Impasse of Two-Coalition Politics, *Iseas Perspective*, April 6, 2020, p. 5.

B.3
2019年马来西亚经济形势

孔　涛*

摘　要： 2019年，马来西亚经济延续了2018年后三个季度低于5%的表现，增长4.3%，为10年内新低。私人消费仍是其经济增长的主要支撑，投资不振，经济下行压力突出。出口增长放缓，进口收缩，但净出口为正向增长，经常账户盈余增加。在稳固财政的大方向下，政府公共支出有所收缩。通货膨胀率稳中有降，货币政策以应对金融市场不确定性和确保流动性为主。2020年，遭遇了突发的政府更迭和新冠肺炎疫情冲击，马来西亚经济面临严峻考验，负向增长恐在所难免。

关键词： 马来西亚　经济形势　公共政策

一　经济增长

2019年，世界各国经济在中美贸易摩擦的负面影响下饱受冲击，全年以自2009年以来经济增长的新低（2.9%）告终，全球贸易呈停滞态势。①

* 孔涛，经济学博士，北京大学中国社会科学调查中心副研究员，主要研究方向为发展经济学、劳动经济学、经济增长与制度变迁。

① 《2019年国际贸易回顾与展望：全球贸易低迷不振，来年机遇挑战并存》，2019年12月25日，http://news.eastday.com/g/20191225/u1ai20254868.html（访问时间：2020年4月3日）。

相比2018年，全球经济周期性下行压力加剧，增长放缓，贸易增量大幅收缩，以出口为导向的制造业受到重创；与此同时，市场不确定性飙升，前景预期黯淡，投资一蹶不振。在这一年中，中美贸易摩擦升级，其影响面日益扩大，不仅涉及的产品种类较多，而且一些企业直接受到制裁，大量与生产、贸易、投资和技术相关的活动都受到不同程度的负面冲击。面临这一情势，不少跨国公司不得不重新评估其全球生产战略，全球价值链也做出了相应调整。在如此不利的外部经济环境下，马来西亚经济得益于富有韧性的私人部门消费，最终实现了4.3%的年增长率（四个季度的增长率分别为4.5%、4.9%、4.4%和3.6%）。尽管这是过去十年来马来西亚经济增长的最低点（2018年增长率为4.7%），但面对2020年全球经济萎缩的预期，这一表现恐怕将成为未来一段时期的高点（见图1）。①

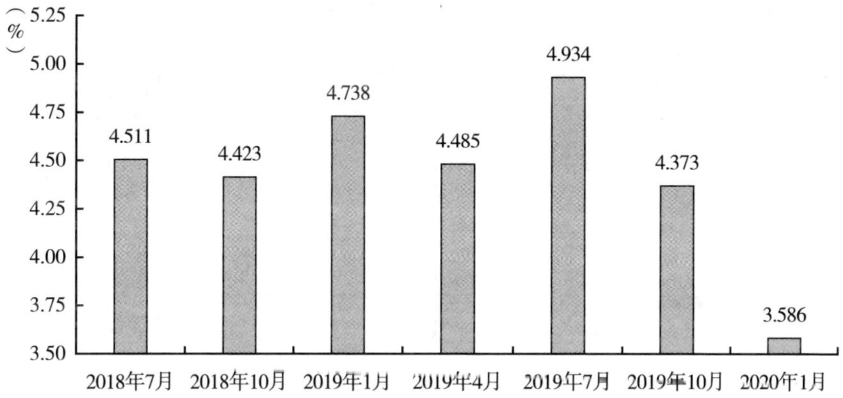

图1　2018年6月~2019年12月马来西亚实际GDP增长率

资料来源：CEIC，https://www.ceicdata.com/en/indicator/malaysia/real-gdp-growth。

① 《马来西亚经济降至十年最低，新冠肺炎病毒引发恐惧》，https://www.scmp.com/week-asia/economics/article/3050269/malaysian-economic-growth-hits-10-year-low-coronavirus-fears（访问时间：2020年3月15日）。

（一）经济增长总指标

2019 年，全球主要经济体都经历了贸易的周期性下滑，投资活动也受到抑制，增长主要以国内消费需求为支撑。基于较为有利的劳动力市场条件、稳定的工资增长和较低的失业率，世界经济通过私人消费维持相对稳定的增长。马来西亚经济增长的主要动力也依旧是私人部门的支出。从图 2 中显示的以支出法计算的 GDP 可以看出，由固定资本形成总额和存量变化两者构成的资本形成总额在 2019 年的增长为负值，净出口和总消费的增长为正值，并以总消费对 GDP 增长的贡献为主。在外部需求疲弱、出口和投资受挫的情况下，总消费中占主导地位的私人消费无疑是马来西亚经济增长的最主要驱动。①

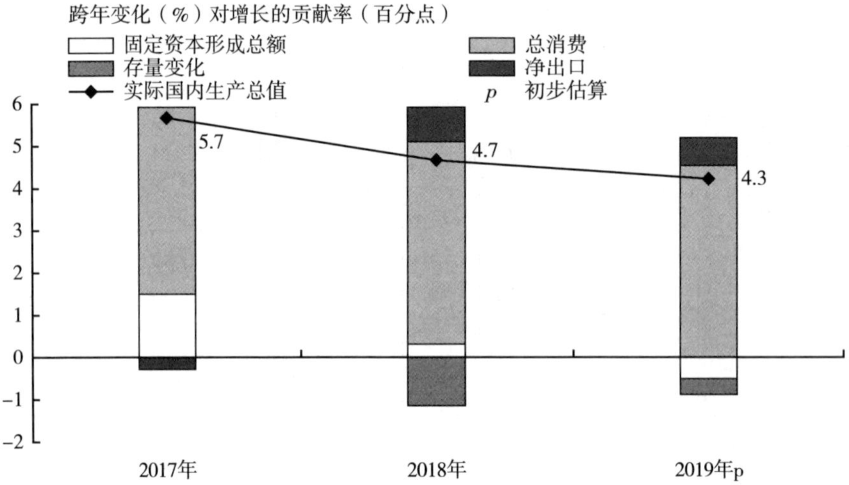

图 2　2017 ~ 2019 年马来西亚实际 GDP（支出法计算）跨年变化及对增长的贡献率

资料来源：马来西亚统计局。

2019 年，马来西亚私人消费保持强劲势头，尽管增速有所放缓，但最终实现年度增长 7.6%，甚至高于 2011 ~ 2018 年增长的平均水平

① "Financial Stability Review", Bank Negara Malaysia, 2019, https://www.bnm.gov.my/ar2019/files/fsr2019h2_en_full.pdf（访问时间：2020 年 4 月 5 日）。

（7.0%）。有利的劳动力市场条件、较为温和的通胀环境，以及政府的多项措施都起到了一定的推动作用，特别是在民众的生活必需品层面，需求保持了较为旺盛的状态。这背后的一个值得关注的因素是政府从商品与服务税（GST）向销售和服务税（SST）过渡的举措所带来的对消费的刺激，私人消费得到适度扩张。然而，可以预见，随着过渡期的完成，这一影响所带来的增长作用也必然会逐渐减弱。对大多数居民而言，真正能够为消费增长提供动力的源泉是劳动者的就业、收入的不断提升以及社会安全网的完善；对低收入家庭的可支配收入具有关键意义的还包括政府的转移支付（如 Bantuan Sara Hidup）。总支出中除去居民消费以外的公共部门的消费整体疲软，相对出现大幅收缩的公共投资而言，公共消费以 2.0% 适度增长，较 2017 年（5.5%）和 2018 年（3.3%）的增速有所放缓，但符合政府在保证公共服务的前提下，对支出进行优化的初衷（见表 1）。

表 1　2019 年马来西亚经济、财政与金融发展情况

主要经济指标	2017	2018	2019 初步估算
人口（百万人）	32	32.4	32.6
就业（百万人）	14.5	14.8	15.1
失业率（%）	3.4	3.3	3.3
人均收入（林吉特）	41627	43086	45034
（美元）	9680	10678	10871
国家宏观经济指标（% 变化）			
实际国内生产总值（GDP）（2015 年价格）	5.7	4.7	4.3
（十亿林吉特）	1299.9	1361.5	1420.5
农业、林业和渔业	5.7	0.1	1.8
矿业和采石业	0.4	-2.6	-1.5
制造业	6	5	3.8
建筑业	6.7	4.2	0.1
服务业	6.2	6.8	6.1
名义国民总收入（GNI）	9.7	4.7	5.2
（十亿林吉特）	1333.00	1395.30	1467.30
实际国民总收入（GNI）	5.7	3.6	5.1
（十亿林吉特）	1280.80	1327.10	1394.90

续表

	2017	2018	2019 初步估算
私人部门支出	7.4	7.1	6.2
消费	6.9	8	7.6
投资	9	4.3	1.5
公共部门支出	3.4	0.1	-2.7
消费	5.5	3.3	2
投资	0.3	-5	-10.8
国际收支(十亿林吉特)			
商品余额	117.1	119.2	125.5
出口	801.4	832.8	817.8
进口	684.3	713.6	692.2
服务余额	-22.9	-17.7	-10.9
初级收入净值	-38.7	-51.6	-43.5
次级收入净值	-17.3	-19.3	-21.4
经常账户收支	38.3	30.6	49.7
(经常账户收支占 GDP 的比重,%)	2.8	2.1	3.3
马来西亚国家银行外汇净储备	414.6	419.5	424
可持续进口月数	7.2	7.4	7.5
价格(%变化)			
消费价格指数(2010=100)	3.7	1	0.73
生产价格指数(2010=100)	6.7	-1.1	-1.43

资料来源：马来西亚统计局，马来西亚国家银行。

（二）各实体部门对经济增长贡献的分析

主要经济部门适度增长，服务业和制造业仍然是增长的主要贡献者。2019年，马来西亚服务业增长了6.1%，较2018年（6.8%）略有下降，但总体仍保持较为稳健的扩张势头。按不同的子行业来看，在优惠的税收政策和较为有利的劳动力市场条件的共同作用下，居民消费支出对批发零售贸易、食品饮料以及住宿等服务业子行业的增长起到了有力的拉动作用。此外，尽管全球贸易活动放缓，但主要受益于转口贸易活动的增加，运输和仓储子行业仍实现较快增长。在经济下行压力较大的情形下，2019年贷款和存款增长放缓，金融和保险总体呈现较缓增长。信息和通信子行业同样呈现增长放缓，部分原因可能是受到2018年的强制性要求（Mandatory Standard Access Pricing）对固定宽带价格进行降价的影响。

相较于2018年5.0%的增长率，2019年，马来西亚制造业的扩张有所放缓，实现3.8%的增长。在出口导向型集群内，外部需求疲软影响了电气和电子（E&E）行业的制造活动，而关键商品的供应中断导致初级相关集群的产量下降。尽管如此，由于马来西亚电气和电子行业内的企业在汽车电子、医疗设备和云计算等多样化、快速增长的产品领域占有一席之地，加之天然气产量的恢复，这两个产业集群的增长仍是正向的。就国内市场而言，2018年免税期载客车需求的前置，对2019年的运输设备生产造成一定的负面影响。①

继2018年2.6%的负增长，2019年矿业部门继续萎缩，但随着2018年天然气产量回升，其下行的步伐有所放缓，全年负增长1.5%。2019年全球原油生产在中东、俄罗斯及美国页岩油生产的激烈角逐下的夹缝中挣扎，2020年更是陷入“黑天鹅式”的价格负值。2019年，马来西亚原油产量出现大幅波动，在7月出现深度低谷，之后恢复至上半年的平均水平。究其背后的原因，一方面是受到全球原油生产国之间复杂的较量所造成的不确定性影响，另一方面也是马来西亚国家石油公司（PETRONAS）自身设备维护对产量造成影响以及其主动对供应进行的调整的结果。

农业部门的增长率较2018年（0.1%）有所提高，2019年达到1.8%，但总体状况并不乐观。2018年受到主要大宗商品生产供应中断所造成的生产限制和恶劣天气条件的影响，马来西亚油棕减产。2019年上半年油棕生产显著回升。然而，受到天气影响以及年初化肥施用量较低的影响，第四季度产量有所下降。此外，橡胶价格上涨引发了更多的橡胶开采活动，天然橡胶产量也出现反弹。

① World Bank，2019，Malaysia Economic Monitor Reports：December 2019，“Making Ends Meet”，https：//www.worldbank.org/en/country/malaysia/publication/malaysia - economic - monitor - reports.

2019年，马来西亚建筑业增长率显著放缓至0.1%，明显低于2018年4.2%的增长率。这一结果主要是由于一系列大型基础设施和混合开发项目的完工或接近完工，商业地产过剩，未售出住宅物业存量上升，且2019年开启的新项目较少。建筑业增长的主要动力是土木工程，但由于主要公路的建筑工程延误，加之大型石化项目的完成，最终年内建筑业增长极为有限（见表2）。

表2　2018～2019年马来西亚各部门的实际GDP占比、年增长及对增长的贡献率

	占GDP比重(%)	跨年变化(%)		对增长的贡献(百分点)	
	2019年 (初步估算)	2018年	2019年 (初步估算)	2018年	2019年 (初步估算)
服务业	57.7	6.8	6.1	3.8	3.5
制造业	22.3	5	3.8	1.1	0.8
矿业和采石业	7.1	-2.6	-1.5	-0.2	-0.1
农业	7.1	0.1	1.8	0	0.1
建筑业	4.7	4.2	0.1	0.2	0
实际GDP	100	4.7	4.3	4.7	4.3

注：各部门实际GDP占比（2015=100）。

资料来源：马来西亚统计局。

二　贸易

2017年，马来西亚出口增长率为18.8%，2018年下滑约10个百分点至7.3%；2019年，马来西亚出口增幅再次受挫，出现负增长，全年出口总额收缩1.7%（见图3、图5）。总体而言，马来西亚出口产品相对多样，市场也并不单一（见图4）。但是，在国际市场需求低迷、中美之间持续的贸易摩擦和马来西亚本国大宗商品产量下降的多重压力下，其出口增长较2018年下降了9个百分点。从出口产品结构的角度看，电气和电子产品仍是出口的首要产品，保持出口份额第一的地位，占比达到37.8%（见图6）。

与此同时，由于外部需求的疲弱和缺乏活跃的投资，2019年马来西亚进口总额较2018年收缩3.5%。从趋势上看，马来西亚的进口活动此前已

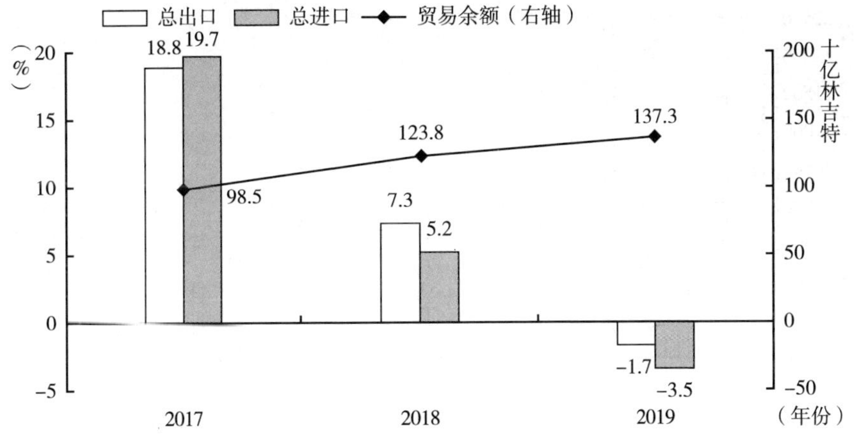

图 3　2017～2019 年马来西亚总出口、总进口和贸易余额

资料来源：马来西亚统计局。

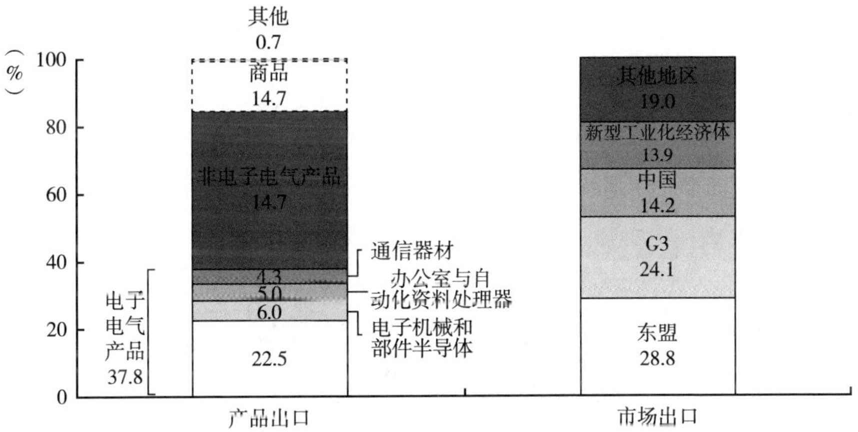

注：（1）G3包括美国、欧洲地区和日本；
（2）新型工业化经济体指中国香港特别行政区、韩国和中华台北。

图 4　2019 年马来西亚出口所占份额（产品和市场）

资料来源：马来西亚统计局。

经出现大幅下降趋势，其增长幅度从 2017 年的 19.7% 跌落至 2018 年的 5.2%（见图 3、图 7）。伴随着出口下降，用于再加工的进口以及以出口为导向的进口都显著下降。同时投资活动减少也降低了对进口（特别是对机械和运输设备）的需求（见图 8）。由于进口总额的收缩幅度较出口更大，

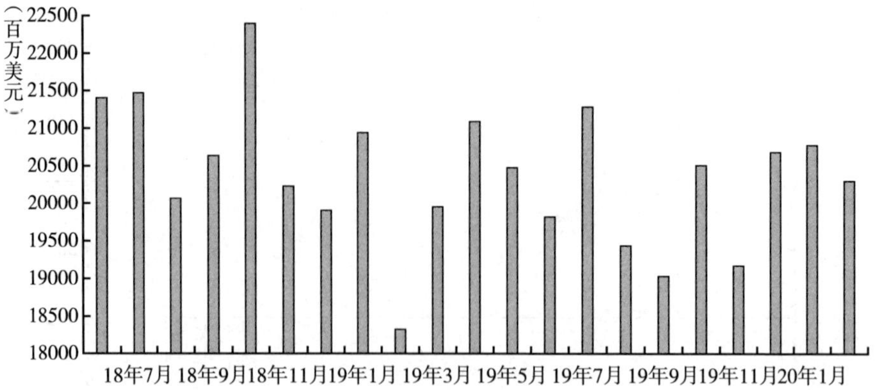

图5　2018年6月～2020年2月马来西亚出口情况（2020年4月4日更新）

资料来源：CEIC，https：//www. ceicdata. com/en/indicator/malaysia/total－exports。

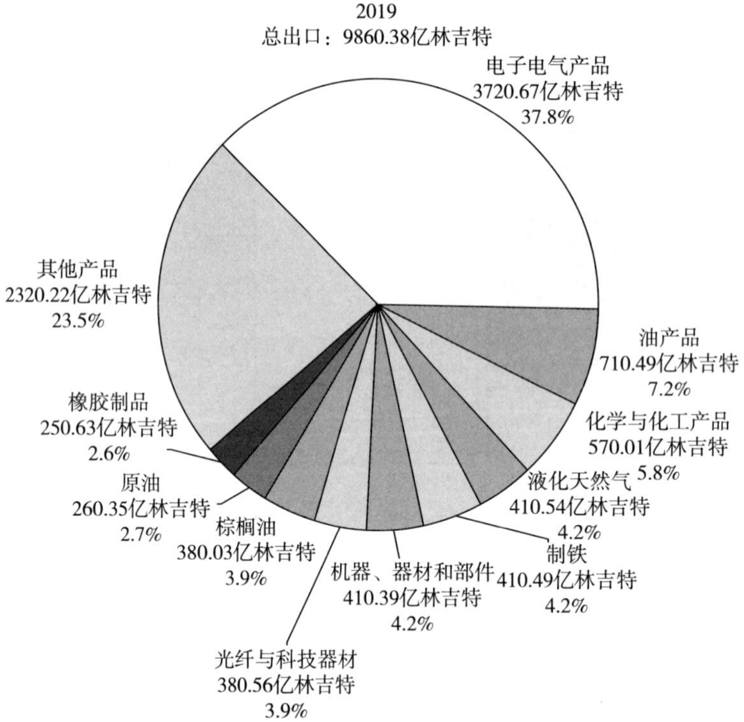

图6　2019年马来西亚总出口中各类产品占比（2020年4月4日更新）

资料来源：马来西亚对外贸易发展局，http：//www. matrade. gov. my/en/for－foreign－buyers/industry－capabilities/trade－statistics/28－malaysian－exporters/trade－statistics/4544－top－10－major－export－products－2019。

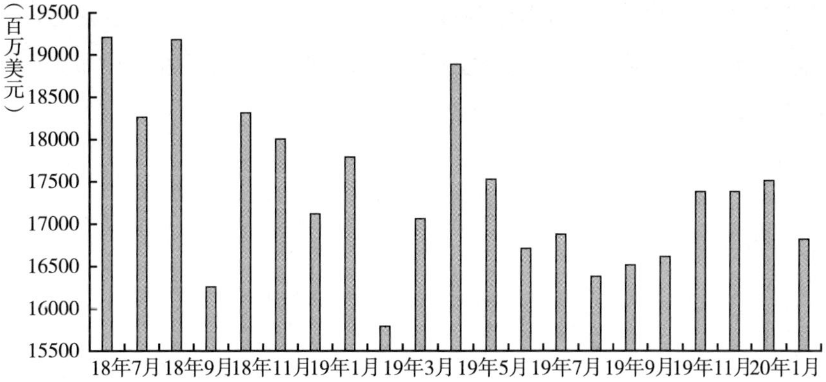

图7　2018 年 6 月～2020 年 2 月马来西亚进口情况（2020 年 4 月 4 日更新）

资料来源：CEIC。

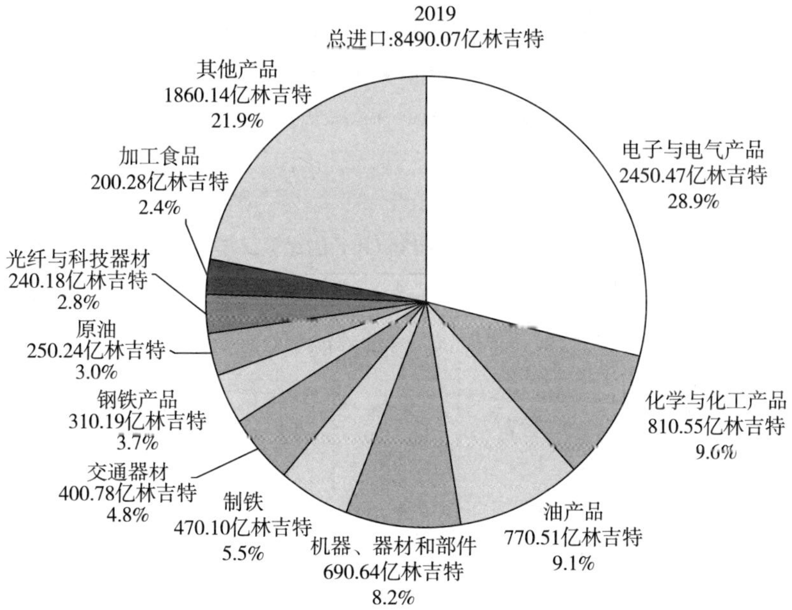

图8　2019 年马来西亚总进口中各类产品占比（2020 年 4 月 4 日更新）

资料来源：马来西亚对外贸易发展局，http：//www. matrade. gov. my/en/for – foreign – buyers/industry – capabilities/trade – statistics/28 – malaysian – exporters/trade – statistics/4545 – top – 10 – major – import – products – 2019。

马来西亚经常账户盈余在2019年内有所上升（见图9），全年盈余总额达到497亿林吉特，占国内生产总值的3.3%，较2018年的经常账户盈余306亿林吉特（占国内生产总值的2.1%）有所上升。

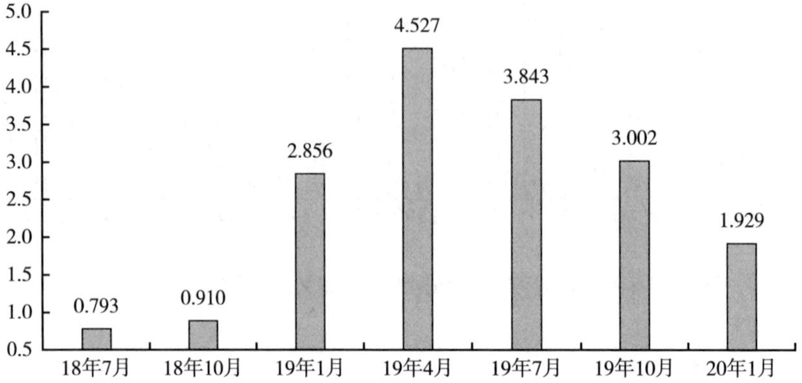

图9　2018年7月~2020年1月马来西亚经常账户余额（2020年4月4日更新）

资料来源：CEIC，https：//www.ceicdata.com/en/indicator/malaysia/current－account－balance－－of－nominal－gdp。

表3　2018~2019年马来西亚各项支出占实际GDP的比重、年度变化和对增长的贡献率

实际GDP(2015＝100)

	占实际GDP的比重(%)	年度变化(%)		对增长的贡献（百分点）	
	2019年初步估算	2018年	2019年初步估算	2018年	2019年初步估算
国内需求	94.1	5.5	4.3	5.2	4.1
私人部门支出	75.6	7.1	6.2	5.1	4.6
消费	58.8	8	7.6	4.4	4.3
投资	16.8	4.3	1.5	0.7	0.3
公共部门支出	18.5	0.1	－2.7	0	－0.5
消费	12.2	3.3	2	0.4	0.3
投资	6.3	－5	－10.8	－0.4	－0.8
固定资本形成总额	23.1	1.4	－2.1	0.3	－0.5
存量变化	－1.4			－1.2	－0.4
商品与服务净出口	7.3	11.4	8.9	0.8	0.6
出口	64	2.2	－1.1	1.5	－0.8
进口	56.7	1.3	－2.3	0.8	－1.4
实际GDP	100	4.7	4.3	4.7	4.3

资料来源：马来西亚统计局。

三 投资

2019 年，马来西亚国内投资严重受挫。由于全球经济前景高度不确定、企业盈利能力普遍下降以及国内房地产市场持续疲软，国内投资显著下降，对经济增长造成下行压力。投资者的悲观预期直接导致私营部门投资下降，而公共部门也因资本支出的减少而呈现疲弱态势。尽管 2019 年马来西亚整体的投资活动乏力，但仍有一些亮点，包括外国直接投资（Foreign Direct Investment，FDI）的流入，一些资源型和机电制造业行业跨年度大型投资项目的推进，矿业企业资本支出的增加，以及在下半年恢复的若干铁路运输项目。这些都为马来西亚 2019 年的投资活动注入了些许动力。[①]

2019 年马来西亚的固定资本形成总额出现 2.1% 的负增长，直接体现了私营部门资本支出放缓和公共投资下降的状况。具体而言，结构资本从 2018 年的小幅增长 1.8% 到 2019 年下降为 -0.6% 的收缩状态，而对制造业和建筑业有关键性影响的机械设备资本支出更是从 2018 年的微弱增长 0.7% 直降为 5.4% 的缩减。这些生产性资本支出的下降与经济活动的降温具有密切关系，进而对经济的整体增长构成下行的压力。

私人投资增速放缓，2019 年小幅增长 1.5%。制造业特别是资源型和机电制造业的产能扩张，以及交通和医疗服务行业的持续资本投入是支撑私人投资增长的主要动力。而造成私人投资增速放缓的主要原因是全球贸易的不确定性增加，企业特别是以出口为导向的企业的商业情绪受到严重负面影响。与此同时，体现在基础设施项目审查过程中的政策不确定使得市场情绪更为沉闷，房地产市场的持续疲软也是造成私人投资增速放缓的一个原因。

马来西亚的公共投资在 2015～2017 年仍有小幅增长，但 2018 年出现收

① "Economic and Monetary Review", Bank Negara Malaysia, 2019, https://www.bnm.gov.my/ar2019/files/emr2019_en_full.pdf.

缩，在2019年则呈现更强的收缩趋势，从2018年的-5.0%跌落至-10.8%。尽管2019年公共投资的总额有所削减，但联邦政府对教育和住房部门的资本支出保持了稳定的支撑。根据马来西亚央行的分析，公共投资继续下降的主要原因是一些由公共企业承担的大型项目的竣工，以及政府对若干大型基础设施项目的反复审查，降低了相关开支。

四 财政

2019年，马来西亚经常账户盈余扩大至497亿林吉特（占GDP的3.3%），较2018年有所提升（见表4）。从储蓄—投资的角度来看，2019年经常账户盈余的增加主要反映的是投资的急剧下降。按账户的构成部分看，商品盈余增加是由于进口相对于出口更大幅度的下降，由此商品顺差得以提升；服务的赤字较小，为109亿林吉特，相对于2018年的177亿林吉特明显减少；初级收入赤字也有所减少，使得经常账户余额得到改善；次级收入赤字小幅增加。服务赤字减少的主要原因在于旅游收入增加和对交通和建筑服务净付款的减少。2019年到访马来西亚的游客人数（特别是来自本区域的游客）及其人均支出都有所增加，由此推动旅游账户盈余从2018年的300亿林吉特扩大至309亿林吉特。与此同时，由于贸易和投资活动处于降温状态，运输和建筑服务业的赤字分别有所下降。

经常账户中的初级收入主要包括跨境劳动收入和资本收益。2019年，马来西亚经常账户中初级收入的赤字为435亿林吉特，较2018年的516亿林吉特明显收窄，主要反映了境内居民投资者获得的收入较高，而非境内居民投资者相关收入较低。值得注意的是，2019年马来西亚直接投资收入账户的赤字为333亿林吉特，较2018年359亿林吉特有所下降，主要原因是在马来西亚的外国公司，特别是采矿业和制造业公司，应计收入减少。与此同时，在国外投资于信息和通信服务及农业部门的马来西亚公司收入增加，投资组合收益随着居民投资者海外股票投资收益的提高而增加。经常账户中的次级收入主要包括跨境转移支付。2019年，次级收入账户较2018年193

亿林吉特的赤字有所增加，达到214亿林吉特，主要源于外国工人的对外汇款增加。

2019年，由于马来西亚居民的境外投资组合资产增加，同时，持续的外国直接投资（DIA）流出与长期外国直接投资流入部分抵消，马来西亚金融账户净流出343亿林吉特，较2018年186亿林吉特大幅增加。直接投资账户净流入94亿林吉特，比较2018年113亿林吉特稍有缩减。2019年，外国直接投资流入328亿林吉特，相当于国内生产总值的2.2%，与2018年（326亿林吉特，相当于国内生产总值的2.3%）基本持平。值得一提的是，2019年第一季度，外国直接投资出现迄今为止最高的季度流入，其主要原因是日本投资者收购了一家私人医疗集团，并在石油和天然气领域成立了一家合资企业。然而，在2019年第一季度以后，外国直接投资受到全球投资者情绪低迷的影响，呈现乏力势态。

表4　2017～2019年马来西亚国际收支*

单位：十亿林吉特

	2017年	2018年	2019年(初步估算)
经常账户	38.3	30.6	49.7
商品**	117.1	119.2	125.5
服务	22.9	-17.7	-10.9
初级收入	-38.7	-51.6	-43.5
次级收入	-17.3	-19.3	-21.4
资本账户	0	-0.1	0.3
金融账户	-4.7	18.6	-34.3
直接投资	16.2	11.3	9.4
证券投资	-15.4	-44.4	-37.7
金融衍生品	-0.2	1	-0.4
其他投资	-5.3	50.7	-5.7
净误差和遗漏***	-17.1	-41.3	-7.3
总体收支	16.4	7.8	8.4

注：*根据国际货币基金组织（IMF）的国际收支和国际投资头寸手册第六版（BPM 6）。

**已调整，用于估值和涵盖生产、储藏和分发的产品。

***就2018年第1季度，净误差和遗漏不包括储备重估的变化。

资料来源：马来西亚统计局、马来西亚国家银行。

2019 年，马来西亚国际净投资状况有大幅改善。截至 2019 年底，以投资组合为主的外部资产增加了 917 亿林吉特，不仅抵消了 613 亿林吉特的新增外部负债（liability），同时使马来西亚的国际投资头寸净额（International Investment Position，IIP）得到显著缓解，从 2018 年的负债 777 亿林吉特改善为 473 亿林吉特。同时值得一提的是，马来西亚的新增外部负债以长期外国直接投资流入为主，由持有的股权和留存收益构成，这些资产不易发生资本逆转，从而增强了马来西亚外部负债稳健性。

截至 2019 年底，马来西亚外债总额达到 9463 亿林吉特，较 2018 年底的外债总额 9249 亿林吉特略有增加。这一变化反映了境外私人持有的马来西亚国内债务证券和存款余额的增加，以及公司境外贷款增加的状况。尽管外债的绝对数额有所增加，但一半以上的未偿外债为中长期债务，展期风险较低，同时伴随经济增长，外债占国内生产总值的比重有所降低，从 2018 年的 63.9% 降至 2019 年的 62.6%，减少了 1.3 个百分点。

2019 年，马来西亚保持了可观的外汇资产净值，约 94.5% 的外部资产以外币计价。截至 2019 年底，马来西亚中央银行（马来西亚国家银行，Bank Negara Malaysia）的国际储备达到 1036 亿美元，较上年有小幅上升（2018 年底为 1014 亿美元）。这主要归功于 2019 年央行储备资产的投资收益（达到 54 亿美元），以及政府发行的 10 年期价值 2000 亿日元（相当于 18 亿美元）的武士债券（Samurai Bond）。作为抵御外部冲击的重要政策缓冲，马来西亚外汇储备占外部资产的 23.9%，达到短期外债的 1.1 倍，且可以支撑约 7.5 个月的进口。由此可见，马来西亚经济具备一定的应对外部冲击的能力。

五 货币与金融

2019 年，马来西亚的通货膨胀率为 0.7%，较 2018 年（1.0%）略有下降。究其原因，首先，2018 年开始实施的消费税政策持续对价格水平构成整体下行压力。其次，对通货膨胀具有较大影响的主要商品在 2019 年内价格较为稳定。比如，较低的全球油价和较为充分的粮食供应，加之政府对燃料价格设置的上限和节日食品价格控制计划的延长，有效遏制了燃料和食品价格上涨。除此以外，马来西亚进口主要来源经济体的通胀率下降也进一步缓解了国内通胀压力。2019 年，马来西亚的核心通胀（core inflation）相对稳定（1.5%），与 2018 年（1.6%）基本持平。这表明在劳动力市场并不活跃的情况下，需求驱动的通胀压力相对较小。

2019 年上半年，马来西亚货币政策委员会（Monetary Policy Committee，MPC）对马来西亚经济预期做出如下判断：主要由于外部因素，经济增长所面临的下行风险有所增加；与此同时，国内环境的不确定性也有所加剧，与大宗商品相关的行业可能出现长期疲弱，金融出现一定程度的收紧。基于这样的判断，货币政策需要在低通胀的情况下为马来西亚经济的稳定增长创造有利的货币环境。在 2019 年 5 月的会议上，对货币政策立场具有指示性意义的隔夜政策利率（Overnight Policy Rate，OPR）下调了 25 个基点至 3.00%，以充分保持货币宽松的程度，从而使得货币政策仍然有利于经济持续增长和价格稳定。

2019 年，全球金融环境以较高的不确定为显著特征，投资者以风险规避为主要驱动，市场较为动荡，资本流动缺乏稳定性。马来西亚的金融市场全年经历了大量的投资组合双向流动，到 2019 年年末，林吉特兑美元和马来西亚主要贸易伙伴名义有效汇率（Nominal Effective Exchange Rate，NEER）的一篮子贸易加权货币出现小幅升值，林吉特兑美元升值 1.1%，收于 4.0925 林吉特，NEER 升值 0.8%。同时，马来西亚央行通过多项货币操作，确保充足的流动性，尽量缓解间歇性大规模投资组合流出对银行体系流动性的紧缩影响。

六　劳动力市场

2019 年，马来西亚劳动力市场稳步发展，劳动力参与率上升至 68.9%，较 2018 年（68.3%）小幅改善，失业率稳定在 3.3%。就业人员中以中等技术工人和高级技术工人持续占据最大份额，分别为59.5%和27.6%，两者与上年基本持平（2018年这两类人员所占份额分别为60.4%和27.2%）（见表5）。

表5　2015～2019年马来西亚部分指定劳动力市场指标

	2015年	2016年	2017年	2018年	2019年（初步估算）
就业人数(千人)	13922	14177	14451	14810	15126
就业人数跨年变化(%)	—	1.3	1.9	2.5	2.1
失业率(%)	3.1	3.4	3.4	3.3	3.3
劳动参与率(%)	67.9	67.7	68	68.3	68.9
裁员(人)	38499	37699	35097	23168	29605
外国员工(千人)	2135	1866	1797	2016	2000

注：2019年的失业率和劳动参与率是基于劳动力调查的2019年季度平均数字，2019年的就业增长源自劳动生产统计。

资料来源：马来西亚统计局、马来西亚人力资源部。

2019年，马来西亚新增就业人数31.6万人，为经济增长提供了较为有力的支撑。就业率整体增长2.1%，较2018年（2.5%）稍有放缓。其中，最为强劲的增长点为高技能工人和低技能工人，分别增长3.9%和6.5%。从部门角度看，就业增长主要由服务业（3.2%）推动，特别是食品、饮料和住宿分部门及批发和零售贸易分部门的就业率增长分别达到7.7%和3.3%，基本保持了上年的增长幅度（2018年分别增长8.1%和3.2%）。另外，制造业和农业的就业率也有一定提升，分别增长2.1%和1.6%。

以单位工作时间附加值来衡量，2019年马来西亚劳动生产率增速放缓至2.2%（2018年为3.4%）。随着劳动生产率增速的下滑，劳动者工资整体增长速度较低。2019年，马来西亚私营部门和公共部门的名义工资总额分别增长4.2%和3.7%，相对于2018年两者的增长率（分别为6.0%和4.5%）有所下降。分行业来看，服务业生产率增长放缓至2.7%（2018年为5.0%）。但在食品和饮料分部门以及信息和通信分部门的工资增长的推动下，服务业的工资整体较上年呈现增长提速，达到4.1%（2018年为3.8%）。与之形成对比的是，制造业生产率增长也放缓至2.5%（2018年为3.3%）且工资增长普遍下滑，工人人均工资增长2.9%，显著低于2018年8.6%的增长幅度。出口导向型相关部门的工资增速下滑尤为突出，比如，电子与电气行业的平均工资增长从2018年的13.9%直落到2019年的5.7%，石油、化工、橡胶和塑料制品行业的工资增长从2018年的11.6%下滑至2019年的3.6%。

七　2020年基本预期

2020年初，马来西亚出现政治危机，马哈蒂尔辞去总理职务，穆希丁·亚辛成为第八任总理，2018年获胜的希望联盟及其盟友组成的联合政府也以执政仅22个月告终。然而，对马来西亚经济产生直接且深重影响的是从2020年年初爆发的新冠肺炎疫情。这一大流行病在几个月内已经演变成一场全球范围内的公共卫生危机，进而对很多国家的经济管理和公共政策构成了严重挑战。受到影响的国家，无论是发达国家还是新兴市场经济体，经济增长大幅受挫。各国为遏制疫情的蔓延而采取的多项措施，包括限制旅行、强制关闭企业和约束社会活动等，显著压抑了经济活动，并对需求和供给同时造成了巨大的冲击。尽管很多经济体出台了一些包括政府转移支付、减免税和提供低息贷款等政策以期扶助企业渡过难关，但疫情所带来的打击对服务业和制造业的很多私营企业是致命的。世界银行和OECD等国际机构对世界经济前景都做出了并不乐观的判断，预计2020年全球经济将出现负增长，而且2020年的经济衰退将至少和2008年全球金融危机时一样严重，甚至同20世纪30年代的萧条相提并论。①

---

① 世界银行：《全球经济展望》，https：//www.worldbank.org/en/publication/global－economic－prospects（访问时间：2020年6月1日）。World Bank，"Pandemic，Recession：The Global Economy in Crisis"，June 2020，https：//www.worldbank.org/en/publication/global－economic－prospects.

就马来西亚而言，2020 年前 3 个月，被视为经济风向标的制造业和出口业采购经理人指数（PMI）已经出现大幅下降。① 疫情造成的就业受挫和经济活动压抑对居民收入必然产生负面影响，加之对未来经济的不乐观预期，居民家庭总支出，特别是非必需品支出减少，而投资也将受到利润下滑和市场情绪低迷不振的抑制。从 1 月下旬到 3 月，中国延长停产和隔离措施已经对马来西亚等新兴市场产生影响。随后受疫情影响，很多发达经济体从 3 月起采取对生产生活的各类限制措施，形成对其自身经济增长的下行压力，进而辐射其他经济体。直至本文截稿的 2020 年 5 月，全球需求疲弱，大宗商品供应一再中断，金融市场波动加剧，经济增长前景存在严重的不确定性。马来西亚国家银行在年初预期 2020 年马来西亚 GDP 增长率将在 -2.0% 至 0.5%，并对马来西亚经济的恢复有较为乐观的估计，认为其正常化有可能因全球各国的刺激措施并举而更为迅速，其经济将与全球经济一起在 2021 年回暖。但随着时间的推移和疫情的持续不退，各方对 2020 年马来西亚经济将以衰退而告终的结果已经基本达成共识。②

鉴于疫情对社会经济的强烈冲击，马来西亚政府出台了以刺激经济、促进复苏为目标的重建国家经济计划（Pelan Jana Semula Ekonomi Negara，PENJANA）。其中，两大 2020 年经济振兴配套方案，分别为经济刺激方案（Pakej Rangsangan Ekonomi，PRE）和民生关注的经济刺激方案（Pakej Rangsangan Ekonomi Prihatin Rakyat，PRIHATIN）。③ 这些方案最终的目的是维持家庭收入和保障就业。④ 针对企业而言，相关措施包括专项贷款担保机

---

① 马来西亚统计局：《2020 年第一季度统计》，“Pocket Stats Q1 2020”，https：//www. dosm. gov. my（访问时间：2020 年 5 月 16 日）。

② 《马来西亚经济预测》，2020 年 5 月 26 日，https：//www. focus - economics. com/countries/malaysia（访问时间：2020 年 6 月 12 日）。

③ Ministry of Finance，2020，“Penjana：Pelan Jana Semula Ekonomi Negara-Building the Economy Together：Short-Term Economic Recovery Plan June-December 2020”，https：//penjana. treasury. gov. my（访问时间：2020 年 5 月 12 日）。

④ 《财政部制定后 COVID-19 时期经济复苏计划》，2020 年 4 月 24 日，https：//www. theedgemarkets. com/article/mof - formulate - economic - recovery - plan - post - covid19 - — - zafrul（访问时间：2020 年 5 月 1 日）。

制、降低公共事业费用和所得税递延等，意在帮助企业减少开支，特别是缓解受影响的中小企业和公司的现金流压力。预计这两大方案将有利于缓解家庭和企业由于疫情而受到的负面冲击，并对马来西亚经济有所提振。

就马来西亚在以往重大经济危机中的表现而言，马来西亚将继续受益于多年来建立的多样化增长来源、经济灵活性、充足的缓冲、强大的金融体系和强有力的政策框架。然而，长期来看，马来西亚能否跨越中等收入陷阱，实现包容性增长，进入高收入国家的行列，取决于其创造高技能就业和高附加值活动的能力。与此紧密相关的是其通过高质量投资发掘马来西亚经济潜在增长力的能力。

在过去的半个多世纪里，马来西亚成功地从一个以农业为主的经济体发展成为一个开放的工业化经济体，持续的经济增长使马来西亚不断接近高收入国家的水平。但是，大多数中等收入国家向高收入国家迈进的路途并非一帆风顺。在以往的经济转型过程中，马来西亚在以出口为导向、开放贸易和投资以及经济多样化方面进展显著。在摆脱中等收入陷阱的努力过程中，马来西亚经济需要通过对能够带动形成新的产业集群和创造大量就业的投资，形成高附加值和更为包容的经济发展，实现更高质量的增长。

受到外部和国内的周期性因素影响，特别是面对全球范围内对外国直接投资的竞争日益激烈，马来西亚曾经引以为傲的投资增长近年来明显放缓，跨境投资不断减少。如马来西亚央行对投资重要性的分析，投资增长持续放缓对马来西亚未来的增长潜力构成下行风险，对技术进步和生产力的增长也会产生不利影响。在过去 10 年中，马来西亚的投资增长较为温和，整体趋势持续放缓。一方面，由于政府财政政策的调整，公共投资增长下滑；另一方面，私人投资增速普遍放缓。2019 年，私人投资增长了 1.5%，降至全球金融危机以来的最低增速（见图 10）。

就资本来源而言，过去 10 年中，国外对马来西亚直接投资增速锐减，与 2011～2013 年 14.4% 的强劲平均增长相比，2014～2018 年，实际实现的直接投资增速下降至平均 1.2%。鉴于直接投资对提升经济质量的正向作用和积极的溢出效应，直接投资增速的显著放缓值得关注。无论是注入制造业

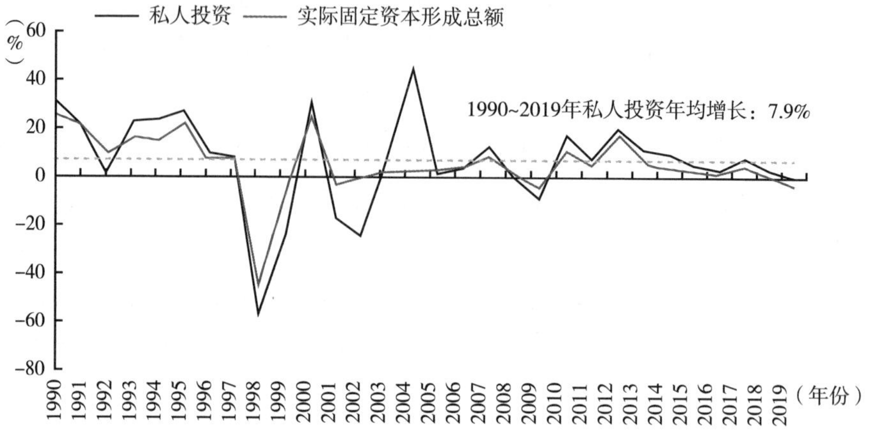

图10　1990～2019年马来西亚实际固定资本形成总额和实际私人投资增长情况

资料来源：马来西亚统计局。

的外国直接投资大多涉及设备和工业流程的引进，还是面向服务业的外国直接投资倾向于转让技术、管理和营销知识以及组织技能，都可以为马来西亚提供更多的高技能工作岗位，助力其经济向以创新为驱动和具有更强包容性的高收入经济过渡。与此同时，马来西亚国内投资增长呈现明显下行趋势，主要体现在采矿、农业和建筑业投资增长下滑，从2011～2013年的平均增长13.5%，到2014～2018年的平均增长6.0%。

进一步分析来看，马来西亚所经历的投资增长放缓并非特例。2008年全球金融危机对全球经济造成了诸多不利影响，其表现包括增长疲弱、贸易摩擦和地缘政治紧张、能源价格急剧下降、资本流动波动以及主要经济体政策的高度不确定性。在这样不利的宏观经济环境下，全球外国直接投资自2008年以来一直增长乏力。根据联合国的数据，近10年来，全球平均净外国直接投资增长率从8%（2000～2007年）降至1%。根据马来西亚央行的数据，马来西亚在2016～2019年，外国直接投资净值平均每年下降11%（见图11）。特别是过去两年，市场较为低迷，投资决策以规避风险为主，整体经济，尤其是出口导向型企业深受外部需求减弱之苦，加之贸易紧张局势的不确定性增加，以扩张产能为目的的投资很难得以实现，对私人投资冲击极大。除此以外，另外两个因素对私人投资也形成了较强的负面影响，一是自 2012 年达到峰值以来，马来西亚国内房地产市场供过于求，住宅与商业建设均放缓；二是自 2014 年以来全球油价大幅下跌，导致矿业投资大幅收缩，石油和天然气行业企业的投资连续 4 年收缩。

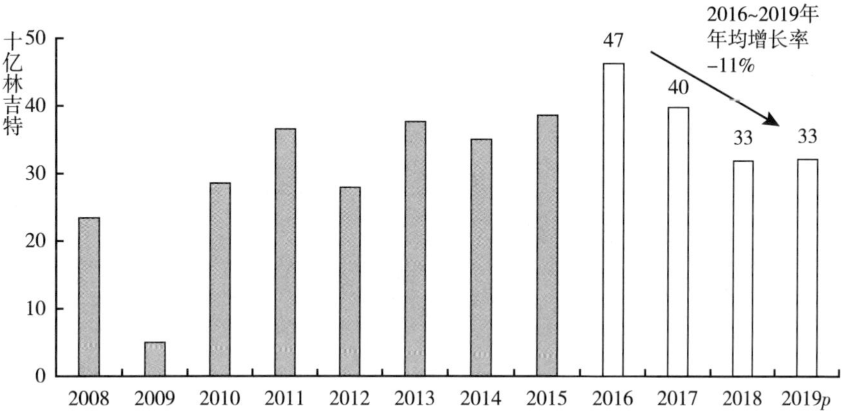

注：*p* 初步估算。

图 11　2008 ~ 2019 年马来西亚外国直接投资净值

资料来源：马来西亚统计局、马来西亚国家银行。

鉴于投资对马来西亚提升增长质量的关键性作用以及近年来马来西亚投资增长的下滑，马来西亚政府亟须通过迅速有效且具有针对性的政策调整，控制住投资增速放缓的趋势，激励生产性资产的资本支出，提升投资质量，加强投资与创新的联系，以提供更多高技能的就业机会，为马来西亚的经济发展注入更多动力。在这方面，政府宣布的《2020 年预算》对投资激励政策进行回顾和审视，以及《第十二个马来西亚计划》和新的《工业总计划》中的战略，都会对改善投资生态系统、实现马来西亚的发展愿景发挥积极的作用。

B.4
2019年马来西亚外交形势

林德顺　饶兆斌*

摘　要： 2019年，马来西亚外交活跃稳健，希盟政府开始把“中等强国”概念付诸实践。在政策文件上，马来西亚外交部和国防部分别发布了《新马来西亚外交政策框架：延续中的变化》和《国防白皮书》两份文件，为希盟政府的对外和国防政策定下了大方向。2019年，希盟政府力求在几组对抗或潜在对抗性关系国家之间保持平衡外交，中马关系则回暖，希盟政府积极支持“一带一路”倡议。另外，马哈蒂尔积极促进马日紧密关系，与美国则保持军事上的合作。在伊斯兰世界，希盟偏向伊朗和土耳其，引起沙特的不满。在南亚，和印度的关系有些紧张，但和巴基斯坦的关系有所进展。在东盟国家内，2019年马哈蒂尔访问越南，海洋安全是双方重要的合作事项。

关键词： 马哈蒂尔　外交政策框架　平衡外交

希望联盟（简称“希盟”）上台后，经验丰富的马哈蒂尔总理无疑是最重要的外交政策制定者。马哈蒂尔是个具有战略视野的政治家，他在第一次担任总理期间（1981～2003）就展现了对外交和国际事务的独特想法，包括提倡南南合作、推动伊斯兰世界的现代化、提倡泛亚洲合作和东亚一体

---

* 林德顺，马来亚大学中国研究所研究员；饶兆斌，马来亚大学中国研究所所长、研究员。

化、推崇“亚洲价值观”，以及对西方大国，特别是对美国具有强烈的批判精神。但他也有务实的一面，在批判美国的同时也强化与美国的安全合作。领导希盟获得政权后，在缺乏外交人才的情况下，马哈蒂尔个人的思维必定会体现在马来西亚的外交布局和政策上。新上任的外交部长赛夫丁在2019年逐渐熟悉了外交工作和业务，在马哈蒂尔认可下主持了《新马来西亚外交政策框架：延续中的变化》（Foreign Policy Framework of the New Malaysia: Change in Continuity，以下简称《外交政策框架》）这份重要文件的制定，并于当年9月公布。

马哈蒂尔与历任总理一样，继续推行平衡外交。马哈蒂尔曾解释说，马来西亚是个发展中的小国，依赖外贸，所以愿意与其他尽可能多的国家做朋友，而且是政治、经济分开，不强调意识形态，也不愿意“选边站”。[①] 但是平衡度的准确拿捏是不容易做到的。纵观2019年马来西亚外交形势的发展，希盟政府游走在中美、中日、印度—巴基斯坦、沙特—伊朗等几组竞争关系之间，极力维系平衡，但也容易出现顾此失彼的状况。另外，国内政治形势会影响外交。希盟政府打出的“新马来西亚”的品牌（branding），强调人权、民主等价值观，遭到国内特别是右派穆斯林——马来民族主义势力的强烈反对。同时，这些势力也影响着政府在涉及伊斯兰教问题上的政策，使希盟政府备受压力。

一 《外交政策框架》与《国防白皮书》

2019年希盟政府在外交上的一个重要举措是推出《外交政策框架》。另外，国防部也在12月推出了《国防白皮书》，这是马来西亚史上第一份有关国防政策的公开文件。这两份文件的推出，多少体现了希盟政府

① Mahathir Mohamad, “Keeping Asia Open—How to Achieve Prosperity and Stability”, Speech delivered at the 24th International Conference on the Future of Asia, 11 June 2018, https://www.pmo.gov.my/2018/06/keeping-asia-open-how-to-achieve-prosperity-and-stability/（访问时间：20-02-2020）。

将自身定位为一个更“民主、公开、透明”的政府，包括在对外事务上。

（一）《外交政策框架》

《外交政策框架》开宗明义表示这是希盟政府的外交政策，以区别于前任政府，党派性意味较浓。但其副标题为“延续中的变化”，表示希盟政府在大方向上与往届政府有延续性。《外交政策框架》将马来西亚的国家利益定位为三大方面：（1）国家和人民的安全和生产，包括主权、独立、领土完整；（2）人民生活的福祉；（3）国家的认知，包括国民对国家的认同、国家的荣誉、国家对国际社会的贡献。简单来说，就是安全（security）、经济（economy）、认同（identity）。[①]

在安全方面，《外交政策框架》分为南海主权争端、非法人口流动（irregular movement of people）、网络安全、恐怖主义四个部分。在南海问题上，文件重申了马来西亚重视将东盟作为对话的平台以及马哈蒂尔主张“南海去军事化”的言论，并指出马来西亚希望南海成为一个“合作、互联互通和共同建设的海域，而不是一个对抗和斗争的海域”。[②]

在经济方面，文件指出马来西亚外交政策必须在促进国家“工业 4.0”和数码经济方面有所帮助，同时也推进东盟经济整合以及国际贸易和金融体系改革。以国际贸易和金融体系改革为例，希盟政府会采取更加积极有为的举措，推动一个更加公平、对小国穷国更加有利的多边贸易体系。这反映了马哈蒂尔长期以来对发展中国家命运的关注。

在认同方面，文件列出人权、冲突和灾难后的管理（assistance in post-conflict and post-disaster situation）、国际组织、伊斯兰世界、南南合作、与世界大国的关系和国际条约 7 个部分，并在外交政策中加入人权内容。希盟

---

① *Foreign Policy Framework of the New Malaysia: Change in Continuity*, Putrajaya: Ministry of Foreign Affairs, 2019, p. 15.

② *Foreign Policy Framework of the New Malaysia: Change in Continuity*, Putrajaya: Ministry of Foreign Affairs, 2019, p. 19.

政府将会更加积极地针对国际上的大规模违反人权事件发声，也会向签署相关的国际人权公约逐步迈进。马来西亚许多非政府组织经常关注并参与一些战后或灾后的社会重建，而政府将会在这方面更加积极配合和提供帮助。在“与世界大国的关系”部分，希盟政府重申了马来西亚长期以来的中立和不结盟立场，希望与各个大国同时保持友好关系。

《外交政策框架》提出的许多政策立场是对往届政府政策的延续，但也指出希盟政府的外交政策会更加积极有为，力求提升本国和其他发展中国家在国际事务中的话语权，积极参与国际事务的决策，提高国际社会对一些被忽视议题的关注等。①

《外交政策框架》历经6个月的制定，由外长赛夫丁亲自主持，其间他多次和公民社会团体、人权活动分子、退休外交人员、专业人士、学者、智库专家、商界乃至大学生对话，参考了各方意见。文件提出，必须建立起这种在社会上广泛征求意见的机制，并使其成为常态，文件也建议国会在外交事务上发挥更大和更积极的作用，国会议员应该更多地关注国际事务并为行政部门提出建设性意见。“外交”是马来西亚社会关注度较低的议题，传统上人们认为外交问题非常复杂，只有官员和政治精英可以参与讨论，社会舆论甚少涉及。《外交政策框架》前所未有地采取了政府和社会互动的方式，是希盟政府将外交政策制定“民主化”的一种体现。

（二）《国防白皮书》

与《外交政策框架》类似，《国防白皮书》的制定也是政府和社会（主要是学界）紧密互动的成果。过去马来西亚政府部门，特别是国防部门带有一定隐秘性，与社会及学术界往来不多。希盟政府改变了这一现象，希望能够推动一种更为开放、透明的行政作风。《国防白皮书》的制定历时2019年整整一年，主要由国防部副部长刘镇东推动。其间，由他所主导委任的白皮书撰写团队

① *Foreign Policy Framework of the New Malaysia*: *Change in Continuity*, Putrajaya: Ministry of Foreign Affairs, 2019, pp. 17 – 18.

（来自国防部和学界），多次咨询国内外的专家学者、民众、国会议员、军工企业人员、现役和退伍军人等，展现了国防部面向社会的开放思维。国防和外交息息相关，所以《国防白皮书》的内容也可以说是希盟政府外交政策的一个侧面。

《国防白皮书》对马来西亚的战略环境做出评估，特别指出不明朗的大国关系、与东南亚邻国的关系以及非传统安全问题的兴起，是影响马来西亚安全的三大因素。特别在“大国关系”部分，《国防白皮书》提到中美两大强国“日益恶化的战略竞争”。《国防白皮书》也指出外国船舰进入马来西亚海域对其主权利益构成挑战，同时重申《外交政策框架》的主张：将南海打造成一个“合作、互联互通和共同建设的海域，而不是一个对抗和斗争的海域”。[①] 值得注意的是，《国防白皮书》也称中国在南海的一些行为“被认为是侵犯性的”（perceived aggressive）[②]，对中国的语气比过去政府表述稍微强硬一些，但总体而言，这份文件重申和延续了马来西亚一向秉承的中立路线，对中美两国不偏不倚。

《国防白皮书》一个重要的观点是将马来西亚定位为“根植于大陆的海洋国家”（a maritime nation with continental roots）。这首先是基于马来西亚国土大部分环海的现实；但同时也是一种愿景，希望提高国民整体的海洋意识，使马来西亚成为真正一流的海洋国家。马来西亚的地理位置独特且具有战略性：位于欧亚大陆最东南的边缘、东南亚的中心地带、印度洋和太平洋的交界处。《国防白皮书》颇具战略性地将马来西亚的国际角色解释为“关键部件”（linchpin），并将其再细分为桥梁（bridging）、建设（building）和粘和（binding）三种功能。“桥梁”指马来西亚作为两大洋和陆地与海洋之间的桥梁，是互联互通的关键支点国家。“建设”指马来西亚作为区域性建设的一个辐射点国家。“粘合”指马来西亚为各国之间的合作和协调做出了

① *Defence White Paper: A Secure, Sovereign, and Prosperous Malaysia*, Kuala Lumpur: Ministry of Defence, 2019, p. 22.

② *Defence White Paper: A Secure, Sovereign, and Prosperous Malaysia*, Kuala Lumpur: Ministry of Defence, 2019, p. 22.

贡献。马来西亚的国防力量在保家卫国之余，也会为马来西亚发挥上述作用提供保障，这实际上也是希盟政府对马来西亚国际角色的一个愿景。从这点而言，《国防白皮书》和《外交政策框架》相辅相成。

在防务外交方面，《国防白皮书》提出要加强和东盟邻国、亚太各国、域外大国等的双边防务合作和交流，注重和提升以东盟为主的多边安全机制（如东盟国防部长扩大会议）的作用，同时也为国际维和行动做出贡献。马来西亚认识到国防并非“零和游戏”，而是可以结交更多伙伴，为集体安全提供保障。总体而言，《国防白皮书》认为必须加大国防预算、提升马来西亚军备、加强国民的国防意识。但其所呈现的战略观点是非针对性和非对抗性的。希盟政府希望能够打造一支既可以维护国家主权和利益，又能够为区域乃至世界做出贡献的国防力量。这也和其《外交政策框架》提出积极有为的外交政策相符合。

《外交政策框架》和《国防白皮书》分别从外交和国防两方面呈现了希盟政府在国际事务上的战略思考和努力方向。2019 年马来西亚的外交形势在某种程度上也是循着这种思考和方向发展的。

二 大力开展平衡外交

马来西亚在国土面积和人口方面都属于小国，但独立以来历届国家领袖都怀有建立“中等强国”的梦想，马哈蒂尔尤为如此。马哈蒂尔二度掌握国家大权后，其强国建构之心犹存，在国际场合频繁发声，对各国的外交战略直言不讳。他在 2019 年的外交作为，是对《外交政策框架》政策纲领的演绎诠释。2019 年国际局势日益严峻，中美关系总体朝着对抗性的方向发展。沙特阿拉伯和伊朗的对抗持续焦灼，伊斯兰世界暗中分为两派，马来西亚夹在中间，极难取得平衡。[1]

① Mustafa Izzudin, “Malaysia in 2019: Enduring Stability in a Chaotic Year,” *Asian Survey* 60: 1 (2020): pp. 104 - 107. Mustafa Izzudin, “Malaysia's Foreign Policy Balancing Act,” *Jakarta Post*, 10 - 06 - 2019, https://www.thejakartapost.com/academia/2019/06/10/malaysias - foreign - policy - balancing - act.html（访问时间：22 - 2 - 2020）。

（一）“一带一路”与“印太战略”：马来西亚与中美日三国的关系

1. 中马关系

前总理纳吉布执政时期与中国合作紧密，他领导的国民阵线在2018年大选时也打出“正面中国牌”，其批准的一些中资项目曾遭到希盟的批评。因此希盟政府上台后，许多西方媒体认为马来西亚会开始疏远中国。希盟政府在上台后不久就暂停了几项重大的中资项目，包括价值200亿美元的东海岸铁路（由中国进出口银行融资、中国交建承包）项目。东海岸铁路项目在前总理纳吉布时期签署，是“一带一路”倡议的旗舰项目之一，更被视为中马两国友谊的体现，具有极大的象征意义。希盟领袖在大选时多次抨击该项目，认为马来西亚无法承受它所带来的债务。马哈蒂尔于2018年8月访华时表示，希望中国政府能同意取消该项目，但没有获得中方的认可。随后中马双方就东海岸铁路项目进行了多次谈判，项目进展陷入胶着。

中马两国政府都不希望东海岸铁路项目的争议影响双边关系，但项目前景不明朗又多少影响了中国投资者对马来西亚的信心，也给双边关系带来一定的负面影响。实际上，希盟政府深知中马关系的重要性，并没有疏远中国的意思。

2019年初，经济事务部长阿兹敏曾宣告东铁谈判不成功，马来西亚决定取消东海岸铁路项目，但随即遭到其他阁员否认，这也显露出谈判过程的艰难。不过，希盟政府在4月宣布谈判成功，东海岸铁路项目降低造价后重新启动。不到两个星期，马哈蒂尔宣布纳吉布执政时期被搁置的“马来西亚城”项目也将重启。这两大“一带一路”项目的重启为中马关系注入了助推剂。同时，马哈蒂尔也在中美贸易摩擦和围绕5G技术进行的中美科技竞争中，选择公开支持中国，欢迎华为继续参与马来西亚的通信基础设施建设和投资。

2019年4月末，马哈蒂尔二度访华，参加第二届“一带一路”国际合作高峰论坛。这期间马哈蒂尔对“一带一路”倡议大为赞赏。事实上，“一带一路”倡议在很多方面与马哈蒂尔的理念有共通点。他深知“一带一路”

倡议是一项远大宏伟的发展战略，会给许多发展中国家带来好处，这也和他倾向于建立更紧密的“南南合作”的战略思维有共鸣。同时，希盟政府的一些人事布局也值得关注。4 月中旬，政府宣布前驻华大使和现任马来西亚—中国友好协会会长马吉德担任马来西亚贸易投资局主席。8 月新上任的驻华大使拉惹努斯旺更是马来西亚外交界非常资深和受尊重的官员之一。这些任命凸显出希盟政府对中国的重视。

随着马哈蒂尔二度访华打开了局面，马来西亚多名高官也相继访华。副总理万 ·阿齐扎在 7 月上旬进行了为期 4 天的对华官访，拜会了中国国家副主席王岐山和国务院副总理孙春兰。外交部长赛夫丁则在 9 月访华。据报道，赛夫丁和中国外交部长王毅达成共识，成立一个类似于中菲南海协商机制的双边对话机制。总体来说，2019 年中马两国交流密切，两国关系稳步发展。①

不过，中马关系虽然回暖，但也必须注意 2019 年一些事态的发展会给中马关系带来负面影响。部分马来人认为希盟政府偏向“华人”，一些马来右翼民族主义者抨击希盟政府被华人和中国“操控”，在社交媒体上炒作中国人“非法”进入马来西亚，以及政府颁发了公民权给 10 万名中国人等假新闻。10 月，政府罕见地查禁了一本马来西亚漫画家正面宣传“一带一路”倡议的漫画。中马两国在南海议题上存在一定程度的紧张。2019 年年中，两国的船舰在争议海域对峙。12 月 12 日，马来西亚向《联合国海洋法公约》设立的大陆架界限委员会提交了其在南海的 200 海里以外外部界限划定的申请，中国常驻联合国代表团当日即向联合国秘书长提交照会，反对马来西亚提出的划界案。

2. 马日关系

马哈蒂尔在其第一次总理任期时便大力推进马日关系，提出特别是在经

① Ngeow Chow-Bing, “A Change of Heart? Under Mahathir, Malaysia Makes Bold Move to Embrace Chinam,” *Channel News Asia*, 30 - 8 - 2019, https://www.channelnewsasia.com/news/commentary/malaysia - china - relations - mahathir - pakatan - harapan - warming - ties - 11833036.

济政策和文化管理方面向日本学习的著名的“向东政策”（后来加上韩国）。二度任相后，马哈蒂尔自2018年6月在日本与安倍首相会面开始，便对马日关系的发展确定了基调，即重启“向东政策”，保持“深化教育交流、增进人才培养和促进科学技术转移”的目标。① 日方则希望马来西亚支持日本参与推动的“印太战略”乃至于《全面与进步跨太平洋伙伴关系协议》(CPTPP)。马哈蒂尔原则上不反对，但也不讳言对两者都保持观望乃至批判的态度。②2019年，马日合作势头不减，马哈蒂尔三访日本。每次访问都各有所重。其间有官式拜会、研讨会致辞、与各界人士对话等，全方位推动马日关系发展。③ 在2018年磋商的基础上，日本宣布为马来西亚提供低息财务融资援助，如武士债券（Samurai Bond）和政府发展援助（ODA）。日本教育部也与马哈蒂尔商议日本大学赴马来西亚设立分校事宜，这是日本大学有史以来首次在国外设立分校，其中以筑波大学（University of Tsukuba）的计划最有可能实现。④ 在投资方面，多位部长陆续到日本访问，从不同角度跟日本商界沟通，鼓励他们到马来西亚投资。⑤根据马来西亚投资发展局的数据，2019年1~9月，日本在马来西亚的外国直接投资（FDI）达28.3亿美元，是2018年同期的4倍多。⑥ 同时具有象征性意义的是，马来西亚最

---

① “Japan and Malaysia Eye Close Ties Based on Mahathir's ‘Look East Policy’”, *The Japan Times*, 31－05－2019, https://www.japantimes.co.jp/news/2019/05/31/national/politics－diplomacy/japan－malaysia－eye－close－ties－based－look－east－policy/#.Xp0I7cgzbIU（访问时间：20－02－2020）。

② “Dr M: Malaysia Still Looking at Pros and Cons of CPTPP”, *The Star*, 28－09－2018, “Dr M Welcomes US govt's Indo-Pacific Vision, but not Warships into ASEAN”, *Malay Mail*, 16－11－2018.

③ 《本月再出访　敦马十六个月六访日本》，〔马来西亚〕《南洋商报》2019年9月2日。

④ 《宫川真喜雄：徇敦马要求　日本大学破例在大马设分校》，〔马来西亚〕《星洲日报》2019年10月28日。

⑤ “A Hectic Year for M'sia's Ambassador to Japan”, *Borneo Post*, 23－11－2019, https://www.theborneopost.com/2019/11/23/a－hectic－year－for－msias－ambassador－to－japan/（访问时间：20－02－2020）。

⑥ “MITI Forecasts Higher FDI from China Next Year via ‘Special Channel’”, *The Malaysia Reserve*, 11－12－2019, https://themalaysianreserve.com/2019/12/11/miti－forecasts－higher－fdi－from－china－next－year－via－special－channel/（访问时间：20－02－2020）。

高元首也两次访问日本，其中一次是官方访问，马最高元首与日本天皇会晤[①]，另外一次则是出席日本的“马来西亚旅游节”开幕式。这些活动为马日关系发展营造了非常良好的氛围。

在军事交流方面，日本海军2019年两度到访马来西亚，第一次是3月“朝雾”号舰船到兰卡威参加国际海空展，第二次是5月26日海上自卫队的“出云”号和“村雨”号护卫舰到访巴生港口。[②]两国海军还多次在多国联合军演中进行合作。此外，日本对美国主推的“印太战略”秉持积极参与的态度。日本也希望通过介入南海问题在东南亚发挥影响力，同时保护日本在此区域的利益。马来西亚作为南海周边的重要国家，自然是日方合作和争取的对象之一。

3. 马美关系

自2014年美国与马来西亚双边关系提升为“全面合作伙伴”后，两国的交往日趋亲密。前任总理纳吉布出访美国时，被奥巴马和特朗普两任总统奉为上宾，两国持续在军事和经贸方面保持密切往来。

马哈蒂尔上台后延续了他过去的“反美”风格，特别对特朗普总统善变的作风多次批评。近年来美国在南海“自由航行”问题上姿态强硬，希望在新提出的“印太战略”里联合多个盟国和伙伴国，防止中国主导南海。马哈蒂尔对美国推出的“印太战略”并无太大兴趣，因为他的亚太安全观是希望由区域内国家共同维护地区和平稳定，避免西方强权再度介入，特别是警惕美国这种影响力过于强大的国家。[③] 希盟政府上台后，马美两国最高领导人不曾会面，无论是互访还是在国际场合，马哈蒂尔不但没有意愿与特

① “A Hectic Year for M'sia's Ambassador to Japan”, *Borneo Post*, 23 – 11 – 2019, https: // www.theborneopost.com/2019/11/23/a – hectic – year – for – msias – ambassador – to – japan/（访问时间：24 – 11 – 2019）。

②《自卫队2军舰停靠巴生港 日马海军交流深化关系》，〔马来西亚〕《星洲日报》2019年5月27日。

③ Rizal Abdul Kadir, “‘Mahathir Doctrine’ Keeps South China Sea Peaceful”, *New Straits Times*, 07 – 05 – 2019.

朗普会晤，更是借公开演讲的机会批评特朗普。① 马哈蒂尔在多个问题上与特朗普意见相左，包括“美国优先”孤立主义、以色列迁都耶路撒冷、军舰在南海航行、新殖民主义等。在 2019 年 12 月底的吉隆坡峰会上，马哈蒂尔还赞许由伊朗和土耳其提出的以加密货币取代美元成为交易货币的倡议，显示了他对美国垄断国际货币话语权的不满。

但同时，马来西亚也和美国保持军事合作，马来西亚许多军火购自美国。2019 年 6 月 7 日，马来西亚国防部宣布，美国向多个东南亚国家赠送的 34 架“扫描鹰”（Scan Eagle）无人机中，马来西亚获得 12 架。虽然马来西亚不允许美国在本国设立军事基地，但美国军舰和潜艇可在马来西亚的巴生港口或沙巴实邦加军港停靠补给和维修。联合军演方面，除了传统的“联合备战与训练”（CARAT）及“东南亚合作和训练”（SEACAT）演习外，美军在 2019 年 9 月 2 ~6 日还与包括马来西亚在内的东盟成员国联合主办了美国—东盟联合海上军演（AUMX）。但马哈蒂尔还是公开抨击联合军演，认为演习毫无意义，因为它将导致中国感受到威胁而投入更多的海军和资源。这番谈话与他在 2018 年要求“军舰退出南海”的观点是一致的。马来西亚军方则强调坚守中立立场，与所有国家维持友好关系，所以欢迎与美国、中国等利益攸关者进行防务合作，维护东南亚地区的安全与稳定。②

相较于意识形态和区域安全问题，马来西亚和美国双边经贸合作非常密切。在纳吉布执政时期，国阵政府积极向美国招商。当时美商已经计划到马来西亚投资电子业、再生能源、石油与天然气、资讯通信科技、保健设备、药剂及服务业等。多家著名美国企业如摩托罗拉、通用电气、美光科技、捷普科技目前都在马来西亚设厂。由于中美贸易摩擦，加上马来西亚政府欢迎外资，2018 年以来大量美国直接投资再度来到马来西亚。马来西亚投资发展局在 2019 年 11 月 29 日宣布，2019 年前 11 个月政府已经批准了美国 59

① “Tun Mahathir Has No Plan to Meet Trump”, *The Sun Daily* , 16 - 06 - 2018, “Dr Mahathir Holds Forth on China Ties, Trump at New York Forum”, *New Straits Times* , 28 -09 -2018.

② “US Gives 12 Maritime Surveillance Drones to Royal Malaysia Navy”, *New Straits Times*, 08 - 06 - 2019.

亿美元的投资申请，相比上年同期1.13亿美元的投资额，增长超过了50倍。[①] 野村证券的研究显示，马来西亚在这次中美贸易摩擦中获益排名第四。[②]显然美国企业并不把马来西亚政府对美国领导人的看法作为投资的主要考量。反之，多年来诸多美企在马来西亚投资成功的经验及本地营商环境符合他们的需求才是重点。

（二）伊斯兰世界纷扰不断，马土关系迅速发展

作为伊斯兰国家，马来西亚在前任总理纳吉布执政时期与西亚国家建立了友好的外交关系，尤其是与沙特阿拉伯合作密切，但引起伊朗的不满。[③] 2015年沙特政府干预也门内战，号召伊斯兰国家组织联军，纳吉布政府即派兵响应。马哈蒂尔上任后，纠正了纳吉布政府倾向沙特的政策。2018年6月27日，新任国防部长萨布宣布，基于马来西亚新政府奉行不结盟政策，对国际纠纷采取中立态度，因此决定召回自2015年驻扎于沙特阿拉伯的陆军部队。[④] 2019年马来西亚很好地利用了自己的中立立场，与西亚更多的国家进行更加深入的交往。马哈蒂尔于7月25日到土耳其进行了为期4天的国事访问，这期间他与当地各方密集会面进行招商。马来西亚对与土耳其的国防工业和汽车工业合作有浓厚兴趣，双方开展了深入讨论。[⑤] 马哈蒂尔与土耳其总统埃尔多安（Recep Tayyip Erdogan）对伊斯兰世界的问题，如巴

① https：//www.mida.gov.my/home/projects - approved - by - major - country，january - september - 2019 - and - 2018/posts/（访问时间：22 - 02 - 2020）。

② "Nomura：M'sia 4th Biggest Beneficiary of Trade War"，*The Star*，06 - 06 - 2019.

③ 有关马来西亚与沙特阿拉伯和伊朗两国的关系，可参考 Mohd Fauzi Abu-Hussin，Asmady Idris，Mohd Afandi Salleh，"Malaysia's Relations with Saudi Arabia and Iran：Juggling the Interests，" *Contemporary Review* 5（1）（2018），pp. 46 - 64.

④ "Malaysia to Withdraw Troops Stationed in Saudi Arabia"，https：//www.aljazeera.com/news/2018/06/malaysia - withdraw - troops - stationed - saudi - arabia - 180628115443070.html（访问时间：22 - 02 - 2020）。

⑤ Prashanth Parameswaran，"Malaysia-Turkey Relations in Focus With New Military Pacts，" *The Diplomat*，31 - 12 - 2019，https：//thediplomat.com/2020/01/malaysia - turkey - relations - in - focus - with - new - military - pacts/（访问时间：22 - 2 - 2020）。

勒斯坦问题、罗兴亚人问题和区域问题都有共识。[①] 他和埃尔多安总统及巴基斯坦总理伊姆兰·汗（Imran Khan）都认同当今的伊斯兰国家应该集中资源，共同推动伊斯兰文明复兴。[②] 9月马哈蒂尔到纽约出席联合国大会的时候，他们再度聚首，举行了一场“三国峰会”。会中三国决定联合设立一个英语电视台，希望通过对伊斯兰世界的正面报道，解除西方世界的“伊斯兰恐惧症”。[③]三国领导人还决定联合举办一场“吉隆坡峰会”，邀请全世界伊斯兰国家与会探讨伊斯兰问题，但峰会并没获得以沙特为首的逊尼派伊斯兰海湾国家的支持。2019年马来西亚与土耳其、巴基斯坦关系密切。实际上马哈蒂尔在2014年曾到过土耳其进行访问，2017年12月应埃尔多安总统邀请，参加“伊斯兰合作组织”（OIC）紧急大会商讨美国承认耶路撒冷一事，马哈蒂尔再度赴伊斯坦布尔。

马来西亚与卡塔尔长期保持良好关系，两国相互免签证并有密切的国防合作关系。卡塔尔国王的投资基金早在纳吉布时期就已经进入马来西亚，并参与了多个发展项目。该基金投资较多的是位于吉隆坡和登嘉楼的房地产项目。马来西亚国企也在卡塔尔参与了多项基建计划。[④] 马哈蒂尔在2019年12月的吉隆坡峰会前夕还到访卡塔尔，与其国家元首讨论提升两国双边关系问题。卡塔尔是马来西亚在西亚的第五大贸易伙伴，马哈蒂尔准备通过招商提升两国的投资和贸易关系。[⑤]卡塔尔国王随后赴吉隆坡峰会也为大会锦上添花。

马来西亚与伊朗的关系向来稳定友好。两国同为穆斯林占人口多数的国家，虽然各自的官方教派有所不同，但官方和民间都交流密切，关系融洽。

---

① 《首相访土耳其四天 商讨国防投资等课题》，〔马来西亚〕《光华日报》2019年7月25日。

② 《让伊斯兰再次伟大　穆斯林国家需集资》，〔马来西亚〕《东方日报》2019年7月27日。

③ 《应对“伊斯兰恐惧症”，大马与巴土；联办英文频道》，〔马来西亚〕《星洲日报》2019年9月27日。

④ 《纳吉：瞄准医保及酒店业　卡塔尔拟加大在马投资》，〔马来西亚〕《南洋商报》2017年10月19日。

⑤ 《首相：油气清真等领域合作　我国可成卡塔尔投资宝地》，〔马来西亚〕《南洋商报》2019年12月14日。

2019年8月的最后一个星期，伊朗外长扎里夫出访包括马来西亚在内的多个亚洲友好国家。扎里夫拜会了马哈蒂尔总理和外长赛夫丁，两国领袖同意成立层级较高的外长级委员会，未来可以针对两国政治、经济、国际和安全问题等交换意见与沟通。扎里夫还与马哈蒂尔讨论了伊斯兰世界的问题，以及美国对伊朗的非法制裁等问题。[①] 马哈蒂尔随后多次在国际场合抨击美国制裁伊朗不公，他认为美国的制裁行动也损害马来西亚的利益，因为马来西亚不能向伊朗购买石油，甚至需要配合美国，强制在马的伊朗人关闭其银行账户。[②] 目前据估计在马来西亚的伊朗人约有万人。为伊朗被制裁发声符合马哈蒂尔的外交思维，他认为这正是美国作为强权大国欺凌小国的典型案例。在12月的吉隆坡峰会上，他还提议以货物交换的方式与伊朗开展贸易，以避开美国的制裁，迂回抗议当前被美国主导的国际经贸体系。[③]

马来西亚与沙特阿拉伯的不和在2019年底进一步加剧。12月18～21日，马来西亚政府联合土耳其、巴基斯坦召开“吉隆坡峰会”，广邀伊斯兰国家参与讨论当今伊斯兰世界的议题。但沙特国王萨勒曼在峰会前与马哈蒂尔通电话时表达不满，他认为伊斯兰世界的议题应该在伊斯兰合作组织框架内讨论，而不是另起炉灶，并明确表示不会出席峰会。由沙特主导的伊斯兰合作组织也表达了相同的看法。多个与沙特不和的国家如伊朗、卡塔尔和土耳其等国的最高领袖出席会议，土耳其总统埃尔多安还被奉为上宾。伊朗总统鲁哈尼提前抵达吉隆坡与马哈蒂尔会晤。马哈蒂尔的举措显现了马来西亚在外交上的“中等强国”建构，向伊斯兰世界表达了传统大国以外的新论述，希望引起世界关注。亦有评论认为马哈蒂尔此举无必要，与沙特对抗实

---

① “Iran, Malaysia Agree to Form Supreme Council of Ties: Zarif”, *Tehran Times*, 30－08－2019, https://www.tehrantimes.com/news/439766/Iran－Malaysia－agree－to－form－supreme－council－of－ties－Zarif（访问时间：24－02－2020）。

② “At UN, Malaysia PM Mahathir Seeks to Curb Use of Sanctions”, *The Straits Times*, 28－09－2019, https://www.straitstimes.com/world/united－states/at－un－malaysia－pm－mahathir－seeks－to－curb－use－of－sanctions（访问时间：24－02－2020）。《敦马：大国强力欺压大马被迫关伊朗人户头》，《中国报》2019年3月31日。

③《建议重启第纳尔币或物物交换　马哈迪：勿依赖敌对国科技》，《中国报》2019年12月22日。

属不智。①

在吉隆坡峰会上，马哈蒂尔再次提出抗衡西方先进国的言论，倡议伊斯兰国家联合自立，俨然恢复当年他作为第三世界发言人的地位。另外值得注意的是，马哈蒂尔频繁与西亚国家进行交往，也是因为看中西亚国家的投资机会、资金、科技和游客资源。马哈蒂尔的国家发展观向来是务实及反殖，因此国内的多个工业区、金融服务、教育和科技领域，都欢迎西亚国家参与投资，其中马来西亚作为国际伊斯兰金融和清真食品中心的地位，更需要伊斯兰国家持续的支持与肯定，这也是与上述国家发展双边关系的重要黏合剂。

（三）周旋于印度与巴基斯坦之间

马来西亚与南亚的交往，主要是周旋于印度与巴基斯坦之间。2019 年马哈蒂尔的外交取向是亲巴基斯坦，因此与印度发生了一些争议。其中几个主要争议问题是：原籍印度的伊斯兰传教士扎基尔·奈克（Zakir Naik）事件、查谟和克什米尔自治邦争议、印度“公民身份法”（修正案）和马来西亚“淡米尔之虎”成员被逮捕案等。

马印关系向来友好，冷战时期两国曾一起推动第三世界的不结盟运动。马来西亚约有 10% 的人口是印度裔，目前他们大部分依然与祖籍地保持密切的关系，加之马印两国的经贸和投资关系密切，国阵政府时期甚至任命了一名总理特使专门帮助外交部解决涉印问题。2019 年 1 ~9 月，印度从马来西亚进口了 390 吨棕油，价值约 20 亿美元。从 2014 年开始，印度取代中国成为马来西亚棕油的最大出口国，因此马来西亚需要维持与印度的良好关系。

印度籍传教士被印度政府指控涉嫌洗黑钱和传播恐怖主义思想，2017

---

① P. Prem Kumar, “Mahathir's Muslim Summit Turns Malaysia-Saudi Ties Bitter”, *Nikkei Asian Review* , 24 –12 –2019, https://asia.nikkei.com/Politics/International – relations/Mahathir – s – Muslim – summit – turns – Malaysia – Saudi – ties – bitter（访问时间：20 –02 –2020）。Mustafa Izzuddin, “Commentary: Mahathir Wades into Tricky Waters with Kuala Lumpur Summit”, *Channel News Asia*, 02 – 01 – 2020, https://www.channelnewsasia.com/news/commentary/malaysia – kuala – lumpur – summit – islamic – muslim – politics –12222084（访问时间：01 –03 –2020）。

年已经撤销他的护照，并向国际刑警组织申请了红色通缉令。① 不过自国阵时代，马来西亚政府已经同意扎基尔入境逗留及自由活动。2018 年 6 月马哈蒂尔上任后延续上届政府的做法，认为只要扎基尔未违反马来西亚的法律，政府就不会把他遣送回国。② 2019 年 6 月，印度外交部宣称已经向马来西亚政府发出正式照会，要求把扎基尔遣返受审，但马来西亚政府回复称未收到。马哈蒂尔处理这个问题有其内政考量。扎基尔在穆斯林社会深受欢迎。因此，为了争取马来社会乃至伊斯兰世界舆论的支持，马哈蒂尔政府对印度政府的请求给予冷对待。马哈蒂尔选择保护扎基尔，导致 9 月 9 日印度宣布取消之前提供给马来西亚棕油进口的税务优惠，从 45% 调回跟其他国家一样的 50% 。③

真正影响 2019 年马印关系走向的是马哈蒂尔针对查谟与克什米尔问题的发言。9 月 27 日，马哈蒂尔在第 74 届联合国大会上评论印度 8 月对上述地区取消宪法第 370 条自治邦条例的做法。他批评印度不顾联合国对这片领土争议做出的决议，仍然对它入侵和占据，他呼吁印巴合作，以和平途径解决问题。④

马哈蒂尔在联合国发表演讲后，印度外交部 10 月发文直言无法接受。印度炼油协会（Solvent Extractors Association of India）呼吁会员不要购买马来西

---

① Prabhash K. Dutta, "Why Zakir Naik is a Wanted Man?", *India Today*, 20 - 08 - 2019, https://www.indiatoday.in/news - analysis/story/why - zakir - naik - is - a - wanted - man - 1582774 - 2019 - 08 - 20（访问时间：22 - 02 - 2020）。

② "Wanted in India, Firely Islamic Preacher Says He has Not Broken Any Law", Reuters, 02 - 12 - 2018, https://www.reuters.com/article/us - malaysia - islam - preacher/wanted - in - india - fiery - islamic - preacher - says - he - has - not - broken - any - law - idUSKCN1O0101E（访问时间：01 - 03 - 2020）。

③ "India Raises Import Tax on Malaysia Refined Palm Oil by 5%", Reuters, 05 - 09 - 2019, https://www.reuters.com/article/india - oils/india - raises - import - tax - on - malaysian - refined - palm - oil - by - 5 - idINKCN1VP2IK（访问时间：01 - 03 - 2020）。

④ "India 'Invaded and Occupied' Kashmir, Says Malaysian PM at UN General Assembly", *The Hindu*, 30 - 09 - 2019, https://www.thehindu.com/news/national/malaysian - pm - raises - kashmir - issue - at - unga - alleges - india - invaded - and - occupied - kashmir/article29555394.ece（访问时间：01 - 03 - 2020）。

亚棕油。[1]马哈蒂尔保持一贯的强硬态度，声称不会收回言论，但会与协会成员商讨罢买棕油事件。12 月，马哈蒂尔再度针对印度的外交政策发言。就在吉隆坡峰会的闭幕仪式上，马哈蒂尔批评印度 12 月 11 日通过的“公民身份法”（修正案）是歧视该国穆斯林。[2]这番发言引致印度政府召见马来西亚驻印度高级专员表达抗议。印度政府认为，马哈蒂尔这番发言已经违反了外交不干预他国内政的做法，而且还是在没有足够证据的情况下做出的评论。[3]

上述几个案例的一个共同点就是伊斯兰教。马哈蒂尔把自身定位为伊斯兰世界的领袖，因此他在上述问题上与具有印度教背景的印度总理莫迪对话，难免会针锋相对。两位领袖其实在 9 月 4 日出席俄罗斯主办的第五届东方经济论坛时曾有会晤。据时任马来西亚外长赛夫丁透露，马哈蒂尔与莫迪的讨论重点是查谟与克什米尔问题，由莫迪详细解释了印度修宪的考虑，而马哈蒂尔也表明对此问题的立场。[4]这场会晤实际产生了正面效应，但过后又被马哈蒂尔在联合国的发言抵消。因此马印关系发展明显是被伊斯兰教议题困扰。但马哈蒂尔上述言行，在国内穆斯林社群中产生了正面效应。

从南亚的地缘外交层面来看，马哈蒂尔这一系列作为，亦有助于强化马来西亚与巴基斯坦的关系。2019 年 3 月 21 日，马哈蒂尔曾对巴基斯坦进行正式访问，并成为巴基斯坦 3 月 24 日的国庆嘉宾。[5] 那次会晤成果斐然，马巴两国同意在反腐和消除“伊斯兰恐惧症”方面加强合作，同时也同意设立部长级会议讨论如何提升两国双边贸易额、互设银行机构及加强两国防务合作。投资合作方面，马来西亚国产汽车宝腾公司将在巴基斯坦设立汽车

---

① “India Trade Body Tells Members Not to Import Malaysian Palm Oil in Nationalistic Protest”, *The Star*, 22 - 10 - 2019.

② 《发公民权给印裔移民　敦马：学印度的话　社会乱》，《中国报》2019 年 12 月 21 日。

③ “India Lodges Strong Protest with Malaysia Over Mahathir's Criticism of Citizenship Law”, *India Today*, 21 - 12 - 2019, https://www.indiatoday.in/india/story/india-lodges-strong-protest-with-malaysia-over-mahathir-s-criticism-of-citizenship-law-1630369-2019-12-21（访问时间：22 - 02 - 2020）。

④ 《莫迪主动要求印度查基尔　赛夫丁：敦马没回应》，《中国报》2019 年 9 月 7 日。

⑤ 《今访巴基斯坦两天　敦马将膺巴基斯坦勋章》，〔马来西亚〕《星洲日报》2019 年 3 月 22 日。

装配厂。随后，马哈蒂尔与伊姆兰在国际场合持续互动。如前所述，马来西亚、巴基斯坦、土耳其三国不仅决定联合设立一个英语电视台正面报道伊斯兰世界问题，还联合举办了12月底在马来西亚举行的“吉隆坡峰会”。① 因此，2019年的马巴关系发展是积极向前的。

三　强化东盟，力不从心

20世纪90年代，当东盟开始被国际社会重视之际，该组织中有三位重要领袖——李光耀、苏哈托和马哈蒂尔。而今，面对地区和国际新趋势，马哈蒂尔通过东盟多个场合呼吁各国团结力量，坚持贯彻他的保持地区稳定、发展贸易和地区一体化的理念，让成员国共享和平繁荣的红利。

3月7日，马哈蒂尔在马来西亚—菲律宾商业论坛上发表主题演讲，呼吁东盟成员国重新审视分享市场的概念，把各国的市场边界打开，实现东盟6亿人的市场一体化，东盟才可能拥有强大的对外讨价还价的能力，同时也有能力不被目前的中美贸易摩擦殃及。② 6月马哈蒂尔在泰国时又补充道，东盟的另外一个问题是成员国之间的贸易额非常少，这不利于东盟一体化的实现。东盟成员国应该加大购买其他伙伴的产品，好让成员国人民直接从东盟市场受益。③

8月末，马哈蒂尔出访越南三天。访问期间他与越南总理阮春福商讨如何提升两国的双边贸易额至150亿美元。两国也讨论了加强友谊与战略伙伴关系的议题，如增加直航频率、联合打击犯罪、开展文化旅游等。两国也讨论了如何在安全和防务课题上加强合作。④针对目前形势日益严峻的海事安全问题，马越两国签署了海事执法和搜救合作谅解备忘录，讨论建立制止邻

---

① 《应对“伊斯兰恐惧症”　大马与巴土联办英文频道》，〔马来西亚〕《星洲日报》2019年9月27日。

② 《建议东盟成员国共享市场》，〔马来西亚〕《东方日报》2019年3月8日。

③ 《敦马：东盟并非毫无作为》，〔马来西亚〕《东方日报》2019年6月24日。

④ Prashanth Parameswaran, “Mahathir Visit Highlights Vietnam-Malaysia Security Cooperation Prospects”, *The Diplomat*, 05－09－2019, https://thediplomat.com/2019/09/mahathir－visit－highlights－vietnam－malaysia－security－cooperation－prospects/（访问时间：01－03－2020）。

国渔船跨境非法捕捞机制和情报分享机制。防务方面，两国的关注点是南海局势安全管理问题。双方都对南海近期的情况“严重关切”，认为维持区域的和平、稳定、安全和法治精神非常重要，例如保障区域内的航行航空自由与安全。双方也认同南海争端必须通过和平手段，例如充分尊重法律裁决和外交斡旋手段来解决，强调应以《联合国海洋法公约》为基础，而不是以武力相威胁。由此延伸，两国对区域和平的保障手段即支持和遵守《南海各方行为宣言》（DOC）及达致“南海行为准则”（COC）形成的初步共识。[①]

11 月初，在泰国举行的第 35 届东盟峰会上，马哈蒂尔针对多个议题发表看法。在区域和平方面，他提议东盟与中国和平协商，拒绝响应域外国家的挑衅围堵中国。在自由贸易方面，他欢迎“区域全面经济伙伴关系协定”（RCEP）谈判继续进行，欢迎区域外国家如印度通过对话与东盟增进贸易和旅游，反对强国制裁伊朗并强制他国断绝与伊朗的经贸往来。马来西亚持续在东盟里扮演中立角色，帮助尽量多的国家与东盟进行贸易、投资和交流。[②]

纵观 2019 年马来西亚对东盟事务的参与还是符合地区利益的。不过马来西亚期待的 RCEP 最终无法在当年完成谈判。主因在于印度不愿意配合大幅降低进口关税而选择退出。马来西亚在前拒 CPTPP、后无限期押后 RCEP 的情况下，在对外经贸方面并未从政府的外交作为中得到更大的回报。

结　语

2019 年是希盟政府外交稳健活跃发展的一年，同时也出台了《外交政策框架》和《国防白皮书》两份重要文件，一个“中等强国”的理念俨然成形。马哈蒂尔的外交耕耘除了提升国际影响力外，同时也满足了内政的需

① Nguyen Minh Quang, “Saving the China-ASEAN South China Sea Code of Conduct”, *The Diplomat*, 29 - 06 - 2019, https://thediplomat.com/2019/06/saving-the-china-asean-south-china-sea-code-of-conduct/（访问时间：22 - 02 - 2020）。

② “Dr Mahathir: ASEAN will be Formidable if it Speak with One Voice”, *New Straits Times*, 03 - 11 - 2019.

要。最明显的成果是马来西亚的友好国家在双边贸易、投资乃至融资方面予以更大的投入。例如，和中国重修关系和重启项目，吸引日本增加投资和提供“武士债券”，等等，有助于振兴马来西亚经济。此外，马来西亚与多个伊斯兰国家交往加深，亦获得了国内穆斯林社会的正面回应。由此可见，马来西亚未来还会有更多的成果可以获取。

国际大气候如中美贸易摩擦为马来西亚精心运作平衡外交提供了动力。通过保持中立，政府吸引更多中美商家前来投资。不过，平衡外交也免不了遭遇阻碍，与沙特阿拉伯和印度关系出现恶化即是明例。

马来西亚在东盟内持续扮演积极参与和推动的角色。东盟内部的互动对亚洲乃至国际秩序的变动都有影响，南海争议即为一例。东盟的南海主权声索国之间的讨论，就间接影响域外多个大国的利益；区域自贸区的发展，没有区外各国的参与，显然还是进展不大。马哈蒂尔对东盟的参与还是相当积极的，一年内他走访多个国家，与它们维系紧密合作关系并整合关于区域问题的看法，同时也在东盟场合对区域外大国发言批判。

2020 年开年不久，希盟政府由于内部决裂而下台。从外交角度检视，它过去 1 年零 9 个月的外交活动，无论功过，体现的是马哈蒂尔独有思维下，一个雄心勃勃的“中等强国”的外交布局和实践。

参考文献

Mohd Fauzi Abu-Hussin, Asmady Idris, Mohd Afandi Salleh, “Malaysia’s Relations with Saudi Arabia and Iran: Juggling the Interests,” *Contemporary Review* 5 (1) (2018), pp. 46 – 64.

Ministry of Defense, *Defence White Paper: A Secure, Sovereign, and Prosperous Malaysia*, Kuala Lumpur: Ministry of Defence, 2019.

Ministry of Foreign Affairs, *Foreign Policy Framework of the New Malaysia: Change in Continuity*, Putrajaya: Ministry of Foreign Affairs, 2019.

MustafaIzzudin, “Malaysia in 2019: Enduring Stability in a Chaotic Year,” *Asian Survey* 60: 1 (2020): pp. 100 – 108.

B.5

2019年马来西亚国防政策

——基于2019年《国防白皮书》的分析

宋清润　陈戎轩*

摘　要： 2019年12月2日，马来西亚希望联盟政府正式发布了该国首部《国防白皮书》。《国防白皮书》以“安定、自主且繁荣的马来西亚”为主题，全面勾勒了该国未来10年的国防政策蓝图。对其进行研究分析，对于研究马来西亚国防政策走向具有重要意义。对比2010年发布的《马来西亚国防政策》，《国防白皮书》重新评估了马来西亚的战略环境，以其独特的战略地位为基础，强调海洋与陆地并举，提出应对非传统安全问题的必要性。然而，马来西亚政府政策的不连贯性和周边局势发展的不确定性，都对白皮书中展现的国防政策规划构成了挑战。

关键词： 马来西亚　国防政策　《国防白皮书》

2019年12月2日，马来西亚希望联盟（Pakatan Harapan，以下简称“希盟”）政府正式发布了该国历史上首部《国防白皮书》（Kertas Putih

* 宋清润，北京外国语大学亚洲学院副教授，中国（昆明）南亚东南亚研究院特聘研究员，云南大学周边外交研究中心特约研究员，主要研究方向为东南亚局势、“一带一路”等问题；陈戎轩，北京外国语大学中国－印度尼西亚人文交流研究中心研究助理，主要研究方向为东南亚国家政党政治。

Pertahanan)。《国防白皮书》的前身是《马来西亚国防政策》(Dasar Pertahanan Negara)。马来西亚政府1981年才制定了第一份系统性的国防政策，但是一直未对公众发布。在经过1993年和2006年两次修订后，纳吉布内阁于2010年首次将其向公众披露，但仍未采用国际通行的白皮书形式。①

2016年，马来西亚《2016年国家安全理事会法令》(Akta Majlis Keselamatan Negara 2016) 正式生效。此项法案规定，马来西亚国家安全理事会(Majlis Keselamatan Negara) 是主管国家安全事务的核心部门，由总理直接领导。② 该理事会于2017年颁布了总体安全政策的纲领性文件——《国家安全政策大纲》(Dasar Keselamatan Negara)，同时规定政府每三年对国家安全政策重新进行评估。③ 2020年是这份文件的第一个评估周期的关键年份。据此，马来西亚外交部制定的《新马来西亚外交政策框架：延续中的变化》(Froeign Policy Framework of the New Malaysia: Change in Continuity)、内政部制定的《安全与公共秩序政策》(Dasar Keselamatan dan Ketenteraman Awam) 也与《国防白皮书》同期对公众发布。

马来西亚首次发布的《国防白皮书》以“安定、自主且繁荣的马来西亚”(Malaysia yang Selamat, Berdaulat dan Makmur) 为主题，共分为愿景(visi)、战略(strategi) 和具体措施(pelaksanaan) 三部分，全面勾勒了该国未来10年的国防政策蓝图。因此，对其进行分析研究，对于研究马来西亚国防政策走向具有重要意义。本文首先分析白皮书提出的背景，借此梳理马来西亚国防政策的主体思路，其次将《国防白皮书》与2010年的《马来西亚国防政策》进行对比，展望该国国防政策的未来走向，最后讨论《国防白皮书》带来的影响与实施过程中可能遇到的挑战。

---

① *Kertas Putih Pertahanan*: *Malaysia yang Selamat*, *Berdaulat dan Makmur* (Kuala Lumpur: Ministry of Defence, 2020), p. 12.

② *National Security Council Act 2016* (Kuala Lumpur: Percetakan Nasional Malaysia Berhad, 2016), p. 9.

③ Dasar Keselamatan Negara diperkasa - PM, *Berita Harian*, July 19, 2017, https://www.bharian.com.my/berita/nasional/2017/07/303671/dasar-keselamatan-negara-diperkasa-pm (访问时间：2020年2月11日)。

一 《国防白皮书》发布的背景

正如时任马来西亚国防部长穆罕默德·萨布（Mohamad Sabu）所述，制定《国防白皮书》是希盟政府在安全领域最重要的决策之一。[①] 马来西亚长期处于和平环境，维护国内政治局势稳定是政治精英关注的焦点。因此，相较于内政部和教育部，国防部在内阁中一直是一个相对边缘化的部门。不过，近年来马来西亚所面对的情况发生了变化：一方面，政权更迭、希望联盟政府上台，打破了国内长期以来的政治生态；另一方面，随着中美战略竞争加剧，亚洲特别是东南亚地区的战略环境也悄然发生变化。马来西亚的国防战略不能一直停留在过去，而是要主动转型、面向未来。《国防白皮书》正是在这样的大背景下应运而生。[②]

（一）希盟政府欲借强化国防来提升执政合法性

希盟政府上台伊始，就提出要制定一份更加翔实、全面的国防政策文件。长期以来，国阵政府在国防领域的利益盘根错节，希盟政府必须借制定白皮书与武装部队加强联系，破除原有的利益纽带；同时尽可能多地吸取各方意见，向民众公布本国的国防政策，也是马来西亚政治改革的重要举措。

一方面，希盟政府借制定《国防白皮书》的机会，想纠正前政府的相关问题。第一，在希盟对前政府贪腐情况的调查中，有三项案件与国防领域有关。其一是“纳吉布潜水艇案”。前总理纳吉布·拉扎克在担任国防部长期间，从法国采购了一批潜水艇，而与其有着利益瓜葛的公司被指控通过这

① 《9 月呈国防白皮书，末沙布笑称像“购物单”》，〔马来西亚〕当今大马网站，2019 年 5 月 4 日，https：//www. malaysiakini. com/news/474866（访问时间：2020 年 2 月 12 日）。

② 《独家专访刘镇东：国防白皮书定军队方向》，〔马来西亚〕东方网，2019 年 9 月 1 日，https：//www. orientaldaily. com. my/news/nation/2019/09/01/304504（访问时间：2020 年 2 月 12 日）。

项采购贪污5.44亿林吉特。[①] 其二是国阵政府斥资3亿林吉特购买了6架直升机，有关生产厂商却一直没有交付。其三则是“土地交换案”，希盟政府指控自1997年起的25年间，多位国防部长牵涉了16起利用国防部所属土地不法牟利的案件，涉案资金达5亿林吉特。[②]

第二，国防部虽然处于权力斗争的边缘，但此前是一个政治精英在上升过程中必须经历的部门——马来西亚第2任至第7任总理都曾担任国防部长职务。如何重塑新的执政党与军队之间的关系，是十分关键的。

第三，这是希盟政府了解军队诉求的重要方式。尽管在历史上，马来西亚军队不曾像它的东南亚邻国（例如缅甸、泰国和印度尼西亚）一样广泛地介入政治，但是其仍然是一个不可忽视的力量。

另外，通过制定《国防白皮书》，加强与各个利益相关方以及公民社会展开有效沟通，是希盟政府彰显其作为民选政府特质的有力方式。在《国防白皮书》的制定过程中，希盟政府邀请了学者、智库专家、行业代表、非政府组织代表、政府公务员和私营企业代表参与讨论，力图充分融合各方观点。[③] 同时，《国防白皮书》也提出要让公民参与到国防建设当中，只有让各级别的人民意识到自己的作用，才能实现国家的福祉、和平与繁荣。[④]

（二）马来西亚面临复杂的地区安全局势

马来西亚的安全与东南亚地区形势紧密相关。随着地区局势日益复杂，

---

① Scorpene Scandal: Graft Investigators Reopen Case Involving Najib and Razak Baginda, *The Star*, November 19, 2018, https: //www. thestar. com. my/news/nation/2018/11/19/scorpene - scandal - graft - investigators - reopen - case - involving - najib - and - razak - baginda/（访问时间：2020年2月12日）。

② Kementerian Pertahanan rugi lebih RM500j kerana “land swap”, *Berita Harian*, February 19, 2019, https: //www. bharian. com. my/berita/nasional/2019/02/532677/kementerian - pertahanan - rugi - lebih - rm500j - kerana - land - swap（访问时间：2020年2月12日）。

③ *Kertas Putih Pertahanan: Malaysia yang Selamat, Berdaulat dan Makmur*（Kuala Lumpur: Ministry of Defence, 2020）, p. 16.

④《免国家遭到破坏，首相吁拒绝贪腐》，〔马来西亚〕东方网，2019年9月16日，https: //www. orientaldaily. com. my/news/nation/2019/09/16/306720/（访问时间：2020年2月13日）。

制定《国防白皮书》有着相当重要的意义。尽管东盟的存在已成功协调了许多区域问题，但事实是，马来西亚与其东盟邻国之间的关系仍然十分复杂。马来西亚与多数东南亚国家（在陆上或海上）都有边界。[①] 马来西亚尚未与一些邻国解决划界等问题，这其中也包括海上专属经济区的争议。[②]

领土和专属经济区划界争议所带来的最直接影响，就是造成了非常严重的非法捕捞问题。根据马来西亚国防部的数据，该国每年因非法捕捞而遭受的经济损失达到60 亿林吉特。[③] 因为马来西亚部分邻国的渔民在马来西亚海域的周边捕捞，引发一些纠纷。目前，东盟成员国之间尚未就此问题展开合作，使得治理工作愈发困难。[④]

除了边界划分不明朗带来的种种问题，东南亚区域内给马来西亚带来困扰的还有跨境人员流动问题。最典型的例子就是缅甸的罗兴亚难民危机。罗兴亚人是生活在缅甸西部若开邦的穆斯林族群，由于得不到缅甸的公民待遇，并与缅甸军方发生激烈冲突，大批罗兴亚人离开家园四处逃难。2017 年缅甸罗兴亚危机爆发以来，已经有 10 多万名罗兴亚人通过海上偷渡和伪造证件的方式涌入马来西亚。[⑤] 如何妥善处理这些难民，已经成为马来西亚国防部和内政部所共同面临的难题。

（三）马来西亚面临复杂的国际格局

在全球范围内，大国间的经济和军事力量已经发生了变化，这也是马来

① 马来西亚与新加坡、泰国、印尼、文莱陆地相接，海上与越南和菲律宾的海域相连。

② *Kertas Putih Pertahanan*: *Malaysia yang Selamat*, *Berdaulat dan Makmur* (Kuala Lumpur: Ministry of Defence, 2020), p. 21.

③ DOF: Malaysia Loses RM6 Billion Each Year to Illegal Fishing, Bernama, September 14, 2019, https: //www. bernama. com/en/news. php? id = 1763778（访问时间：2020 年 2 月 13 日）。

④ Fisheries Dept: Malaysia Loses RM6b a Year to Illegal Fishing, *Malay Mail*, September 4, 2019, https: //www. malaymail. com/news/malaysia/2019/09/04/fisheries - dept - malaysia - loses - rm6b - a - year - to - illegal - fishing/1787016（访问时间：2020 年 2 月 26 日）。

⑤ Dead-end: Rohingya in Malaysia Warn Against Fleeing from Bangladesh, *Reuters*, November 19, 2019, https: //www. reuters. com/article/us - myanmar - rohingya - malaysia/dead - end - rohingya - in - malaysia - warn - against - fleeing - from - bangladesh - idUSKBN1XU0B0（访问时间：2020 年 2 月 13 日）。

西亚国防政策调整的重要背景。《国防白皮书》特别提出，中美两国的关系是当今世界最重要的双边关系，也是影响马来西亚最重要的外部因素。美国在2017年12月和2018年1月分别发布的《国家安全战略》和《国防战略》中，将中国视为“战略竞争对手”。因此，马来西亚方面认为，在未来一段时间内，中美双边关系将一直呈现合作与竞争相结合的特征，对东南亚区域稳定、安全与繁荣具有相当重要的影响。①

马来西亚最为关心的是中美竞争对地区海洋安全可能造成的影响。② 对于马来西亚而言，海洋是重要的贸易通道，也是其赖以生存的生命线。马来西亚80%～95%的年度贸易依赖海上运输。此外，马来西亚所有已知和已探明的油气储量均来自近海油田。同样重要的是，海洋环境催生了一系列经济活动，例如港口运营、海洋旅游、造船、船舶维修、船舶管理、物流、金融等。这些溢出性活动创造了收入、就业机会，吸引了投资，并给马来西亚国家经济带来了巨大的推动效应。因此，马来西亚必须努力捍卫其在海洋上的权益。③

同时，东南亚也日益成为大国竞争的舞台。马来西亚政府认为，这虽然对于马来西亚的大国平衡外交来说是一次考验，但同样也是该国提升自身在世界舞台中战略地位的绝佳机会。因此，制定一份全新的《国防白皮书》就显得尤为紧迫和必要。④

（四）马来西亚需要与国际接轨

发布“白皮书”，向民众与国际社会阐述国防政策，是国际社会的通行

---

① *Kertas Putih Pertahanan*：*Malaysia yang Selamat*，*Berdaulat dan Makmur*（Kuala Lumpur：Ministry of Defence，2020），p. 20.

② *Kertas Putih Pertahanan*：*Malaysia yang Selamat*，*Berdaulat dan Makmur*（Kuala Lumpur：Ministry of Defence，2020），p. 21.

③ 〔马来西亚〕托马斯·丹尼尔：《影响马来西亚海上安全政策与立场的诸问题》，傅聪聪、陈戎轩译，《南洋资料译丛》2018年第3期，第31～32页。

④ *Kertas Putih Pertahanan*：*Malaysia yang Selamat*，*Berdaulat dan Makmur*（Kuala Lumpur：Ministry of Defence，2020），p. 22.

做法。包括中国和日本在内的众多亚洲国家也采取这一形式公布其国防动态。值得注意的是，越来越多的东南亚国家开始采用这一形式对外发布其国防战略。早在2012年，菲律宾政府就发布了题为《改革防务部门以应对21世纪的安全挑战》的国防白皮书[①]；2019年，越南发布了其近10年来首部《国防白皮书》[②]。马来西亚作为在区域内有影响力的国家，也需要与国际社会接轨，提升国防政策的透明度。

二 《国防白皮书》体现的政策思路与走向

马来西亚国防政策坚持以独立自主、实现“全面防卫”为核心，将保卫领土完整和维护海洋权益视为首要任务，凭借东盟与五国联防（Five Power Defence Arrangements）两大平台，适度拓展海外合作。同时，对比2010年发布的《马来西亚国防政策》，马来西亚现行的《国防白皮书》重新评估了其战略环境，以其独特的战略位置为基础，强调海洋与陆地并举，《国防白皮书》提出应对非传统安全问题的必要性，致力于维护网络安全，打击恐怖主义和极端主义。

（一）坚持独立自主、实现“全面防卫”

马来西亚国防政策将“全面防卫”（Pertahanan Menyeluruh）视为核心举措，着力提升全民的国防意识，强调各个政府机构、利益相关方、非政府组织与民众通力合作。同时，马来西亚改变了此前通过技术转让实现国防科技进步的观念，强调国内国防工业体系建设的重要性。[③] 可以说，独立自主

---

① 《菲律宾武装部队的现代化梦想》，新华网，2018年6月7日，http：//www. xinhuanet. com/mil/2018－06/07/c_ 129888869. htm（访问时间：2020年2月13日）。

② Vietnam's New Defense White Paper in the Spotlight，*The Diplomat*，November 16，2019，https：//thediplomat. com/2019/11/vietnams－new－defense－white－paper－in－the－spotlight/（访问时间：2020年2月13日）。

③ *Kertas Putih Pertahanan*：*Malaysia yang Selamat*，*Berdaulat dan Makmur*（Kuala Lumpur：Ministry of Defence，2020），p. 5.

和全面防卫是理解马来西亚国防政策时最不能忽视的关键词。

“全面防卫”是一个早在1986年就被提出的概念。[①] 这一概念强调要统筹整个政府和整个社会来保卫国家，不断努力建立内部凝聚力，加强防御准备，改善机构间的协调能力。而在这个体系中，人民（rakyat）居于最核心的位置。[②] 在希盟政府上台以后，“全面防卫”“实现全政府、全社会的总动员”被提升至更高的层面，这是由希盟政府作为“民选政府”的自我定位所要求的。

从具体措施来看，第一，要培养人民的国防意识，让民众感受到他们是国防事业的参与者和建设者。第二，要加强“军民合作”（kerjasama awam-tentera），建立马来西亚武装部队与民间组织之间的协同合作机制。第三，马来西亚要继续发挥志愿部队（Angkatan Sukarela）在国防事业中的作用。马来西亚志愿部队包括地方志愿军（Rejimen Askar Wataniah）、皇家海军志愿后备军（Pasukan Simpanan Sukarela Tentera Laut Diraja Malaysia）和皇家空军志愿后备军（Pasukan Simpanan Sukarela Tentera Udara Diraja Malaysia），他们成为联结马来西亚公民社会与国防力量的纽带。[③]

坚持独立自主同样是马来西亚国防政策中一以贯之的立场，但是这一概念在2019年《国防白皮书》中首次延伸到了国防科技和工业领域。2010年《马来西亚国防政策》曾提出，马来西亚国防的首要原则，就是要能够具备独立自主（berdikari）的防卫能力，并有能力打赢反击战。[④] 不过，在国防工业领域，马来西亚还曾提出，要同欧洲国家在工业技术方面开展合作。[⑤] 在《国防白皮书》中，自立同样成为国防工业的首要原则。希盟政府希望

① *Kertas Putih Pertahanan: Malaysia yang Selamat, Berdaulat dan Makmur* (Kuala Lumpur: Ministry of Defence, 2020), p. 12.

② *Kertas Putih Pertahanan: Malaysia yang Selamat, Berdaulat dan Makmur* (Kuala Lumpur: Ministry of Defence, 2020), p. 41.

③ *Kertas Putih Pertahanan: Malaysia yang Selamat, Berdaulat dan Makmur* (Kuala Lumpur: Ministry of Defence, 2020), pp. 56 – 62.

④ *Dasar Pertahanan Negara* (Kuala Lumpur: Ministry of Defence, 2010), p. 7.

⑤ *Dasar Pertahanan Negara* (Kuala Lumpur: Ministry of Defence, 2010), p. 41.

在国防领域推广科学研究与试验，同步推进经济与国防工业发展，并希望国防工业的发展能够带来溢出效应（limpahan ekonomi），惠及其他领域。希盟政府还计划制定国防工业发展计划（Dasar Industri Pertahanan Negara），以期实现武器装备的自给自足。①

《国防白皮书》明确提出，在该版国防政策实施期间，即2030年之前，马来西亚都不会扩大军队规模。尽管如此，马来西亚还是计划打造一支"未来之师"（Angkatan Masa Hadapan）。马来西亚提出从两个方面着重提升其军队能力：一是着力提高军队应对自然灾害等偶发事件的能力，二是加强东马和西马之间的联系，提高军队协同作战能力。仿照美军"打赢两场战争"的规划，《国防白皮书》希望马来西亚的这一支"未来之师"能够同时应对两场可能的威胁。

（二）立足东盟与五国联防，拓展"可信赖的伙伴关系"

马来西亚始终将东盟主导下的多边合作机制以及五国联防作为其开展国防外交的基石。同时，马来西亚还在不结盟的框架下提出了"可信赖的伙伴关系"（Credible Partnership）机制。

第一，东盟一直都是马来西亚外交和国防政策的基石。东盟及其主导的地区合作机制为马来西亚与邻国和其他国际伙伴密切合作、应对共同的安全挑战提供了重要的平台，相关的重要机制包括东盟地区论坛、东盟10+3、东亚峰会、东盟防长扩大会议。在东盟层面，马来西亚和其他9个东南亚邻国建立了一系列有效的机制：建立对话和建立信任措施、采取集体行动、加强能力建设、加强群体凝聚力和应对新技术挑战。②

第二，五国联防在马来西亚国防战略中仍然具有相当重要的地位。这个于1971年建立的军事安全机制包括澳大利亚、马来西亚、新西兰、新加坡

① *Kertas Putih Pertahanan: Malaysia yang Selamat, Berdaulat dan Makmur* (Kuala Lumpur: Ministry of Defence, 2020), pp. 78–79.

② *Kertas Putih Pertahanan: Malaysia yang Selamat, Berdaulat dan Makmur* (Kuala Lumpur: Ministry of Defence, 2020), pp. 64–72.

和英国五个英联邦国家。五国联防机制是为了应对常规战争而建立的，但海上安全、反恐、大规模杀伤性武器扩散、网络安全等非传统安全领域也日益成为五国联防机制关注的焦点。[①]

第三，在大国竞争激烈的背景下，马来西亚拒绝在中美之间选边站队，积极地与多国开展安全合作。[②] 在国防领域，马来西亚相应地提出了“可信赖的伙伴关系”这一机制。为了实现可信赖的伙伴关系的目标，马来西亚政府计划继续与其他国家合作，在战略、行动和战术层面建立和加强防务关系，包括进行训练、演习和联合军事行动。[③] 但“可信赖的伙伴关系”作为一种双边关系机制，几乎囊括了所有与马来西亚保持着相对较好关系的国家。因此，这一机制从某种程度上说，实际上只是2010年《马来西亚国防政策》中“国防外交”的延伸。

（三）成为连接太平洋和印度洋的东南亚重要国家

马来西亚将其勾连两洋、连接东南亚的独特地理位置作为其制定国防政策的基础。马来西亚居于连接印度洋和太平洋的关键节点，且与绝大部分东南亚国家共享海上或陆上边界，具有独特的战略地位。同时，《国防白皮书》重点探讨如何强化海权意识，强调海洋、陆地在国防政策中具有同样重要的地位。[④]

2019年，东盟提出“印太展望”（Outlook on the Indo-Pacific）以后，马来西亚也将其关注的重点进一步转移到“印太”区域。相比之下，马来西亚有意识地弱化法国、瑞典、俄罗斯等欧洲国家在其国防政策中的地位，将

① *Kertas Putih Pertahanan*: *Malaysia yang Selamat*, *Berdaulat dan Makmur* (Kuala Lumpur: Ministry of Defence, 2020), p. 72.

② Malaysia's Foreign Policy Back to NAM's Founding Principles-Saifuddin, *Malaysiakini*, October 24, 2019, https://www.malaysiakini.com/news/497160（访问时间：2020年2月20日）。

③ *Kertas Putih Pertahanan*: *Malaysia yang Selamat*, *Berdaulat dan Makmur* (Kuala Lumpur: Ministry of Defence, 2020), pp. 64 – 65.

④ *Kertas Putih Pertahanan*: *Malaysia yang Selamat*, *Berdaulat dan Makmur* (Kuala Lumpur: Ministry of Defence, 2020), p. 11.

中、美视为影响其国防政策的主要大国，同时更加关注其亚洲邻国的动向。①

同时，马来西亚认为，多边主义的衰落为其提供了战略机遇。据此，马来西亚的国防政策变得更为积极主动，首次提出捍卫马来西亚的海外利益。在2010年《马来西亚国防政策》中，马来西亚将国防的重点领域划分为三级：第一级为“首要区域”，也即马来西亚的领土、领海和领空；第二级为“离岸经济区域”，主要包括专属经济区和大陆架；第三级为“关键的海上及空中通道”，包括连接东马和西马的通道、马六甲海峡以及新加坡海峡。② 而2019年《国防白皮书》将第一级区域改名为“核心区域”（kawasan teras），将原先的第二级和第三级区域合并为“拓展区域”（kawasan lanjutan），而将“边境之外与马来西亚利益相关的区域”定义为“未来区域”（kawasan hadapan）。《国防白皮书》并没有对何为“利益相关”给出明确的定义。③同时，受限于国力，马来西亚也很难真正做到维护其海外利益。无论如何，这仍然是马来西亚在国防思路上迈出的重要一步，也印证马来西亚将自身打造成为中等强国（Negara Pertengahan）的努力。

（四）着力应对非传统安全也是《国防白皮书》的重要特点

马来西亚《国防白皮书》提出，本国所面临的非传统安全挑战不断上升，其与传统安全威胁有着同样的重要地位。在众多的非传统安全议题中，恐怖主义和极端主义、非法捕捞以及网络安全，都是其关注的重点领域。

特别值得关注的是，《国防白皮书》将网络安全作为重要议题，制定了一套维护网络安全的指导方案。马来西亚提出，武装力量不仅要能够应对来自海陆空的威胁，更要有能力应对网络安全。马来西亚武装部队计划与

---

① *Kertas Putih Pertahanan*: *Malaysia yang Selamat*, *Berdaulat dan Makmur* (Kuala Lumpur: Ministry of Defence, 2020), p. 28.

② *Dasar Pertahanan Negara*, pp. 11 – 13.

③ *Kertas Putih Pertahanan*: *Malaysia yang Selamat*, *Berdaulat dan Makmur* (Kuala Lumpur: Ministry of Defence, 2020), p. 39.

国家网络安全局（Agensi Keselamatan Siber Negara）合作，保护马来西亚免受网络攻击。同时，《国防白皮书》提出了打造网络/电磁战指挥部（Pemerintahan Siber Elektromagnetik）的构想，专门应对网络和电磁领域的新型安全问题。①

三 《国防白皮书》的影响、实施及面临的挑战

（一）《国防白皮书》将指导未来多年马来西亚国防的发展

《国防白皮书》指出在第十二个和第十三个马来西亚发展计划期间，即未来10年（2021～2030年）的国防政策方向。《国防白皮书》还规定，要在2025年底，即第十二个马来西亚发展计划结束之时，对前半程的国防建设情况进行评估。到2030年底，即第十三个马来西亚发展计划完成之时，写出总结性报告。② 有着清晰的路线规划和时间表，是《国防白皮书》区别于《马来西亚国防政策》的最大特点。这也就意味着，马来西亚社会各界都能够对政府的国防事业建设进行监督，政府也可以根据路线图对计划完成情况进行绩效考核。

同时，《国防白皮书》是与希盟政府整体的国家发展规划一并提出的。2019年10月5日，希望联盟政府举办特别仪式，向马来西亚民众正式推介“共享繁荣2030愿景”（Wawasan Kemakmuran Bersama 2030）。在推介仪式上，马哈蒂尔表示，他希望借助这一规划，帮助马来西亚重新成为“亚洲之虎”。③ 而《国防白皮书》所提出的国防建设周期，恰好与这一愿景的目

① *Kertas Putih Pertahanan*: *Malaysia yang Selamat*, *Berdaulat dan Makmur* (Kuala Lumpur: Ministry of Defence, 2020), pp. 52 – 53.

② *Kertas Putih Pertahanan*: *Malaysia yang Selamat*, *Berdaulat dan Makmur* (Kuala Lumpur: Ministry of Defence, 2020), p. 88.

③ Wawasan Kemakmuran Bersama 2030 dilancarkan, *Astro Awani*, October 5, 2019, http://www.astroawani.com/berita – malaysia/wawasan – kemakmuran – bersama – 2030 – dilancarkan – 219258（访问时间：2019年10月22日）。

标一致；并且国防工业建设与愿景中规划的经济建设蓝图相互勾连，构成了有机整体。这种政策制定思路，也体现了希望联盟政府促进各政府机构协调合作的改革计划。

（二）《国防白皮书》的全面实施仍面临诸多挑战

尽管《国防白皮书》较为系统地阐述了未来一段时间马来西亚国防政策的发展动向，但是其面临的挑战仍然是十分明显的。其中最大的挑战，来自马来西亚内部——政策缺乏连续性、资金不足是国防发展停滞的最主要原因；同时，周边国家也对马来西亚国防事业发展带来了一定的挑战。

首先，最主要的问题，就是《国防白皮书》仍然没有摆脱政治精英主导的特点，在政策制定上缺乏制度性。马来西亚虽然执行“两官分途”，即在行政官僚和民选内阁官员之间保持一定的独立性。但是，由于国民阵线此前长期执掌国家政权，执政党与公务员体系已经形成了难以分割的局面。因此，马来西亚的国防政策长期以来一直受制于其历史遗产，受到其前几任领导人的个性、背景和领导风格以及各届政府政策纲领的综合影响。在马来西亚，被荒废的发展计划并不在少数。前纳吉布政府成立后提出了“2050 国家转型发展计划”（Transformasi Nasional 2050），实质上取代了马哈蒂尔首次出任总理期间制定的“2020 宏愿”。[①] 希盟政府成立以后，马哈蒂尔总理又以“共享繁荣 2030 愿景”取代了纳吉布政府的发展计划。这种历史遗产留下了一种停滞不前的组织文化和一整套由政治精英主导的决策过程，几乎没有来自专业官僚的制约，更不必说来自公民社会的参与。《国防白皮书》规定由行政官僚长官——国防部秘书长负责日常工作运作，但是决策权仍然在议会和总理，国防部仍然只是一个顾问团和执行机构。尤其是 2018 年以来，马来西亚政府变动频繁，国防部也缺乏一个长期稳定的内阁领导其工作。在这种情况下，《国防白皮书》中涉及的发展计划能否得到贯彻执行，

---

① TN50 Cubaan Pinggirkan Legasi Wawasan 2020? *Malaysiakini*, October 22, 2016, https://www.malaysiakini.com/news/360048（访问时间：2020 年 3 月 17 日）。

仍有相当的不确定性。[①]

其次，马来西亚国防预算不足也让《国防白皮书》提出的种种构想显得底气不足。从财政支出的角度来看，2020年财政预算案中，马来西亚分配给教育部的预算占比最高，超过640亿林吉特（约合1060亿元人民币）；国防部仅得到了156亿林吉特（约合260亿元人民币）的财政预算，占财政拨款的6.4%；而其中仅有不到20%被用于军队发展支出，绝大部分资金流向了日常管理运营。[②] 相比之下，其他东南亚国家的军费开支要庞大的多：2020年印尼国防预算为131.2万亿印尼盾[③]（约合647亿元人民币），新加坡的国防预算为151亿新加坡元[④]（约合758亿元人民币），泰国的国防预算为2334亿泰铢[⑤]（约合518亿元人民币）。显然，马来西亚的国防开支难以为推进《国防白皮书》罗列出的雄心勃勃的发展计划提供足够的资金，更难以支撑将马来西亚打造成为中等强国的远大计划。

最后，马来西亚在实施《国防白皮书》的有关计划时，可能还必须应对周边国家带来的压力。例如，印尼计划将首都从雅加达迁至东加里曼丹，新首都距离马来西亚在婆罗洲的边境仅有500公里，这必然会给马来西亚的国防带来压力。此外，新加坡和美国的军事协定从原本的1990~2020年延长至2035年，这也就意味着，未来一段时间内美国仍然可以使用新加坡的空军基地和军港。尽管东盟内部爆发冲突的可能性较小，但这一切也都是马

---

① *Kertas Putih Pertahanan*：*Malaysia yang Selamat*，*Berdaulat dan Makmur*（Kuala Lumpur：Ministry of Defence，2020），p. 12.

② Anggaran Perbelanjaan Persekutuan 2020，*Portal Rasmi Kementerian Kewangan Malaysia*，http：//www1. treasury. gov. my/ap_ 2020. html（访问时间：2020年2月20日）。

③ Defense Budget Management Key to Military Transformation，*The Jakarta Post*，November 5，2019，https：//www. thejakartapost. com/academia/2019/11/05/defense – budget – management – key – to – military – transformation. html（访问时间：2020年2月20日）。

④ What Does Singapore's New Military Budget Say About Its Defense Priorities? *The Diplomat*，February 24，2020，https：//thediplomat. com/2019/02/what – does – singapores – new – military – budget – say – about – its – defense – priorities/（访问时间：2020年2月27日）。

⑤ Most Part of Thai Military Budget to Cover Repairs of Decades-old Weapons：Deputy Defense Minister，Xinhua Net，October 18，2019，http：//www. xinhuanet. com/english/2019 – 10/18/c_ 138483377. htm（访问时间：2020年2月27日）。

来西亚所必须要考虑的问题。①

尽管马来西亚有史以来第一部《国防白皮书》面临着许多挑战，但是不可否认的是，这本白皮书具有极其重要的意义，也是马来西亚在探索国防事业的征程中迈出的坚实一步。作为一个相对弱势的东南亚中小国家，马来西亚更多地是借这本白皮书，寄托自己实现安全、独立与繁荣的美好愿景和期望。

参考文献

K . Balakrishnan, Defence Industrialisation in Malaysia: Development Challenges and the Revolution in Military Affairs, *Security Challenges*, Vol. 4, No. 4 (2008), pp. 135 – 155.

C. F. Tang, Defence Expenditure and Economic Growth in Malaysia: A Reassessment Using Bounds and Modified Wald Tests, *The IUP Journal of Public Finance*, Vol. 6, No. 2 (2008), pp. 45 – 51.

M. S. Hashim, Malaysia's National Cyber Security Policy: The Country's Cyber Defence Initiatives. In 2011 Second Worldwide Cybersecurity Summit (WCS), pp. 1 – 7.

N. C. Bing, Comprehensive Strategic Partners but Prosaic Military Ties: the Development of Malaysia-China Defence Relations 1991 – 2015, *Contemporary Southeast Asia 2015*, pp. 269 – 304.

Penyata Rasmi Parlimen Dewan Rakyat Parlimen Keempat Belas Penggal Kedua Mesyuarat Ketiga (Bill 62), December 2, 2019, Parlimen Malaysia.

Penyata Rasmi Parlimen Dewan Rakyat Parlimen Keempat Belas Penggal Kedua Mesyuarat Ketiga (Bill 63), December 3, 2019, Parlimen Malaysia.

Penyata Rasmi Parlimen Dewan Rakyat Parlimen Keempat Belas Penggal Kedua Mesyuarat Ketiga (Bill 64), December 4, 2019, Parlimen Malaysia.

① 〔马来西亚〕黄汉伟：《〈国防白皮书〉任重而道远》，〔马来西亚〕东方网，2019 年 12 月 20 日，https://www.orientaldaily.com.my/index.php/news/mingjia/2019/12/20/319457（访问时间：2020 年 2 月 27 日）。

专题报告

Special Reports

B.6

马哈蒂尔政府执政评析

翟 崑 孔金磊*

摘 要： 2018年5月，马哈蒂尔领导下的希盟政府成功上台，改变了马来西亚的政治进程与格局。一年多来，在新政府希望联盟的领导下，马来西亚政治改革稳步推进，经济发展稳中有进，社会和谐，与国民阵线的领导相比呈现了不一样的特点，取得了实质性的进步。然而，在此过程中，希盟内部的矛盾与分歧愈演愈烈，在野党的攻势愈发猛烈，逐渐削弱了其统治的合法性基础，最终导致希盟政府的突然倒台。希盟的倒台也给马来西亚政坛发展带来了极大的不确定性。

* 翟崑，北京大学国际关系学院国际政治系教授、博士生导师，北京大学区域与国别研究院副院长、全球互联互通研究中心主任，主要研究领域为东南亚和亚太问题、世界政治和国际战略问题；孔金磊，北京大学国际关系学院国际政治专业博士生。

关键词： 希盟政府 政治形势 种族主义

2018 年 5 月 9 日，第 14 届马来西亚大选结果正式出炉，其结果成为马来西亚独立以来政治发展的第一个分水岭。在此次大选中，由马哈蒂尔领导的希望联盟赢得下议院 222 个席位中的 114 席，击败了执掌中央政权长达 61 年的国民阵线，实现了马来西亚建国以来首次执政党轮替。希盟的胜利为马来西亚政治生态带来了新的气象，也让其人民看到了国家未来发展更多的可能性。执政一年多来，希盟政府在政治上大力推动内部改革，重塑政坛秩序；在经济领域推进马来西亚数字经济发展；在社会领域促进社会公平，改善民生，在各个领域均取得了一定的佳绩。不过，希盟的表现并没有赢得民众的青睐，反而暴露了其执政能力不足的突出弱点。同时，内部各成员党之间的纷争也极大地消耗了政府的精力，并最终导致政府的突然倒台。刚走向改革道路的马来西亚政治似乎走进了阵痛期。

一 希盟政府执政评析

在大选期间，希盟曾宣布“百日十大新政”和“五年六十项目标”的竞选宣言，目标在于上任后改革马来西亚国家行政与政治机制，促进公平与建设一个更具包容性、中庸和备受赞扬的新马来西亚等。[①] 上任一年多后，希盟政府按照当时的竞选宣言，整体向前推进新政府在政治、经济、社会等各领域的改革，为马来西亚带来了较为明显的改变。

（一）大力推动政治改革

在政治领域，希盟上台后对马来西亚此前盛行多年的贪污和腐败体系进

① 《希盟 60 项承诺勾画执政愿景，百日内落实十新政》，〔马来西亚〕当今大马，https://www.malaysiakini.com/news/414974（访问时间：2020 年 2 月 23 日）。

行了大刀阔斧的改革。一方面，通过审理前任政府的贪腐案件，尤其是前总理纳吉布的贪污腐败案件，希盟政府旨在重塑马来西亚政坛生态，根治贪污腐败的旧疾；另一方面，通过改革行政体制等措施，希盟政府重新设计了相应的行政机制，以保证政府整体的透明化。这两方面的举措为马来西亚政坛带来了明显的改变，也进一步推进了国家的民主化进程。

首先，在肃清贪腐方面，希盟率先调查了前任政府涉嫌的贪腐案件。自1957年建国后，马来西亚政治中心一直被以巫统为首的国阵牢牢把控，其中权力高度集中于巫统内部。长久以来，马来西亚逐渐形成了一党独大的威权主义政权，近年来更有沦为苏丹式威权主义①的趋势，其横向问责机制向瘫痪疲软的状态发展。②

纳吉布于2009年正式就任马来西亚第六任总理，在任期内大力推行经济开发政策，积极引进外资以发展马来西亚经济。纳吉布政府执政期间，国阵曝出多宗贪污腐败案件。根据马来西亚反贪污委员会（MACC）的调查报告，2015～2018年，国阵共有30名公务人员因涉嫌贪腐被检方提起诉讼。多宗大型涉及个人的案件，如“一马公司”（1MDB，全称为“一个马来西亚发展有限公司”）、联邦土地发展局（FELDA）、人民信托基金局（MARA）、SRC私人有限公司、沙巴水务局和朝圣基金局等，涉及金额高达数十亿美元。其中，纳吉布被指控卷入的“一马公司”案件更是成为马来西亚的社会焦点，也是国阵政府下台的导火索之一。这些贪腐案件不仅造成公共资金的损失，更使马来西亚的国际声誉受到质疑和损害。

2018年6月上任后，希盟政府首先对纳吉布政府中涉嫌贪腐的官员进行了调查，先后将纳吉布及其夫人罗斯玛、巫统主席阿末扎希和多名高官告上法庭，这些案件已于2019年陆续进入审讯阶段。同时，前任政府时期未

---

① “苏丹式威权”，是指由于公共与私人领域权力的重叠，产生了家族式的权力。国家领导人和国家事务间的界限越发模糊，领导人可随意行事，不受太多的限制。在此体制下，马来西亚的行政、司法制度逐渐崩坏，领导人和公职人员无法得到有效的监督，导致金钱政治与贪污腐败行为盛行。

② 林宏祥：《马来西亚大崩坏：从1MDB看国家制度腐败》，崧烨文化，2016，第11页。

解决的一些悬案，包括蒙古女郎案、赵明福坠楼案等也一同进入调查程序。[①] 此外，涉及贪腐案件中的资产，如“平静”号游艇，经拍卖后其款项已收归国库，弥补了马来西亚公共资金的损失。

尽管到目前为止，这些案件仍未完全审理完毕，但将这些贪腐行为公之于众并进行肃清的行动，彰显了希盟政府意图整顿马来西亚政坛风气的坚定决心。这不仅将有效地减少贪污腐败、滥用职权等情况的发生，更会促进朝野双方互相制衡，推动马来西亚两线制政治体制的形成，巩固民主化成果，对马来西亚行政体制也具有积极作用。

其次，希盟政府对马来西亚行政体制进行了改革，提升了其透明度。希盟上任后，委任了反对党国阵议员诺莱妮担任国家公共账目委员会主席，通过了规定全体国会议员均须公布个人财产的“阳光法案”[②]，并成立了11个特别遴选委员会，来负责审议法案、预算、国防和内政、州属和联邦关系，以及公共任命等事宜。[③] 此外，希盟还设立了“部门日”，提升官员口头问答效率，切实推行国会民主化、透明化改革。尽管这些措施实行才一年多，但已经初见成效，营造出了透明、廉政的政治氛围。在希盟的努力下，马来西亚在全球清廉指数中的排名稳步提升，从2018年的第61名跃升至2019年的第51名，列东盟国家第三位（新加坡与文莱分别居第一和第二位）。[④]

（二）积极推动经济转型

在经济领域，希盟上台后相继提呈了两份财政预算案，并制定了“共享繁荣2030愿景”，进一步推动马来西亚的经济向高质量发展转型，扩大共

---

① 《“悬案”重见天日！政府宣布重查赵明福坠楼案》，〔马来西亚〕星洲网，https://www.sinchew.com.my/content/content_1766699.html（访问时间：2020年2月24日）。

② 《避免流于形式　申报财产走向干净政治》，〔马来西亚〕《东方日报》，https://www.orientaldaily.com.my/index.php/news/nation/2019/07/02/296599（访问时间：2020年2月24日）。

③ 《国会下议院议长：国会改革进程将继续进行》，〔马来西亚〕《东方日报》，https://www.orientaldaily.com.my/news/nation/2018/12/08/270688（访问时间：2020年2月24日）。

④ 《全球清廉印象指数 大马跃升至51》，〔马来西亚〕《东方日报》，https://www.orientaldaily.com.my/news/nation/2020/01/23/323848（访问时间：2020年2月24日）。

享经济发展成果。希盟政府通过实施“工业4.0”计划，发展数字经济，稳步推动马来西亚经济的多元化发展和结构改革，改变以往过度依赖石油等能源型行业的经济模式，与全球数字经济发展潮流接轨。

2019年10月，希盟政府在公布2020年财政预算案前夕，率先提出了“共享繁荣2030愿景”，以此作为经济发展的指导性纲领。[①] 在这份文件中，希盟政府提出要缩小马来西亚各阶级、种族、宗教财富不平等的情况，确保发展成果惠及整个社会。根据马来西亚国库研究员2018年家庭状况报告，马来西亚大多数地区的家庭收入低于全国家庭中等月收入5228林吉特。[②] 其中，高收入家庭集中于高度城市化的地区，吉兰丹、玻璃市和彭亨等城市化率较低的地区与其相比收入差距明显。尽管此前国阵也曾提出“2050国家转型计划”，旨在缩小社会不公平，但力度依然不足。希盟政府计划把经济发展从只注重于特定城市扩展至乡村地区。鉴于此，希盟政府提出建设本国互联网基础设施、成为东南亚一流的数字经济强国的决心。

首先，希盟政府在2019年的财政预算案中首次提出了“工业4.0”计划，以此推动马来西亚制造业、服务业等各领域的转型，提高生产力和竞争力。马哈蒂尔曾指出，如果马来西亚的制造企业继续依赖资本和劳动力作为生产率的杠杆，马来西亚将失去过去数十年的经济效益。因此，希盟政府基于马来西亚国情，制定了“工业4.0”计划，以推动国内生产总值的持续增长、提高国家生产率、创造高技能人员的就业机会及提高创新能力与竞争力为根本目标。对此，希盟政府将在2019~2021年拨款2.1亿林吉特，支持马来西亚企业的转型，吸引高科技企业入驻。同时，政府也将准备1500万林吉特对各界进行“工业4.0”改革的评估，另准备3000万林吉特

① 《四大主轴：推动经济 创建平等社会》，〔马来西亚〕《东方日报》，https://www.orientaldaily.com.my/news/nation/2019/10/11/310043（访问时间：2020年2月25日）。

② 《约百万户家庭处于贫穷线 国库控股研究：贫穷率下降无济于事》，〔马来西亚〕透视大马，https://www.themalaysianinsight.com/chinese/s/103705（访问时间：2020年2月25日）。

拓展基金。[①] 此前，马来西亚财政部曾估算，若国际布伦特原油价格每下降1美元，马来西亚政府将损失约3亿林吉特的财政收入。2014年石油价格持续走低，直接导致了马来西亚政府的财政危机。在此情况下，“工业4.0”计划的实施将有效改善马来西亚经济过度依赖石油和天然气的结构性问题。随着企业、职工的自我转变和能力提升，互联网、大数据等新兴产业将逐渐取代马来西亚现有的劳动密集型工业，提高经济发展的质量。

其次，通过兴建互联网基础设施、发放数码红包等，希盟政府大力推动数字经济的发展，在“工业4.0”计划下积极拓展马来西亚经济发展的多样性。谷歌与淡马锡联合发布的《2019年东南亚数字经济报告》显示，截至2019年，东南亚数字经济整体规模已突破千亿美元，预计在2025年将达到3000亿美元规模。该份报告指出马来西亚电商、数字媒体行业在过去4年间保持着超过30%的复合增速，拥有较大的发展潜力。[②] 基于此，第一，希盟政府计划在5年内（2019～2024）拨款502亿林吉特用于支持互联网基础设施建设，鼓励企业投资高科技、高附加值领域。[③] 其中，政府将重点在乡村及偏远地区兴建光纤通信设施，力图将乡村地区纳入数字经济的发展版图。此外，希盟政府也与中国华为公司达成合作意向，共同发展通信技术。第二，为实现无现金社会，节约成本和提升效益，提高经济效率和透明度，希盟政府大力推动电子支付业务的发展。2020年1月，希盟政府向民众正式发放约4.5亿林吉特的数码红包。[④] 此举惠及多达1500万马来西亚人民，接近总人口的50%。马来西亚央行已批准了49家非银行机构提供电子货币，其中39家通过电子钱包提供此类服务，10家通过银行卡或在线账户提

① 《2020年财政预算案讲词》，The Edge，https：//www.theedgemarkets.com/article/（访问时间：2020年2月25日）。

② Google，Temasek，Bain & Company e-Conomy SEA 2019 Report，https：//www.temasek.com.sg/en/news-and-views/subscribe/google-temasek-e-conomy-sea-2019.

③ 《五年提供502亿　助大马数码化》，〔马来西亚〕《东方日报》，https：//www.orientaldaily.com.my/index.php/news/nation/2019/11/12/314394（访问时间：2020年2月25日）。

④ 《政府派4.5亿　民众抢RM30数码红包》，〔马来西亚〕《东方日报》，https：//www.orientaldaily.com.my/news/nation/2020/01/15/322832（访问时间：2020年2月25日）。

供。同时，马来西亚各大银行正在推进向数字银行转型。马来西亚中央银行已发布《数字银行许可框架征求意见稿》，在提升行业监管能力的前提下，向合法的商业银行派发数字银行运营许可，实现数字化革命。马来西亚财政部长林冠英指出，数字化革命和转型对提高马来西亚的生产力以及推动经济发展发挥着重要作用。数字化革命带来的经济高质量增长，将缩小社会收入不平等差距，促进马来西亚的可持续发展。

（三）积极开展大国外交，向发展中国家和伊斯兰国家靠拢

尽管上任只有一年多，但希盟政府在外交领域建树颇多。除了发表系统性的外交纲领性文件《新马来西亚外交政策框架：延续中的变化》外，希盟政府积极与中国、日本等国家开展密切的双边往来，与美国等国家在一些国际议题上展开交锋。

希盟政府于 2019 年 9 月发布了《新马来西亚外交政策框架：延续中的变化》，系统性地阐述了希盟政府的外交政策。在这份文件中，马来西亚总体的外交目标并未发生改变，仍以维护马来西亚公民的生命安全、本国经济发展利益和马来西亚国际声誉为主，依然在和平、人道、正义及平等价值观的基础上，继续奉行独立、有原则和务实的外交政策。① 此外，希盟政府提到马来西亚将在外交上向两类国家靠拢，分别是发展中国家和伊斯兰国家，要在伊斯兰合作组织中明确自身的职责，改善穆斯林群体的地位。不过，相较于前任政府，希盟政府以更加积极的姿态参与到国际事务中。马哈蒂尔曾表示，尽管马来西亚是小国，但依然可以国际组织为多边外交平台，为世界做出自己的贡献。同时，希盟政府也主张以国际法为依托，解决各国之间的矛盾与冲突，并以此作为解决南海争端等问题的主要依据。

具体到与各国的双边外交，希盟政府在任期内多有建树。除了继续巩固与东盟国家的关系外，希盟政府突出了与中国、日本等亚太地区重要国家之

① 《首相推介新大马外交政策，三方式处理利益课题》，〔马来西亚〕当今大马，https：//www. malaysiakini. com/news/492443（访问时间：2020 年 2 月 27 日）。

间的关系，并在相关问题上与美国等国家展开争论，体现了自身的外交原则与基本主张。

首先，希盟政府与中国夯实了全面战略伙伴关系，两国关系稳中有进。在首个总理任期内，马哈蒂尔就曾多次在国际场合驳斥了“中国威胁论”，表示“马来西亚拒绝将中国视为军事和政治威胁”。这一立场也成为马来西亚政府一直以来的对华态度倾向，两国关系始终保持稳定。尽管在上台之初，希盟政府曾以造价过高为由，取消了中国承建的马来西亚东海岸铁路等三个大型基建项目，使得外界对中马关系是否会生变讨论纷纷。不过，希盟政府之后的一系列表现打消了外界的顾虑，力证中马关系依然稳固。2018年8月17～21日，马哈蒂尔总理应李克强总理邀请访华，双方表示将进一步增进政治互信，深化务实合作，推动双边全面战略合作伙伴关系稳步发展。同时，马方重申将坚定奉行一个中国政策，也表示欢迎、支持并将继续积极参与中国倡导的“一带一路”合作。[①] 2019年4月，经过双方协商，希盟政府宣布东海岸铁路项目将复工，再次证明两国关系正朝着积极的方向前进。尤其在出席联合国大会期间，马哈蒂尔多次公开声援中国，体现了两国关系的友好基调与现状。马哈蒂尔建议中美双方通过对话的形式解决争端，并呼吁世界接受中国日益强大的科技实力，表示马来西亚将“尽可能多地”使用华为产品。[②] 他还表示马来西亚不想对中国采取对抗性立场，在经济上会与中国密切合作。[③]

其次，希盟积极拓展了与日本的双边关系，提出新的“向东看”政策。2018年5月至2020年1月，马哈蒂尔总理出访日本多达5次，足以体现其本人及希盟政府对日本的重视程度。在访问日本期间，马哈蒂尔高调重提“向东看”政策，向外界发出了清晰的外交信号。马哈蒂尔与日本首相安倍

① 《中华人民共和国政府和马来西亚政府联合声明（全文）》，http：//www. gov. cn/guowuyuan/2018－08/20/content_ 5315190. htm（访问时间：2020年2月27日）。

② 《马哈蒂尔：我们将尽可能多地用华为》，环球网，https：//tech. huanqiu. com/article/9CaKrnKkMew（访问时间：2020年2月27日）。

③ 《马哈迪：不愿在南海和新疆问题上激怒北京》，〔马来西亚〕《世界日报》，https：//www. worldjournal. com/6533689/article－（访问时间：2020年2月27日）。

晋三就经贸领域的合作达成了一致意见，双方致力于在投资、贸易、技术、人才培训等领域展开合作，赋予“向东看”政策新的时代意义与活力。此外，日本政府宣布发行2000亿日元的“武士债券”，帮助马来西亚渡过财政赤字危机。[①] 希盟政府对日本的示好，联系到马哈蒂尔对纳吉布政府对中国政策的批评，反映出希盟政府有意通过马日关系来平衡“过热”的中马关系，降低马来西亚对于中国经济的过度依赖。

再次，希盟政府多次在对待伊斯兰国家问题、华为问题上批评美国，完美诠释了马来西亚独立自主的外交立场，以及对发展中国家和伊斯兰国家的政策倾向。长期以来，马哈蒂尔秉持坚定的反霸权主义立场，多次在国际舞台上批评美国等国家的霸权政策，敢于对西方说“不”。再次就任总理后，马哈蒂尔独立、敢言的行事风格并未改变，依然在多项国际事务上指责美国的霸道行径。第一，关于华为问题。对于美国号召所有同盟国封锁华为、抵制华为的行为，马哈蒂尔则对华为进行力挺。他认为华为在5G领域相较美国有着巨大的技术领先优势，美国封锁华为的行径是“只许州官放火，不许百姓点灯”的野蛮行为。马哈蒂尔奉劝美国正视差距，接受亚洲国家也能生产出有竞争力的科技产品的现实。[②] 第二，关于“一带一路”问题。马哈蒂尔曾多次表态支持中国的“一带一路”倡议，同时批评美国强制相关国家接受“跨太平洋伙伴关系协定”（TPP）的行为。马哈蒂尔表示：“美国炮制出TPP，然后要求我们必须接受，这不是国际社会达成协议的正确方式。而‘一带一路’倡议（就不一样了），中国邀请马来西亚、文莱等各国齐聚北京，共同探讨如何从中受益，共同规划。”[③] 第三，关于伊斯兰国家问题。美国曾在2020年1月发动无人机刺杀伊朗高级军事指挥官苏莱曼尼。马哈蒂尔直截了当地指出，这一举动是不道德的，违反了国际法，并表示这

① 《2000亿日元武士债券　票面利率0.53%》，The Edge，https：//www.theedgemarkets.com/article/2000（访问时间：2020年2月27日）。

② 《马哈蒂尔批评美国制裁华为　外交部回应：公道话》，观察者网，https：//www.guancha.cn/internation/2019_05_30_503797.shtml（访问时间：2020年2月27日）。

③ 《马哈蒂尔成了“反美斗士”?》，网易新闻，http：//dy.163.com/v2/article/detail/EGQRGU660518GVJP.html（访问时间：2020年2月27日）。

一行为可能导致恐怖主义升级。[①] 对此，马哈蒂尔呼吁所有的伊斯兰国家应团结起来，保护自己免受外部威胁。这些事件均反映了他反对霸权主义的鲜明态度，同时也在国际舞台上凸显了马来西亚独立自主的外交原则与立场。

二　希盟政府工作的不足

据马哈蒂尔所言，截至 2019 年 4 月 30 日，希盟在执政第一年中已经兑现了约 40% 的承诺，后续几年将继续兑现所有的竞选承诺。[②] 但是，民调数据显示，人民似乎对希盟政府失去信心。

2019 年 5 月，在希盟上任一周年之际，马来西亚国内的社会民调机构和媒体对相关民意进行了范围较广的调查。结果显示，马来西亚民众普遍对希盟的执政表现不是很满意。根据独立民调机构默迪卡民调中心（Merdeka）的调查结果，马来西亚民众对希盟政府的支持率从 2018 年 5 月的 79%，下跌至 2019 年 3 月的 39%；对马哈蒂尔总理的满意度也从 2018 年 8 月的 71% 降至 46%。[③] 在 2020 年 1 月进行的调查中，有近 61% 的受访民众认为国家正朝着错误的方向前进，尤其马来人支持率非常低。[④] 同时，EMIR Research 进行的民调也显示，有多达 50% 的马来西亚民众认为国家的未来前景不明，尤其对经济、职业、治安、生活成本四大议题感到“极度焦虑”，对就业、房产、社会问题和贪污滥权等议题感到担忧。其中，更有 24% 的民众认为政府发展目标不明，马来西亚的前景令人担忧。[⑤] 此外，人

---

① 《敦马把美国杀死伊朗将军比作 Khashoggi 事件》，The Edge，https://www.theedgemarkets.com/article/（访问时间：2020 年 2 月 27 日）。

② 《兑现余下 40% 承诺　2020 为希盟起点》，〔马来西亚〕《东方日报》，https://www.orientaldaily.com.my/index.php/news/nation/2019/12/14/318794（访问时间：2020 年 2 月 28 日）。

③ 《希盟执政满一年　公众支持率下跌》，〔马来西亚〕《东方日报》，https://www.orientaldaily.com.my/news/nation/2019/04/26/288450（访问时间：2020 年 2 月 28 日）。

④ 《民调：希盟支持减弱　61% 认为国家朝错误方向前进》，〔马来西亚〕星洲网，https://www.sinchew.com.my/content/content_2191333.html（访问时间：2020 年 2 月 28 日）。

⑤ 《调查：马国民众极度焦虑》，〔新加坡〕《联合早报》，https://www.zaobao.com.sg/realtime/world/story20191128-1009112（访问时间：2020 年 2 月 28 日）。

民对希盟政府的失望在2018年5月后的7场补选中也可见一斑。在此期间，希盟在双溪甘迪斯州席补选、斯里斯迪亚州席补选、无拉港州席补选和波德申国席补选率先进行的四场补选中，以全胜之势挫败国阵，延续了在第14届大选中的表现。但是，随着希盟政府“蜜月期”的结束，希盟在金马仑国席、士毛月州席和晏斗州席中却接连输给国阵候选人，传递出了人民对希盟政府的失望情绪，更反映出希盟执政以来的表现不佳。总结来说，这些不足主要体现在糟糕的经济表现和多次朝令夕改上，其背后折射出的是希盟政府成员自身执政能力的缺陷。

首先，希盟政府在经济发展上的不力表现导致民众普遍产生不满情绪。希盟政府上台后施行的一系列经济发展政策，虽然在一定程度上推动了马来西亚经济结构转型，从长远看将为国家经济带来益处，但从短期看并未产生直接的经济效益，反而导致生活成本升高，人民生活负担增加。第一，希盟政府执政期间，宏观经济数据创下新低，整体经济增长不容乐观。受全球经济增长缓慢，以及中美贸易摩擦的负面影响，2019年马来西亚经济增长仅为4.3%，创下10年来最低，为2009年金融危机以来的最低水平。[①] 另外，2019年马来西亚公积金局的派息率仅有5.45%，成为11年来最低的一年。[②] 这一糟糕的经济表现也受到民政党主席刘华才的讥讽，质问希盟政府“是否还要继续欺骗人民明大会更好”。[③] 第二，宏观经济增长乏力导致人民生活成本普遍增加，招致民众的不满与批评。在大选期间，希盟对国阵施行的消费税（GST）进行了大力的抨击，批评GST是造成民众生活负担增加的主要原因。胜选后，希盟立刻废除了GST，改为恢复旧有的销售与服务税（SST）。不过，此举并未减轻人民的生活负担，反而导致国库收入大大减少，只能发布新的税收政策以偿还国债，这无意间加重了民众的生活负担。

① 《大马去年经济成长创10年新低》，〔马来西亚〕《东方日报》，https://www.orientaldaily.com.my/index.php/news/business/2020/02/12/326371（访问时间：2020年2月28日）。

② 《公积金局宣布　2019年派息率为5.45%》，〔马来西亚〕《东方日报》，https://www.orientaldaily.com.my/news/nation/2020/02/22/327819（访问时间：2020年2月28日）。

③ 《公积金派息创11年新低》，〔马来西亚〕《中国报》，https://www.chinapress.com.my/20200223/（访问时间：2020年2月28日）。

民调显示，当被问及对希盟政府废除 GST、恢复 SST 的看法时，有 46% 的民众认为两者并无差别，有 30% 的民众则认为物价甚至比之前更高。与此同时，大部分民众对生活状况感到悲观。虽然有 37% 的受访民众认为，希盟上台后的生活状况比纳吉布时期要好，但是有 63% 的民众认为自己的生活并无太多改善。其中有 44% 的民众认为自己的生活状况并无变化，19% 的民众则声称自己现在过得很差。此外，为了替代纳吉布政府时期的一马援助金（BR1M），希盟政府推出了新的生活援助金（BHS）。不过，市场民调公司 Vase. ai 与 CityPlus 电台联合实施的民调显示，超过 50% 的受访者认为，和一马援助金相比，生活援助金并不足够。在这些人中，有 52% 的人月收入低于 3000 林吉特。① 此外，高达 67% 的受访者最希望的是政府可以控制基本生活必需品的价格。此外，受访民众也希望希盟政府可以帮助贫困人群解决住房问题，能够为中低收入群体提供额外的生活补助、更低廉的电费、能够负担的医疗体系，并每月发放 500 林吉特的生活津贴。这些都是当前希盟政府未实现的民生工作。②

其次，希盟政府在任期内多次朝令夕改，施行本末倒置的政策，其背后显露出的新政府执政能力不足招致了民众的不满。一方面，上台以来，尽管希盟政府兑现了部分竞选承诺，如废除 GST 等，但在备受选民关注的一些议题上，如承认“独中”统考文凭等鲜有动作，民众产生失望情绪。在经济发展乏力的情况下，希盟政府没有在减轻人民负担上多有行动，反而推出了一系列无足轻重的政策，如全国小学生白鞋换黑鞋、征收汽水税、降低投票年龄、废除强制死刑等。然而，根据民调数据，有超过一半的受访者并不支持降低投票年龄，同时有高达 69% 的民众反对废除强制死刑。这一结果显示希盟政府的政策着力点并没有落到实处。另一方面，在希盟政府中，除了马哈蒂尔、穆希丁等少数领导人外，大部分正副部长几乎都是新手，缺少

① 《民调显示，半数人认为生活援金不够用》，〔马来西亚〕当今大马，https://www.malaysiakini.com/news/495339（访问时间：2020 年 2 月 28 日）。

② 《民调显示，半数人认为生活援金不够用》，〔马来西亚〕当今大马，https://www.malaysiakini.com/news/495339（访问时间：2020 年 2 月 28 日）。

过硬的中央政府执政经验。在此情况下，希盟政府多次在重大问题上朝令夕改、回应各异，显露出新政府在政府机构的协调、政策执行等环节工作能力不足。加之成员党在许多问题上立场不同，执政以来，希盟政府有许多政策与决定在尚未最终定案时便草草对外公布，之后又在舆论压力下撤回和修改，多次朝令夕改，损害了政府的公信力与整体形象。这些政策包括承认“独中”统考文凭、宣布取消东海岸铁路项目、签署《消除一切形式种族歧视国际公约》和《罗马规约》等。在自身能力不足的情况下，希盟政府的领导人时常提及前任政府国阵的缺点，指出由于前任政府的“破坏”极其严重，新政府无法在短期内落实竞选承诺。不过，由于这已是陈词滥调，反而让不少民众不胜其烦。

三 希盟政府面临的困难与挑战

在2020年2月倒台之前，希盟政府在反腐倡廉、重塑马来西亚政坛风气等政治领域，以及推动马来西亚经济结构转型的经济领域中取得了一定进展。然而，在这一过程中，希盟政府一直面临着严峻的挑战，其统治合法性基础不断被削弱，使政权摇摇欲坠。一方面，对于由多个党派组成的执政联盟，希盟始终面对内部错综复杂的矛盾冲突，联盟执政的地位岌岌可危；另一方面，反对党巫统与伊斯兰教党正式展开政治合作，马来保守主义再次抬头，侵蚀希盟政府政权的合法性。

第一，在内部错综复杂的派系斗争中，希盟政府始终面临着两大突出的矛盾。一个矛盾是马来西亚土著团结党（简称“土团党”）和人民公正党对于总理职位和联盟内部领导权的争夺，其中马哈蒂尔与安瓦尔之间的竞争与合作、冲突与较量更是希盟内部权力斗争的轴心。依据大选前的协议和所谓的“希盟共识”，马哈蒂尔曾许诺在任职的两年内将总理职位交给安瓦尔。自上任之日起，这一交棒问题也成为马来西亚政坛的焦点问题，牵动着各方的神经，也导致政坛长期处于不平稳的状态中。虽然马哈蒂尔多次表示将会依照承诺将总理位置“禅让”给安瓦尔，但希盟内部一直未就何时、何地、如何交棒等事宜达成一致意见，因此常有“逼宫”“保马行动”“后门政府”等传言传出。与此同时，土团党在2018年底和2019年初曾三次吸纳13位从巫统退党的国会议员，将土团党的国会席位从13席提升至26席。这让马哈蒂尔和土团党在希盟政府、内阁中的话语权和地位大大提高，加大了与安瓦尔代表的人民公正党和其他党派之间的斗争砝码。此外，自2019年2月以来，马哈蒂尔频繁与巫统、伊斯兰教党等的领袖密切接触，其态度的模棱两可也让外界猜测他们的关系。当希盟内部“逼宫”马哈蒂尔的传言甚嚣尘上时，伊斯兰教党也公开声援马哈蒂尔，表示“伊党将与马哈蒂尔同在”。这一切让马哈蒂尔有了足够的底气与安瓦尔继续斗争。

另一个矛盾是人民公正党内部安瓦尔与阿兹敏派系之间的斗争。阿兹敏曾是安瓦尔的秘书，两人的不睦最早可以追溯到2014年。当年，阿兹敏与万·阿齐扎在竞选雪兰莪州州务大臣一职时产生摩擦，埋下了亲安瓦尔派与阿兹敏派系的分歧，这一纷争在希盟执政中央政府后更加白热化。安瓦尔在希盟胜选后很快获得特赦，重归马来西亚政坛。之后在人民公正党的党选中，安瓦尔正式成为人民公正党主席，成为该党的“实权领袖”。在这场党选中，阿兹敏也成功击败亲安瓦尔派的拉菲兹，担任署理主席一职，在党内形成与安瓦尔对抗的另一派势力，而安瓦尔随后委任拉菲兹派系的败将担任人民公正党的高职，引起阿兹敏的极度不满。2019年6月，阿兹敏性丑闻案引发轩然大波，安瓦尔派系对此表达了强硬的立场，认为阿兹敏应该辞职。自此，阿兹敏开始改变立场，转为支持马哈蒂尔任职到5年一届的期满为止。在2019年12月举行的人民公正党大会中，安瓦尔借马六甲王朝叛徒典故，将矛头指向阿兹敏，引发阿兹敏派系的不满，并于之后正式公开翻脸。之后，在安瓦尔派系要求马哈蒂尔履行承诺，尽快公布退位日期传位安瓦尔时，阿兹敏则力保马哈蒂尔，支持其继续担任总理，与安瓦尔针锋相对。

此外还有民行党与土团党之间的矛盾，而这两党的冲突代表着华人与马来人之间的利益冲突。马哈蒂尔自上任后提出的议案多次被民行党成员否定，包括南北大道、马航重组以及改组内阁等，激化了希盟内部成员之间的政治分歧。其中，南北大道议题上的分歧使两党之间的矛盾凸显。此前，马哈蒂尔曾有意让马驹控股（Maju Holdings）以300亿林吉特的价格收购南北大道有限公司，但遭到了民行党的强烈反对。民行党以马驹控股信用不良，且与马哈蒂尔有密切联系为由，阻止了这一提案的通过，最终政府只能延长特许经营合约，通过重组来降低大道收费。脱售南北大道的失败凸显了民行党与土团党之间的政见分歧，导致两党之间关系的微妙变化，影响联盟的整体稳定。

第二，巫统与伊斯兰教党结成同盟，刺激了马来西亚国内马来伊斯兰保守主义的发展，对希盟政府的地位产生一定的冲击。1972年，伊斯兰教党曾与巫统结盟，加入国阵。但由于双方之间的分歧，伊斯兰教党随后在1978年退出国阵。这次巫伊合作是双方40年来的第二次合作，在2018年5月的大选中就已初现端倪。当时，前总理纳吉布公开支持伊斯兰教党主席提呈的《1965年伊斯兰法庭（刑事权限）法令修正案》。尽管此举在当时被视作选举策略，旨在分化对希盟的支持，但也为两党合作埋下了伏笔。2018年9月15日，巫统主席阿末扎希出席伊斯兰教党第64届全国大会，标志着两党自1978年展开斗争后首次破冰。其后，在金马仑、士毛月和晏斗三场补选中，伊斯兰教党都动用了政党机器为国阵助选，帮助国阵以绝对优势获胜，让两党尝到了合作的甜头。由于两党秉持相同理念，即维护马来人和伊斯兰教的地位，最终双方摒弃了昔日的纷争，决定重新结盟。2019年9月14日，巫伊两党正式结盟，以五大共识作为合作的基础，签署《全国共识宪章》，正式结束两党长达40年的敌对状态，誓言推翻并取代希盟政府。①在此番合作中，巫统不再是执政党，其结盟出发点已从稳固国阵多元政党联盟的合法性，转变为维护马来人和伊斯兰教的地位，主张“马来人优先”和“伊斯兰教为国本”，从意识形态的角度来说，这一出发点与伊斯兰教党更为接近。双方的结盟也得到了大批保守派马来穆斯林的支持。2019年11月，在两党结盟后的首场补选中，巫伊联盟获得丹戎比艾地区补选的胜利。

---

① 《巫伊结盟五大共识　团结穆斯林推翻希盟》，〔马来西亚〕《东方日报》，https：//www.orientaldaily.com.my/news/nation/2019/09/14/306438（访问时间：2020年2月28日）。

这反映出巫伊两党合作的巨大潜力与影响力，更折射出巫伊合作对马来群体有着更大更强的吸引力。双方的合作将进一步改变马来西亚的政坛结构，撼动希盟政府的政权。其实，在2018年大选中，希盟仅获得了30%的马来选民支持，其在马来族中的执政根基并不稳固。巫伊合作势必将在双方各自的优势和基础上拉拢更多中间选民，借马来伊斯兰民族主义在下届大选中挑战希盟。同时，巫伊合作也刺激了马来西亚国内华人群体的情绪，渲染了华人与马来人的对立。伊斯兰教党主席哈迪·阿旺曾痛斥民行党的“马来西亚人的马来西亚”执政理念，批评其将削弱马来人特权和伊斯兰教的地位。巫伊结盟后，马来人、伊斯兰教、王室和民族主义势必将成为两党手中的工具和武器，威胁马来西亚的社会和谐与安宁。这一切都成为奉行全民主义的希盟政府需要正面应对和亟待解决的挑战。

四　余论

2020年2月23日，马来西亚突遭政变。马哈蒂尔在毫无征兆的情况下宣布辞职，同时原属希望联盟的土团党和以阿兹敏为首的部分人民公正党议员宣布退党，希望联盟政府因议席不足112席而倒台。之后，马哈蒂尔、安瓦尔、穆希丁和阿兹敏等多方势力角逐，各方皆争取获得其他议员的支持，以建立新的执政党政府。最终，经历了一周的角力，在国阵和伊斯兰教党的支持下，穆希丁率先宣布获得足够席位组建新政府，并于3月1日正式宣誓就任马来西亚第八任总理。对于穆希丁的上任，希望联盟以及马哈蒂尔多有微词，表示将在之后召开的国会中对穆希丁提出不信任动议。可以说，马来西亚政局已经进入了频繁的动荡期。

希盟政府倒台的主要原因在于联盟内部。联盟内部的三对主要矛盾，导致了希盟政府的最后瓦解——马哈蒂尔和安瓦尔的交棒问题是直接原因，人民公正党内部阿兹敏与安瓦尔之间的矛盾是根本原因，而土团党与民行党不睦则成为倒台的催化剂。2月21日，希盟曾召开主席理事会，特别讨论了马哈蒂尔的交棒问题。最终，会议决定马哈蒂尔将在2020年APEC会议结束后自主决定交棒时间。不过，当时阿兹敏主导的人民公正党派系公然表达了要求马哈蒂尔继续执政的意愿，支持其完成一届总理任期。此番举动可视作其与安瓦尔的公开决裂。因此，土团党的穆希丁决定退出希盟，带走了42 名国会议员，迫使马哈蒂尔不得不辞去总理职务，最终导致希盟政府的倒台。

当前，虽然穆希丁的国民同盟政府已经成立，且公布了新的内阁名单，但穆希丁政府正面临着“内忧外患”两方面的夹击。在新冠肺炎疫情肆虐、全球经济衰退的大背景下，马来西亚政局面临着极大的不确定性。

首先，国民同盟政府内部存在着一定的分歧，这些分歧极可能导致执政联盟内部分裂，甚至造成穆希丁新政府的垮台。根据公布的新内阁名单，穆希丁政府共由 70 人组阁，包括 4 名高级部长和超过 60 名正副部长。其中，新内阁多由有经验的政治人物、技术官僚和特定领域的专业人士组成。穆希丁这次没有按传统任命副总理，而是首次出现了有 4 名高级部长、财政部长由非政治人士担任的局面。穆希丁的此番做法旨在实现执政联盟内部的权力分享，确保内阁有足够的执政能力和经验，以维护政府内部稳定，集中精力应对国家面临的问题。但这样的安排也显示当前穆希丁难以满足各党要求，因此才破天荒以 4 个高级部长“替代”副总理。此外，内阁中各政党的官职比例失衡且族群过于单一，可能无法真正有效达到权力制衡的效果。

内阁名单出炉后，国盟内部迅速出现了分歧，巫统对此多有微词。在执政联盟中，土团党拥有大概 30 个国席，仅占执政党国会议员的 30% 左右，最后却获得了 25 个正副部长职位，当中 11 个是部长职位，占正副部长职位的 35%。而巫统拥有 39 个国会议席，占执政党国会议员的 35%，却只分得 9 个部长与 9 个副部长职位。此外，多个重要部门如内政部、教育部、总理署经济事务部等都由土团党掌控。巫统掌控的较为重要的部门只有国防部。由此可见，穆希丁所控制的土团党已经主导了新政府。巫统多名领袖公开发声，指责穆希丁的内阁职位分配不均。另外，土团党内部也浮现出利益分歧，造成现有政府地位的不稳固。在此次内阁名单中，出走人民公正党的阿兹敏虽担任国际贸工部部长，但和他之前担任的经济事务部部长职务相比，其实是明升暗降。这一情况将会加剧土团党内部的权力斗争，加大穆希丁与阿兹敏派系的分裂。

其次，新政府时刻面临着反对党的强烈反扑。新内阁的组建虽然会给马来西亚政局增添一些稳定性，但穆希丁仍需要面对反对党的反扑，以及在国会上针对他提出的不信任动议。在穆希丁公布新内阁名单后，马哈蒂尔曾发表评论，表示他无法认可穆希丁目前所组建的新政府。同时，希盟作为由选民合法选任的上届政府以如此方式草草收场，令希盟各政党，尤其是民行党和人民公正党心怀遗憾与错愕，也会加大火力攻击新任政府，尽一切可能削弱新政府的统治基础，以实现尽快重新举行大选。这也将为马来西亚政坛带来极大的不确定性。

对于穆希丁政府而言，联盟内部的分歧和反对党的攻击都会使新政府根基不稳，而两者相比，国盟内部分歧的威胁性更大。在国盟政府中，所有党派都各怀心计，土著团结党、阿兹敏集团、沙捞越政党联盟、伊党与巫统五大派系难以做到团结一致。在国民同盟政府刚刚组建时期，或许成员党还能容忍穆希丁的各种策略部署。但一段时间后，将会有不少党派感到不满，其累积到一定程度后将会引发国盟的分裂，相比之下，虽然反对党可以通过对穆希丁提出不信任动议，但到国会召开时，穆希丁政府也许会通过各种手段收买部分议员，使新政府达到规定的组阁条件。因此，反对党此举实则并无太大威胁性。接下来的三年，如何面对内部的磨合与整合才是穆希丁政府面临的最大挑战，也是马来西亚政局是否稳定的关键因素。

参考文献

Izzuddin M.，"Malaysia in 2019：Enduring Stability in a Chaotic Year," *Asian Survey*，2020，60（1），pp. 100 – 108.

Dettman S.，"Authoritarian Innovations and Democratic Reform in the 'New Malaysia'," *Democratization*，2019，pp. 1 – 16.

Temasek，Bain & Company e-Conomy SEA 2019 Report.

Kamaruddin N. , Rogers R. A. , "Malaysia's Democratic and Political Transformation," *Asian Affairs*: *An American Review*, 2020, 47 (2), pp. 126 – 148.

Lee H. P. , Foo R. , Tan A. , "Constitutional Change in Malaysia," *The Journal of Comparative Law*, 2019, 14 (1), pp. 119 – 138.

Ostwald K. , Oliver S. , "Four Arenas: Malaysia's 2018 Election, Reform, and Democratization," *Democratization*, 2020, pp. 1 – 19.

Saravanamuttu J. , "Malaysia's Semenyih By-Election: What Next for Race-based Politics?", RSIS, 2019.

陈戎轩、傅聪聪：《马来西亚两党合作：新的"马来圣战"开始?》，《世界知识》2019 年第 1 期，第 34 ~ 35 页。

傅聪聪：《马来西亚选后政治："新的希望"?》，《世界知识》2018 年第 11 期，第 40 ~ 41 页。

辉明、汤婉香：《马来西亚第 14 届国会选举评析》，《南亚东南亚研究》2019 年第 2 期，第 56 ~ 70、158 ~ 159 页。

刘勇：《大选后马来西亚政治新变化》，《国际研究参考》2019 年第 1 期，第 46 ~ 51 页。

林宏祥：《马来西亚大崩坏：从 1MDB 看国家制度腐败》，崧烨文化，2016。

B.7
执政党轮替后的马来西亚华人政党——马华公会

周美芬*

摘 要： 马华公会作为促成马来（西）亚独立的华人政党，经历执政、在野、再执政的政坛起伏。自2008年政治海啸以来，势力日益走向衰微。历经长达11年“退留国阵”的艰难抉择后决定留在国阵。在无法取得华社的支持、必须依靠马来人选票赢取议席的窘境下，马华公会欲突破困境、重振雄风困难重重。本文通过梳理马来西亚执政党轮替背景、马来西亚政党分类和最新时局发展，阐明马来西亚种族政治生态，以及马华公会在执政党轮替后面对的内外挑战和其未来发展趋势。

关键词： 马华公会　希望联盟　伊斯兰教党　巫统

一　马来西亚执政党轮替的背景

由于英国与日本殖民主义政权统治的历史及马来西亚建国背景，种族政治一直是马来西亚政治不可分割的一部分。马来西亚历史上曾经有过两次突破种族政治的尝试和契机，但都没有实现目标。第一次是1950～1952年，

---

* 周美芬，马来西亚前妇女、家庭与社会发展部副部长，前马华公会资深领袖、前国会议员。现为北京大学博士研究生，研究方向为马来西亚族群政治。

巫统创党主席拿督翁·加阿法（Dato'Onn Jaafar）和马来（西）亚华人公会（简称“马华”）时任总会长陈祯禄一度尝试将个别的政党去种族化，但都以失败告终;[①] 第二次则是2018年大选前，希望联盟（Pakatan Harapan，简称“希盟”）为了争取马来选票放弃了非种族的政治路线，选择与马哈蒂尔（Mahathir bin Mohamad）成立的土著团结党（Parti Pribumi Bersatu Malaysia，简称“土团党”）合作。

1951年8月，翁·加阿法建议巫统改名为“马来亚国家联合机构”（United Malayan National Organisation）并对非马来人开放党籍，遭到拒绝后，他退出巫统，创立了马来亚独立党（Independence of Malaya Party，IMP），并邀请陈祯禄在该党于吉隆坡、柔佛、马六甲和槟城的会议上致辞。

另外，陈祯禄的多元种族概念也不为马华的大部分领导人所接受，他的提议在1951年4月举行的马华大会上遭到否决。虽然马华最后在陈祯禄恫言辞职，而马华需要他继续在社群联络委员会充当代言人争取公民权下做出了妥协，同意让非华裔附属党员参加会议投票和在马华的名义下竞选，但不能担任党内职务。因此马华历史上曾经出现一名印度妇女代表马华在一个印度选民占多数的地区竞选。1953年，马华修改党章，取消了附属党员在党内的投票权与被选举权。1967年，马华在党章中删除了关于附属党员的条款。直到2019年12月1日，马华在其代表大会上，再次把“附属党员”列入章程，允许年龄在16岁以上的非华裔马来西亚公民成为附属党员。附属党员除了可受邀列席马华代表大会外，不享受任何权利，也无投票权。[②] 当时和陈祯禄立场形成鲜明对比的是坚持马华应维持种族路线的雪兰莪州分会会长李孝式。在考虑到英殖民政府坚持以族群政治合作作为马来亚独立的条件下，李孝式虽然有信心让马华可以在大部分以华人居多的吉隆坡市议会下属选区胜选，但仍希望和代表马来人的巫统结盟竞选；此外，巫统雪兰莪州

---

① Heng Pek Koon, *Chinese Politics in Malaysia: A History of the Malaysian Chinese Association*, Singapore Oxford University Press, 1988, pp. 156 – 157.

② 按马来西亚社团法令，这项党章修改必须提交社团注册局，获得批准后才能生效。撰写本文时，有关修改尚未获得社团注册局批准执行。

竞选委员会主席拿督也哈耶（Datuk Yahaya bin Datuk Abdul Razak）在吸取了该党于1951年在以华人选民居多的槟城乔治市市议会选举中竞选9席，只赢得1席的教训后，也希望和马华结盟竞选，当时的雪兰莪州巫统和马华因此组成了临时特别竞选联盟，一起参加吉隆坡市议会选举，结果在12席中赢得9席，这个选举结果不仅使独立党遭受打击，也为巫统和马华的结盟奠定了基础。

1998年，前副总理安瓦尔（Anwar bin Ibrahim）被时任总理马哈蒂尔撤职，掀起"烈火莫熄"运动①，成立公正党（Parti Keadilan Nasional）②，联合非种族性政党民主行动党（简称"行动党"）和宗教主义政党伊斯兰教党（Parti Islam Se-Malaysia）组成人民联盟（Pakatan Rakyat，简称"民联"）。2015年9月22日，行动党、人民公正党（Parti Keadilan Rakyat）与从伊斯兰教党分裂出来的诚信党（Parti Amanah Negara）组成希望联盟。人民联盟/希盟在多个公民社会运动，包括干净与公平选举联盟（Gabungan Pilihanraya Bersih dan Adil，简称"Bersih""净选盟"）和"兴都权益行动委员会"（The Hindu Rights Action Force，简称"Hindraf""兴权会"）等的支持下，在2008年第12届大选掀起"华印政治海啸"后，接着在2013年大选成功制造"城市海啸"，但面对难以赢取农村马来人选票支持的困局。2018年，为了赢得大选，希盟最终不惜选择与宿敌马哈蒂尔成立的土著团结党（Parti Pribumi Bersatu Malaysia，简称"土团党"）合作，并承诺胜选后将由马哈蒂尔担任总理组阁，虽然在多重因素下成功上台执政，但也因此丧失了摒弃种族政治的另一次契机。

二　执政党轮替后的政局："新马来西亚"梦想的幻灭

人民联盟和希盟初期以捍卫公正、公平和反腐等为斗争方向，承诺建立

---

① "烈火莫熄"是马来文"Reformasi"（改革）的音译。

② 2003年公正党与人民党（Parti Rakyat Malaysia）合并后改称"人民公正党"。

一个去种族化的“马来西亚人的马来西亚”①，让许多城市中产阶级，尤其是作为少数族群的华人和印度人心向往之。但自从2017年3月27日希盟决定和土团党②结成联盟的那一天开始，希盟就已正式向“种族政治”妥协。然而城市中产阶级早已对“一马公司”贪腐案和巫统霸权深恶痛绝，中下层人民也因为政府实施消费税（GST）导致的生活费高涨而倍感压力，对他们而言，已没有什么比促成执政党轮替更为重要，新的执政党是否重蹈“种族政治”回头路显然已是次要问题。

在两次与“摒弃种族政治”的契机擦身而过之后，马来西亚的国家政策自马哈蒂尔时代起，逐步被嵌入伊斯兰因素，在被视为巫统伊斯兰化象征的安瓦尔担任副总理期间③，该特征尤为明显。伊斯兰教党于2008年后从区域性政党发展成为全国性政党后，已通过执政登嘉楼、吉兰丹和吉打州，快速推动各项伊斯兰化的政策；为了巩固政治力量及争取获得“伊斯兰代表的话语权”，国阵政府在巫统的主导下亦以各种相对温和的方式推进伊斯兰政策。前总理阿卜杜拉·巴达维（Abdullah bin Ahmad Badawi）倡导“文明伊斯兰”（Islam Hadhari）；以相对开明著称的纳吉布（Mohammad Najib bin Tun Haji Abdul Razak），也将伊斯兰指数纳入政府行政治理的过程④；希

---

① “马来西亚人的马来西亚”和“新马来西亚”是希盟领导林吉祥常挂在口头、用以涵盖《希盟宣言》所承诺的执政愿景。《希盟60项承诺勾画执政愿景，百日内落实十新政》，〔马来西亚〕当今大马，https://www.malaysiakini.com/news/414974。

② 《土著团结党加盟　四党议决保留“希望联盟”名》，〔马来西亚〕《东方日报》，https://www.orientaldaily.com.my/news/nation/2017/03/27/190201，2017年3月27日。

③ “在他与总理马哈蒂尔医生发生激烈冲突，最终在腐败和鸡奸的罪名下遭到清洗、定罪和监禁之前，安瓦尔一直是巫统伊斯兰化的代言人。”安瓦尔是20世纪70年代推动马来西亚伊斯兰复兴的马来西亚穆斯林青年运动（Angkatan Belia Islam Malaysia，ABIM）的著名领导人，1982年接受马哈蒂尔邀请加入巫统。当时很多ABIM积极分子随安瓦尔加入了巫统，其中一些人甚至在他被革职后仍然留了下来，而另一些人则转投由他领导的公正党/人民公正党。Ahmad Fauzi Abdul Hamid，“The Islamist Factor in Malaysia's Fourteenth General Election”，The Round Table，https://doi.org/10.1080/00358533.2018.1545937，30 November 2018，p. 685。

④ 《推介伊斯兰指数　融入政策及各领域》，〔马来西亚〕《东方日报》2015年2月10日，https://www.orientaldaily.com.my/news/nation/2015/02/10/69263。

盟执政时期推动的加威文[①]学习，允许被多国禁止入境、备受争议的伊斯兰传教士扎基尔·百奈克（Zakir Naik）在马来西亚居留，加上2020年3月1日宣誓就职的马来西亚第八任总理穆希丁（Muhyiddin bin Haji Muhammad Yassin）委任一名伊斯兰宗教师任总理署部长掌管伊斯兰宗教事务[②]等情况，显示了马来西亚的伊斯兰化已发展到了不可逆转的地步。

与伊斯兰相关的议题在马来西亚2018年5月9日举行的第14届大选中占据显著地位，这是马来西亚历史上第一次政府更迭，三个政党联盟提出了不同的伊斯兰主义观念。巫统领导的国阵尽管遭到非穆斯林伙伴的抵制，但总体上支持官僚伊斯兰主义。与此同时，希盟中除了民主行动党外，盟党人民公正党、国家诚信党和土团党亦是许多第二代伊斯兰教徒的归宿，他们相信伊斯兰和普世价值观之间的兼容性。领导新的“和谐阵线”的伊斯兰教党主张正统伊斯兰主义，并希望建立一个合法的伊斯兰国家。

政局的发展加强了种族性政党存在的合理性，另外也进一步压缩了少数族群政党的生存空间，作为一个在当前政治代表权上处于弱势的华人政党，马华能否继续胜任在一个以同时身兼“马来人、土著和穆斯林”三种身份人口占大多数的国家里捍卫多元和世俗体制的有效角色，是其是否还有续存价值的关键。

（一）马来西亚的“华人政党”

1986年第七届大选前，以马来西亚华校董事联合会总会（简称“董总”）和马来西亚华校教师会总会（简称“教总”）为首的15个华人社团领导机构[③]

---

① 《小四起须鉴赏爪夷文？传华淡小国文科增新单元》，〔马来西亚〕《星洲日报》，https：//www. sinchew. com. my/content/content_ 2089174. html ，2019年7月25日。

② 掌管宗教事务的总理署部长祖基菲里·巴克里（Zulkifli Mohamad Al-Bakri）原任联邦直辖区伊斯兰法律顾问。

③ 根据马来西亚华校教师总会（教总）官网，全国华团领导机构（《1983年国家文化备忘录》最后一页）联署的15个团体包括：雪兰莪中华大会堂、槟州华人大会堂、霹雳中华大会堂、柔佛州中华总商会、登嘉楼中华大会堂、吉兰丹中华大会堂、森美兰中华大会堂、沙捞越华人社团联合会、董总、教总、彭亨中华总商会、马六甲中华总商会、吉打中华总商会、玻璃市中华总商会、沙巴中华大会堂，http：//web. jiaozong. org. my/doc/2009/rnr/wenxian/wenhua_ 1983. pdf。

首次提出“两线制”概念，主张以执政权轮替推动马来西亚民主制度的健全发展，试图打破“国阵不败”的政治迷思。1990年第八届大选中，“46精神党”、“伊斯兰团结阵线”和“人民阵线”共同对垒“国民阵线”①。1998年9月2日安瓦尔被撤职后兴起的“烈火莫熄”运动，在长达32年、经历多次挫败后，马来西亚的“执政党轮替”梦想终于在获得公民社会的全面支持和多个国内因素影响下，于2018年5月实现。

在2018年大选中，向来被喻为一盘散沙的马来西亚华人首度大团结，95%的华人选民一致把票投给了希盟②，对希盟描绘的“新马来西亚”梦想充满了期待。但希盟政府成立后，华人迎来的并非预期中的全民平等，而是一系列将种族关系推向激化的事件。包括：2018年9月1日由经济部主办，为提升马来人及土著民众经济地位的“土著与国家未来大会”③；希盟政府撤回承诺签署《消除一切形式种族歧视国际公约》（ICERD）④和《罗马规约》的决定⑤；2019年10月6日，马来亚大学、马拉工艺大学、博特拉大学、苏丹依德拉里斯大学联合主办了排外情绪高涨的“马来人尊严大会”⑥；2019年土著权威党（Parti Bumiputera Perkasa Malaysia，简称“土权党”）副主席穆罕默德·凯鲁阿占、半岛马来学生联合会和伊斯兰教育发展理事会相

---

① 1990年第八届大选，巫统党争败选后退党的东姑拉沙里（Tengku Razaleigh Hamzah）成立“46精神党”，一方面与伊斯兰教党、马来西亚穆斯林人民党、泛马伊斯兰阵线及印裔穆斯林国大党组成“伊斯兰团结阵线”，另一方面又和民主行动党、沙巴团结党、人民党、马来西亚穆斯林人民党、马来西亚统一党、印度人前进阵线和印裔穆斯林国大党组成“人民阵线”（人阵）。

② 马华公会虽然一向都以捍卫华社权益为己任，但从1955年第一届大选到2018年的第14届大选中，即使是战绩最辉煌的1995年大选，也只得到了60%的华人支持。因此2018年华人给予行动党95%的支持是马来西亚华人的第一次大团结。

③ 《经济事务部探讨未来议程，周六开土著大会》，〔马来西亚〕《南洋商报》，https://www.enanyang.my/news/20180827/，2018年8月27日。

④ 《希盟政府不签ICERD，法律界人士表不满》，〔马来西亚〕《南洋商报》，https://www.sinchew.com.my/content/content_1815494.html，2018年11月24日。

⑤ 《希盟政府再U转！敦马宣布撤回签署〈罗马规约〉》，〔马来西亚〕《中国报》2019年4月5日。

⑥ 《马来尊严大会，唯我独尊！：马来尊严大会重点议案》，〔马来西亚〕《中国报》2019年10月7日，https://www.chinapress.com.my/20191007/。

继入禀法庭，指控华文小学和淡米尔文小学违反宪法[①]；国民中学新春装饰被土权党批评“刺眼”而被迫拆除；[②] 巫统与伊斯兰教党合作获得马来人的支持，成功在多场补选中分流了希盟的得票数或是击败了希盟；民主行动党为了洗脱“华人沙文主义政党”形象，进而高举捍卫“多元”的旗帜，对ICERD、加威文课题所做的软回应，加上人民公正党主席安瓦尔和署理主席阿兹敏（Mohamed Azmin Ali）的派系斗争、马哈蒂尔和安瓦尔之间的总理职位之争以及穆希丁“渔翁得利”获得总理职位后“犒赏式的委任”[③]，“新马来西亚”为人民描绘的“希望”从逐步破灭到彻底幻灭，再次显示了种族政治非但未因执政党轮替而衰微，反而在民主行动党的空前强大和多位领导在希盟政府中担任重要部长职位，尤其是掌控国家经济大权的财政部长后，激起了马来人的危机感而急速趋强。马来西亚的种族政治发展之路至今看不到终结之时。

马来西亚的种族政治和英国与日本殖民政府的“分而治之”政策脱离不了干系，巫统、马华和印度人国大党（The Malaysian Indian Congress，简称“MIC”“国大党”）三个种族性政党联合争取马来亚的独立，进一步确立了族群“共治分享”的政治运作模式。三个种族性政党虽然和国内非种族性政党的数量相比仍属少数，但政治势力的悬殊，加之国内的非种族性政党大部分或由某一特定种族主导，或具有特别强烈的单一种族色彩，要在“种族政治”下争取支持，往往会突出捍卫某个族群的权益，在这一大前提下，一些无族群政党之名但行族群政党之实的党派时常使人感到困惑。包括被视为华人政党的民主行动党、马来西亚民政运动（民政党）、沙捞越人民联合党（人联党）和沙巴自由民主党（沙自民党）；以及被视为代表卡达山、杜顺和毛律等土著的沙巴团结党和沙巴立新党（STAR）等。

按照各政党章程所列的党员资格，对其建党宗旨和目标及实际操作进行

---

① 《挑战华淡小合法地位，华淡小地位又2马来组织上庭挑战》，〔马来西亚〕《中国报》2019年2月17日。

② 《国中新春装饰风波，众部长到访乐融融》，〔马来西亚〕《星洲日报》2020年1月8日。https://www.sinchew.com.my/content/content_2197848.html。

③ 《达基尤丁：非部长副部长国盟议员将掌GLC高职》，〔马来西亚〕《星洲日报》2020年4月12日，https://www.sinchew.com.my/content/content_2252463.html。

分析，马来西亚主要朝野政党可以分为5类（见表1）：（1）种族性政党：党员必须为所规定的单一种族，如代表华人的马华和代表印度人的国大党。（2）多种族性政党：党员不限于单一族群，但以马来人和土著为主。（3）非种族性政党：党员资格开放，没有族群种类规定。（4）宗教主义政党：以宗教信仰为依据的政党。（5）宗教种族性政党：信仰特定宗教的特定种族。

表1　马来西亚主要政党及其类型

类型	党员资格	政党	国/州	备注
种族性政党	华人	马来西亚华人公会（马华公会）[Malaysian Chinese Association（MCA）]	国	2019年12月1日，马华党大会修改党章，增加不享有党员权利的非华裔“附属党员”
	印度人	印度人国大党[Malaysian Indian Congress（MIC）]	国	
	印度人	印度人前进阵线［All Malaysian Indian Progressive Front（IPF）］	国	由印度人国大党分裂出来的政党
多种族性政党	马来人、土著、沙巴人和原住民	巫统［United Malays National Organisation（UMNO）]	国	2019年12月6日，巫统代表大会修改党章，给予土著、沙巴人和原住民党员资格①
	马来人、原住民，沙巴和沙捞越土著	土著团结党[Malaysian United Indigenous Party（Bersatu）]	国	除正式党员，还包括“非土著友好党员”②
	沙捞越土著	土著保守联合党[United Traditional Bumiputera Party（PBB）]	沙捞越	
	卡达山、杜顺、毛律	沙巴人民团结党[United Sabah People's Party（PBRS）]	沙巴	
非种族性政党	凡符合资格的马来西亚公民	人民公正党[The People's Justice Party（PKR）]	国	
		民主行动党[Democratic Action Party（DAP）]	国	华基政党③
		马来西亚民政运动（民政党）[Malaysian People's Movement Party（GERAKAN）]	国	华基政党
		人民进步党[People's Progressive Party（MyPPP）]④	国	印基政党

续表

<table>
<tr><th>类型</th><th>党员资格</th><th>政党</th><th>国/州</th><th>备注</th></tr>
<tr><td rowspan="8">非种族性政党</td><td rowspan="8">凡符合资格的马来西亚公民</td><td>国家诚信党［The National Trust Party(Amanah)］</td><td>国</td><td>以伊斯兰教为宗旨,但章程4.1条列明党员可以为所有马来西亚人民,不论其种族、宗教信仰和性别</td></tr>
<tr><td>沙捞越人民联合党［Sarawak United Peoples' Party(SUPP)］</td><td>沙捞越</td><td>华基政党</td></tr>
<tr><td>沙捞越人民党［Sarawak People's Party (PRS)］</td><td>沙捞越</td><td>倾向代表达雅族</td></tr>
<tr><td>沙巴自由民主党(沙自民党)［Liberal Democratic Party (Sabah)］</td><td>沙巴</td><td>华基政党</td></tr>
<tr><td>民主进步党(民进党)［Progressive Democratic Party(PDP)］</td><td>国(主力只在沙捞越)</td><td>倾向代表达雅族</td></tr>
<tr><td>沙巴人民复兴党(Parti Warisan Sabah)</td><td>沙巴</td><td></td></tr>
<tr><td>沙巴团结党［United Sabah Party (PBS)］</td><td>沙巴</td><td>倾向代表卡达山、杜顺、毛律</td></tr>
<tr><td>沙巴立新党［Homeland Solidarity Party (STAR)］</td><td>沙巴</td><td>倾向代表卡达山、杜顺、毛律</td></tr>
<tr><td>宗教主义政党</td><td>穆斯林</td><td>伊斯兰教党［Malaysian Islamic Party (PAS)］</td><td>国</td><td></td></tr>
<tr><td>宗教种族性政党</td><td>印度穆斯林</td><td>印裔穆斯林国大党［The Malaysian Indian Muslim Congress(KIMMA)］⑤</td><td>国</td><td></td></tr>
</table>

① 按马来西亚社团法令，党章修改必须提交社团注册局，获得批准后才能生效。

② Parti Pribumi Bersatu Malaysia, "Keahlian & Kepimpinan Berkualiti," 土团党官网，https://www.pribumibersatu.org.my/kepimpinan.php。

③ 泛指大多数党员为华人，且"华人"代表形象突出的非种族性政党。

④ 人民进步党（People's Progressive Party）成立于1953年，前国民阵线盟党，2018年执政党轮替后陷入党争，2019年1月14日被社团注册局撤销政党注册。列在这里主要是代表以印度人为主的"印基政党"。

⑤ 这是一个微不足道的小党，不曾参选，列入表中只为展示马来西亚国内的另一种政党类型。

注：马来西亚政党总数远远超过表中所示，表1主要以全国性与东马朝野主要政党为例，为方便说明政党种类也包括部分小党。

资料来源：笔者根据各政党党章、直接与党魁确定、报章资料整理。

综上所述，值得注意的有以下几点。（1）马来西亚有许多华基政党，但真正的华人政党只有马华公会；（2）自从巫统在2019年12月6日的代表大会上修改党章，议决把党员资格的范围扩大到土著、沙巴人和原住民后，该党已从马来政党扩大为多种族性政党；（3）从伊斯兰教党分裂出来的国家诚信党虽然以伊斯兰教为宗旨，但章程4.1条文列明党员可以为所有马来西亚人民，不论其种族、宗教信仰和性别，因而其被归为非种族性政党；（4）按章程，其中多个政党是非种族性政党，但实际操作则不然，这彰显了马来西亚种族政治生态。

（二）执政党轮替后的马华公会

在2018年第14届大选中，国阵遭受前所未有的重挫，作为国阵主要成员党之一的马华更是选情惨淡。在参选的39个国会议席和90个州议席中，只以303张多数票赢得马来人选民占大多数的柔佛亚依淡1个国会议席，以及分别以142张和202张多数票赢下玻璃市州的知知丁宜（Titi Tinggi）和彭亨州的积卡（Ceka）2个州议席。

马华的溃败和其他国阵成员党在此次大选的惨败，使马华首度沦为在野党，失去了代表马来西亚华人的合法性，就议政权力而言，沦为几乎可有可无的政党。一些受到利益驱使的原"坚定支持者"，甚至包括两位中央委员立刻与马华划清界限。残酷的现实大大打击了马华的士气，也导致领导班子调整和党内要求"退出国阵"的声浪再次高涨。

1. 中央委员会大换血

2018年5月9日大选后，时任马华总会长廖中莱在马华中委会上宣布为马华败选负责，在随后的中央委员改选中不再竞选总会长一职。①和他一样未参加同年11月4日党选的资深领袖包括时任总秘书黄家泉，4名副总会长李志亮、何国忠、蔡智勇和周美芬，马青总团长张盛闻、马华总财政长

① 《为马华败选负责，廖中莱宣布退位》，〔马来西亚〕《光明日报》2018年5月11日，https：//www. malaymail. com/news/malaysia/2018/05/11/mca – leadership – to – meet – today – after – record – low – wins – in – ge14/1629650。

关炳顺、组织秘书姚伟豪和多位中央委员。[①] 马华中央领导层出现了超过半数的大换血，从总会长至副组织秘书的14名主要领导换了8名，其余25名票选中央委员也换了13名，其中一位副总会长林万峰、组织秘书林添顺、副总财政长刘亚强和副组织秘书廖国赈，更是从未出任中央委员而直接跃升中央高职的原州或区级新生领袖。[②]

2. 去留国阵的抉择

马华此次的溃败使得自2008年第12届大选后[③]就甚嚣尘上的“马华退出国阵”的呼声再次响起，在党选中和魏家祥直接对垒竞选总会长的颜炳寿更是直接以“须退出国阵才有生机”作为竞选宣言，要求党员把该次党选当成一次公投，宣称只要他的团队一胜出将马上退出国阵，绝不拖泥带水。[④] 配合党内民主化的发展，2018年11月4日马华第一次采用新的扩大代表选举制，让全国3万名中央代表投票选出马华中央领导。

11月16日，魏家祥团队赢得马华选举后，召开第一次中委会并立即举办了两天三夜的“马华中委脑力激荡营”，针对马华是否应该退出国阵和重建马华的策略等议题进行了冗长的辩论。“退出国阵，置之死地而后生”与“留在国阵，稳住阵脚，寻求突破”两种看法僵持不下，最终在考虑到马来西亚所有政党若要在政治上发挥影响或执政都需要与其他政党结盟的政治生态后，中委会决定说服国阵盟党推动“解散国阵，组织新联盟”，为各党的重建提供空间，未来再谈合作。

---

① 李志亮和周美芬在改选后的第一次中委会分别受委出任总财政长和总秘书，张盛闻则在10个月后接替因升学辞职的周美芬出任总秘书。

② 《马华2018年中委会名单》，马华官方网站，http://www.mca.org.my/1/Content/SinglePage?_param1=22-022019-162-02-201922&_param2=M，马华历届中委会名单，http://www.mca.org.my/1/Content/SinglePage?_param1=22-022019-3431-02-201922&_param2=M。

③ 和2004年第11届大选赢得31个国会议席相比，2008年第12届大选马华只赢得15席，2013年剧降至7席；2018年只剩下1席，后在丹绒比艾补选中再赢得1席，共2席。

④ 《颜炳寿公布竞选宣言“须退出国阵才有生机”》，〔马来西亚〕《南洋商报》2018年10月11日，https://www.enanyang.my/news/20181022/颜炳寿公布竞选宣言-须退出国阵才有生机/。

辩论过后，中委会将说服国阵盟党的决定提交于12月2日举行的马华第65届常年代表大会，列入大会提案1.1.，让中央代表做出决定。议案全文为“授权马华中委会推动解散国阵，组织新联盟”，由总秘书代表马华中委会向大会提出的议案论述则是：“马华公会感谢支持我们的各族人民，也珍惜与肯定联盟和国阵初期多元共存、权力共享的合作精神。我们坚信各族精诚团结的合作是国家发展的基石。然而，国阵经过长时间的执政后出现了严重的权力倾斜，而且各成员党都有需要反思、检讨、改革的地方。为了重新出发，必须在充分谅解和达成共识的情况下解散国阵，以便拥有自由的空间各自进行革新和重建，并于适当时机在理念与原则相符的情况下重新组建政治联盟。”

这项提案虽然顺利获得通过，但在党内外引发了争议。虽然有人认为马华须留在国阵，确保国阵继续维持中庸路线，以照顾华社权益[①]，但更多的是负面的评论，认为马华放弃主动权，无法向人民表达其政治改革的决心。[②] 12月12日，马华中委会按大会决定正式发函要求解散国阵。[③]然而从2018年9月8日至2020年1月18日，因各种原因马来西亚相继举行了多场国、州议席补选，为了专注在补选中争取支持，国阵最高理事会会议一直拖延至士毛月补选结束之后才举行。

2019年2月23日，国阵主席扎希德（Ahmad Zahid Hamidi）[④]在未获国阵最高理事会通过的情况下，私下宣布委任的“总秘书”纳兹里（Mohamed Nazri bin Abdul Aziz）在士毛月补选中为国阵候选人站台时，发表了“如果非马来人要求废除马来特权，那他就会要求废除华小与淡小”

---

① 黄子诚：《解散国阵，解救马华?》，〔马来西亚〕《光华日报》2018年12月14日，https：//www.kwongwah.com.my/20181214/。

② https：//www.chinapress.com.my/20181204/马华通过解散国阵．评论员：放弃主动权－马华缺政/。

③ 《马华正式发函要求解散国阵》，2018年12月12日，http：//mca.org.my/1/Content/SinglePage?_param1=02－052020－167545－05－202002&_param2=TS。

④ 巫统原主席纳吉布于2018年5月12日辞职后，扎希德暂代主席，后竞选胜利出任主席。后因多起贪污案件缠身从2018年12月18日请假至2019年6月30日，由巫统署理主席穆罕默德·哈山暂代。

的言论，引起轩然大波。

马华[①]和国大党[②]领袖分别发表严厉谴责纳兹里的言论后，于3月4日会商，由马华总会长魏家祥和国大党主席维尼斯瓦兰（Vigneswaran Sanasee）签署联合声明[③]，直指“国阵成员党之间已失去互相尊重，异中求同的精神也出现裂痕，意味着国阵的根本基础已受到最严峻的考验和威胁。纳兹里一再重复的种族主义言论显然是巫统所默许，而巫统对此继续保持沉默，也伤害了国阵多年以来所贯彻的互相尊重。因此，马华和印度人国大党已别无选择，将探索组织新联盟，以延续守护多元团结的初衷”。声明也否决了纳兹里出任国阵总秘书的合法性。

两党领袖严厉的声明，迫使当时即将亲自面对晏斗州议席补选的巫统代主席穆罕默德·哈山[④]立即回应，表示将在近期召开国阵最高理事会以商讨两党声明。3月8日，国阵召开最高理事会，在国大党临阵反悔、巫统反对的情况下，解散国阵的提案无法达成共识，马华总会长魏家祥表示将于3月17日召开中委会商讨下一步行动。虽然如此，当天的会议还是做出了以下决定：国阵最高理事会成立一个工作委员会，以探讨重组国阵合作架构；接受马华和国大党所指出的“巫统主席扎希德委任纳兹里为总秘书是不合法的”观点，主持会议的代主席穆罕默德·哈山也宣布国阵总秘书继续由原任东姑·安南（Tengku Adnan bin Tengku Mansor）担任。[⑤]

---

① 《纳兹里“内奸”，周美芬：“应撤国阵总秘书职”》，〔马来西亚〕《南洋商报》2019年2月26日，https：//www. enanyang. my/news/20190226/。

② Kasthuri Jeevendran，“UMNO，sila pilih Nazri atau MIC，MCA-Vigneswaran，” Malaysia Gazette，https：//malaysiagazette. com/2019/02/25/umno - sila - pilih - nazri - atau - mic - mca - vigneswaran/， -25 February 2019.

③ 《国阵变质乖离多元初衷，马华国大党要组新联盟》，〔马来西亚〕《星洲日报》2019年3月5日，封面版。

④ 穆罕默德·哈山（Mohamad Bin Haji Hasan），前森美兰州州务大臣（2004～2018），现任巫统署理主席兼晏斗州议员，在巫统主席扎希德因多起贪污案件缠身从2018年12月18日请假至2019年6月30日期间曾任巫统代主席。

⑤ 《哈山：巫统国大党驳回解散题案，马华续留国阵》，〔马来西亚〕《星洲日报》2019年3月9日，封面版；《魏家祥：马华要求解散虽驳回，国阵允设委会探讨》，《周美芬：解散国阵无法达共识，17日中委会议商讨》，2019年3月9日，国内 第4版。

3 月 17 日，马华中委会决定留在国阵。会后，魏家祥主持新闻发布会并宣读了文告，主要传达以下几点内容：（1）以多元种族为基础的政治联盟——国阵，即使在最艰难的时刻，共识精神仍是不可或缺的原则。（2）马华公会、印度人国大党和伊斯兰教党之间在理念上存有差异，国阵必须正视这一问题，才能确保国阵正常运作。无论国阵成员党之间开展合作或寻求与非成员党合作，都必须尊重国阵的共识原则、多元价值以及国家的宪法精神。（3）现今摆在眼前的选择有两个：一是马华公会脱离国阵，在野党联盟将完全以巫伊合作的框架为基础，两线制将成为多种族的执政党对垒单一种族（马来穆斯林）在野党的格局；二是马华公会留在国阵，努力深化国阵多种族合作框架，让多元价值成为在野党联盟的主导路线。留在国阵对于一部分人而言是“政治不正确”且不受欢迎的选择。但马华公会相信，为了更民主、良性、多元和中庸的两线竞争，马华公会必须做出这样的决定。①

“退出国阵”这项从 2008 年 3 月 8 日大选后浮现的议题，在历经 11 年后终于在 2019 年 3 月 17 日的中委会上一锤定音。虽然华社普遍反应负面，但在马来社群中获得了相对正面的反应，进一步强化了马华坚守三族建国合作精神的中庸形象。

对一般华社而言，马华继续留在国阵莫过于等同纵容和接纳巫统的“贪污、霸权与腐败”，在马来人的庇荫下生存；但在马来西亚的种族宗教政治生态和捍卫多元中庸社会的前提下，马华的留与退不只关乎马华的未来，也将牵动马来西亚政治生态的发展，进而影响华族的未来，因此也有人认为马华是忍辱负重。这个争论难有答案，因为政治发展风云变幻，如何随机而动，乘势而起，很大程度上还得看马华领袖接下来的智慧与格局。

3. 面对打压的拉曼大学学院和自立合作社

长期在野的民主行动党虽然是一个标榜多元的非种族性政党，但其自成立以来一向以捍卫华人权益为斗争主轴，在历届大选中，马华与民主行动党双方实力呈现此消彼长的局面，因此击败马华是行动党的首要目标。而马华要赢

① 《马华第 66 届中央代表大会总秘书报告 2019》，马华公会，吉隆坡，2019，第 10 页。

得漂亮，击败行动党是关键。行动党秘书长林冠英在出任希盟政府的财政部长之后，对由马华成立，多年来在专业管理与运作下取得辉煌成绩的拉曼大学学院（简称“拉大”）和自立合作社（KOJADI）采取了针对性的政治报复行动。

拉曼学院是马华为增加贫寒学生升学通道而于1969年创办的非营利大专学府。50年来提供质优价廉的课程，培养专业人士逾20万名，学术水平受到肯定，尤以会计系和工料测量系（QS）最为著名。1972年8月22日时任教育部长敦·侯赛因·奥恩①在国会提呈“拉曼学院政府机构议案”② 获批，承诺每年以50∶50的方式拨款资助拉曼学院的发展与行政费。③ 2013年，拉曼学院升格为大学学院时，高等教育部延续当年精神，答应每年拨出上限不超过6000万林吉特的“配比补助金”给拉大。1969～2018年，拉曼学院/拉大共获得13.53亿林吉特的行政和发展拨款。④

国会“拉曼学院政府机构议案”第一条规定，学院董事会成员必须包括5名教育部长委任的人选、1名财政部长委任的人选、7名学院信托人委任的人选，加上拉曼大学校长和一名按校董会规定从大学学院下属各院院长中轮流选举产生的人选。学院运作受到政府代表的严格管控，并由学术界专业管理与运营，从来不曾出现任何政治干预。升格为大学学院后，一切如常，没有改变。因此这所由马华成立的大专学府从来不曾受到质疑。然而林冠英出任财长后，连续两年在提呈国会的2019年和2020年财政预算案中，大幅度削减拨款，只分别拨出550万和100万林吉特的发展拨款给拉大，行政拨款则分文未拨。

在马华的抗议下，林冠英扬言“拉大由马华控制，没有理由资助政敌

---

① 敦·侯赛因·奥恩（Tun Hussein bin Dato' Onn）于1976年1月15日至1981年7月16日出任马来西亚第三任总理，被誉为“团结之父”。

② “Instrument Government Tunku Abdul Rahman College”.

③ Jilid II, Bil. 23 “Kenyataan Menteri Mengenai Bantuan Kewangan Kolej Tunku Addul Rahman” Penyata Rasmi, Dewan Rakyat, Parlimen Ketiga, Penggal Kedua (Official Report House of Representatives, Second Session, Third Parliament), Ogos 22, 1972.

④ Jabatan Pengajian Tinggi, “Kelulusan Penubuhan Institusi Pendidikan Tinggi Swasta,” Rujukan Kami: JPT/BPP (u) 1000－801/十一4/Jld. 2 (7), April 19, 2013.

学院”[①] 和“只要马华放手，愿拨款拉曼6000万林吉特”[②]。此外，林冠英还擅自推动由拉曼大学学院校友会（Tarcian Alumni Association，TAA）接管拉大。尽管备受批评，且多个华团呼吁继续拨款拉大[③]，但希盟政府仍无动于衷。直到在丹绒比艾国会议席补选中出现华裔选票显著流失后，为了证明政府支持教育，希盟政府竟在短短的两个星期内就以TAA的名义创立了一个新的基金会，并把4000万林吉特的拨款直接拨入该基金会户头，当作拨给拉大的款项，此举引起争议。

接着林冠英取消了2017年财政预算案中已获国会批准拨予自立合作社，以协助政府处理华商微型贷款的5000万林吉特的软贷款，转而移交给国民储蓄银行（Bank Simpanan Nasional，BSN），声称马华从自立合作社办理微型贷款的过程中获得巨额利益，并表示已经掌握了“自立合作社”和“一马公司”（1MDB）有关联的一些资料。

自立合作社是1981年马华为贫寒子弟提供升学贷款而发动党员集资成立的合作社，所有资产皆属于6万名来自各族、各社群与阶层的个人社员和团体社员，若有红利发出，受惠者也是社员，马华并不拥有该合作社，更不可能从中获利。而有关自立合作社和“一马公司”的关联，则是“一马公司基金会”[④] 拨出了1500万林吉特的款项，通过自立合作社提供小额信贷计划或援助给予青年企业家开展或扩大业务。

自立合作社受制于1993年合作社法令，在马来西亚合作社委员会（Suruhanjaya Koperasi Malaysia）的严格监管下运作。在专业经营下，该社目前在马来西亚全国1.4万家合作社中已连续10年名列百大最佳合作社之一。国阵政府从2015年开始，每年拨出5000万林吉特软贷款，委托自立合作社

---

① 《林冠英：拉大由马华控制，没有理由资助政敌学院》，〔马来西亚〕《星洲日报》2018年12月3日，全国版5。

② 《只要马华放手，林冠英重申愿拨款拉曼六千万》，〔马来西亚〕当今大马，2019年10月12日，https://www.malaysiakini.com/news/495572#。

③ 《何世琩：认真思考拉曼拨款，林冠英勿政治化教育》，〔马来西亚〕《星洲日报》2019年11月30日，https://www.sinchew.com.my/content/content_2155十一4.html。

④ “一马公司基金会”（Yayasan 1 MDB）并非涉及贪腐案的“一马公司”。

管理与发放“华裔中小企业贷款基金”，协助有意创业或有融资需要但贷款艰难、求助无门的华裔中小企业和中下阶层人士，为他们解决融资困难问题，只征收4%的利息，而市场上金融机构的类似贷款利率为8%～11%。

林冠英以自立合作社受马华控制为名，于2018年12月16日发表文告，宣布2018年财政预算案批准原交由自立合作社处理的5000万林吉特华裔中小企业微型贷款，转交国民储蓄银行负责。[①] 12月21日林冠英扬言，如果马华放弃自立合作社的控制权，政府将会考虑继续提供每年5000万林吉特的拨款。

作为华人政党，马华除了通过政策，也通过党的渠道成立各项惠及国民，尤其是华社的计划。上述发展教育、协助华社的“卓越计划”在失去政权后的遭遇激起了党员的斗志，马华在丹绒比艾补选中发动的拉大筹款成功激起华人的情绪，成为希盟流失华人选票的重要原因之一。在2018年以524张选票败北的黄日昇不仅胜选，还以1.5万张多数票狂胜，比其余5名参选人的选票总数还多出1737张。除了巫伊两党的合作效应，马华候选人在128个票箱中只以25张选票输了一个以华人选民为主的票箱，华裔选票明显回流亦是重要原因。

4.监督制衡，效果不彰

失去政权后，马华硕果仅存的国会议员魏家祥以其公认敏锐到位的辩才，领导马华以“监督制衡”为主轴，鼓励党内领导人与党员发挥反对党角色，积极监督希盟政府施政。2019年马华成立70周年党庆时，除了在大会上推介按政府部门责任与功能组合的9个“马华政府监察组”以外，也首度安排了6位党内具有潜力的新生代分别以华、马、英三语发表演说[②]，致力于展现马华转换角色后培育青年、奋力崛起的决心。

---

① 《林冠英：不再由自立合作社负责，5千万中小企业贷款交BSN》，〔马来西亚〕《南洋商报》2018年12月16日。

② 马华政府监察组分为“国家事务与防务”“经贸发展”“基建与发展”“地方政府与城乡发展”“教育与人力资源发展”“卫生与环保”“通讯与多媒体”“妇女、家庭及社会发展”“国民和谐与青年体育”。参见《马华第66届中央代表大会总秘书报告2019》，马华公会，吉隆坡，2019，第9页。

多位年轻党员积极制作视频，通过社交媒体针砭时政，资深领袖则持续通过文告发表观点。然而，也许是长期执政的原因，马华党内尚未建立起监督制衡的文化，年轻一辈面对党内外主客观环境牵制、个人事业发展和生活等压力，持续力不足；资深领导人则几乎只着重于单向的文告战，缺乏鲜明且突出的形象；魏家祥通过每天发表 2～5 条或更多的评论，针对政府施政无所不评，使媒体聚焦在他身上，让外界错觉马华全党静默，唯有魏家祥个人在唱“独角戏”，以致监督制衡效果不彰。

2020 年 2 月末，希盟总理权争引发“喜来登政变”[①]，希盟政权倒台，土团党和人民公正党分道扬镳。3 月 1 日土团党总裁穆希丁在获得大多数国会议员的支持下宣誓就任总理，联合从人民公正党脱离出来的议员以及国阵、伊斯兰教党、沙捞越和沙巴州的多个在野党组成国民联盟政府。[②] 马华重回内阁，获得 1 个部长和 4 个副部长职位。[③] 在执政党轮替已几乎无可避免的新常态下，马华的在野党角色尚未“完成培训”，就重新成为执政党。

国盟政府上台后，出任交通部长的马华总会长魏家祥于 2020 年 5 月 27 日宣布，财政部同意拨款 5800 万林吉特给拉大。[④]

三　巫统与伊斯兰教党合作的挑战

在第 14 届大选中，伊斯兰教党史无前例地竞选全国 159 个国会议席，

① “喜来登政变”是指 2020 年 2 月 23 日原人民公正党署理主席阿兹敏与敌对阵营的在野党巫统、马华、伊斯兰教党议员与领袖，在位于雪兰莪州八打灵再也的喜来登酒店举办“议员共识”晚宴，掀开了因马哈蒂尔与安瓦尔总理职位之争引发马来西亚政局动荡的政变序幕，第二天，马哈蒂尔宣布辞职。

② “国民联盟政府”，简称“国盟”，是对穆希丁领导土团党和国阵及其他党合组政府的统称。过后穆希丁推动成立以“国民联盟”（Perikatan Nasional）为名的政党联盟，虽已正式注册，但国阵至今并未加入。

③ 魏家祥受委交通部部长，丹绒比艾补选胜出的黄日昇出任种植与原产业部副部长，马华署理总会长马汉顺、副总会长林万峰和郑联科以政府委任的上议员身份分别出任教育部副部长、贸工部副部长和国家团结部副部长。

④ 《魏家祥：财政部同意 拉曼获拨款 5800 万》，〔马来西亚〕《星洲日报》2020 年 5 月 27 日，https：//www. sinchew. com. my/content/content_ 2278785. html。

成功在多个选区制造了三角战。如果没有幕后财力支持，以伊斯兰教党的财务实力是不可能完成的。加上选前巫统在国阵盟党的极力反对下，依旧两次允许伊斯兰教党在国会提呈《伊斯兰法庭（刑事权限）修正案》（355 修正案），并一度打算列为政府法案，由政府直接提呈，显然伊斯兰教党已获得了巫统的幕后支持。

按马来西亚理科大学政治系教授艾哈迈德·弗兹（Ahmad Fauzi Abdul Hamid）的叙述，观察纳吉布和伊斯兰教党主席哈迪·阿旺（Abdul Hadi bin Awang）的幕后合作，尽管纳吉布和他的副手扎希德一再否认，但巫统对上述“355 修正案”的支持等同于对伊斯兰刑事法的支持。许多分析人士认为，实施伊斯兰刑事法，使马来西亚成为“伊斯兰国家”早已在巫统的计划之中，而三角战是巫统和伊斯兰教党或至少是纳吉布和哈迪·阿旺用以分散希盟马来选票的大选策略，万一大选后出现悬持国会，国阵和伊斯兰教党将可能组建政府。[①]

与此同时，2018 年的大选成绩清楚地呈现了一个现象，即全国至少有 21 个巫统和伊斯兰教党均败选的选区，只要把两党的选票加起来，有关选区几乎肯定或极大可能会由巫统和伊斯兰教党胜出（见表 2）。

表 2　马来西亚 21 个巫伊合作可胜选区

	国会选区	希盟(议员/党)	国阵(巫统)	伊斯兰教党
1	加央	诺阿敏(人民公正党)	15306	8465
		20909	23771	
2	日仑	慕克里(土团党)	12413	12829
		18695	25242	
3	古邦巴素	阿米鲁丁(土团党)	16975	13375
		29984	30350	
4	波各仙那	玛夫兹(国家诚信党)	18390	23401
		28959	41791	

① Ahmad Fauzi Abdul Hamid, “The Islamist Factor in Malaysia’s Fourteenth General Election,” The Round Table, https://doi.org/10.1080/00358533.2018.1545937 , November 30, 2018, pp. 6 – 7.

续表

	国会选区	希盟(议员/党)	国阵(巫统)	伊斯兰教党
5	瓜拉吉打	阿兹曼(人民公正党)	19400	23143
		36624	42543	
6	马莫	诺阿兹琳娜(人民公正党)	20830	19618
		30902	40448	
7	双溪大年	佐哈里·阿都(人民公正党)	23963	22760
		45532	46723	
8	居林新市	赛夫丁·纳苏丁(人民公正党)	18299	12885
		23159	31184	
9	巴里文打	慕加希(国家诚信党)	13655	12312
		16753	25967	
10	打扪	艾哈迈德·法依扎(土团党)	33341	14948
		38661	48289	
11	红土坎	哈达蓝利(国家诚信党)	21555	10135
		21955	31690	
12	英特拉马哥打	赛夫丁·阿卜杜拉(人民公正党)	17628	17515
		28578	35143	
13	淡马鲁	穆罕默德·安瓦尔(国家诚信党)	22094	14734
		23998	36828	
14	大港	穆斯礼敏(人民公正党)	16636	7220
		17350	23856	
15	瓜雪	祖基菲阿末(国家诚信党)	21344	8535
		29842	29879	
16	瓜拉冷岳	西维尔(人民公正党)	26127	18731
		43239	44858	
17	蒂蒂旺沙	丽娜哈仑(土团党)	19701	6845
		23840	26546	
18	瓜拉庇劳	依丁沙兹里(土团党)	17845	4347
		18045	22192	
19	淡边	哈山巴隆(国家诚信党)	21433	4598
		22435	26031	
20	冬牙巴株	罗斯纳(人民公正党)	27761	8961
		32420	36722	
21	四加亭	沙鲁丁(土团党)	18223	4548
		21511	22771	

资料来源：马来西亚选举委员会官方网站，https：//www. spr. gov. my。

总而言之，为了胜选的现实考量，大选后，巫伊合作从幕后走到台前已是势不可挡。2019 年 9 月 14 日，巫伊签署《全民共识宪章》[①]，以巫伊大团结、加强土著议程为主要诉求。[②] 因伊斯兰教党推动建设“伊斯兰国家”与推广“伊斯兰刑事法”有违马来西亚宪法规定的国家世俗体制，马华向来站在反对的最前线。在伊斯兰教党和民主行动党同属民联时期，马华就曾大力批判民主行动党协助伊斯兰教党的立场。因此，巫伊合作使决定留在国阵的马华处于尴尬境地，马华的态度从坚决反对伊党转变为以“符合宪法、多元中庸精神及普世价值，不排外”为宗旨，理性面对巫伊合作。[③] 尽管马华从人民利益出发，根据具体议题来决定是否与伊斯兰教党合作的做法符合议会民主精神，但马华的对外形象是否会因此受损，人民是否能够接受马华的解释则犹未可知。

在国大党已清楚表明愿意和伊斯兰教党合作[④]的情况下，马华是否能在势单力薄的情况下抗衡和阻止巫伊进一步把国家推向伊斯兰化让人怀疑。随着马华在国阵旗帜下加入由土团党、国阵和伊斯兰教党等合作组成的内阁，如何阻止伊斯兰教党继续推动“355 修正案”、如何说服伊斯兰教党、土团党和马来右翼团体接受承认统考及撤回加威文教学的决定等，是落在马华手中的烫手山芋，其前景之难不言而喻。

四　下届大选的挑战

在 2018 年大选失去执政权，大部分政党脱离国阵后，对过去由 13 个国阵成员党瓜分的选区进行重新分配已是必然之举。三党私底下也必然各有打

---

① https：//umno - online. my/2019/09/14/hpu914 - piagam - muafakat - nasional - diisytihar/.

② 《巫伊签〈全民共识宪章〉，大团结加强土著议程》，〔马来西亚〕《星洲日报》2019 年 9 月 14 日，https：//www. sinchew. com. my/content/content_ 2115973. html。

③ 《魏家祥：多元中庸不排外 · 巫伊合作需符宪法》，〔马来西亚〕《星洲日报》2019 年 11 月 15 日，https：//www. sinchew. com. my/content/content_ 2147217. html。

④ 《国大党促党员接受与伊党合作》，〔马来西亚〕《东方日报》2019 年 7 月 27 日，https：//www. orientaldaily. com. my/news/nation/2019/07/27/300004 。

算，对其他盟党退出后“多”出来的选区虎视眈眈。就马华而言，将目标锁定在过去分配给民政党的 11 个国会议席和 31 个州议席，尤其是胜选概率相对高的混合选区亦无可厚非。

由于普遍质疑“国盟政府”通过“喜来登政变”上台执政的合法性，华人对国阵的态度在“国盟政府”组成后进一步恶化，因此巫统和国大党都不会争取在华人选区竞选。但马华在过去的大选中输掉的多个马来人占多数的混合议席，包括劳勿、亚罗牙也、旺沙玛朱、丹绒马林等选区，却早已成为巫统迫不及待要争取的目标（表 3）。在巫伊结盟、选区分配此消彼长的情况下，巫统必然也觊觎原属于民政党的混合选区。此外，下届大选，若国阵或巫统决定与土团党结盟参选的话，巫统、伊斯兰教党和土团党三党争取出战马来人占大多数选区的谈判必定激烈，向来由马华上阵的混合选区必将进一步成为三党瓜分的对象。因此，马华是否能保住现有的混合选区尚且困难重重，欲争取竞选更多混合选区的如意算盘能否打得响，还得看博弈结果。幸运的话，马华可以保住现有的混合选区，再加一两个“民政党”在国阵时期的混合选区，否则可能在分得原有的华人选区后，只保住目前胜选的阿依淡和丹绒比艾，或再加两三个在巫伊合作下胜选概率相对高的混合选区。

表 3　2013 年和 2018 年马华选区大选成绩

	大选年份		国阵（马华）		民联/希盟（行动党）		和谐阵线（伊斯兰教党）		输赢选票差额
1	2018	丹绒比艾	20731	46.1%	21255	47.3%	2962	6.6%	524
	2013		25038	56.12%	19581	43.88%			5457
2	2018	亚依淡	17076	44.0%	16773	43.2%	4975	12.8%	303
	2013		22045	59.94%	14735（伊斯兰教党）*	40.06%			7310
3	2018	文冬	23684	43.0%	25716	46.7%	5706	10.4%	-2032
	2013		25947	50.37%	25568	49.63%			379
4	2018	拉美士	13567	41.5%	16977	52.2%	2034	6.3%	-3408
	2013		15821	50.56%	15468	49.44%			353
5	2018	亚罗牙也	22350	38.7%	29330	50.7%	6135	10.6%	-6980
	2013		32594	60.82%	20997	39.18%			11597

续表

	大选年份		国阵(马华)		民联/希盟(行动党)		和谐阵线(伊斯兰教党)		输赢选票差额
6	2018	劳勿	17500	38.0%	20659	44.9%	7866	17.1%	-3159
	2013		20601	46.8%	23415	53.2%			-2814
7	2018	丹绒马林	19314	35.6%	24672	45.4%	10311	19.0%	-5358
	2013		28225	54.15%	23897	45.85%			4328

* 当时伊斯兰教党仍然是民联的成员党之一。

资料来源：马来西亚选举委员会官方网站（https://www.spr.gov.my）。

当前，穆希丁领导下的国盟政府仅获得国会222席中的114席支持，执政基础不稳固。国盟政府持续面对来自反对党的挑战、政府内各党对权位分配的不满和国内新冠肺炎疫情反复的威胁，政局一直处于动荡状态。马哈蒂尔于2020年5月4日向国会提呈“巴莪国会议员丹斯里穆希丁没有获得多数议员支持”动议，但未能成功。安瓦尔于2020年9月23日沙巴州选举期间，高调宣布已获得稳固的多数国会议员支持，即总理穆希丁所领导的国盟政府已经倒台。① 2020年10月13日，安瓦尔觐见最高元首②，但事件持续胶着，尚无定案。在此之际，巫统元老东姑·拉沙里（Tengku Razaleigh bin Tengku Mohd Hamzah）于同日获元首召见，并随后公布其已于2020年9月25日致函国会下议院议长，要求下议院在即将举行的国会中对不信任总理的动议进行辩论。③ 祖国斗士党④的五名国会议员和诚信党分别致函议长，提交对总理穆希丁的不信任动议。⑤ 巫统在10月13日召开的政治局会议上做出决定，考虑撤回对国盟政府的支持，并向穆希丁政府开出新

① 《安华宣布国盟政府已倒台》，〔马来西亚〕《东方日报》2020年9月23日，https://www.orientaldaily.com.my/news/nation/2020/09/23/365170。

② 《安华13日觐见元首!》，〔马来西亚〕《南洋商报》2020年10月8日。

③ 《姑里925致函议长交表决“挺动议倒慕”》，〔马来西亚〕《星洲日报》2020年10月15日，封面版。

④ 祖国斗士党（Parti Pejuang Tanahair）是马哈蒂尔和其支持者被土团党开除党籍后于2020年8月12日宣布成立的新政党。

⑤ 《斗士党诚信党同日倒慕，致函议长呈不信任动议》，〔马来西亚〕《星洲日报》2020年10月17日，第3版。

的合作条件。[①] 种种迹象表明，马来西亚政局由各马来人政党主导，隶属国阵的马华公会完全处于被动状态。

穆希丁领导下的国盟政权是否能支撑至下届大选，至今不得而知；伊斯兰教党一面和巫统组成全民共识，另一方面在巫统和国阵未加入的情况下，单方面加入了穆希丁筹组的国盟。[②] 此举引起了巫统党员的不满。伊斯兰教党在巫统和土团党之间的游走，是否会成为“造王者”？国盟政府下属各政党是结盟参选，还是各自参选？马来西亚半岛马来选区的分配如何进行？对马华下属混合选区和欲争取的选区有何影响？影响选情的总理人选能否在大选前确定？民政党提交加入国盟的申请是否会被批准？若民政党成为国盟成员党，马华可否保住现有选区，或进一步遭到压缩？尤其是现有的混合选区是否会被迫减少？这些都是牵动马华未来的关键议题。

根据马华在国阵旗帜下派出四名候选人参与 2020 年 9 月沙巴州选皆以惨败收场的结果来看，马华在短期内赢回华裔选民支持的前景黯淡。马华目前肯定获得分配在下届大选提名参选的选区均以华人选民占大多数，可以预见，马华在接下来很长的一段时间里，也许只能靠几个混合选区（如有）过关；为了让内阁呈现多元，以委任马华领袖或华裔议员的方式保障华人在内阁的代表性，也许将成为马来西亚政坛或马华的新常态。如果这个情况发生，马华中央党职将等同政府官职。在没有信心赢取华社支持的情况下，把心力用在经营党内势力，争取赢得党选而不是争取赢得大选，可能将成为大部分马华领导人的“奋斗”方向，而这将是马华这个建国政党的最大悲哀。马华重回内阁后，若不能快速稳住阵脚突破困局，将不只是悲哀而是悲剧！

① 《巫统或退出国盟，马斯兰：开出合作新条件》，〔马来西亚〕《星洲日报》2020 年 10 月 15 日，国内第 7 版。

② 余秘叶：《迎战下届大选，穆希丁邀 12 党组国盟》，〔马来西亚〕《星洲日报》2020 年 5 月 8 日，第 3 版。

结 论

回顾马来西亚建国 70 多年来马华的政治长征，马华、巫统和国大党在联盟时代平起平坐的合作模式，在经历 1969 年大选重挫、马华退出内阁等事件冲击和 1973 年巫统召集其他政党加入扩大为国阵后，权力日渐向巫统倾斜。国阵盟党长期以来各行其是，短视地尝试通过与巫统的私下协商为各自的政党争取最大的资源分配，为巫统提供了分而治之的机会，也造就了巫统的一党独大，形成了“国阵就是巫统，巫统等于国阵”的形象。

公众普遍认为马华对巫统唯唯诺诺，无法制衡巫统领袖的霸权和腐败，尽管这一印象未必公允，但不可避免地导致了马华形象的低落。在 2008 年大选中，行动党推出牺牲马华、打击巫统的“一石二鸟”策略，以“投马华一票等于投巫统一票”的口号成功鼓动华裔，尤其是城市华裔选民因“厌恶巫统一党独大”，决定以减少国阵议席来惩罚巫统，结果导致马华在华人选区兵败如山倒。

决定留在国阵后的马华若要取信于华人族群，赢回支持，必须扭转权力向巫统倾斜的合作模式。马华在国阵体制内与其他盟党平起平坐的地位除了必须为华社所见，也必须为华社所感受到。因此，马华于 2019 年 7 月向国阵提呈的“国阵合作模式建议书”能否落实将是赢回华人支持的关键。

长远而言，靠混合选区赢取议席只是权宜之策，马华各级领袖若继续迷信于着重“服务导向”和抨击对手的从政模式，不思专业论政和宏观论述；若继续迷信党员人数而不是党员素质；不改革目前受控于政治“桩脚”和地方霸权的党选制度，人才就无法走到台前。倘若继续缺乏大破大立的勇气和格局，马华的前景难以让人看好。

重回内阁后的马华在议会内缺乏代表权，但这不能使其免于落实承认统考、纠正加威文教学、阻止伊斯兰教进一步涉入公共行政与法律的责任。选民的耐心有限，在国盟政府内“无所作为”的形象一旦形成，放弃通过马华捍卫族群权益的传统模式将被“另寻出路”的模式取代，并成为马来西亚政坛的新常态。

参考文献

Heng Pek Koon, Chinese Politics in Malaysia—A History of the Malaysian Chinese Association, Singapore Oxford University Press, 1988.

孙天美：《509 后马华公会作为华基政党的适宜性》，廖朝骥主编《马来西亚发展论坛（2019）》，马来西亚南大教育与研究基金会，新纪元大学学院，2019。

Ahmad Fauzi Abdul Hamid, "The Islamist Factor in Malaysia's Fourteenth General Election", https://doi.org/10.1080/00358533.2018.1545937. Published online: 30 November 2018 (The Round Table 2018, Vol. 107, NO. 6, pp. 683 – 701, https://doi.org/10.1080/00358533.2018.1545937).

Serina Rahman, "Was It a Malay Tsunami? Deconstructing the Malay Vote in Malaysia's 2018 Election," The Round Table, *The Commonwealth Journal of International Affairs*, Published online: November 20, 2018.

B.8
希盟政府时期马来西亚报业发展

张静灵*

摘　要： 2019年10月9日，马来前锋报业集团停止运营，标志着马来西亚历史最悠久的马来语日报《马来西亚前锋报》在经历了80个春秋后落下了帷幕。12月16日，马来西亚最大的媒体集团——首要媒体集团旗下的新海峡时报集团宣布将裁员543人。60多年来，一直作为马来西亚主流媒体的两大报业巨头在2018年大选后始终处于亏损、股价下滑、裁员、关停、股权更迭、重组等危机中。主流媒体这种境遇的出现是因为马来西亚政权的更迭，还是新媒体环境下传统媒体的式微？本文通过梳理文献来回顾马来西亚报业在2018年5月政权更迭后发生的变化，并分析新媒体、希盟政府以及媒体自由度对报业的影响，展望马来西亚报业发展的前景。

关键词： 马来西亚报业　希望联盟　主流媒体

一　希盟政府期间马来西亚报业的变化

2018年5月9日，马来西亚前总理马哈蒂尔带领的反对党联盟——希望联盟（简称“希盟”）取得112席多数国会议席，在大选中胜出，终结了国民阵线（简称“国阵”）长达60年的执政。2020年2月底，马哈蒂尔辞职引发

---

* 张静灵，中国传媒大学外国语言文化学院教师，研究方向为马来文学及马来群岛文化。

的一系列政治风波导致希盟政府瓦解。虽然希盟执政时间并不长，但在此期间（2018 年5 月9 日至2020 年2 月29 日）马来西亚媒体自由度得到提升，马来西亚报业也发生了不小的变化。曾经的一些主流报纸面临停业裁员的困境，有些报纸放弃纸版，专攻网站。与此同时，非主流报纸则在希盟执政期间获得了更多的自由，一些党报网站尝试拓宽其报道范围，除了党内新闻，也增加多元化模块，以综合性的报道来吸引更多的受众。网络媒体则继续表现其强大的影响力，马来西亚民众浏览最多的本地网站依然以新闻网站为主。

（一）曾经的主流报纸

马来西亚约有 50 份报纸，用 8 种文字出版，主要有马来文、英文、华文、印地文等种类，发行量从几万份到几十万份不等。其中主要的马来文报纸有《马来西亚前锋报》（简称《前锋报》，*Utusan Malaysia*）、《每日新闻》（*Berita Harian*）、《大都会日报》（*Harian Metro*）；英文报纸有《新海峡时报》（*New Straits Times*）、《马来邮报》（*Malay Mail*）、《星报》（*The Star*）、太阳报（*The Sun*）、《商业时报》（*Business Times*）；华语报纸有《东方日报》《星洲日报》《中国报》《南洋商报》及《光明日报》。在 2018 年大选前，国阵直接或间接控制了上述大部分报纸，其中巫统控制了首要媒体（Media Prima Bhd）集团和马来前锋报业集团旗下的报纸，马华公会则拥有《星报》，印度人国大党拥有《淡米尔尼申报》（见表 1）。企业家张晓卿拥有的星洲报业集团和南洋报业集团，几乎垄断了马来西亚的华文报业。

表 1　马来西亚国民阵线主要政党控制的报纸

政党	媒体企业	报纸
巫统	首要媒体集团旗下的新海峡时报集团	《每日新闻》 《大都会日报》 《新海峡时报》 《马来邮报》
	马来前锋报业集团	《马来西亚前锋报》 《世界报》(*Kosmo*!)
马华公会	星报媒体集团	《星报》

续表

政党	媒体企业	报纸
印度人国大党		《淡米尔尼申报》

资料来源：笔者整理。

2010 年，关于马来读者关注度的调查显示，国阵拥有的报纸总共获得 99% 的马来读者的关注，其中《大都会日报》的受关注度最高，达 47%，其余依次是《每日新闻》（20%）、《前锋报》（13%）、《世界报》（12%）、《星报》（5%）及《新海峡时报》（2%）。首要媒体年度报告显示，2018 年新海峡时报集团报纸的每日阅读量达 470 万次。网络的浏览量也在增加，《每日新闻》网站和《大都会日报》网站的平均月独立访客分别为 400 万人次和 380 万人次。[①]《大都会日报》曾保持连续 9 年读者数量排名第一。

2018 年 5 月大选后，由于国阵败选，首要媒体集团、马来前锋报业集团和星报媒体集团股价大跌。基于业绩下滑和现金流问题，拖欠员工薪资、裁员、停刊、股权更迭、重组等危机层出不穷。2018 年 8 月，由于拖欠银行债款和无法提供偿债能力证明，马来前锋报业集团被列为 PN17（财务陷困）公司。2019 年 8 月 20 日，传出停刊消息后，马来前锋报业集团股价受到重创，一度深跌 36.36%。此外，由于无法提交重组计划，马来西亚证券交易所勒令其从 8 月 28 日起停牌。

2018 年 9 月，《前锋报》向旗下员工提出自愿离职计划（VSS），以期削减开销，约有 800 人收到自愿离职计划信函。除了关闭各州办事处，马来前锋报业集团还于 12 月 1 日关停了位于登嘉楼的印刷厂。2019 年 3 月，巫统脱售该报 31.6% 的股权，不再是该报的大股东。[②] 2019 年 8 月 19 日，《前锋报》及《世界报》两报逾百名员工在公司前举行集会，抗议公司管理层

---

① Prima Media, *Prima Media Annual Report 2018* (Kuala Lumpur: Prima Media Berhad, 2019), pp. 33 – 42.

② 《首要媒体花落谁家》，《星洲日报》2019 年 3 月 25 日，https://www.sinchew.com.my/content/2019 – 03/25/content_2028271.html（访问时间：2020 年 1 月 2 日）。

拖欠他们长达 3 个月的薪水和福利，隔日更传出这两家报纸因财务问题将停刊的消息。然而停刊的消息很快被集团执行总裁否定，他表示报纸不会停刊，并会尽快解决拖欠的薪水问题，但会提高报纸的零售价格。《前锋报》从原价 1.5 林吉特涨为 2 林吉特，而《世界报》则从 1 林吉特涨为 1.5 林吉特。但是好景不长，不到两个月的时间，马来前锋报业集团发布的内部通函表示董事会于 10 月 7 日通过了债权人自愿清算建议，决定停止运营。（吉隆坡）私人有限公司优华扬咨询（UHY Advisory）已经被委任为临时清盘人，以处理资产和负资产事宜。集团旗下的两份报纸则于 10 月 9 日停刊。12 月 17 日，《前锋报》在脸书上更新了状态，表示该报将于 2020 年 2 月重新开始运营。网上也有新闻表示，该报将在 2020 年环兰卡威自行车赛开幕之际重新开始运营。[①] 然而，大马半岛新闻从业员职工会（NUJ）分会秘书则表示该报将于 5 月初重新运营。[②]

同为主流报纸的《淡米尔尼申报》也因无法承担长期亏损面临着同样的问题。2019 年 2 月 1 日，这份马来西亚历史最悠久的泰米尔文报纸正式停止运营。7 月，50 名该报的新闻从业人员报警求助，表示公司拖欠了 5 个月的工资、公积金和 39 个月的社会保险，总额高达 140 万林吉特。[③]

与前两个主流报纸所面临的高额负债和停刊境遇相比，首要媒体集团的情况相对好一些。首要媒体集团的年度报告显示，与 2016 年和 2017 年都处于负利润状态相比，2018 年该集团业绩有所改善，税后利润约为 5899 万林吉特。[④] 但是该集团仍然出现了大幅度裁员危机。2019 年底，首要媒体集团向 543 名雇员发出裁员通知信，2020 年 3 月 12 日起生效。这些雇员来自报业集团的三大日报，即英文的《新海峡时报》，以及马来文的

---

① https：//suaramerdeka. com. my/utusan – malaysia – akan – dilancar – semula – pada – februari/（访问时间：2020 年 1 月 2 日）。

② https：//www. malaysiakini. com/news/508263（访问时间：2020 年 1 月 2 日）。

③ 《〈淡米尔尼申报〉欠薪 140 万　50 员工报案求助》，《中国报》2019 年 7 月 17 日，https：//www. chinapress. com. my/20190717/（访问时间：2020 年 3 月 31 日）。

④ Prima Media, *Prima Media Anual Report 2018*（Kuala Lumpur：Prima Media Berhad, 2019）, p. 4.

《每日新闻》和《大都会日报》。[①]因此，全国的一些办事处将被缩小规模或重组整合。

（二）曾经的非主流报纸

与主流报纸相比，之前被边缘化的非主流报纸则在希盟执政期间获得了更多的自由。这些非主流报纸主要包括一些政党党报，如人民公正党党报《公正之声》（*Suara Keadilan*）、伊斯兰教党党报《哈拉卡》（*Harakah*）、民主行动党党报《火箭报》（*Roket*）以及新闻网站如当今大马和透视大马（The Malaysia Insight）。

希盟执政前，内政部规定这些党报一个月只能发行 1 ~2 次，并且只能售卖给该党党员。这些报刊或网站还常常受到内政部或马来西亚通信及多媒体委员会责难，如不更新出版准证、没收报纸、搜查报纸办公室或封锁网站等。这种限制非主流报纸发展、钳制新闻自由的情况时有发生。2009 年 3 月 23 日，马来西亚内政部以传真公函方式通知《公正之声》及《哈拉卡》的编采部，表示它们的出版准证立即被吊销三个月。[②] 2010 年 7 月 2 日，内政部拒绝更新《公正之声》的出版准证，使得该刊物先后改名为《公正报》（*Keadilan*）、《公正火炬报》（*Obor Keadilan*）及《公正阳光报》（*Sinar Keadilan*），无序号出版。[③] 2008 年 8 月 26 日，当今大马网站被马来西亚通信及多媒体委员会封锁。9 月 12 日官方才对该网站撤销禁令，当天其主编拉惹·柏特拉被警方援引《内安法令》逮捕。[④]2014 年，内政部拒绝给当今大马颁发出版准证。2015 年 7 月，内政部冻结边缘财经（The Edge）媒体

---

① 《首要媒体裁员　料赔 7000 万》，〔马来西亚〕《南洋商报》2019 年 12 月 18 日，https：//www. enanyang. my/news/20191217/（访问时间：2020 年 1 月 13 日）。

② 《禁党报禁不了民智》，当今大马，2009 年 3 月 29 日，https：//www. malaysiakini. com/columns/101222（访问时间：2020 年 3 月 15 日）。

③ 《〈公正之声〉纸版停刊　改网站形式运作》，《光华日报》2019 年 12 月 30 日，https：//www. kwongwah. com. my/20191230/《公正之声》纸版停刊 – 改网站形式运作/（访问时间：2020 年 3 月 15 日）。

④ 《〈当今大马〉网页昨日刚解禁　网主柏特拉今日却遭内安令捕》，〔马来西亚〕当今大马，2008 年 9 月 12 日，https：//www. malaysiakini. com/news/89543（访问时间：2020 年 3 月 27 日）。

集团下属两大报纸的出版准证长达3个月。2016年2月25日，马来西亚通信及多媒体委员会以违反《1998年通信及多媒体法令》为由封锁了新闻网站马来西亚内幕者（Malaysia Insider）。希盟执政期间，并未出现类似上述情况，而且也没有采取任何手段打击报复曾经支持国阵的报纸。《前锋报》前主编辛·玛赫穆德（Zin Mahmud）在今日自由大马网站发表文章表示，随着希盟的胜利，马来西亚终于获得了媒体自由。一些在主流报社工作的朋友向他表示，大选后没有再接到“上层的指示”，而新闻人则回归遵循新闻工作准则。[①] 2018年全国新闻奖得主、资深记者丹·斯里·约翰·贾法尔（Tan Sri Johan Jaaffar）也表示国内媒体洋溢着自由之风，希盟政府实现了其竞选时的部分承诺，营造了更好的媒体自由氛围。[②]

当然，由于长期受到打压，非主流报纸在印刷媒体中无法与主流报纸抗衡，因此非主流报纸更加精进其在网络平台的业务。随着网络平台和社交媒体影响力的不断扩大，非主流报纸，特别是党报则希望通过网络平台吸引更多非党员读者。人民公正党通讯主任法米声明，2019年12月7日，人民公正党大会宣布《公正之声》将转到网站运营，12月18日第423期是最后一期，未来会以新闻网站的模式运作。[③] 2019年11月5日，伊斯兰教党主席哈迪·阿旺在吉隆坡主持哈拉卡网站改版推介礼。他表示，随着民众对社交媒体的日益依赖，哈拉卡网站的改版能使其成为综合性媒介，给大众提供准确的信息。[④] 此前，媒体就《前锋报》停刊一事采访了伊斯兰教党副主席莫哈

---

① Zin Mahmud, “Kebebasan Media Pasca BN?”, Free Malaysia Today, May 30, 2018, https://www.freemalaysiatoday.com/category/opinion/2018/05/30/kebebasan-media-pasca-bn/（访问时间：2020年3月5日）。

② Datuk Dr. Chamil Wariya, “Kebebasan Media pada Zaman PH Berkuasa”, *Sinar Harian*, May 9, 2019, https://www.sinarharian.com.my/article/27245/KHAS/Kerajaan-PH/Kebebasan-media-pada-zaman-PH-berkuas（访问时间：2020年3月5日）。

③《〈公正之声〉纸版停刊 改网站形式运作》，《光华日报》2019年12月30日，https://www.kwongwah.com.my/20191230/，《公正之声》纸版停刊-改网站形式运作（访问时间：2020年3月15日）。

④ “Presiden Rasmi *Harakahdaily* Versi Baharu,” *Harakahdaily*, November 5, 2019, https://harakahdaily.org/index.php/2019/11/05/presiden-rasmi-harakahdaily-versi-baharu/（访问时间：2020年3月27日）。

末阿玛，他对此表示同情，并呼吁读者可以改读《哈拉卡》。此外，他表示《哈拉卡》一直尝试让报道内容多样化，但作为一份党报，其报道重点是党的各项活动，然后拓宽至国内和国际新闻。[①] 从哈拉卡网站内容来看，该报在党报的基础上，增加了国内新闻、时事评论和宗教知识等栏目，以及视频内容，提供了更多的新闻内容。

（三）网络媒体的发展

根据马来西亚数字协会（MDA）的数据，2018 年 5 月至 2019 年 7 月，马来西亚访问量排名前 20 的本地网站以报刊、银行、航空公司及招聘等网站为主，其中有 11 家新闻网站在这 15 个月一直榜上有名（见表 2），这些网站包括《大都会日报》《当今大马》《星报》《每日新闻》《阳光日报》[②]《前锋报》《星洲日报》《东方日报》《中国报》等报纸的网站以及寰宇新闻（Astro AWANI）、说（Says）。另外“哦，月亮”（Ohbulan、Kosmo!）以及“敏锐”（Gempak）也都曾跻身前 20 的名单中。虽然每个月浏览量的不同导致这些网站的排名发生了细微的变化，但总的来说，大都市日报的浏览量居高，有 5 个月位居新闻网站排行榜首，其独立访客的数量最多高达 542.2 万人。其次是每日新闻和星报网站，各有 4 次排名第一，最高独立访客的数量分别为 523.5 万和 539.3 万。另外，当今大马和阳光日报都曾有过一次排名第一。当今大马在大选那个月的独立访客数量达到 741.5 万，创造了 15 个月中独立访客数量的峰值。这些网站平均月独立访客数量为 350 万 ~430 万。前锋报虽然也在前 20 的排名榜上，但排名靠后，基本在第 11 名或之后，其浏览量在 150 万至 310 万，多数保持在 200 万 ~ 250 万。

---

① “Harap Peminat *Utusan* Beli *Harakah* Lepas Ini”, *Malaysiakini*, October 9, 2019, https://www.malaysiakini.com/news/495036（访问时间：2020 年 3 月 5 日）。

② 《阳光日报》（*Sinar Harian*）是隶属于马来西亚最大出版商 Karangkraf 集团的一份马来文报纸。

表 2　2018 年 5 月～2019 年 7 月马来西亚浏览前 20 名中的新闻网站独立访客量

单位：千

网站名 / 时间	大都会日报	每日新闻	当今大马	阳光日报	前锋报	寰宇新闻	东方日报	星洲日报	中国报	星报	说
	马来语	马来语	4 种语言	马来语	马来语	马来语/英语	华语	华语	华语	英语	英语
2018/05/18	4684	4956	7415	5434	2590	5726	3143	3807	3584	5393	3457
2018/06/18	3197	3446	4022	3180	1630	2897	1887	2907	2507	4098	2313
2018/07/18	3780	3377	3770	3286	2105	2989	1749	2707	2258	4331	2504
2018/08/18	3438	3335	3431	3022	2256	2640	1826	2730	2531	3667	2254
2018/09/18	3543	3396	3106	3264	1966	2819	2202	2774	2644	3705	2240
2018/10/18	3956	4317	3568	5170	2338	3491	3626	3134	2898	3874	2728
2018/11/18	4977	5235	4115	4700	2419	3535	2762	2708	2983	3960	3326
2018/12/18	4631	5090	4047	3278	3081	4121	3073	3232	2967	3747	2896
2019/01/19	5378	4978	3861	2908	3011	4199	2829	2908	3285	3908	3093
2019/02/19	5422	4531	3558	3174	2468	3549	2535	3056	3249	3392	3037
2019/03/19	5051	4521	3904	2845	2611	2777	2542	2676	2812	3575	2946
2019/04/19	4593	4416	3779	2832	2468	3110	2825	2682	3336	3510	2602
2019/05/19	4791	5302	4279	4314	3167	4069	2555	2721	3546	3970	2620
2019/06/19	4395	4577	4103	3830	2226	3521	2715	3176	3936	3909	3269
2019/07/19	4239	3778	3862	3621	2556	3598	2408	2875	3439	3390	3360

资料来源：笔者根据马来西亚数字协会（MDA）每月数据整理制作。

根据网站的语种分类，马来语和英语网站居多，共有 8 个，另有 3 个华语新闻网站。其中当今大马网站的新闻有马来语、英语、华语和泰米尔语 4 个版本，其受众的覆盖面较广。从传统报业网站与独立新闻网站所占的比例来看，传统报业网站仍占据主要地位，其中 8 个网站属于传统报业的网络版，仅有当今大马、寰宇新闻和说是新闻网站。2019 年 1 月开始，Ohbulan 和 Gempak 也持续出现在前 20 的排名榜中，但传统报业网站的独立访客总量依然比新闻网站要高很多。马来西亚数字协会的数据显示，网络平台上主流报纸仍占据一定的市场。但是从访问量来看，首要媒体集团旗下的报纸比马来前锋报业集团旗下的报纸高很多，显然这与报纸的市场定位和新闻内容有很大关系。

路透社发布的《2019年数字新闻报告》显示，网络新闻使用率排行榜中，当今大马位居榜首，每周使用率达44%，随后是星报（29%）、寰宇新闻（28%）及每日新闻（22%）。与此同时，寰宇新闻和当今大马网站的信任度也较高（满分为10分），分别获6.52分和6.23分。大都市日报和前锋报网站则分别获得5.64分和5.32分，位于十大品牌末尾。①

Alexa网站显示，2020年3月马来西亚浏览量居前几名的网站有谷歌、Youtube、雅虎、马来西亚银行（Maybank）、博客、虾皮网（Shopee）、脸书、维基百科和来赞达（Lazada）。位于前50名的新闻网站有马来西亚公报（Malaysia Gazette，第15名）、星报（第21名）、当今大马（第24名）、每日新闻（第38名）、大都市日报（第39名）以及2家印尼的新闻网站。②马来西亚数字协会的数据显示，谷歌和脸书是马来西亚网民访问量最多的网站。因此，马来西亚受众除了浏览本地新闻网站外，很大程度上还受到国外网站和社交媒体平台的影响，其浏览量和使用频率都极高。传统报纸纷纷在社交平台开设账号，推送新闻以更有效地吸引受众，提升其在网络平台的影响力。

整体而言，希盟执政以来，所谓的主流媒体和非主流媒体在网络平台处于平分秋色的状态。大量的独立访客也说明了数字化新闻具有一定的市场需求。由于一些主流报纸过于偏袒国阵，其新闻内容可信度和真实性受到质疑。为了获取更全面、更客观的资讯，网民们则更青睐于一些相对中立的新闻网站。这些网站的新闻内容展现出多个视角的观点，更加全面地剖析新闻事件。与此同时，社交媒体上也出现越来越多有社会关怀、可读性强的新闻报道，体现信息发布渠道多样性、新闻的自由化以及公民对话的平等化。

① Zaharom Nain, "Malaysia", *Reuters Institute Digital News Report 2019* (London: Reuters Institute for the Study of Journalism, 2019), p. 139.

② https://www.alexa.com/topsites/countries/MY（访问时间：2020年3月20日）。

二 报业变化的原因

（一）新媒体对传统报业的影响

根据 Internet World State 的调查数据，2000 年马来西亚只拥有 370 万网民，2010 年网民达到 1690 万，10 年里增长了 356.7%，2010 年的网络渗透率达 64.4%。2019 年则有 2635.3 万网民，网络渗透率达 81.2%，在东盟国家中居第四位，前三位分别为文莱、新加坡和泰国。①

随着网络使用频率的增加，其影响力逐渐加深，应运而生的网络新媒体也受到越来越多马来西亚人的关注。与传统主流报纸相比，一些想发出不同声音的人或群体由于没有合适的纸媒平台而选择网络平台，提出一些不同的观点。另外，随着主流报纸网络版的出现，主流报纸利用既有的品牌优势与现代科技相融合，既保留了其公信力，又增进了与读者的互动，同一般的资讯网站相比，报纸网络版更有能力把“网民”变成“读者”，并形成一个稳固的阅读群体。自 1995 年《星报》开创网络版后②，短短几年内，多家报纸相继提供网络新闻服务，其中包括《南洋商报》（1996 年）、《前锋报》（1996 年）及《新海峡时报》（1998 年）。穆罕默德·亚哈雅与努尔·伊斯玛瓦蒂的研究显示，2006 ~ 2008 年《前锋报》网络版的日访问量增长率几近翻倍，即分别为 8.48%、16.42% 和 36.36%。③ 可见，网络版的报纸正在改变大众的阅读方式和习惯。它在展现报纸权威信息的同时，以其迅速、廉价、有互动、内容丰富、局限性少等独特的魅力吸引着越来越多的读者。

与传统报纸相比，首先，网络媒体的传播具有即时性，它不像传统报纸

① “Internet Usage in Asia”，http://www.internetworldstats.com/stats3.htm#asia（访问时间：2020 年 3 月 7 日）。

② 《星报》是亚洲第三个发行网络版的报纸。

③ Mohd Yahya Mohamed Ariffin, Noor Ismawati Jaafar, “Online Newspaper in Malaysia: A Perliminary Study”, *Malaysian Journal of Media Studies* 11 (2009): pp. 88 – 89.

那样受到出版周期的限制，能在第一时间向受众传播信息，24 小时滚动更新信息。其次，网络新媒体的信息量巨大，传播范围广，不像传统报纸受到版面、销售渠道和传播地域性的限制。再次，网络新媒体融合了文字、图片、声音、影像等多种传播手段展现信息，比传统报纸的单一表达更加吸引人。最后，网络新媒体实现了交互式的传播，可以实现个性化服务和社群化公关。这些优势使得网络新媒体具有更强的竞争力，这也使得马来西亚传统纸媒受到了很大的冲击，如报纸发行量减少。自 2013 年开始，传统报纸的发行量就开始逐渐下滑。总体而言，英文报纸的总印刷发行量从 2013 年的 55.1 万份下降到 2018 年的 35.3 万份，下降了 36%。2018 年，华语报纸的总印刷发行量有 45.6 万份，比 2013 年的 88.1 万份减少了 48%。马来文报纸的发行量降幅最多，从 2013 年的 200 万份降到 2018 年的 90.5 万份，降幅达 55%。① 发行量的下降意味着传统报纸销售额和广告收入的减少。

扎哈隆·纳恩（Zaharom Nain）表示，网络和社交媒体是马来西亚新闻用户获取新闻的主要来源。对于那些不上网的人而言，电视和印刷品仍扮演着重要的角色。但是从数据来看，从网络获取新闻的比重变化不大，较为平稳，2018 年为 89%，2019 年则为 87%。与之相比，从印刷品中获取新闻的比重呈明显下降趋势，由 2018 年的 41% 下降至 2019 年的 37%。② 因此，各大报纸加大开展网络业务的力度，甚至有的报纸放弃印刷业务而转向网络平台，这都是基于市场的需求。2018 年 12 月 1 日，《马来邮报》在其创立 122 周年之际出版最后一版纸质报纸，第二天则开始专攻新闻网站业务。人民公正党党报《公正之声》也于 2020 年专攻新闻网站。首要媒体 2018 年度报告中反复强调了业务转型计划和转型使命，“转型”一词频频出现。该报告认为，随着消费者和广告客户很大程度上转向数字消费，占集团收入很大一部

---

① “ABC's Future Hazy as Major Publishers Plan to Pull Out”, *The Edge Markets*, September 18, 2019, https: //www. theedgemarkets. com/article/abcs - future - hazy - major - publishers - plan - pull - out（访问时间：2020 年 3 月 5 日）。

② Zaharom Nain, “Malaysia,” *Reuters Institute Digital News Report 2019* (London: Reuters Institute for the Study of Journalism, 2019), p. 139.

分的传统媒体业务的业绩继续下滑，因此业务目标是转型为一种更数字化的收入模式，以缓冲传统媒体收入下降的影响。① 时代和科技的进步导致了传统报业的式微，这是报业不可逆转的发展趋势。虽然网络成为新闻传播的主要平台，但新闻内容和质量仍是保证其读者群数量的关键。不论是传统报业还是独立新闻网站，只有坚持内容为王，才能吸引更多的受众，产生更大的影响力，形成良性的经营状态，并使媒体成为社会发展的推动力量。

（二）政权更迭对报业的影响

大选后，国阵成员党控制的媒体一夜之间成了“在野党控制的媒体”，原本来自政府的补贴将不复存在，一些报纸面临着运营资金缺乏的困境。马来前锋报业集团执行总裁拿督阿都阿兹（Datuk Abdul Aziz）表示，自 2010 年开始，该集团就处于亏损状态，只不过当时还有政府的补贴。阿姆兰（Amran Ahmad）作为大马半岛新闻从业员职工会《前锋报》分会前主席在《当今大马》上发文表示，2016 年马来前锋报业集团年报显示该集团 2012 年亏损 1600 万林吉特，2013 年亏损 2000 万林吉特，2014 年亏损 8365 万林吉特，2015 年亏损 1600 万林吉特，而 2016 年亏损高达 6670 万林吉特。即使在这样的亏损状态下，该集团仍持续运营，并出版《前锋报》（日报和周末版）、《世界报》（日报和周末版）和多本杂志。他还表示，即使在 5 年中负债总额高达 2 亿多林吉特，当马来前锋报业集团被指控存在诽谤时，仍有能力面对败诉后高达上百万林吉特的律师费和罚款。② 《星报》早前也有报道指出《前锋报》过去多年一直蒙受亏损，以致依赖政府援助才能维持营运。人民公正党主席安瓦尔则表示，一直以来《前锋报》都面临财政困难的问题，在政权更迭后失去国阵保护，更加剧问题的严重性。③ 虽然《前锋

① Prima Media, *Prima Media Annual Report 2018* (Kuala Lumpur: Prima Media Berhad, 2019), p. 26.

② Amran Ahmad Nor, “Utusan rugi RM200j, tetap ‘maha hebat’”, *Malaysiakini*, October 3, 2017, https://www.malaysiakini.com/columns/397088（访问时间：2020 年 3 月 7 日）。

③ 《布城无法拯救前锋报 安华：勿将财困归咎于希盟政府》，透视大马，2019 年 8 月 20 日，https://www.themalaysianinsight.com/chinese/s/177054（访问时间：2020 年 3 月 7 日）。

报》的发行量越来越少，但作为国阵的喉舌，它在国阵执政期间一直得到政府的资助，而且资助金额应该相对较大，这样才能保证它在亏损的情况下按时发放员工工资。大选后，希盟政府下令各个公共机关停止订阅《前锋报》，该报的销量与盈利受到影响。因此，很快出现了拖欠员工薪酬现象，大量员工参与自愿离职计划。

此外，出于经济和政治原因，巫统脱售包括马来前锋报业集团在内的4家上市公司的股份或代理股份，使得《前锋报》缺少了政党的支持。之前，巫统拥有马来前锋报业集团49.77%的股权，2019年7月巫统脱售了马来前锋报业集团31.6%的股权，目前只剩下18.17%的股权，不再是集团的最大股东。在《前锋报》处于讨薪和关停的危机时，巫统无法全力相助。正如安努亚慕沙在媒体上所述，“巫统仅剩下少数比例股份，不再对《前锋报》有发言权。我们坚信他们需要商业解决方案，而我们不再是大股东，无法控制任何事务。因此《前锋报》管理层已自行决定需要怎么走”。[①] 另外，巫统的账户和资金流已被冻结逾一年，导致巫统财务拮据。安努亚慕沙表示，若账户解冻，会有逾2亿林吉特，可用于该报员工福祉。[②] 然而，从两份报纸的关停来看，巫统已无力解救马来前锋报业集团了。

虽然，首要媒体的境遇相对好一些，但该集团也面临着裁员重组的压力。与马来前锋报业集团不同的是，巫统并不是首要媒体的大股东。虽然国阵执政时期，首要媒体也被视为巫统控制的媒体，但实际上根据其年报，首要媒体的实际大股东是政府，而不是巫统。2017年年报显示，雇员公积金局（KWSP）和其他政府企业的持股合计接近40%。虽然希盟执政后，该集团的股权发生了一些变更，但截至2019年2月底政府控股占35%以上。2018年年报数据显示，首要媒体单一最大股东是三菱日联金融集团（12.77%），第二大股东是雇员公积金局（11.94%），第三大股东是格斯图里联合（Gabungan

① 《安努亚：资金冻结阻巫统救前锋报》，《东方日报》2019年8月20日，https://www.orientaldaily.com.my/news/nation/2019/08/20/303129（访问时间：2020年2月20日）。

② 《安努亚：资金冻结阻巫统救前锋报》，《东方日报》2019年8月20日，https://www.orientaldaily.com.my/news/nation/2019/08/20/303129（访问时间：2020年2月20日）。

Kesturi）私人有限公司（11.09%），巫统则通过 Altima、Inc 控制 7.96% 的股权，为第四大股东。第五大股东是公共信托有限公司（Amanah Raya，5.12%）。这五大股东共控股 48.88%。格斯图里联合的大股东，是财政部下属的公共信托有限公司。除了上述四大政府股东之外，30 大股东名单中还存在一些政府企业，其中包括 3 个由公共信托有限公司持股的股东（共计 4.62%）以及国库控股、国民投资公司和公务员退休基金局（KWAP）平均持股的投资公司价值（Valuecap）私人有限公司（2.65%）。[①] 因此，希盟执政后，首要媒体仍是由政府控制多数股权的企业，这使其存在更大的发展空间。

（三）媒体自由度的影响

希盟在竞选宣言的第 27 条“废除恶法”中提到，“希盟政府将确保媒体能独立运作，拥有监督政府的自由。我们将检讨所有与媒体相关的法律和条规，以保障媒体自由，并立即采取措施，提升马来西亚电台（RTM）和马来西亚国家新闻社（Bernama）等机构的独立性和专业性”。[②] 执政后，希盟政府遵照大选宣言承诺，确保国内的印刷、电子与网络媒体不受政府干扰，保证媒体的独立性与新闻自由不受影响。新上任的通信及多媒体部部长哥宾星（Gobind Singh Deo）承诺将重新研究多项争议性法令如煽动法令、印刷及出版法令、通信及多媒体委员会法令和废除反假新闻法案等。2019 年 5 月 10 日，总理署部长拿督刘伟强表示，内阁将在年内废除 1948 年《煽动法令》，并会以新法令取代。12 月 3 日，马哈蒂尔表示政府在废除或修正法令时需要进行深入及谨慎的研究，以达到良好治国和共享繁荣的目标。由于希盟没有获得国会下议院 2/3 议席优势，且上议院受在野党控制，截至 2020 年 3 月，希盟政府仅成功废除了《2018 年反假新闻法案》。该法案阐明，任何恶意制造、传播、转发假新闻者，或出版任何含有假新闻的刊物，最高刑罚为监禁 6 年并处以最高 50 万林吉特（约合 81 万

---

① Prima Media, *Prima Media Annual Report 2018* (Kuala Lumpur: Prima Media Berhad, 2019), pp. 307 - 308.

② 《希望宣言》，2018 年，第 46 页，http://store.ubah.my/Manifesto_ PH_ CN.pdf。

元人民币）的罚款。[①] 希盟认为国阵在大选前颁布该法案的主要目的是打压在野党，收紧对媒体的控制，因此有必要废除该法案。该法案的废除经历了一年的等待和两次国会议案提呈。2018 年 8 月国会下议院三读通过废除该法案，但上议院则在 9 月 12 日反对废除该法案，使得该法案无法顺利废除。2019 年 12 月 19 日，国会上议院同意废除《2018 年反假新闻法案》，有利于实现媒体自由。

此外，希盟政府多次表明有意限制政党和政治人物在主流媒体持股。2018 年 9 月 6 日，透视大马指出，新政府正在考虑重组马来西亚主流媒体公司的股权结构，以限制政党及其他实体，包括私人企业、组织或个人的持股比例均不能超过 10% 。[②] 2018 年 11 月 28 日，哥宾星表示政府在研究限制政治人物在媒体公司持有股权，以避免发生新闻报道偏袒某一政党的情况。[③] 也有学者认为，根据马哈蒂尔以往对媒体的管控经验来看，限制政党持股的规定实施之后，巫统和马华公会的股权将会落入官联企业或马哈蒂尔的朋党大亨手中。原本促进新闻自由的主张，被马哈蒂尔偷换概念后，会变成让执政党继续牢控媒体所有权的手段。[④]

另外，希盟希望促成一个由媒体工作者组成的媒体理事会，负责协调媒体的伦理规范。哥宾星曾多次表示正在推动该理事会成立的事宜。2020 年 1 月 16 日，哥宾星宣布成立以当今大马首席执行员詹德兰为首的 17 人临时委员会，以在两个月内决定媒体理事会的成立事宜。[⑤] 委员会包括数名资深报

---

① 《马来西亚国会通过反假新闻法案》，中国新闻网，2018 年 4 月 3 日，http：//www. chinanews. com/gj/2018/04 –03/8482457. shtml（访问时间：2020 年 2 月 20 日）。

② 《为赋予更大自由度　新政府或限制媒体持股》，透视大马，2018 年 9 月 6 日，https：//www. themalaysianinsight. com/chinese/s/93543（访问时间：2020 年 2 月 20 日）。

③ 《研究限制政治人物持股媒体公司》，《东方日报》2018 年 11 月 28 日，https：//www. orientaldaily. com. my/news/nation/2018/11/28/269365（访问时间：2020 年 2 月 20 日）。

④ 庄迪澎：《糖衣毒药　戳破马哈迪的媒体“新政”》，《联合早报》2018 年 9 月 14 日，https：//www. zaobao. com/zopinions/opinions/story20180914 –891086（访问时间：2020 年 2 月 21 日）。

⑤ 《哥宾星：17 人组临时委会　探讨设媒体理事会》，《光华日报》2020 年 1 月 16 日，https：//www. kwongwah. com. my/20200116/哥宾星：17 人组临时委会 –探讨设媒体理事会/（访问时间：2020 年 3 月 5 日）。

人以及来自“媒体之怒”、记者联盟、马来西亚从业员职工会、驻马来西亚外国记者俱乐部、沙巴和沙捞越的代表。国会议员林立迎认为，该理事会的成立对于媒体同仁而言是一个历史性的里程碑，这不仅能大幅促进新闻自由，还能提升人民对本地媒体的信心。[①]

2019 年 4 月 18 日，无国界记者组织（RSF）公布的《2019 年世界新闻自由报告》显示，马来西亚新闻自由指数突飞猛进。与 2018 年的第 145 名相比，2019 年上升了 22 位，在 180 个国家中排第 123 名，居东盟榜首。[②]总的来说，在大选时承诺媒体和言论自由的希盟在执政期间相对重视媒体自由。2018 年选举前的大多数印刷媒体和电视台都受到与国阵结盟的企业控制，国家新闻媒体更是只反映国阵的观点。希盟政府上台后，马来西亚的媒体市场开始有所变化。新政府尝试废除或修改一些不利于媒体自由的法案来形成良好的媒体环境。另外，政府还对媒体采取开放态度，大幅减少自我审查，减少独立网络媒体受到政治的压力与干扰。这些尝试和努力不仅为媒体工作者减轻了压力，有利于他们在新闻报道中体现更专业的新闻素养，提供更全面、客观的观点，也有利于推动媒体发挥社会监督作用。因此，在相对自由宽松的媒体环境下，报刊间的竞争也就更加激烈，要想更好地生存，就需要探索新方法、新形式和提供新内容。

三　报业未来的发展

首先，从网络平台和社交媒体在马来西亚的影响力来看，未来报业将以数字媒体作为发展的主要方向。广告收入作为新闻网站主要的收入来源，也在逐年增加。2019 年，马来西亚移动数字广告支出占广告总支出的 25.1%，与上年相比增长 35%。因此，传统报纸将通过提升其新闻网站、电子报以

① 《哥宾星宣布设媒体评议会　林立迎：值得赞扬》，《联合日报》2020 年 1 月 17 日，https://eunited.com.my/340087/，访问时间：2020 年 3 月 5 日。

② 《新闻自由猛进 22 位，大马荣登东盟榜首》，当今大马，2019 年 4 月 17 日，https://www.malaysiakini.com/news/472783（访问时间：2020 年 2 月 20 日）。

及社交媒体的内容质量，提供更为多元的视角和客观的报道方式，保证新闻的真实性和公正性来吸引更多的读者，以此提升广告的投入。一些资金实力不够雄厚的报纸减少对纸质报刊的投入甚至关停纸媒业务。虽然纸媒的广告收入逐年递减，但在传统媒体广告收入中，报纸仍是最大的收入平台。因此资金实力雄厚的报纸将继续打造名牌产品，提供多元化服务，扩大读者群的范围，提升读者对品牌的依赖度和忠实度。

第二，报纸的控股情况将从政党控股转为企业控股。这一情况在希盟执政前就已存在。2006 年 10 月 17 日，星洲媒体执行主席丹斯里张晓卿买下南洋报业 20.02% 的股权，直接或间接控制 44.76% 的股权，成为南洋报业最大的股东。[①] 随着希盟的执政，这种趋势也出现在了马来语报纸中。巫统败选后兜售了其手中的报纸股份，使得马来语报纸《前锋报》和《世界报》的控股从政党控股渐渐转为企业控股。

第三，马来西亚的报纸将被进一步垄断。自 1987 年张晓卿歹巨资拯救濒临破产的华文报《星洲日报》开始，张晓卿就与华文报纸结下不解之缘。1992 年收购《光明日报》，1995 年收购香港的明报集团，并于 2004 年成立星洲媒体集团。2006 年、2007 年通过几次收购完成了对南洋报业的收购计划。2008 年，他将这些报纸集团进行合并，形成世界华文媒体有限公司。至此，张晓卿成为马来西亚华文报纸的掌门人，实现了单一商业集团对华文报纸的垄断。与此同时，马来语报纸也有被垄断的趋势。2019 年 7 月 2 日，马来西亚大亨赛莫达（Syed Mokhtar Burkhary）通过奥罗拉慕利亚（Aurora Mulia）有限公司收购了首要媒体集团 11.09% 的股权。9 月 19 日，他又通过该公司收购了首要媒体 2.7% 的股权，持股权增至 23.26%。[②] 2020 年 3 月 9 日，一则题为《传赛莫达私有化首要媒体》的新闻提到，目前赛莫达通过

---

① 尤云弟：《试论华人政党收购华文报业——以马华公会收购南洋商报为例》，《八桂侨刊》2010 年第 2 期，第 50 页。

② "Syed Mokhtar-linked Firm ups Stake in Media Prima to 23.3%", *The Edge Markets*, September 9, 2019, https://www.theedgemarkets.com/article/syed-mokhtarlinked-firm-ups-stake-media-prima-233（访问时间：2020 年 2 月 21 日）。

奥罗拉慕利亚有限公司持有首要媒体31.22%的股份，成为这家媒体巨头最大的单一股东。10月8日，他又通过奥罗拉慕利亚有限公司收购《前锋报》70%的股权，成为最大股东。[①] 此外，他还拥有英文财经报纸《马来西亚储备》（*The Malaysian Reserve*）、TMR媒体有限公司、马来西亚MYTV广播有限公司、MPH书店及马来西亚国家印务有限公司等媒体资产。[②] 可以说，希盟执政后，赛莫达逐步垄断了马来语报纸，成为马来西亚的媒体大亨。

最后，随着希盟政权的瓦解，其提倡的媒体自由戛然而止。新任通信及多媒体部长拿督斯里赛夫丁·阿都拉于2015年退出巫统，加入人民公正党，并在希盟执政期间担任外交部长。在2020年2月底的政治风波中，拿督斯里赛夫丁·阿都拉又退出人民公正党，随后加入穆希丁领导的土著团结党。他在新闻发布会上表示，自己“会继续秉持自由、民主、人权和法治。一方面不跟假新闻有所妥协，一方面会坚持言论自由、组织自由和媒体自由”。[③] 然而，新政府中巫统和马华公会的回归，极有可能继续延续国阵一直以来对媒体掌控的态度。主流报纸将会再次焕发新的生机，而非主流报纸可能要继续在夹缝中生存。

---

① 《收购前锋报70%股份　白武士赛莫达成报王》，《联合日报》2019年10月8日，https：//eunited.com.my/289587/（访问时间：2020年3月27日）。

② 《好朋友帮忙，马哈迪重夺媒体版图》，透视大马，2019年7月29日，https：//www.themalaysianinsight.com/chinese/s/171399（访问时间：2020年3月27日）。

③ 《塞夫丁阿都拉：我还是原来的我》，《中国报》2020年3月12日，http：//www.chinapress.com.my/20200312/（访问时间：2020年4月2日）。

B.9

希盟政府处理洋垃圾问题的举措及影响

宋清润　程泽笠*

摘　要： 长期以来，洋垃圾对马来西亚影响甚大，牵扯到多方利益，因此，马来西亚各方对洋垃圾问题的看法不同。洋垃圾进入马来西亚的途径较多，原因复杂。前任政府不太重视洋垃圾处理问题，面对这一严峻的环境问题，希盟政府于2018年5月执政以后，在处理洋垃圾问题上采取了一系列新的强硬举措，引发国际舆论热议。马来西亚对于洋垃圾的治理已成为近年来东南亚环境保护行动的重要组成部分。希盟政府重拳出击治理洋垃圾问题，取得一定成效，对本国和外国利益攸关方都产生了一定影响。

关键词： 马来西亚　希盟政府　洋垃圾

当今时代，世界经济持续发展，人口数量持续增加，人类活动对环境的影响乃至破坏也日益增多。因此，在全球很多国家和地区，各类环境问题也日益凸显。其中，垃圾的循环处理成为各国环境治理的重要环节。部分发达国家为减少本国污染，长期把垃圾出口至其他发展中国家进行分拣和处理。垃圾进口国的民众将这些垃圾通俗地称为“洋垃圾”（即“进口固体废物”

* 宋清润，北京外国语大学亚洲学院副教授，中国（昆明）南亚东南亚研究院特聘研究员，云南大学周边外交研究中心特约研究员，主要研究东南亚局势、“一带一路”等问题；程泽笠，北京外国语大学区域与全球治理高等研究院研究助理，主要研究马来西亚问题。

等垃圾的统称）。相关研究表明，目前在全球发达国家出口的废弃物中，约75%最终流向亚洲。[①] 在这种背景下，近年来，东南亚成为洋垃圾的“接收大户”，马来西亚则是东南亚国家中进口洋垃圾较多的国家之一。进口洋垃圾在为马来西亚带来一定经济收益的同时，也造成了诸多环境问题。马来西亚前政府对洋垃圾问题关注较少，导致此问题愈发严重。因此，希盟政府上台后，决定出重拳处理洋垃圾问题，此举对国内外产生了系列影响，引发国际舆论关注。

一 马来西亚洋垃圾问题严重

尽管进口洋垃圾让马来西亚从中获得了一些经济收益，但其在环境方面也深受其害，引发的问题较多。

（一）马来西亚进口的洋垃圾较多

近年来，向东南亚国家出口洋垃圾较多的是美国、加拿大、澳大利亚等发达国家。[②] 相关数据显示，2016～2018 年，东南亚地区的洋垃圾进口量从83.7 万吨增加到 226.6 万吨，增幅高达 171%。[③]

“绿色和平组织”（Greenpeace）2019 年 6 月发布的报告显示，自 2016年以来，在东南亚进口洋垃圾的国家中，马来西亚的进口总量较多：2016年进口 28.7673 万吨，2017 年进口 54.9876 万吨，2018 年进口 87.2797 万吨，由此可见，其垃圾进口量增速迅猛。同时，越南、泰国和印尼等东南亚

① 徐伟：《东南亚国家强化“洋垃圾”进口限制》，《人民日报》2019 年 9 月 17 日，第 17 版。

② “Treated Like Trash: Southeast Asia Vows to Return Mountains of Rubbish from West”, *The Guardian*, May 28, 2019, https://www.theguardian.com/environment/2019/may/28/treated-like-trash-south-east-asia-vows-to-return-mountains-of-rubbish-fro（访问时间：2020年 3 月 17 日）。

③ 徐伟：《东南亚国家强化“洋垃圾”进口限制》，《人民日报》2019 年 9 月 17 日，第 17 版。

其他多国也进口不少洋垃圾。①

马来西亚进口的洋垃圾种类宽泛，其中主要是废塑料。马来西亚是目前世界上较大的废塑料进口国。② 希盟政府的房屋与地方政府部长祖莱达（Zuraida Kamaruddin）曾公开表示，2015～2017年，马来西亚进口的废塑料总量约108.7424万吨。③

废塑料大致可以分为“净塑料废料”和“混合废塑料”两类。净塑料废料指的是“同质性”的工业塑料，意味着其在出口之前已经进行过分类，确保其成分全部可以进行循环再加工。混合废塑料指我们通常意识中的家用废塑料，出口前未经过分拣处理，混有其他生活垃圾，不可直接进行循环加工。

马来西亚进口洋垃圾的途径大致分为合法和非法两类。第一类是合法进口。进口方需要持有马来西亚联邦政府批准的许可证才能够合法进口废塑料。2015年初至2018年前7个月，马来西亚共批准进口265.4359万吨废塑料。然而，马来西亚每年真正通过合法渠道流入的废塑料仅占批准量的60%。④

马来西亚的公司非法进口洋垃圾的方式众多。相关从业者通过虚报海运提单上物品的序号，将没有许可证的废塑料进口至马来西亚。通常，需要批

① “Policy Brief: Southeast Asia's Struggle against the Plastic Waste Trade”, Greenpeace, June 18, 2019, https://storage.googleapis.com/planet4-philippines-stateless/2019/06/a72e63b1-waste-trade-report-5b-1.pdf?_ga=2.100347866.552988082.1560739055-281246604.1499670505（访问时间：2020年4月7日）。

② “The West Has Been Dumping Tens of Millions of Tons of Trash in Southeast Asian Countries for More Than 25 Years — Now They Want to Send It Back”, *Business Insider*, May 28, 2019, https://www.businessinsider.com/southeast-asia-threaten-to-return-plastic-trash-to-west-2019-5（访问时间：2020年3月15日）。

③ Hidayatul Akmal Ahmad, “AP sisa plastik diteruskan secara bersyarat”, *Berita Harian*, November 1, 2018, https://www.bharian.com.my/berita/nasional/2018/11/493332/ap-sisa-plastik-diteruskan-secara-bersyarat（访问时间：2020年2月1日）。

④ 《洋垃圾就在转角处，我们悄悄地被洋垃圾淹了》，〔马来西亚〕《星洲日报》2018年11月13日，https://www.sinchew.com.my/content/content_1810993.html（访问时间：2020年1月31日）。

准进口的洋垃圾或废塑料序号为3915，无需进口许可证的、污染少的废塑料序号为3920。马来西亚政府查获的进口废塑料集装箱中，有将非法的洋垃圾集装箱虚假申报为3920的情况。截至2019年4月17日，政府截获虚报洋垃圾集装箱24个。[①]

此外，还存在从业者通过滥用其他产品进口许可证进口洋垃圾的情况。例如，从业者用“回收电器”或是“二手电器”的进口证件来进口旧电器或者废弃塑料产品，因为在法律上二者较难严格区分。另外，还有部分从业者将洋垃圾与新产品混合起来通过非法渠道进口。[②] 非法进口的洋垃圾被运到国内一些工厂进行处理，有些工厂对于洋垃圾的不当处理则直接引发了国内的环境和健康问题。[③]

（二）马来西亚洋垃圾问题长期存在的原因

马来西亚洋垃圾问题之所以长期存在，一方面是因为西方国家大量向马来西亚出口，另一方面则是国内的原因，主要有以下几个方面。

第一，马来西亚每年都会批准进口一定量的洋垃圾，因为这能够为国内一些厂商带来经济效益，也会带动相关就业。房屋与地方政府部长祖莱达曾经表示，废塑料再循环产业每年能够给马来西亚带来300亿林吉特（1林吉特约合0.23美元）的经济效益。[④]

从进口原材料环节来看，马来西亚一些公司需要进口一些废塑料，将其

---

① 《假申报运进洋垃圾，杨美盈警告吊销物流公司执照》，〔马来西亚〕《星洲日报》2019年4月23日，https：//www.sinchew.com.my/content/content_2043270.html（访问时间：2020年1月31日）。

② 陈日佳：《洋垃圾，谁的错?》，〔马来西亚〕《星洲日报》2018年8月5日，https：//www.sinchew.com.my/content/content_1780990.html（访问时间：2020年1月31日）。

③ 《假申报运进洋垃圾，杨美盈警告吊销物流公司执照》，〔马来西亚〕《星洲日报》2019年4月23日，https：//www.sinchew.com.my/content/content_2043270.html（访问时间：2020年1月31日）。

④ Suhaila Shahrul Annuar，“Pengeluaran AP sampah plastik dihentikan serta-merta”，*Berita Harian*，Oktober 26，2018，https：//www.bharian.com.my/berita/nasional/2018/10/490783/pengeluaran-ap-sampah-plastik-dihentikan-serta-merta（访问时间：2020年2月1日）。

加工后，为本国一些厂商提供原材料，如果只进口工业废塑料（即净塑料废料），每吨需 300～400 美元[①]，但如果一并进口包括未分类处理的混合废塑料，价格就会相对低廉。因此，一些企业会进口符合国家可循环利用标准的净塑料废料，而一些企业则非法进口混合废塑料，牟取较高利润。

处理洋垃圾还可为国内一些垃圾厂带来高达 300% 的投资回报率。[②] 这让不少业者进入到洋垃圾进口、加工等行业，甚至还出现非法进口和处理洋垃圾的现象。废塑料在正规垃圾处理厂处理，经过清洗、粉碎、溶化，制成塑料颗粒，可以直接卖给本地塑料加工企业或出口国外[③]，既为正规的垃圾处理厂创造了利益，也为国内制造业提供了原材料，可谓一举两得。而非法垃圾处理厂在处理洋垃圾的过程中减少对环保设备等方面的投资，成本较低，但其处理的洋垃圾也可以向相关企业出售，也有较高利润。

第二，从社会的角度看，马来西亚前政府环保宣传力度不够，一些民众的环保意识不强，垃圾分类意愿低，无法为再循环工厂供应足够干净的原料，因此只能进口洋垃圾来弥补缺口。

第三，政府在处理洋垃圾问题的环节上措施不力。首先，前政府和希盟政府关于洋垃圾的分类规范均存在漏洞。希盟政府的能源、科技、科学、气候变化及环境部部长杨美盈（Yeo Bee Yin）承认，在制定废塑料进口许可的 HS3915 指南时，没有对净塑料废料与混合废塑料进行明确定义。[④] 因此，在合法进口净塑料废料时，也存在夹杂混合废塑料的情况，影响后续的再循

① 《洋垃圾就在转角处，申设塑料再生工厂如烹满汉全席》，〔马来西亚〕《星洲日报》2018 年 11 月 13 日，https://www.sinchew.com.my/content/content_1811620.html（访问时间 2020 年 1 月 31 日）。

② 《投资回报达 300%！洋垃圾近在咫尺》，〔马来西亚〕《星洲日报》2019 年 8 月 31 日，https://www.sinchew.com.my/content/content_2109050.html（访问时间：2020 年 2 月 1 日）。

③ 《洋垃圾就在转角处，申设塑料再生工厂如烹满汉全席》，〔马来西亚〕《星洲日报》2018 年 11 月 13 日，https://www.sinchew.com.my/content/content_1811620.html（访问时间：2020 年 1 月 31 日）。

④ 《洋垃圾就在转角处，如何防止马来西亚成为世界垃圾桶？——政府的行动与立场》，〔马来西亚〕《星洲日报》2018 年 11 月 14 日，https://www.sinchew.com.my/content/content_1812098.html（访问时间：2020 年 1 月 31 日）。

环使用，造成环境问题。其次，虽然政府对非法垃圾处理厂实施了罚款、切断水电、查封工厂等整治手段，但政府考虑到这些厂家也涉及一些经济利益和部分人员就业，往往执法不严，取缔行动不彻底，导致许多非法垃圾处理厂仍在运作。

（三）进口洋垃圾带来诸多问题

马来西亚进口的部分洋垃圾经过处理后变成可再生资源，但洋垃圾同时也给国家带来很多负面效应，造成诸多问题。马来西亚进口的一些混合废塑料包含了很多污染成分，如遭受严重污染的废塑料、腐烂食品的包装袋等高污染垃圾与危险性废物等。这些价格低廉的混合废塑料不符合马来西亚进口再循环的法规，无法作为正规塑料再循环工厂的原料，唯有通过非法垃圾处理厂处理后，产生一些可用的塑料原料，进口者才能盈利。①

马来西亚的非法垃圾处理厂数量较多，其对洋垃圾的不当处理引发大量问题。垃圾处理厂的资格申请程序非常严格，循规蹈矩的厂家要经过重重审核才能获得营运许可证，并需要花费近 1 年、数百万林吉特的成本才能运作。② 因此，一些从业者不愿耗费较长时间和较多资本，只想尽快盈利，导致马来西亚涌现大量非法垃圾处理厂。它们不遵循正规的处理流程，引发环境和健康问题。马来西亚塑料再生公会（Malaysia Plastic Recycles Association）人员表示，未分类的垃圾是不能直接再循环使用的，只能将其倒进填埋场或进行处理。然而，处理未分类的洋垃圾需要专业设备，设备十分昂贵，仅一台清洗机器就需花费 50 万林吉特。③ 因此，非法垃圾处理厂只采购基本处理设备，而不购买高价环保的高级处理设备，以减少投资。而

① 叶玟豪：《转角遇到洋垃圾》，〔马来西亚〕《星洲日报》2019 年 4 月 26 日，https://www.sinchew.com.my/content/content_2044753.html（访问时间：2020 年 1 月 31 日）。

② 叶玟豪：《转角遇到洋垃圾》，〔马来西亚〕《星洲日报》2019 年 4 月 26 日，https://www.sinchew.com.my/content/content_2044753.html（访问时间：2020 年 1 月 31 日）。

③ 《洋垃圾就在转角处，我们悄悄地被洋垃圾淹了》，〔马来西亚〕《星洲日报》2018 年 11 月 13 日，https://www.sinchew.com.my/content/content_1810993.html（访问时间：2020 年 1 月 31 日）。

且，非法垃圾处理厂一般也不依照环境局的要求聘请专业工程师监督污水处理流程和审核水质是否达标，甚至将废水直接排入沟渠。此外，非法垃圾处理厂往往将无法循环使用的废塑料等直接填埋或焚烧，甚至将其倒进海里。这些处理方式造成了严重的土地和水污染，破坏环境。

这些非法处理洋垃圾的工厂也使当地居民饱受其害，有关批评声音层出不穷。其中，雪兰莪、柔佛、吉打等州受洋垃圾问题影响较严重。雪兰莪州的居民反映，非法垃圾处理厂工作时排放大量烟雾，造成周边居民眼睛刺痛、皮肤瘙痒及喉咙痛等问题。① 柔佛州的一个非法垃圾处理厂排放的强烈刺鼻气体引发周边居民出现头晕、恶心等现象。② 吉打州的一个非法垃圾处理厂焚烧洋垃圾产生的毒烟导致周边村庄里一些儿童哮喘恶化。③总之，非法垃圾处理厂引发的环境污染对周边居民的生产生活产生诸多负面影响，水和空气污染还造成周边居民的养虾场虾只死亡④，刺鼻气味影响当地养蜂业运营、香蕉树结果等。⑤ 可见，洋垃圾引发的环境问题不容小觑。

近年来，受非法垃圾处理厂环境污染影响的居民多次通过各种渠道反映他们的不满。例如，2019 年 7 月，约 80 名来自雪兰莪州雪邦市的社团领袖

---

① 《洋垃圾入侵仁嘉隆新村（上）：村民：还我新鲜空气，呛鼻塑味袭幸福村》，〔马来西亚〕《星洲日报》2018 年 7 月 23 日，https：//www. sinchew. com. my/content/content_ 1776791. html（访问时间：2020 年 2 月 1 日）。

② 《闻刺鼻味多年　昔村民拉横幅，不要毒空气洋垃圾》，〔马来西亚〕《星洲日报》2019 年 7 月 11 日，https：//www. sinchew. com. my/content/content_ 2081786. html（访问时间：2020 年 2 月 1 日）。

③ 《因毒烟哮喘恶化向部长求救　女生脸书吁关注双溪大年洋垃圾问题》，〔马来西亚〕《星洲日报》2019 年 7 月 23 日，https：//www. sinchew. com. my/content/content_ 2088511. html（访问时间：2020 年 2 月 1 日）。

④ 《疑受“洋垃圾”污染，数百万养虾病死》，〔马来西亚〕《星洲日报》，2018 年 7 月 24 日，https：//www. sinchew. com. my/content/content_ 1777187. html（访问时间：2020 年 1 月 31 日）。

⑤ 《闻刺鼻味多年　昔村民拉横幅，不要毒空气洋垃圾》，〔马来西亚〕《星洲日报》2019 年 7 月 11 日，https：//www. sinchew. com. my/content/content_ 2081786. html（访问时间：2020 年 2 月 1 日）。

及村民到市议会总部拉横幅进行和平请愿，要求关闭洋垃圾处理厂。[①] 在吉打州，有数十名反对进口洋垃圾的民众和平集会，希望政府杜绝贪污，敢于执法，正视洋垃圾问题。[②] 此外，民众还通过向相关部门举报投诉、发起签名运动等方式，希望唤起希盟政府对当地洋垃圾问题的重视。

二　希盟政府重视解决洋垃圾问题

马来西亚的洋垃圾问题长期存在，此前的国阵政府未足够重视，对从业者缺乏有力管控，导致洋垃圾问题日趋严重。如柔佛州麻坡县巴口益华村的垃圾山问题已经长达 30 多年仍未解决。[③] 希盟政府则高度重视洋垃圾的危害，多管齐下予以解决。

（一）希盟政府解决洋垃圾问题态度坚决

面对洋垃圾在国内引发的环境问题，希盟政府上台后展现了非常坚决的处理态度。马哈蒂尔·穆罕默德（Mahathir Mohamad）总理指出，美国、加拿大、日本等国一直在向相对贫穷的国家运送不可回收的垃圾，这种做法极不公平，应当立刻停止；马来西亚不需要洋垃圾，因为本国的垃圾已经给国内带来了很多问题。[④] 此外，马哈蒂尔还表示如果马来西亚不能处理好经济发展与环境保护之间的关系，就不能成为宜居的发达国家，因此他不断号召

① 《80 各族村民拉横幅请愿，反对洋垃圾处理厂“死灰复燃”》，〔马来西亚〕《星洲日报》2019 年 5 月 25 日，https：//www. sinchew. com. my/content/content_ 2058863. html（访问时间：2020 年 1 月 31 日）。

② 《抗议办事不力，示威者步行到市议会大厦反洋垃圾》，〔马来西亚〕《星洲日报》2019 年 9 月 22 日，https：//www. sinchew. com. my/content/content_ 2119765. html（访问时间：2020 年 2 月 1 日）。

③ 《难忍臭气烟害逾万村民怒吼“马上关闭垃圾山！”》，〔马来西亚〕《星洲日报》2018 年 10 月 18 日，https：//www. sinchew. com. my/content/content_ 1804257. html（访问时间：2020 年 1 月 31 日）。

④ “Langkah negara maju hantar sisa plastik ke negara lain tidak adil – Tun M”, *Astro Awani*, Mei 30, 2019, https：//www. astroawani. com/berita – malaysia/langkah – negara – maju – hantar – sisa – plastik – ke – negara – lain – tidak – adil – tun – m – 209004（访问时间：2020 年 2 月 24 日）。

民众保护环境。①

同样，希盟政府的多位部长也发声，表示将严肃处理洋垃圾问题。能源、科技、科学、气候变化及环境部部长杨美盈痛斥从业者将洋垃圾非法引入国内的行为是“叛国”行径。② 她直言，发达国家为维护本国环境而把垃圾运进马来西亚是不道德的，称该部会在“拯救环境”和“发展经济”中寻求平衡。③ 房屋与地方政府部长祖莱达敦促国内拥有“洋垃圾”（净塑料废料）进口许可证、不符合相关法规的从业者去参访模范工厂的运作方式，并借此机会改善旧有的作业模式，以符合国家法律规定。④ 另外，在谈及洋垃圾问题时，财政部长林冠英（Lim Guan Eng）表示，他将与槟城州港务局及关税局商讨，要对进口集装箱进行全面检查，以确保没有洋垃圾以走私方式进入马来西亚，避免马来西亚变成“垃圾国”。⑤ 交通部长陆兆福（Anthony Loke Siew Fook）也表示，该部将和港口从业者及船运公司共同检讨报关程序和标准作业程序，以加强管控，防范洋垃圾进入。⑥

希盟政府官员在国际层面谴责发达国家向发展中国家运输垃圾的行为，在国内层面谴责非法从业者对国家造成的污染。同时政府多个部门还通力合

---

① “Dr M：M'sia tak capai negara maju jika alam sekitar musnah”, *Malaysiakini*, April 20, 2019, https：//www. malaysiakini. com/news/472986（访问时间：2020 年 1 月 30 日）。

② “14 hari untuk hantar sampah ke negara asal”, *Berita Harian*, Mei 28, 2019, https：//www. bharian. com. my/berita/nasional/2019/05/568968/14 – hari – untuk – hantar – sampah – ke – negara – asal（访问时间：2020 年 2 月 1 日）。

③《杨美盈：不为环保牺牲发展　拒为洋垃圾负责》，〔马来西亚〕《星洲日报》2018 年 10 月 9 日，https：//www. sinchew. com. my/content/content_ 1801261. html（访问时间：2020 年 1 月 31 日）。

④《祖莱达：改善作业以符条规，洋垃圾商可参访模范厂》，〔马来西亚〕《星洲日报》2018 年 12 月 14 日，https：//www. sinchew. com. my/content/content_ 1821747. html（访问时间：2020 年 1 月 31 日）。

⑤《林冠英：杜绝洋垃圾，进口集装箱或 100% 检查》，〔马来西亚〕《星洲日报》2019 年 6 月 2 日，https：//www. sinchew. com. my/content/content_ 2062797. html（访问时间：2020 年 2 月 1 日）。

⑥《陆兆福：交通部和业者商对策，检讨报关程序 防洋垃圾》，〔马来西亚〕《星洲日报》2019 年 4 月 24 日，https：//www. sinchew. com. my/content/content_ 2043882. html（访问时间：2020 年 1 月 31 日）。

作，协同治理洋垃圾问题，可见希盟政府的坚决态度和治理决心。

另外，马来西亚多个地方州政府也相继发声，表达解决洋垃圾问题的坚决态度。受洋垃圾影响较大的雪兰莪州大臣（即“州长”）阿米鲁丁·沙利（Amirudin Shari）重申，雪州政府在洋垃圾问题上立场坚定，绝对不欢迎洋垃圾，也不曾发出相关执照。① 雪州部分官员还直接取缔部分非法垃圾处理厂，震慑非法从业者。② 其他一些地方州的官员也向联邦政府反映洋垃圾污染情况，配合联邦政府在各州开展对非法垃圾处理厂的突击取缔行动。一些官员也不断呼吁民众提高环保意识，鼓励民众对非法垃圾处理厂进行举报。

（二）多措并举处理洋垃圾

希盟政府采取了诸多措施以有效治理洋垃圾问题，可大致分为国内举措与国际举措两个层面。

1. 在国内采取多种措施

首先，希盟政府加强监管，限制洋垃圾进口。政府对 HS3915 废塑料编号制定了更明确的解释，规定只有“同质性”的工业废塑料能获得进口，完全禁止家用混合废塑料进口。③ 政府通过明确进口指南，旨在从根本上杜绝由于 HS3915 指南不严谨带来的洋垃圾问题，控制进口质量。2018 年 9 月，希盟政府颁布了将向从业者征收每吨洋垃圾 15 林吉特的纳税决定④，以减

① 《雪大臣：立场坚定拒发执照，不欢迎洋垃圾》，〔马来西亚〕《星洲日报》2018 年 9 月 29 日，https：//www. sinchew. com. my/content/content_ 1798305. html（访问时间：2020 年 1 月 31 日）。

② 《雪政府严打非法洋垃圾处理厂，不清理地段充公》，〔马来西亚〕《星洲日报》2019 年 1 月 24 日，https：//www. sinchew. com. my/content/content_ 2003570. html（访问时间：2020 年 1 月 31 日）。

③ “Malaysia to Replace Imports with Domestic Material”, *Resource Recycling*, November 6, 2018, https：//resource – recycling. com/recycling/2018/11/06/malaysia – to – replace – imports – with – domestic – material（访问时间：2020 年 2 月 24 日）。

④ “Zuraida：New Terms on AP for Plastic Waste Imports”, *Malay Mail*, September 25, 2018, https：//www. malaymail. com/news/malaysia/2018/09/25/zuraida – new – terms – on – ap – for – plastic – waste – imports/1676285（访问时间：2020 年 2 月 24 日）。

少他们的利润，迫使其减少进口量。同时，为了阻止进口不可循环使用的混合废塑料，10 月 4 日，能源、科技、科学、气候变化及环境部部长杨美盈宣布，马来西亚将全面禁止进口混合废塑料，因为其夹杂了很多高污染废料。①

其次，希盟政府还进一步规范废塑料进口许可证。针对申请废塑料进口许可证的企业，希盟政府将原有的 8 项申请条件增至 18 项。② 此前，申请条件是从业者须提交工厂真实的照片、环境局的批准函、出口商的批准函及 ISO14000 认证、地方政府许可证等。③ 经过修订后，新增的条件是：须获得马来西亚职业安全与健康部门的批准函、加工处理垃圾的机械容量证明文件、处理废料地点的资料、废料加工后的成品购买者名单、公司旗下所有公司的名单、进口废塑料的成分比例、塑胶废料处理厂只能设在特定地区、缴付保证金等。④ 针对已经拥有废塑料进口许可证的垃圾处理厂，希盟政府进行了严格筛查，以确保相关厂家符合新的规定。因此，希盟政府宣布从 2018 年 7 月 23 日至 10 月 22 日临时冻结许可证，让从业者重新填写申请材料和提出申请，并将已被证实滥用废塑料进口许可证或违规处理洋垃圾的从业者列入黑名单，使其无法获得新的进口许可证。⑤ 这个举措涉及国内 114 家垃圾处理厂，有些工厂后来重新获得了进口许可证，有些工厂则受到惩

① 《洋垃圾就在转角处，我们悄悄地被洋垃圾淹了》，〔马来西亚〕《星洲日报》2018 年 11 月 13 日，https://www.sinchew.com.my/content/content_1810993.html（访问时间：2020 年 1 月 31 日）。

② 《祖莱达：改善作业以符条规，洋垃圾商可参访模范厂》，〔马来西亚〕《星洲日报》2018 年 12 月 14 日，https://www.sinchew.com.my/content/content_1821747.html（访问时间：2020 年 1 月 31 日）。

③ "KPKT hentikan pemberian AP sisa plastik selama 3 bulan", *Astro Awami*, Julai 24, 2018, https://www.astroawani.com/berita-malaysia/kpkt-hentikan-pemberian-ap-sisa-plastik-selama-3-bulan-181250（访问时间：2020 年 2 月 24 日）。

④ 《祖莱达即起停发进口许可证 3 年内淘汰洋垃圾》，〔马来西亚〕《星洲日报》2018 年 10 月 27 日，https://www.sinchew.com.my/content/content_1806997.html（访问时间：2020 年 1 月 31 日）。

⑤ "62 Companies Have Permits to Import Plastic Waste", Free Malaysia Today, June 8, 2019, https://www.freemalaysiatoday.com/category/nation/2019/06/08/62-companies-have-permits-to-import-plastic-waste（访问时间：2020 年 2 月 24 日）。

罚，甚至失去进口资格或从业资格。[①]

再次，强硬取缔无废塑料进口许可证的垃圾处理厂，对工厂进行查封，对从业者予以罚款。房屋与地方政府部长祖莱达表示，该部计划修改地方政府关于颁发工厂执照的条例，加重对违法从业者的惩戒，拟将罚款数额从原有不超过2000林吉特调高至5万林吉特。[②] 此外，政府还鼓励民众建立良好的环保意识，举报非法垃圾处理厂，帮助政府严厉执法，打击非法洋垃圾处理厂家。

2. 在国际层面采取强硬手段

希盟政府手段强硬，直接将大量洋垃圾退还给原出口国。全球共有33个国家及地区将垃圾出口至马来西亚，其中多数洋垃圾来自美国、日本、英国、澳大利亚等发达国家。[③] 2019年5月，杨美盈部长率人对位于巴生港的马来西亚西港有限公司（Westports Malaysia Sdn Bhd）的60个集装箱进行检查，查获大量混合废塑料。杨美盈表示，执法单位将依法在14天内将重达3000吨的非法洋垃圾送返来源国。[④] 此外，政府还在槟城和沙捞越的港口发现了装有非法进口废塑料的集装箱。截至2019年10月，经过交涉，已有3个国家同意将出口到马来西亚的89个集装箱的非法垃圾免费回收。[⑤]截至2020年1月17日，马来西亚已将150个集装箱、重达3737吨的非法洋垃圾遣送回出口国。其中，法国43箱、英国42箱、美国17箱、加拿大11箱、

① "Malaysia tak jadi ' tong sampah' sisa pepejal dunia Mentori", *Malaysiakini*, Julai 31, 2018, https://www.malaysiakini.com/news/436711（访问时间：2020年1月31日）。

② 《房地部拟修法提高罚款，洋垃圾业者可罚5万》，〔马来西亚〕《星洲日报》2019年9月30日，https://www.sinchew.com.my/content/content_2124085.html（访问时间：2020年2月1日）。

③ 《洋垃圾就在转角处，我们悄悄地被洋垃圾淹了》，〔马来西亚〕《星洲日报》2018年11月13日，https://www.sinchew.com.my/content/content_1810993.html（访问时间：2020年1月31日）。

④ "14 hari untuk hantar sampah ke negara asal", *Berita Harian*, Mei 28, 2019, https://www.bharian.com.my/berita/nasional/2019/05/568968/14-hari-untuk-hantar-sampah-ke-negara-asal（访问时间：2020年2月1日）。

⑤ "Tiga negara sedia terima 89 kontena sampah, sisa plastik", *Malaysiakini*, Oktober 3, 2019, https://www.malaysiakini.com/news/494308（访问时间：2020年1月30日）。

西班牙10箱、日本5箱，等等。随后，马来西亚还计划将位于巴生、槟城、沙捞越三个港口的共110个集装箱的非法洋垃圾送回出口国，其中60箱来源于美国。①

三 洋垃圾治理的遗留问题及其国际影响

希盟政府多措并举，加强对洋垃圾问题的治理，取得了一定成效，但治理洋垃圾是个长期而艰巨的任务。而且，洋垃圾问题涉及国内诸多厂家和人员的利益，希盟政府主要是对非法洋垃圾加大打击力度，对相关行业和厂家进行整顿和规范，并未全面禁止洋垃圾进口，而是有条件地进口“干净的洋垃圾”。由于马来西亚进口的洋垃圾数量大，其治理问题也牵扯到很多国家，并造成一定的国际影响。

（一）短期治理较难除根，效果未达到民众预期

总体而言，相较于前政府的不作为，希盟政府对待洋垃圾问题的态度已有明显改善，但因为政府承诺的目标十分宏大，短时间内无法实现。治理洋垃圾涉及国内多个州、大量厂家和从业人员的利益，难免顾此失彼，因此民众中仍有不满声音，主要原因有以下几个。首先，希盟上台发布的大选宣言中的第39条承诺，希盟政府将在上台后实现经济发展与环境保护之间的平衡，推动环境的可持续发展。虽然希盟政府确实采取了诸多措施，也取得一定成效，但是与最初的承诺仍有一定差距，未达到民众预期，尤其是受洋垃圾处理厂危害的部分民众的不满情绪仍较强。其次，一些民众希望全面禁止进口塑料废物，但希盟政府只是对进口加以规范，而未完全禁止。还有一些民众对希盟政府对每吨塑料废物征税15林吉特不满，认为政府一边处理问

① “Malaysia Sends Back 3737 Metric Tonnes of Plastic Waste, to Repatriate More This Year”, *Malaymail*, January 20, 2020, https://www.malaymail.com/news/malaysia/2020/01/20/malaysia-sends-back-3737-metric-tonnes-of-plastic-waste-to-repatriate-more/1829731（访问时间：2020年2月24日）。

题，一边又从中获利，没有全心全意保护公众健康和环境。[①] 最后，民众认为，在治理过程中仍存在执法不严、官员行动缓慢等问题，洋垃圾带来的污染仍在严重破坏环境和民众健康。[②] 取缔行动不彻底致使有些非法洋垃圾处理厂仍在运转，继续污染环境，影响民众生活。

（二）对国际社会产生一定影响

希盟政府解决洋垃圾问题的措施对国际社会也产生了一定影响。在地区层面，在一定程度上为东南亚其他受洋垃圾影响的国家起到了一定的示范作用，促使一些东南亚国家也更加重视本国的洋垃圾问题，有利于东南亚地区的环境保护。比如，2019 年 4 月，印尼驻欧洲的外交官表示，印尼已立法停止进口来自西方国家的特定塑料垃圾。[③] 同年 5 月 31 日，菲律宾政府在经过长期努力后，也终于将滞留马尼拉 6 年、69 个装载洋垃圾的集装箱运出苏比克湾港，遣回其源头加拿大。7 月 18 日，柬埔寨政府在该国西哈努克港截获了 83 个集装箱的塑料废品，经查它们来自美国和加拿大。柬埔寨政府环境部表示，会将其遣回并追究相关进口企业的责任。柬埔寨总理洪森（Samdech Hun Sen）也发表声明，称柬埔寨不允许进口任何类型的废品进行再加工处理。[④] 此外，泰国政府也宣布 2021 年前将禁止进口塑料废物。[⑤]

在更广泛的国际层面，马来西亚在国际上积极呼吁改变“发达国家出口洋垃圾、发展中国家进口洋垃圾”的不公平现状，对国际环保事业产生

① “Have Total Ban on Plastic Waste”, *Malay Mail*, September 26, 2018, https：//www. malaymail. com/news/what - you - think/2018/09/26/have - total - ban - on - plastic - waste - imports - cap/1676538（访问时间：2020 年 2 月 24 日）。

② 王国慧：《黄思敏退出微信群组，“不是针对是民怨太重”》，〔马来西亚〕《星洲日报》2019 年 4 月 22 日，https：//www. sinchew. com. my/content/content_ 2042889. html（访问时间：2020 年 1 月 31 日）。

③ 《东南亚拒当“洋垃圾场”》，新华网，2019 年 6 月 4 日，https：//www. xinhuanet. com/world/2019 - 06/04/c_ 1210150729. htm（访问时间：2020 年 2 月 26 日）。

④ 《综述：东南亚拒做发达国家“垃圾场”》，新华网，2019 年 7 月 28 日，http：//www. xinhuanet. com/world/2019 - 07/28/c_ 1124807976. htm（访问时间：2020 年 2 月 26 日）。

⑤ 《东南亚拒当“洋垃圾场”》，新华网，2019 年 6 月 4 日，https：//www. xinhuanet. com/world/2019 - 06/04/c_ 1210150729. htm（访问时间：2020 年 2 月 26 日）。

一些积极影响。通过多方努力，2019 年 5 月，在瑞士召开的《控制危险废物越境转移及其处置巴塞尔公约》（简称《巴塞尔公约》）第 14 次缔约方大会上，全球 180 多个国家对公约做出修订，决定将塑料垃圾列入进出口限制对象，旨在控制有害废弃物越境转移及处置。支持修订公约的国家希望，修正案能够迫使发达国家主动解决自身制造的废弃物问题，而不是通过转嫁给发展中国家来回避这些问题。《巴塞尔公约》修订后对美国的影响最大，因为新措施将禁止尚未批准公约的国家出口被列入清单的垃圾。美国政府虽于 1990 年签署了该公约，但国会迟迟未予以批准生效。[①] 除此之外，部分国家由于洋垃圾出口受到影响，也对国内政策做出了改变。英国为了解决非法塑料废料的出口问题，其环保部门将与相关企业合作，确保英国出口的塑胶废料“没有污染”，并且只能送到有执照及能够正确处理塑胶废料的海外企业。同时，英国政府承诺将注资 7000 万英镑解决塑胶废料引发的污染问题，包括推动全球研究、帮助发展中国家寻找回收塑胶废料的新方法。[②] 2019 年 8 月 9 日，澳大利亚总理斯科特·莫里森（Scott Morrison）与各州和领地的领导人协商，将拟定时间表，逐步停止塑料、纸张和玻璃等可再循环废品的出口，承诺将会最终停止出口可再循环废品。[③]

与此同时，马来西亚的举措还引发了国际舆论的关注，英国广播公司（BBC）基于霹雳州的洋垃圾问题拍摄了纪录片。部分发达国家的垃圾出口行为被曝光后，在本国也引发了社会反响，部分出口国的环保组织在国内进行抗议。由此可见，马来西亚处理洋垃圾的举措令相关发达国家重新正视本国的垃圾出口和处理问题。

---

① “Malaysia, Ooded with Plastic Waste, to Send Back Some Scrap to Source”, *Malaymail*, May 21, 2019, https://www.malaymail.com/news/malaysia/2019/05/21/malaysia - flooded - with - plastic - waste - to - send - back - some - scrap - to - source/1755142（访问时间：2020 年 2 月 24 日）。

② 《最高专员署：与大马合作，“英拟运返洋垃圾”》，〔马来西亚〕《星洲日报》2019 年 6 月 7 日，https://www.sinchew.com.my/content/content_2065057.html（访问时间：2020 年 2 月 1 日）

③ 《澳洲承诺停止出口垃圾》，〔马来西亚〕《星洲日报》2019 年 8 月 10 日，https://www.sinchew.com.my/content/content_2098119.html（访问时间：2020 年 2 月 1 日）。

结 语

洋垃圾问题不仅是马来西亚的问题，也是地区的长久性问题。希盟政府上台以后，高度重视处理洋垃圾问题，在治理方面也取得一定成效。但由于洋垃圾进口能为马来西亚带来一定的经济利益和就业机会，所以政府未全面禁止进口洋垃圾。而且，希盟政府在2020年2月底已经下台，其治理洋垃圾的举措毕竟只实施了一两年，在这么短的时间内不可能解决好这个长期的难题，其引发的环境和健康问题仍然存在，部分民众依旧被洋垃圾困扰。当然，就国际层面而言，马来西亚已经采取了强有力的措施，并与东南亚多国形成了一定程度的共同抵制洋垃圾的局面，着力解决问题。同时，马来西亚治理洋垃圾的举措也对发达国家产生了一定影响，在国际社会产生一定效应。

由于马来西亚的洋垃圾是长期性问题，根治尚需时日。2020年3月1日，穆希丁·亚辛（Muhyidin Yassin）宣誓就任新总理。对新政府而言，如何继续有效治理洋垃圾及其引发的问题，如何平衡好国家发展与环境保护之间的关系，如何平衡好企业利益和民众利益，任重道远。

B.10
2019年马来西亚教育发展

侯燕妮*

摘　要： 2019年，马来西亚教育发展呈现良好势头。希望联盟政府上台后，重视发展教育，教育部连续两年成为政府财政预算最大赢家。教育改革成效初显，师生负担减轻、破旧学校得到修缮，教学质量不断提高；政府关注残障人士教育，增加特殊人群受教育机会，教育公平性得到提升；关注高等教育发展，高校自主权获得提升。在取得成果的同时，也引发不少争议话题。华文独中统考文凭认可问题依旧是谜，恢复以英文教授数理科目政策引发全民热议，将加威文书法纳入小学四年级国文课各方意见不一。

关键词： 马来西亚　教育质量　特殊教育

2018年5月，马来西亚举行第14届全国大选。纳吉布领导的执政联盟国民阵线不敌前总理马哈蒂尔率领的希望联盟，未能获得组阁权。希盟政府上台后，重视发展教育，加大对教育领域的投入，教育部连续两年成为马来西亚年度财政预算最大赢家。2019年，教育部获602亿林吉特财政拨款，

* 侯燕妮，广东外语外贸大学东方语言文化学院马来语系讲师，亚非语言文学专业博士研究生，研究方向为马来西亚文学、历史。

占财政预算总额的19.1%，成为获批预算最多的部门。[①] 2020年，教育部再次成为获批财政预算最多的部门，获批总额达641亿林吉特，与2019年相比增加39亿林吉特。[②] 在希盟政府的领导下，2019年马来西亚教育发展呈现良好势头，成绩显著，但同时也存在不少颇具争议性的话题。

一 马来西亚教育发展概况

（一）概况

马来西亚曾是英国殖民地，其教育体制的形成在很大程度上受英国影响。根据《1996年教育法令》，马来西亚教育体系由学前教育、小学教育、中学教育、大学先修班（或中学延修班）及高等教育组成。[③] 马来西亚重视考试制度，小学、高中、大学先修班均设有全国统考，以统考制度来评定学生的能力及进行深造的资格。马来西亚实行11年义务教育，其中小学6年为强制义务教育。根据教育部统计数据，2017年马来西亚小学毛入学率为103%，而中学毛入学率为86%。[④] 因此，为进一步提高中学入学率，时任教育部副部长张念群透露，教育部正在研究修订法令条文，让孩童到了求学年龄必须报读学校，强制家长让孩子完成中小学11年教育。[⑤]

---

① 《教育部获批最大额财政预算》，〔马来西亚〕《每日新闻》2018年11月2日，https://www.bharian.com.my/berita/nasional/2018/11/493742/kementerian-pendidikan-terima-peruntukan-tertinggi。

② 《教育部获批最大额财政预算》，〔马来西亚〕《每日新闻》2019年10月11日，https://www.bharian.com.my/berita/pendidikan/2019/10/616641/pendidikan-terima-peruntukan-tertinggi。

③ 《1996年教育法令》，第15页，参见苏丹阿末沙理工学院官网，http://www.polisas.edu.my/portal/images/stories/Mqa/Akta550.pdf。

④ 马来西亚教育部官网，https://www.moe.gov.my/muat-turun/penerbitan-dan-jurnal/terbitan/buku-informasi/2722-quick-facts-2019/file，*Quick Facts 2019*。

⑤ 《教育部将研究修订法令，强制家长让孩子完成11年教育》，〔马来西亚〕《东方日报》2019年1月27日，https://www.orientaldaily.com.my/news/nation/2019/01/27/276893。

（二）学校类型及规模

《1996年教育法令》规定，马来西亚教育机构主要分为三种类型，即政府学校、政府资助学校和私立学校。[①] 政府学校是指由教育部设立，并负责其所有经费的学校。政府资助学校是指得到全部资助拨款及固定资本拨款的学校或教育机构。所谓资助拨款即行政拨款，资本拨款即发展拨款。政府资助学校和政府学校同属官方教育，采用共同的教育大纲和教材。

马来西亚是一个宗教国家，伊斯兰教是其官方宗教。同时马来西亚也是一个多元民族国家，国内大小民族众多，主要由三大主体民族组成，即马来族、华族和印度族，因此多种学校并存是马来西亚教育体制的一大特色。以小学为例，教育部所属小学即包括以马来语为教学媒介语的国民小学，以华语为教学媒介语、马来语和英语为必修科目的国民型华文小学，以泰米尔语为教学媒介语、马来语和英语为必修科目的国民型泰米尔语小学。此外，特殊教育学校、政府资助的宗教学校以及小初中寄宿学校（Special Model K－9）[②] 也为教育部所属学校。除教育部所属学校外，还存在部分私立学校，包括民办宗教学校及州立宗教学校，这些学校不属于教育部拨款范围。

马来西亚教育部公布的数据显示，截至2019年1月31日，马来西亚有学前教育机构25200所、小学8004所、中学3045所（其中包括183所小初中并存学校），共计36249所。其中，教育部所属幼儿园、小学、中学分别为6152所、7772所、2436所，总计16360所。[③]

具体来讲，马来西亚学前教育以私立为主，中小学教育则以教育部所属官方教育为主，私立中小学仅占极小部分。截至2019年2月，马来西亚学前教育机构共计25200所，其中绝大部分属于私立，达19048所，占总数的

① 《1996年教育法令》，第15页，参见苏丹阿末沙理工学院官网，http：//www. polisas. edu. my/portal/images/stories/Mqa/Akta550. pdf。

② 该类型学校是专门为解决原住民教育问题而建。

③ 马来西亚教育部官网，https：//www. moe. gov. my/muat － turun/penerbitan － dan － jurnal/terbitan/buku－informasi/2722－quick－facts－2019/file，Quick Facts 2019。

75.6%，教育部所属仅占24.4%。全国小学共8004所，其中教育部所属学校达7772所，占总数的97.1%，剩余约3%分别为私立小学（125所）及宗教小学（包括州立和民办）（107所）。而在教育部所属小学中，以马来语为教学媒介语的国民小学占75.55%。[1] 详细数据如图1所示。

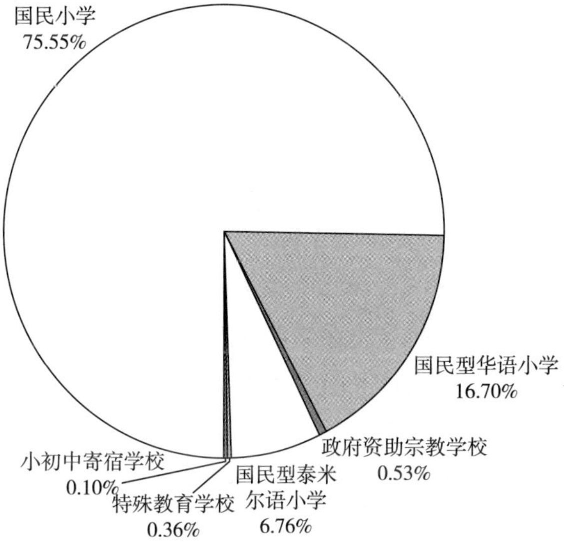

图1　2019年马来西亚教育部所属小学情况

资料来源：马来西亚教育部官网，https：//www.moe.gov.my/muat－turun/penerbitan－dan－jurnal/terbitan/buku－informasi/2722－quick－facts－2019/file。

马来西亚中学共3045所，教育部所属中学2436所，占总数的80%。其中普通中学占比最大，为81.44%，共计1984所，剩余452所中学则由政府资助，包括宗教学校（180所）、职业中学（87所）、全寄宿制中学（69所）、大学先修班（21所）、寄宿学校（11所）、工艺学校（9所）、特殊教育学校（6所）、体育学校（5所）、艺校（3所）、爱心辅导学校

① 马来西亚教育部官网，https：//www.moe.gov.my/muat－turun/penerbitan－dan－jurnal/terbitan/buku－informasi/2722－quick－facts－2019/file，Quick Facts 2019。

（Bimbingan Jalinan Kasih）（1 所）等。[1] 值得一提的是，爱心辅导学校由马来西亚教育部于 2013 年在吉隆坡设立，其招收对象主要为居无定所的街头流浪儿童、无身份证明文件的儿童及居住于孤儿院的孤儿。[2] 非教育部所属中学共 609 所，占 20%，其中私立中学 164 所、宗教学校 262 所，其余 183 所为中小学并存类型，但统计时归为中学。在上述 164 所私立中学中，华文独中共计 60 所。

（三）教育机构

马来西亚实行小学 6 年强制义务教育，所以小学入学率较高，2018 年达 97.88%。而中学入学率则随着年级的上升而呈递减趋势，2018 年初中入学率为 95.25%，高中入学率为 86.46%，中学延修班入学率为 17.78%（见表 1）。这也正是马来西亚教育部意欲修改《1996 年教育法令》所规定的 6 年强制义务教育，而延长至 11 年的重要原因。

表 1　2018 年马来西亚各级学校入学率

学校类型	学生数（人）	适龄人数（人）	入学率（%）
小学	2835088	2896400	97.88
初中	1354572	1422071	95.25
高中	853804	987562	86.46
中学延修班	186948	1051267	17.78

资料来源：马来西亚教育部官网，https：//www.moe.gov.my/muat－turun/penerbitan－dan－jurnal/terbitan/buku－informasi/2722－quick－facts－2019/file。

生师比是衡量办学水平的指标之一，是办学规模、效率的重要体现，生师比越小则说明教育资源越丰富。根据马来西亚教育部公布的 2019 年各级学生及教师数据计算得知，马来西亚学前教育生师比为 13.98，小学生师比

① 马来西亚教育部官网，https：//www.moe.gov.my/muat－turun/penerbitan－dan－jurnal/terbitan/buku－informasi/2722－quick－facts－2019/file，Quick Facts 2019。

② 马来西亚教育部官网，https：//www.moe.gov.my/pendidikan/pendidikan－menengah/sekolah－bimbingan－jalinan－kasih。

为11.56，中学（不包含大学预科班）生师比为11.08。日本2016年小学生师比为27.3，初中生师比为15.87，高中生师比为11.21。[1] 中华人民共和国教育部公布的2018年各级学校生师比显示，中国普通小学生师比为16.98，普通初中生师比为12.52，普通高中生师比为13.39。[2] 对比发现，单从生师比这一指标来看，马来西亚教育资源较为丰富，办学水平也相对较高。虽然如此，如果将马来西亚国内教育部属学校和私立学校对比则发现，二者之间依然存在较大差距（见表2）。

表2　2019年马来西亚教育部属学校及私立学校生师比

	属性	学生数(人)	教师数(人)	生师比
学前教育	教育部	205200	9311	22.04
	私　立	613247	49234	12.46
小学	教育部	2726761	237317	11.49
	私　立	82683	5632	14.68
中学	教育部	2007496	182587	10.99
	私　立	282502	24055	11.74

资料来源：马来西亚教育部官网，https://www.moe.gov.my/muat-turun/penerbitan-dan-jurnal/terbitan/buku-informasi/2722-quick-facts-2019/file。

从表2可以看出，除学前教育外，马来西亚教育部属中小学生师比低于私立中小学。这在一定程度上体现出马来西亚存在教育资源分布不均的问题，教育的公平性是教育改革不可回避的问题，也是一个棘手的问题。

马来西亚高等教育体系包括公立和私立两部分。公立高校由公立大学、工艺学院及社区学院组成。私立高校由私立大学、私立大学学院、私立学院和外国大学分校组成。专科学制2~3年，本科学制3年，硕士学制1~2年，博士学制3~5年。马来西亚现有公立大学20所，由三个类别组成，即

① 马来西亚教育部官网，https://www.moe.gov.my/muat-turun/penerbitan-dan-jurnal/terbitan/buku-informasi/2722-quick-facts-2019/file，Quick Facts 2019。

② 中华人民共和国教育部官网，http://www.moe.gov.cn/s78/A03/moe_560/jytjsj_2017/gd/201808/t20180809_344841.html。

研究型大学（5 所）、专业型大学（11 所）以及复合型大学（4 所）。[①] 截至 2019 年 12 月 31 日，马来西亚私立高校共 443 所，其中私立大学及分校 54 所（私立大学 48 所、分校 6 所），私立大学学院及分校 37 所（私立大学学院 33 所、分校 4 所），私立学院 342 所，外国大学分校 10 所。[②]

据马来西亚教育部统计，截至 2018 年 12 月 31 日，马来西亚公立大学在校生总数 552702 人，其中男生 213654 人，女生 339048 人，男女比例为 1∶1.6。从国籍来看，94.51% 为本地学生，达 522361 人；留学生 30341 人，占总数的 5.49%。而对应的公立大学教师总人数为 31528 人，其生师比为 17.5。[③] 2018 年中国本科院校生师比为 17.42，北京市本科院校生师比为 17.23。[④] 对比发现，马来西亚公立大学生师比略高于中国，但中国在这一指标上相对于马来西亚的优势并不是很明显。

2018 年马来西亚高等教育机构在校总人数 1343830 人，其中博士研究生 43179 人，占在校总人数的 3.2%；硕士研究生 89814 人，占在校总人数的 6.7%。[⑤] 2018 年中国高校在校生总人数 45208036 人，其中博士研究生 389518 人，占在校总人数的 0.86%；硕士研究生 2341739 人，占在校总人数的 5.2%，远低于马来西亚。

近年来，马来西亚不断扩招留学生，其留学生人数不断攀升。以公立大学为例，2017 年留学生人数为 25823 人，2018 年上升至 30341 人。放眼整个马来西亚高校，截至 2018 年，马来西亚留学生总数为 170898 人，其中来自孟加拉国的最多，达 22158 人，其次为中国，为 16361 人（见表 3）。

---

① 马来西亚教育部官网，https://www.moe.gov.my/en/kategori-universiti-awam。

② 马来西亚高等教育局官网，http://jpt.moe.gov.my/portal/ipts/institusi-pendidikan-tinggi-swasta/senarai-daftar-dan-statistik-ipts。

③ 马来西亚教育部官网，https://www.moe.gov.my/muat-turun/penerbitan-dan-jurnal/terbitan/buku-informasi/2722-quick-facts-2019/file，Quick Facts 2019。

④ 中华人民共和国教育部官网，http://www.moe.gov.cn/s78/A03/moe_560/jytjsj_2017/gd/201808/t20180809_344841.html。

⑤ 马来西亚教育部官网，https://www.moe.gov.my/en/muat-turun/laporan-dan-statistik/pendidikan-tinggi/buku-perangkaan/2018-10/2408-statistik-pendidikan-tinggi-2018-bab-7-pdf/file，Statistik Pendidikan Tinggi 2018。

表3　2018年马来西亚高校留学生来源国（前10名）

序号	来源国	总人数(人)	序号	来源国	总人数(人)
1	孟加拉国	22158	6	巴基斯坦	6850
2	中　国	16361	7	伊拉克	3645
3	尼日利亚	11105	8	利比亚	3309
4	印　尼	10783	9	印　度	3272
5	也　门	7376	10	伊　朗	3185

资料来源：马来西亚教育部官网，https：//www.moe.gov.my/en/muat－turun/laporan－dan－statistik/pendidikan－tinggi/buku－perangkaan/2018－10/2408－statistik－pendidikan－tinggi－2018－bab－7－pdf/file，Statistik Pendidikan Tinggi 2018。

从表3可以看出，马来西亚留学生来源排名前十的国家，绝大部分为伊斯兰国家，这与马来西亚本身同为伊斯兰国家密不可分。同时也表明，马来西亚的高等教育水平得到越来越多国家，尤其是伊斯兰国家的认可。世界穆斯林学者协会主席谢赫·艾哈迈德·莱索尼教授表示，马来西亚高等教育具有国际水准，其教育质量、毕业生以及研究成果被世界上很多国家作为模仿典范，这不仅在伊斯兰世界如此，在很多西方国家亦然。①

二　2019年马来西亚教育发展成果

希盟政府上台后，积极发展本国教育，开展教育改革，旨在将马来西亚打造成国际著名的教育基地。2019年是所有变革的开始，也是希盟政府教育发展成果集中体现的一年，主要有以下五大方面。

（一）关注特殊教育，为师生减负，让爱回归教育

根据马来西亚教育部制定的《在高等教育学府的残疾人士融合政策指南》（简称《指南》），在马来西亚，特殊需求学生（OKU）包括视觉障碍、听力

① 《世界穆斯林学者协会主席：马来西亚高等教育获国际认可》，〔马来西亚〕《每日新闻》2019年12月29日，https：//www.bharian.com.my/berita/nasional/2019/12/642406/sistem－pendidikan－tinggi－malaysia－diiktiraf－dunia－ketua－kesatuan。

障碍、语言障碍、身体残疾、学习障碍、精神障碍及其他综合障碍患者。[①] 长期以来，残障人士教育一直是马来西亚教育部关注的重点之一。希盟政府上台后，教育部加大对特殊教育的投入，出台各类政策帮助残障学生接受教育，成果显著。时任教育部长马智礼博士在《指南》推介会致辞时表示，特殊教育将成为《第十二个马来西亚计划》的重要关注点。[②]

马来西亚教育部从 2019 年 1 月 1 日起落实“零拒收政策”（Zero Reject Policy），并开设特殊教育班，确保每个学生都能有接受同等教育的机会。为支持该政策落实，财政部在其公布的 2020 年财政预算方案中也首次为特殊需求学生教育拨款 2300 万林吉特。在“零拒收政策”及财政拨款的保障下，截至 2019 年 6 月 30 日，马来西亚共有 87545 名特殊需求学生注册入学，其中 38036 名中学生、48185 名小学生，其余为幼儿园学生。[③] 而教育部年终统计数据显示，2019 年共 75 所学校为残障学生新增 526 个特殊教育班，其总数从 2018 年的 9674 个增加至 10200 个。与此相对应，截至 2019 年底，共 88419 名残障学生注册入学，与 2018 年相比，增加 4821 人。同时还有 2636 名无身份证明文件的学生在“零拒收政策”的支持下成功入学。[④]

2019 年 9 月 5 日，教育部《指南》推介会在吉隆坡举行。教育部长马智礼在致辞时表示，所有公立大学必须根据《指南》打造对残疾人士友善的学习环境，并设立残疾人士服务中心，该政策必须从 2019 ~ 2020 年度第

① 《在高等教育学府的残疾人士融合政策指南》，马来西亚教育部官网，https：//www. moe. gov. my/pekeliling/2785 – garis – panduan – pelaksanaan – dasar – inklusif – oku – di – ipt/file。

② 《教育部长“在高等教育学府的残疾人士融合政策指南”推介会讲话稿》，马来西亚教育部官网，https：//www. moe. gov. my/en/muat – turun/teks – ucapan – dan – slide/2019 – 7/3020 – majlis – pelancaran – garis – panduan – pelaksanaan – dasar – inklusif – orang – kurang – upaya – di – institusi – pendidikan – tinggi/file。

③ More Than 87000 Students Registered under “Zero Reject Policy”，〔马来西亚〕《太阳报》2019 年 8 月 30 日，https：//www. thesundaily. my/local/more – than – 87 – 000 – students – registered – under – zero – reject – policy – GJ1319844。

④ 《2019 年教育部成果报告》，马来西亚教育部官网，https：//www. moe. gov. my/en/muat – turun/laporan – dan – statistik/3099 – pencapaian – kpm – 2019/file。

一学期开始落实。同时，马智礼也鼓励私立大学积极落实该政策，为残疾人士提供学习机会。① 据《每日新闻》报道，在该《指南》的指导下，已有5所公立大学迅速响应，设立残疾人士服务中心，它们分别是马来西亚理科大学、马来亚大学、马拉工艺大学、马六甲马来西亚技术大学及马来西亚国民大学。②

在《马来西亚教育发展蓝图（2013～2025）》提升学前至高中入学率的倡议下，教育部推行多个举措，而“零辍学学生计划”则是其一。③ 该计划由教育部在2018年发起，2019年正式开始在全国范围内落实。至2019年底，已成功让4369名辍学学生重返校园，其中包括1666名小学生、2703名中学生。马智礼表示，“零辍学学生计划”是教育部之前未有过的新举措，是教育部在2019年最重要的成就之一。④

马来西亚政府依据人民家庭收入将全民分为三组，即低收入群体（B40）、中等收入群体（M40）和高收入群体（T20）。为保证来自低收入群体家庭的优秀学子也能接受教育，教育部专门为该群体学生开辟特殊通道，预留入学名额，给予财政支持，取得显著成效。教育部数据显示，在2019年招生过程中，全寄宿学校为低收入群体家庭学生预留了60%的名额，最终招收人数占总数的52.8%。大学预科班为低收入群体家庭学生预留了

① 《所有公立大学必须执行残障人士融合政策》，〔马来西亚〕《阳光日报》2019年9月5日，https://www.sinarharian.com.my/article/46644/BERITA/Nasional/Semua-universiti-awam-wajib-laksana-Dasar-Inklusif-OKU。

② 《公立大学关注残障学生及低收入群体》，〔马来西亚〕《每日新闻》2019年12月3日，https://www.bharian.com.my/berita/nasional/2019/12/634722/ua-beri-tumpuan-kepada-pelajar-oku-b40。

③ 《PSCM计划有成效　玻璃市学生零辍学》，〔马来西亚〕《南洋商报》2018年12月19日，https://www.enanyang.my/news/20181219/pscm%E8%AE%A1%E5%88%92%E6%9C%89%E6%88%90%E6%95%88br-%E7%8E%BB%E7%92%83%E5%B8%82%E5%AD%A6%E7%94%9F%E9%9B%B6%E8%BE%8D%E5%AD%A6/。

④ 《零辍学学生计划有成，马智礼：4369学生重返校园》，〔马来西亚〕《中国报》2019年12月9日，https://www.chinapress.com.my/20191209/%E9%9B%B6%E8%BE%8D%E5%AD%A6%E5%AD%A6%E7%94%9F%E8%AE%A1%E5%88%92%E6%9C%89%E6%88%90-%E9%A9%AC%E6%99%BA%E7%A4%BC%EF%BC%9A4369%E5%AD%A6%E7%94%9F%E9%87%8D%E8%BF%94%E6%A0%A1%E5%9B%AD/。

62%的名额。此外，为保证低收入群体家庭学生也能正常进入大学深造，教育部为该群体学生开通进入公立大学及公共技能培训机构的特殊通道，让51191名来自低收入群体家庭的学生成功进入大学学习。此外，教育部还专门拨款6810万林吉特，为低收入群体家庭学生设立奖学金，惠及31614人。①

除了残障人士和低收入群体家庭学生外，土著学生及国家运动员也是教育部重点关注对象。教育部专门为上述四个群体开通进入公立大学的特殊通道，他们无须与其他群体学生竞争，只要满足特定条件，在上述四个群体内部竞争即可。②

为师生减负也是2019年教育部倡导的“让爱回归教育”的重要内容。2018年底，教育部宣布从2019年开始，取消小学一至三年级期中及期末考试，以更加主观多样的标准对学生进行综合评价。此举不仅是为学生减负，同时也是为教师减负。取消考试不仅可以让教师更加专注于教学工作，同时也可以避免学生过早承受太多压力。③

此外，为减轻教师工作负担，自2018年7月开始，教育部便与全国教师专业职工会（NUTP）进行磋商，在经过长达16次会议后最终定下措施。2019年1月14日，教育部部长马智礼在2019年教育部部长年度汇报会上，宣布减轻教师工作负担的5项倡议、9项措施，即简化文件管理与资料收集、管理网上系统和数据、各校推动适宜的识字与精算计划（Linus）、规范评估的表格和过程、撤除与教育职责无关的委员会。④ 通过上述措施，预计

① 《8万特殊学生，今年增526班级》，〔马来西亚〕《东方日报》2019年12月13日，https：//www. orientaldaily. com. my/news/nation/2019/12/13/318665。

② 《四个群体仅需内部竞争即可进高校深造》，〔马来西亚〕《每日新闻》2019年3月2日，https：//www. bharian. com. my/berita/pendidikan/2019/03/536733/empat – kumpulan – bersaing – sesama – sendiri – ke – ipt。

③ 《马智礼：取消小学一二三年级考试的十大理由》，〔马来西亚〕《每日新闻》2019年1月6日，https：//www. bharian. com. my/berita/nasional/2019/01/516704/10 – sebab – peperiksaan – tahap – satu – dimansuhkan – maszlee。

④ 《教育部落实5项倡议，马智礼：减轻教师工作负担》，〔马来西亚〕《东方日报》2019年1月14日，https：//www. orientaldaily. com. my/news/nation/2019/01/14/275226。

能减少教师25%的工作量。但教育部年终总结报告显示，通过一年的落实，已成功减少教师50%的工作负担。[①]

同时，为解决教师居住地较远、离婚率日益攀升、女性教师单独养育子女压力过大等困难，教育部逐步提高教师转校申请的通过率。据统计，2018年6~9月，教育部共通过2252份转校申请，占申请总数的8.89%。2019年1月申请转校的教师达25332人，其中4525人获得批准，通过率较之前大幅提高，达17.86%。[②] 截至2019年底，教育部共批准了15565名教师的转校申请，与之前相比，通过率可谓成倍增长。

（二）全面出击，提高教学质量

提高教学质量是2019年马来西亚教育部的又一关注重点，也是其年度重要成果之一，主要包括5个方面，即教育制度改革、数码改革、排名提升、破旧学校修复以及职业技术教育改革。

希盟赢得第14届大选以来，积极采取措施，改革本国教育制度。自2018年5月希盟执政，便将之前的教育部和高教部合二为一，统称为教育部，并在各个层面开展检视、协调与重组活动。为进一步加快本国教育制度改革，2019年教育部新建多个专门委员会，就相关议题提供改革意见和建议。

2018年6月6日，马来西亚内阁会议决定让教育部组建国家教育政策研究委员会，以重新审查国家教育政策。该委员会在2019年1月的一份声明中表示，诚邀社会各界就本国教育改革建言献策，以促进马来西亚教育体制的完善。同时，该委员会还积极开展民意调查，收集信息和建议，助力马

---

① 《2019年教育部成果报告》，马来西亚教育部官网，https://www.moe.gov.my/en/muat-turun/laporan-dan-statistik/3099-pencapaian-kpm-2019/file。

② 《2019年度第一学期4525教师转校申请获通过》，〔马来西亚〕《每日新闻》2018年11月13日，https://www.bharian.com.my/berita/nasional/2018/11/497630/4525-permohonan-pertukaran-guru-sesi-januari-2019-diluluskan。

来西亚教育改革。[①] 5 月 8 日，教育部联合人力资源部等多个部门共同召开会议，决定建立职业技术教育与培训委员会（JKKPTVET）。该委员会由教育部牵头，教育部部长马智礼担任主要负责人，积极研究新政策，以更好地应对第四次工业革命所带来的挑战。[②] 9 月 24 日，教育部宣布将成立土著学生教育特别委员会，研究拓宽土著学生入学途径，以提高土著学生入学率。此外，该委员会也密切关注影响土著学生入学的部分议题，如基础设施、交通等。[③]

随着“工业 4.0”概念的不断普及，各国对这次全新技术革命所带来的挑战也愈加重视。为应对上述挑战，马来西亚教育部积极开展数码改革，用现代化技术提高教学质量。一方面，教育部积极协调，提高学校网络速度。2019 年，马来西亚共有 10208 所学校的网速获得保证，最低网速不低于 30～100Mbps。另一方面，教育部积极推广谷歌课堂的使用，提高教学效率。2019 年，马来西亚共有 40450 个班级使用谷歌课堂，其中包括 32036 名教师和 364204 名学生享受谷歌课堂所带来的便利。[④] 为应对人工智能、机器人和网络科技的迅速发展，教育部与马来西亚数码经济机构（MDEC）合作，积极推动中小学程序语言教育，培育年轻人的数码技能，如协助学校成立数码创客中心（Digital Maker Hub），把计算机科学和运算思维推广至学校，甚至将之融入学校的正式课程。[⑤] 截至 2019 年底，共有 100 所学校成

---

① 《国家教育政策研究委员会诚邀民众建言献策》，〔马来西亚〕《每日新闻》2018 年 1 月 12 日，https：//www. bharian. com. my/berita/nasional/2019/01/518953/jawatankuasa – kajian – dasar – pendidikan – negara – pelawa – pandangan – umum。

② 《马智礼博士领导职业技术教育与培训委员会》，〔马来西亚〕《每日新闻》2019 年 5 月 13 日，https：//www. bharian. com. my/berita/nasional/2019/05/563488/dr – maszlee – ketuai – jawatankuasa – perkasa – tvet。

③ 《马智礼：教育部成立土著学生教育特别委员会》，〔马来西亚〕《阳光日报》2019 年 9 月 24 日，https：//www. sinarharian. com. my/article/49173/BERITA/Nasional/KPM – tubuh – jawatankuasa – khas – pendidikan – orang – asli – Maszlee。

④ 《教育部成果》，马来西亚新闻局官网，2019 年 12 月 17 日，https：//www. penerangan. gov. my/japenv2/index. php/2019/12/17/kejayaan – kementerian – pendidikan/。

⑤ 《培育学生数码技能，打造人才未来竞争力》，〔马来西亚〕《星洲日报》2018 年 10 月 18 日，https：//www. sinchew. com. my/content/2018 – 10/18/content_ 1802966. html。

立了数码创客中心。①

排名提升是2019年教育部又一重要成就，也是马来西亚教学质量提升的重要表现。一方面，马来西亚大学的世界排名得到提升；另一方面，马来西亚在“国际学生评估项目”（PISA）中分数上升。英国国际教育市场咨询公司——夸夸雷利·西蒙兹公司（Quacquarelli Symonds，QS）所发布的年度世界大学排名，是世界影响范围最广的排名之一。据QS公布的排名数据，2018年马来亚大学世界排名为第114位，2019年上升至第87位，跻身世界前100名，2020年更进一步提升至第70位。② 除世界排名提升外，马来西亚大学在亚洲的排名也不断上升。2020年马来亚大学亚洲排名从第19位上升至第13位，马来西亚博特拉大学从第34位升至第33位，马来西亚理科大学则从第43位升至第37位，马来西亚国民大学从第41位升至第39位，马拉工艺大学从第47位升至第40位。③ 2020年3月3日，QS在伦敦发布了第十年度世界大学学科排名，本次排名横跨5大学科群和48个学科，评估了全球83个国家和地区的1368所高校。其中，马来亚大学三个学科位于世界前50名，分别是图书馆及信息管理（第38名）、电子电气工程（第46名）及发展研究（第49名）。QS发言人杰克莫兰说，过去五年马来西亚在高等教育领域的表现，足以让其成为亚洲最值得关注的国家之一。④ 此外，马来西亚在2018年“国际学生评估项目”中的成绩也大大提升。2012年，马来西亚学生在此项目的成绩分别为阅读398分、数学421分、科学420分。2018年评估结果出炉，马来西亚学生上述三个科目分数均高于2012年，阅读提高17分至415分，数学提高19分至440分，科学提高18

① 《教育部成果》，马来西亚新闻局官网，2019年12月17日，https：//www. penerangan. gov. my/japenv2/index. php/2019/12/17/kejayaan – kementerian – pendidikan/。

② 参见QS中国官网，https：//www. qschina. cn/world – university – rankings。

③ 《马智礼博士：教育部五大关注要点》，〔马来西亚〕《阳光日报》2019年12月13日，https：//www. sinarharian. com. my/article/61726/BERITA/Nasional/KPM – tumpu lima – fokus – utama – Dr – Maszlee。

④ UM Named Top 50 in the World for Three Subjects，〔马来西亚〕《新海峡时报》2020年3月4日，https：//www. nst. com. my/news/nation/2020/03/571663/um – named – top – 50 – world – three – subjects。

分至438分。①

为保证教学质量的提高，马来西亚教育部积极修缮破旧学校，为师生提供良好的学习环境。2019年，全国待修缮破旧学校534所，其中452所已修缮完毕，修缮率达90%。同时，1216间陈旧实验室也得到了翻新。教育部部长马智礼表示，教育部的目标是让全国破旧学校清零，为师生提供良好的基础设施，促进教学质量的提高。②

职业技术教育改革与发展是马来西亚教育改革的重中之重，也是政府关于教育和国家发展议程中的优先事项。为适应社会和经济需求，职业技术教育需要针对性地做出改革，解决高技能人才短缺的问题，加强技术技能积累，为建设现代产业体系提供支撑。为此，教育部提出要让职业技术教育成为民众的首选，而不是备选；要让国家职业技术教育成为一个统一而强大的整体，而非处于四分五裂的状态。为实现上述目标，改革国家职业技术教育体系，马来西亚教育部采取一系列措施。2019年8月14日，成立职业技术教育与培训委员会。③ 总体来讲，马来西亚职业技术教育改革主要围绕五大支柱开展，即治理、融资、行业、质量和品牌。职业技术教育与培训委员会也根据上述五大支柱制定了20项战略和15项提案，以支持职业技术教育与培训改革这一国家愿望的实现。④

在职业技术教育改革的推动下，截至2019年底，马来西亚职业技术教育成绩斐然。在61510名职业技术教育毕业生中，共有54789名毕业生成功找到工作，就业率高达96.5%。而职业技术教育机构与16625家企业合作则是毕业生成功就业的保证之一。此外，教育部所开设的547门课程获

---

① 《全民教育：教育部2019年成果书》，马来西亚新闻局官网，https://www.penerangan.gov.my/japenv2/wp-content/uploads/2020/01/BUKU-KPM-12CMX12CM-2412190042.pdf。

② 《马智礼：90%破旧学校已修缮》，〔马来西亚〕《阳光日报》2019年12月12日，https://www.sinarharian.com.my/article/61556/BERITA/Nasional/90-peratus-sekolah-daif-sudah-dibaik-pulih-kata-Maszlee。

③ 《职业技术教育改革：大规模调整》，〔马来西亚〕当今大马，2019年10月8日，https://www.malaysiakini.com/columns/494965。

④ 《将建职技教育数据系统，马智礼：办活动促进各方合作》，〔马来西亚〕《星洲日报》2019年9月4日，https://www.sinchew.com.my/content/content_2110614.html。

马来西亚国家学术鉴定局（MQA）和工程技术认证理事会（ETAC）的认证。[①]

（三）发展高等教育，提高高校自主权

在第14届大选前，希盟曾公布其竞选宣言，题为《希望宣言》。该宣言以“拥抱希望，重建家国”为主题，以60项承诺、百日新政及5项特别使命勾画出执政愿景。其中，第50条承诺即恢复公立大学和高等教育的权威。宣言指出，希望联盟政府将废除《1971年大专与大专院校法令》以及其他大学相关法令，并以全面及完善的法律来取代，以保障教育品质、学术自由、言论自由、结社自由及公立高等学府应有的自主权。[②]

希盟上台后，教育部积极发展高等教育，推动高校自主化，恢复学生校园政治活动权利。教育部拨款4.55亿林吉特作为2019年研究基金，鼓励高校教师开展研究，解决社会问题。[③] 此外，经内阁同意，配合联合国教科文组织的世界教师节，教育部将10月5日定为马来西亚“学者日”（Hari Akademia），将10月定为“学者月”（Bulan Akademia），以感谢马来西亚的学术人员，包括公立大学、私立大学、学院等教师的付出。教育部部长马智礼在出席“学者日”推介会时表示，2019年“学者日”的主题是“学者与社会同在”，这与“大学为社会服务”的精神一致，同时也提醒学术人员不要只成为象牙塔里高高在上的学者，而是要成为实际了解人民问题、解决社会问题的“公共学者”，以及作为道德传输者、思想提供者和文化先驱。[④]

---

① 《教育部成果》，马来西亚新闻局官网，2019年12月17日，https://www.penerangan.gov.my/japenv2/index.php/2019/12/17/kejayaan-kementerian-pendidikan/。

② 《希盟60项承诺勾画执政愿景，百日内落实十新政》，〔马来西亚〕当今大马，2018年3月8日，《希望宣言》第76页，https://www.malaysiakini.com/news/414974。

③ 《教长回应承认统考进度，“时机一到就宣布”》，〔马来西亚〕《星洲日报》2019年12月13日，https://www.sinchew.com.my/content/content_2161416.html。

④ 《马智礼：寻真相解决社会问题，“廉洁是学者重要价值观”》，〔马来西亚〕《星洲日报》2019年10月5日，https://www.sinchew.com.my/content/content_2126393.html。

在推动高校自主化方面，最值得一提的便是修改《1971 年大专与大专院校法令》。2018 年 11 月，教育部长马智礼宣布，内阁同意修改《1971 年大专与大专院校法令》，恢复校园自主权和归还学生自治权利，并修改阻止大学生在校园内参加政治活动和加入政党的条文。① 该法令的修订，为大学生提供了更多的空间，赋予大学生在校园内更多的言论自由和参与政治活动的权利。基于此，2019 年，马来西亚所有公立大学共举办 20 场校园选举，选举活动从始至终皆由学生自行组织。当年 3 月 4 日，马来亚大学举行校园选举。马大学阵是以学声阵线（Suara Siswa）旗号出战，由马大新青年（UMANY）、马大民主派（Demokrat UM）及学生阵线（Angkatan Mahasiswa）组成的联盟，以“校园自主，学生自治”理念竞选，最终脱颖而出，以过半席位赢得此次校园选举。② 此次校园选举意义非凡，是自《1971 年大专与大专院校法令》生效以来，阔别约 50 年后，再度由学生全权主办的校园选举。

此外，为提高校园自主权，教育部也积极推动恢复高校学生会。2019 年 10 月 23 日，马来西亚国际伊斯兰大学学生会成立。该学生会成立仪式由教育部部长马智礼主持，该学生会也是希盟上台以来成立的第一个学生会。③ 学生会是一个自由的学生组织，其管理、运营由学生全权负责，对于培养成熟、独立的大学生意义重大。

（四）关注阅读，打造世界知名阅读国

关注阅读，培养国民阅读习惯，将马来西亚打造成世界知名阅读国和知

---

① 《修改大专法令，恢复校园自主权》，〔马来西亚〕《东方日报》2018 年 11 月 10 日，https：//www. orientaldaily. com. my/news/nation/2018/11/10/267064。

② 《马大校园选举，学声阵线获胜》，〔马来西亚〕《每日新闻》2019 年 3 月 5 日，https：//www. bharian. com. my/berita/pendidikan/2019/03/537619/suara – siswa – ungguli – pilihan – raya – kampus – um。

③ 《马来西亚国际伊斯兰大学学生会成立仪式》，参见马来西亚教育部官网，2019 年 10 月 23 日，https：//www. moe. gov. my/en/menumedia/electronic – media/news – and – activities/majlis – pelancaran – kesatuan – pelajar – uiam。

识社会，是教育部的又一目标。为此，教育部制定10年阅读计划，希望在2030年将马来西亚建设成阅读国。2018年12月13日，教育部部长马智礼出席2020～2030年国家10年阅读计划活动的预先推介会时表示，为了确保此计划可取得预期成效，教育部将于2018～2020年，推动国家10年阅读计划活动。他指出，教育部也将考虑落实几项策略，包括在全国各地如学校、商场、公共交通、社区中心、医院等推动鼓励阅读活动，以提升马来西亚社会对阅读重要性的认识。①

2018年9月20日，联合国教科文组织授予吉隆坡“2020年世界图书之都”称号，吉隆坡是2001年该项目启动以来第20个被授予该称号的城市。② 这对于教育部推广阅读有着不可忽视的激励作用。此外，2019年教育部在全国共开展了3703个阅读项目，以推动马来西亚国民开展阅读。同时，教育部还积极策划国家文学家进校园活动，向年轻一代介绍国家文学家。③为感谢国家文学家对马来西亚文学和教育领域所做的贡献，2019年6月，政府宣布将从该月起，为国家文学家提供每月5000林吉特终身生活津贴。马来西亚于1981年设立国家文学奖，这是马来西亚文人毕生所求的最高荣誉，目前马来西亚仍在世的国家文学家共7人。④

（五）关注选举宣言，逐步兑现承诺

希盟竞选宣言第50条承诺，希盟上台后将承认华文独中统考文凭，减

---

① 《教育部打造10年阅读计划，冀2030年成为阅读国》，〔马来西亚〕《中国报》2018年12月13日，https：//www. chinapress. com. my/20181213/% E6% 95% 99% E8% 82% B2% E9% 83% A8% E6% 89% 93% E9% 80% A010% E5% B9% B4% E9% 98% 85% E8% AF% BB% E8% AE% A1% E5% 88% 92 －% E5% 86% 802030% E5% B9% B4% E6% 88% 90% E4% B8% BA% E9% 98% 85% E8% AF% BB% E5% 9B% BD/。

② 《联合国授予吉隆坡“2020年世界图书之都”称号》，〔马来西亚〕自由今日大马，2018年9月20日，https：//www. freemalaysiatoday. com/category/bahasa/2018/09/20/unesco－pilih－kl－sebagai－ibu－kota－buku－dunia－2020/。

③ 《全民教育：教育部2019年成果书》，马来西亚新闻局官网，https：//www. penerangan. gov. my/japenv2/wp－content/uploads/2020/01/BUKU－KPM－12CMX12CM－2412190042. pdf。

④ 《肯定贡献，津贴7文学家每月5千》，〔马来西亚〕《东方日报》2019年6月24日，https：//www. orientaldaily. com. my/news/nation/2019/06/24/295594。

轻高等教育基金借贷者的压力，保障其相关利益。这也是 2018 ~ 2019 年马来西亚教育部的重点工作之一。

马来西亚华文独中统考文凭早已被世界顶尖大学普遍承认与接受。从 2004 年开始，统考文凭也获得马来西亚本地私立大专认可。2010 年，统考文凭进一步被教育部管辖的师范大专承认，独中毕业生得以报读教育（中文）学士学位的课程。然而，统考文凭却依然不被本地公立大专学府认可。为此，希盟承诺，申请者只需在大马教育文凭（SPM）考试中获得马来语单科优等或以上的成绩，即可以独中统考成绩申请入读本地公立大专学府。①

为兑现上述承诺，2018 年 8 月 29 日，马来西亚内阁会议决定成立工作小组，并于同年 10 月委任 3 名非教育部人士担任成员，即马来西亚传统表演记录和研究中心（PUSAKA）创办人邱武英、穆斯林青年运动（ABIM）主席莫哈末莱米及董总署理主席拿督陈友信。2019 年 3 月，教育部正式宣布成立统考政策工作小组（PPDUEC），负责收集各方关于承认统考文凭的意见并撰写报告提呈教育部。② 自成立以来，该工作小组在全国会见非政府组织、学术界代表，全方位收集资料。待资料收集完毕，即撰写报告提呈教育部，报告原定于 7 月完成，但由于内容较为复杂，工作小组预计报告将于 8 月底或 9 月初完成，但截至 2019 年底仍然未提交至教育部。

2019 年 7 月 4 日，统考政策工作小组召开“承认统考事宜集体会议”，邀请约 20 个政府及非政府组织就统考议题集思广益。然而，据时事评论员陈亚才透露，马来团体普遍反对承认统考。陈亚才指出，马来亚大学前教授拿督再纳尔以三大理由反对承认统考文凭，即承认文凭形同违反宪法第 152 条文、否定现有教育及考试体制，形同“反国家”，将加强“华人意识”，形成“华人沙文主义”。③

---

① 《希盟 60 项承诺勾画执政愿景，百日内落实十新政》，〔马来西亚〕当今大马，2018 年 3 月 8 日，《希望宣言》第 76 页，https：//www. malaysiakini. com/news/414974。

② 马来西亚教育部官网，https：//www. moe. gov. my/pemberitahuan/kenyataan – media/kenyataan – media – penubuhan – pasukan – petugas – dasar – unified – examination – certificate – uec。

③ 《承认统考事宜集体会议，陈亚才：马来团体普遍反对》，〔马来西亚〕《东方日报》2019 年 7 月 4 日，https：//www. orientaldaily. com. my/index. php/news/nation/2019/07/04/296947。

教育部年终总结报告显示，统考政策工作小组与不同团体共展开48次会面后，总计406人向工作小组提供有关统考的意见和建议。2019年9月28日，教育部部长马智礼表示，教育部统考政策工作小组研究承认统考报告，将于一周后公布。[①] 然而，直至2019年底相关报告并未公布。12月13日，教育部部长马智礼在“2019年教育部成果展”上被问及承认统考文凭进度时，仅以“时机一到就会宣布”作为回应。[②]

尽管承认独中统考文凭议题依然没有最终定论，但不可否认的是，这是该议题存在40年以来政府首次设立专门工作小组独立处理此事。由于该议题已成为全民关注的国家性议题，且涉及多方利益，因此想要解决并非易事。

关于减轻国家高等教育基金贷款者压力议题，希盟在大选前承诺，将重新制定还贷制度，并依据借贷者的薪水来决定其缴还贷款的数额。月收入低于4000林吉特的借贷者将延迟还贷期限，政府废除黑名单制度，将拖欠偿还贷款的人员从移民局黑名单中移除。[③]

希盟上台后，教育部部长马智礼宣布，月薪2000林吉特以下的高等教育基金贷款者从2019年1月起可暂缓偿还有关贷款。同时，马智礼还指出，这是内阁的决定，是政府与多个希望希盟兑现竞选承诺的相关单位商讨的结果。但鉴于当前政府财务状况，只能落实月入2000林吉特以下的借贷者可暂缓偿还贷款。一旦财务状况好转，将尽力兑现承诺，实行月薪4000林吉特以下者可暂缓偿还贷款的政策。[④] 2020年3月5日，财政部前部长林冠英披露，希盟政府原已同意实施希盟全国大选宣言中的承诺，允许国家高等教

---

① 《教长：承认统考研究报告下周公布》，〔马来西亚〕《精彩大马》2019年9月28日，https://www.cincainews.com/news/malaysia/2019/09/28/maszlee-uec-report-will-be-tabled-next-week/1795204。

② 《教长回应承认统考进度，“时机一到就宣布”》，〔马来西亚〕《星洲日报》2019年12月13日，https://www.sinchew.com.my/content/content_2161416.html。

③ 《希盟60项承诺勾画执政愿景，百日内落实十新政》，〔马来西亚〕当今大马，2018年3月8日，《希望宣言》(*Buku Harapan*) 第76页，https://www.malaysiakini.com/news/414974。

④ 《月薪2000以上贷款者偿还PTPTN，马智礼：明年1月落实》，〔马来西亚〕《透视大马》2018年11月28日，https://www.themalaysianinsight.com/chinese/s/114803。

育基金贷款者，仅在月薪超过4000林吉特时才偿还贷款。[①] 可惜，希盟政府已成过去，新政府已登上历史舞台。

关于取消黑名单制度这一承诺，2018年6月5日，内政部部长丹斯里·穆希丁宣布，移民局已将265149名拖欠偿还高等教育基金贷款者从移民局的黑名单中撤除。此项工作从6月1日即开始分阶段实行，将2000~2018年5月23日被移民局列入黑名单的433708名拖欠贷款者逐步撤除。[②]

三　主要争议话题

2019年，马来西亚教育改革成效显著，在取得成效的同时，大大小小争议话题亦不绝于耳。总体来说，2019年马来西亚教育领域最具争议性的话题主要包括：小学四年级国文课置入加威文单元、恢复以英语教授数理科目政策（PPSMI）以及华文独中统考文凭认可议题。华文独中统考文凭认可议题在前文已有详细叙述，故本部分不再就此议题进行赘述。

（一）关于小学四年级国文课置入加威文单元的争议

2019年7月25日，马来西亚《星洲日报》以封面头条报道，政府计划在国民型小学第二阶段国文课（马来语课）增设加威文书法艺术单元，以

---

① 《“希盟崩盘”，月薪4千以下不必还PTPTN已通过　林冠英：可惜希盟倒台了》，〔马来西亚〕《中国报》2020年3月5日，https://www.chinapress.com.my/20200305/%E2%97%A4%E5%B8%8C%E7%9B%9F%E5%B4%A9%E7%9B%98%E2%97%A2%E6%9C%88%E8%96%AA4%E5%8D%83%E4%BB%A5%E4%B8%8B%E4%B8%8D%E5%BF%85%E8%BF%98ptptn%E5%B7%B2%E9%80%9A%E8%BF%87-%E6%9E%97%E5%86%A0%E8%8B%B1%EF%BC%9A/。

② 《移民局已撤黑名单　26万PTPTN拖欠者可出国》，〔马来西亚〕光华网，2018年6月5日，https://www.kwongwah.com.my/20180605/%E7%A7%BB%E6%B0%91%E5%B1%80%E5%B7%B2%E6%92%A4%E9%BB%91%E5%90%8D%E5%8D%95-26%E4%B887ptptn%E6%8B%96%E6%AC%A0%E8%80%85%E5%8F%AF%E5%87%BA%E5%9B%BD/。

培养学生对此的兴趣和鉴赏能力。[①]8 月 3 日，教育部决定，从 2020 年开始，如获家校联合会同意，则将加威文书法艺术纳入小学四年级国文课趣味语文教学。这一政策并非仅适用于国民型小学，国民型华文小学和泰米尔语小学均在政策覆盖范围内。[②] 教育部同时也表示，加威文书法艺术的学习旨在增添乐趣，并不会通过考试评估学习效果。四年级马来文课本共有 24 个单元，每个单元都有“趣味语文”。其中加威文书法的内容占 162 页课本中的 6 页，学习内容为 5 个马来语成语（Simpulan Bahasa）。其实，教育部早在 2014 年时，就将加威文书法列入小学第二阶段的趣味语文之中。

该政策一出，各方随即争议不断，反对之声主要来自华人群体和印度人群体。据媒体报道，12 个华语、泰米尔语教育团体对教育部的这一决定表示反对。马来西亚董教总认为，在华语和泰米尔语小学推行该政策并无必要，这并非国语学习中的必要内容，而且这对国文水平的提高并无帮助。[③] 马来西亚中华大会堂总会（简称华总）8 月 4 日召开“各州会长特别集会”，针对国民型小学增设加威文书法艺术政策发表 10 点声明，认为这项措施不应在华小、淡小强制性落实。同时呼吁教育部在准备落实增设加威文书法艺术措施之前，应该广征民意，包括与有关各族民间教育团体对话，收集民意，再做定夺。[④] 此外，行动党多名议员连同基层领袖和支部发表联合声明，坚决反对教育部在国民型小学的四年级至六年级马来文课程中，植入学习加威文的课程。

---

① 《3 分钟了解爪夷书法课题来龙去脉》，〔马来西亚〕《透视大马》2019 年 8 月 5 日，https：//www. themalaysianinsight. com/chinese/s/172940。

② 《马智礼：加威文书法实施指南已制定完毕》，〔马来西亚〕《每日新闻》2019 年 10 月 21 日，https：//www. sinarharian. com. my/article/53328/BERITA/Nasional/Panduan – tatacara – pelaksanaan – tulisan – jawi – sedang – disiapkan – Maszlee。

③ 《12 华语、泰米尔语教育团体反对爪威文书写》，〔马来西亚〕《每日新闻》2019 年 8 月 5 日，https：//www. bharian. com. my/berita/nasional/2019/08/592977/12 – pertubuhan – tak – setuju – tulisan – khat – untuk – murid – sjkc – sjkt。

④ 《华总：爪夷文书法艺术政策不应在华淡小强制性落实》，〔马来西亚〕《星洲日报》2019 年 8 月 4 日，https：//www. sinchew. com. my/content/content_ 2094727. html。

虽然反对之声众多，但也不乏支持者。除马来政治人物、组织及学者对此表示支持外，也有部分华人政治人物表示支持。行动党元老林吉祥认为，学习加威文，并不意味着背叛华人的种族、语言和文化。多元种族、语言、文化及宗教的马来西亚，在国家建设的基础上应采取融合的形式。① 沙捞越民主行动党主席张健仁表示，小四国语课本中纳入加威文书法是要让学生认识及理解马来文的文字历史，即马来文从加威文到罗马字母的演进。②

虽然该政策引发各方争议，但教育部2019年12月20日发文称，经过8月14日及11月1日内阁会议讨论，依然决定从2020年起开始执行上述政策。③ 然而，全国大部分华小对此政策持反对意见。据星洲网2020年1月22日报道，玻璃市州10所华小及1所淡小四年级的马来文科已确定不教加威文书法。玻璃市州教育局局长依兹米接受采访时，证实11所国民型小学做出上述决定。据悉，10所华小的四年级学生家长，至少80%不赞成教加威书法艺术，其中包括马来家长。④ 此外，截至2020年1月22日，在柔佛州216所华小中，已有206所华小交回“四年级马来文课介绍加威文单元问卷”，并且一致反对。⑤ 槟榔屿州共有90所华小，除了威北瓜拉姆拉光育小学今年没有四年级学生，不必发问卷，其他89所华小，100%不同意四年级国文课本介绍加威文字。⑥

---

① 《林吉祥：更像马来西亚人，“学爪夷文非背叛华族”》，〔马来西亚〕《星洲日报》2019年8月4日，https://www.sinchew.com.my/content/content_2094633.html。

② 《爪夷文书法一年仅2至3节课　张健仁：学习马来文最初文字历史》，〔马来西亚〕《透视大马》2019年7月29日，https://www.themalaysianinsight.com/chinese/s/171799。

③ 马来西亚教育部官网，2019年12月20日，https://www.moe.gov.my/pekeliling/3149-surat-siaran-bilangan-16-tahun-2019-pelaksanaan-pengenalan-tulisan-jawi-dalam-kurikulum-mata-pelajaran-bahasa-melayu-kepada-murid-tahun-4-sekolah-jenis-kebangsaan-mulai-tahun-2020/file。

④ 《玻10华小1淡小，小四不教爪夷单元》，〔马来西亚〕《星洲日报》2020年1月22日，https://www.sinchew.com.my/content/content_2205673.html。

⑤ 《柔95%华小反对教爪夷，陈大锦促家协把关》，〔马来西亚〕《星洲日报》2020年1月19日，https://www.sinchew.com.my/content/content_2203940.html。

⑥ 《李添霖：89校全反对，槟华小不教爪夷文》，〔马来西亚〕《星洲日报》2020年1月19日，https://www.sinchew.com.my/content/content_2203873.html。

（二）关于恢复以英语教授数理科目的争议

2002年5月10日，时任马来西亚总理马哈蒂尔宣布，政府将从2003年开始在中小学实行以英语教授数理科目（PPSMI）的政策。该政策一出，立即引起了多方的强烈反对。在各方的持续反对下，加之实施效果并不显著，2009年，政府决定终止该政策的实施，并于2012年开始逐渐恢复之前各类型学校的数理科目教学媒介语。

2018年5月马哈蒂尔重新出任马来西亚总理以来，曾多次在采访中表示意欲恢复以英语教授数理科目的政策。2019年7月16日，马哈蒂尔在国会下议院部长问答环节表示，政府正在研究重新推动以英语教授数理科目的政策。[①] 此消息一出，立即引起各方抗议。17日，董总与教总随即发布联合声明，反对政府重启以英语教授数理科目政策，希望政府勿重蹈覆辙，侵犯学生学习权益。[②] 随后，教育部部长马智礼表示，教育部正积极就重新推出以英语教授数理科目政策，收集各种意见和资料，完善上述政策，以及取得利益相关单位的反馈。教育部并没有为重启该政策设下任何时限。

2020年2月7日，教育部在一份声明中表示，关于马哈蒂尔重启以英语教授数理科目的建议，教育部将在近期进行评估并提交内阁定夺。[③] 针对上述议题，马来西亚华校生协会坚决反对重启以英语教授数理科目的计划，并促请全体部长在内阁会议上一致拒绝通过。[④] 同时，马来西亚国家教授理

---

① 《政府研究重启英文教授数理政策》，〔马来西亚〕《每日新闻》2019年7月16日，https：//www. bharian. com. my/berita/nasional/2019/07/585532/kerajaan - kaji - perkenal - semula - ppsmi。

② 《董总与教总联合文告：董教总反对政府重启数理英化，勿重蹈覆辙典当学生学习权益》，参见董总官网，2019年7月17日，https：//www. dongzong. my/resource/index. php/2019/1522 - declare - 2019 - 19。

③ 《教育部将重新研究以英语教授数理政策，以提交内阁》，〔马来西亚〕《每日新闻》2020年2月7日，https：//www. bharian. com. my/berita/nasional/2020/02/653346/kpm - akan - kaji - pelaksanaan - ppsmi - untuk - dibawa - ke - jemaah - menteri。

④ 《华校生协会反对英教数理，促部长内阁会议阻通过》，〔马来西亚〕《星洲日报》2020年2月8日，https：//www. sinchew. com. my/content/content_ 2213659. html。

事会（MPN）调查显示，在561名参与调查的大学教授当中，有57%的人不赞同政府在中小学阶段恢复以英语教授数理科目政策。[①] 不仅如此，众多马来政坛领袖也对该议题持反对态度。前新闻、通信与文化部长丹斯里莱士·雅丁说，政府必须将国家教育背景、联邦宪法、国家语言法令和教育法令纳入考量，全面和仔细地探讨以英语教授数理科目政策，教育法令规定所有科目的教学必须使用国语。此外，马来西亚语文协会（PLM）副主席卡玛说，大学和国家语文出版局（DBP）的许多研究显示，2003年推行的以英语教授数理科目政策是失败的。[②]

当然，也有部分人士支持恢复以英语教授数理科目政策。沙巴州教育及革新部部长拿督尤索耶谷直言，恢复以英语教授数理科目政策并无不妥，对人民有利无弊。尤索耶谷认为，英语是世界语言，大马民族要追上世界其他民族，唯有掌握英语。[③] 时任马来西亚青年体育部部长赛沙迪承认，他本人即是2003年开始实行的以英语教授数理科目政策的受益者，因此在他看来，马哈蒂尔提出重启该政策是非常真诚的建议，有助于提高国民的英文水平。[④]

四　总结与展望

希盟上台后，积极推动教育发展、开展教育改革。但由于上台之时2018年已过半，因此很多教育政策均从2019年才正式开始施行。可以说，2019年才是希盟政府教育发展、改革工作的收获之年。总体而言，2019年

---

① 《MPN：561大学教授参与调查，57%不赞同重启英教数理》，〔马来西亚〕《星洲日报》2020年2月7日，https：//www. sinchew. com. my/content/content_ 2213076. html。

② 《马来学者反对恢复英教数理，“国文应提升为学术语文”》，〔马来西亚〕《星洲日报》2020年2月8日，https：//www. sinchew. com. my/content/content_ 2213577. html。

③ 《尤索耶谷：有利无弊，沙挺恢复英教数理》，〔马来西亚〕《星洲日报》2020年2月2日，https：//www. sinchew. com. my/content/content_ 2209863. html。

④ 《赛沙迪：我本人即PPSMI政策的受益者》，〔马来西亚〕《每日新闻》2020年2月2日，https：//www. bharian. com. my/berita/nasional/2020/02/651927/saya – sendiri – produk – ppsmi – syed – saddiq。

马来西亚教育发展呈现良好势头，教育质量得到提升，国民受教育机会不断增加，高校自主权逐渐提高。但同时也存在一些问题，如权力过于集中、自主化不足，教师能力与责任不足，立法不够健全，政治干扰教育；等等。

以政治干扰教育为例，希盟上台后，马智礼出任教育部部长，不断推出新政策，发展马来西亚教育。就在马智礼担任教育部部长一年半之后，2020年1月2日他宣布辞职。1月10日，马哈蒂尔宣布暂代教育部部长一职。2月底，随着马哈蒂尔宣布辞去总理职务，马来西亚爆发政治风波，希盟解体。3月1日，穆希丁正式接受最高元首任命，成为马来西亚第八任总理。3月9日，慕希丁公布国民联盟政府内阁名单，教育部部长再次换人。政坛风云变幻无疑会影响政策的延续性，对教育发展来说存在不可避免的影响。而很多改革都需要时间的积累才能看出效果，并非一年半载就能收获成效。

2020年3月4日，穆希丁上任三天后即在布城会见教育部和外交部高级官员，了解马来西亚教育部门及外交关系最新动态①，足见他对教育发展的重视。3月5日，穆希丁在苏丹阿南沙寄宿学校宣布大马教育文凭考试成绩时承诺，会致力促进马来西亚教育系统向更好的方向发展，以培育出充分掌握科学和技术，且更好地掌握英文和国文的学生。② 由此可见，教育发展与改革依然是新政府的重点工作之一。

① PM Gets up to Date on Developments in Education Sector, Foreign Relations，〔马来西亚〕当今大马，2020年3月4日，https：//www. malaysiakini. com/news/513258。

② 《“栽培精英中的精英”，首相誓提升教育质量》，〔马来西亚〕《星洲日报》2020年3月6日，https：//www. sinchew. com. my/content/content_ 2228489. html。

B.11
希盟执政以来马来西亚在东盟中的角色和功能

康晓　余雷*

摘　要： 2018年5月由反对党组成的希望联盟政府上台后，马来西亚更加积极地实施“东盟基石”政策，借助东盟平台发声，并积极参与东盟一体化建设。作为东盟成员，马来西亚通过与其他东盟成员国的交往和与东南亚域外国家的互动实践，逐步建构自己在东盟内部的核心角色和功能。本文依托政治系统论的理论框架，通过案例分析，探究希盟政府上台后，马来西亚在东盟内部地位的变化和在区域国家间互动中发挥的关键作用。在希望联盟政府的领导下，马来西亚以更积极的姿态参与东盟共同体建设。尽管近期马来西亚政府再次重组，但其东盟政策及其在其中的角色和功能并不会发生大的改变。

关键词： 马来西亚　希望联盟　政治系统论　东盟

一　马来西亚与东南亚地区早期的一体化进程

“东盟”是“东南亚国家联盟”（Association of Southeast Asian Nations, ASEAN）的简称。1967年8月7日，印尼、新加坡、泰国、菲律宾四国外

* 康晓，博士，北京外国语大学国际关系学院副教授，主要研究方向为全球治理与中国外交；余雷，北京外国语大学国际关系学院国际关系专业硕士研究生。

长和马来西亚副总理在泰国首都曼谷举行会议，发表了《东南亚国家联盟成立宣言》，即《曼谷宣言》，正式宣告东南亚国家联盟成立。此前在东南亚区域内出现过两个关于区域组织的构想。其一是由马来亚联合邦（马来西亚的前身）、菲律宾和泰国三国于1961年7月31日在曼谷成立的“东南亚联盟”。该联盟由时任马来亚联合邦总理东古·拉赫曼（Tunku Rahman）提倡组建，是马来西亚提倡区域合作进程的开端与东南亚区域合作的一次积极尝试。但后因1963年马菲关于沙巴的主权纠纷和断交事件宣告破裂。同一时期，在联合马来民族，组建以族群为基础的共同体的构想下，菲律宾推动马来亚联合邦、菲律宾和印尼三国在1963年组成“马菲印尼联盟”（Maphilindo，又译为“马菲林多”）。[①] 但该联盟因为马来西亚联邦的独立以及马印、马菲关系恶化而无疾而终。但马来西亚作为东南亚区域合作的先行者和倡导人，为日后东盟的成立与成功发展提供了参考和启迪。

在冷战时期，东南亚国家先后完成了民族独立，并认识到通过区域合作应对大国威胁的重要性。在此愿景下，1967年8月东盟应运而生。成立几十年来，东盟已日益发展成东南亚地区以经济合作为基础的政治、经济、安全一体化合作组织，并建立起一系列合作机制。东盟成立初期缺乏固定的组织机构与规则章程，时任马来西亚总理拉赫曼提出建立一个永久秘书处，从而把东盟发展为一个实用的区域性多边组织的倡议。[②] 1971年东盟外长会议在吉隆坡召开，通过了马来西亚提出的在东南亚建立“和平、自由和中立区”的倡议，为东盟国家赢得长期和平打下了基础。[③] 2006年，马来西亚前副总理慕沙·希旦（Musa Hitam）接任《东盟宪章》的起草专家团主席职务，为东盟搭建法律和机构框架提供了智力支持。《东盟宪章》的签署使东

① Alastair M. Taylor, “Malaysia, Indonesia – and Maphilindo”, *International Journal*, Vol. 19, No. 2, 1964, pp. 155 – 171.

② Rodolfo C. Severino, Southeast Asia in Search of an ASEAN Community: Insights from the Former ASEAN Secretary General. 转引自葛红亮《马来西亚与东盟的区域一体化发展》，《学术探索》2017年第11期，第36~45页。

③《光荣、梦想、挑战、机遇：东盟40年之回顾与展望》，人民网，2007年8月8日，http://world.people.com.cn/GB/6084000.html（访问时间：2020年1月30日）。

盟从此前的松散组织转变成为一个更正式及有约束力的国际组织，也决定了东盟向单一市场和经济共同体发展的方向。①

马来西亚在东盟经济领域的合作中贡献了卓越的智慧。20 世纪 90 年代，时任总理马哈蒂尔（Mahathir Mohamad）一直致力于推动构建以东盟为核心的“东亚经济集团”（EAEG），并建构后来的“东亚经济核心”概念（EAEC），率先提出了视东盟为整体，让东盟在东亚地区整合中发挥主导作用的建议。此外，马来西亚还倡议建立东亚经济论坛、提出“东盟 2020 愿景”并积极推动缅甸、柬埔寨和老挝加入东盟。

马哈蒂尔在第一任期内见证了东盟的转型和发展，其东盟政策带有浓厚的个人烙印。在马哈蒂尔再度主政马来西亚的两年内，马来西亚和东盟都面临着全新的机遇与挑战，马来西亚在东盟中的角色也迎来新的变化。

二　希盟执政期间马来西亚在东盟内的角色变化

东盟作为东南亚区域内最大的一体化组织，可被视为国际体系下的一个区域政治子系统，该子系统由东盟 10 个成员国作为独立的单元构成。本文旨在探究马来西亚在东盟系统中的角色和功能，因此将马来西亚作为一个整体进行论述，不对其国内政治系统做进一步分析。本文通过以下两个层次进行分析：马来西亚在体系层次作为国家行为体，与东盟系统整体之间的关系模式；马来西亚在互动层次与东盟其他成员国之间的互动行为。此外，加入马来西亚在东盟对外关系中的角色作为分析变量，从而准确定位马来西亚在东盟系统中的角色和功能。通过描述希盟执政期间马来西亚与东盟成员国、与东盟整体之间的两组关系，并剖析马来西亚在政策和议程设置上与东盟系统之间形成的“输入—输出”模型，来探究马来西亚在东盟中的身份转变与功能变化。

① Rodolfo C. Severino, *The ASEAN Charter: An Opportunity Not to Be Missed.* UNISCI Discussion Papers, October 2006, No. 12, pp. 163 – 171.

（一）马来西亚与东盟内部的互动

自2018年5月上台以来，希望联盟把工作重心放在国内政治改革上。马哈蒂尔领导的新一届内阁在反腐、经济、教育等领域开展各项革新，与上届巫统领导下的国民阵线政府进行政策“切割”。但在外交领域，希盟政府仍然延续了上届政府的大政方针，马哈蒂尔在2018年联合国大会第73届会议一般性辩论发言时表示，新马来西亚仍将秉持互相尊重、互利共赢的合作方式，与世界各国为友。[①] 在睦邻友好、维护地区秩序和维护多边主义之外，希盟政府的外交政策也有新变化。2019年9月，马来西亚发布了以“连续中的变化”（change in continuity）为主题的“外交政策框架”，作为马来西亚在迅速变化和充满挑战世界中的外交指南。[②] 在文件中，马哈蒂尔政府阐明了其外交政策的最高要务仍是维护国家利益，并且在南海问题、东盟政策、区域经济一体化等具体议题上，基本延续了此前历届政府的立场和政策。结合马哈蒂尔政府执政近两年以来与东盟成员国之间的互动以及其公开发言来看，马来西亚的角色愈发活跃，在域内利益关切的相关议题上发出更强硬的声音；并且灵活运用东盟组织的压力，增强与其他成员国进行对话的话语分量与正义性。

在政治对话中，话语冲突成为希盟政府的一种政治博弈工具被更广泛地使用。政治话语冲突通过话语中的价值观指涉，强制构建了内部与外部冲突。[③] 这种冲突有别于排他性的暴力冲突，在具体语境中，话语冲突是争取进一步谈判或达成妥协的砝码。马来西亚对于话语冲突的运用主要体现在两个方面：其一是在涉及本国政治或经济权益的具体议题上，以马哈蒂尔为首

① 《马来西亚总理马哈蒂尔一般性辩论：新马来西亚坚持互相尊重、互利共赢》，联合国新闻，2018年9月28日，https://news.un.org/zh/story/2018/09/1019142（访问时间：2020年1月30日）。

② “Foreign Policy Framework of The New Malaysia: Change in Continuity”, Ministry of Foreign Affairs of Malaysia, June 2019.

③ 张辉、颜冰：《政治冲突话语的批评认知语言学研究——基于叙利亚战争话语的个案研究》，《外语与外语教学》2019年第4期，第14~27、146页。

的马来西亚领导层态度更为强硬，采用话语冲突作为促成对话的手段，达成政治博弈的目的。例如在马新供水协议问题上，马哈蒂尔上台后发表言论称，新加坡从马来西亚购水的价格过低，犯有“道德上的错误”（morally wrong）。[①] 同一时期马来西亚和新加坡就取消国阵政府时期签订的“隆新高铁计划”（Kuala Lumpur-Singapore High Speed Rail）进行谈判，马来西亚预计将支付高达5亿林吉特的赔偿金。[②] 在谈判密集阶段，马哈蒂尔在供水问题上对新加坡施压，最终隆新高铁达成阶段性停工协议，并将削减成本继续开工，马来西亚也避免了支付高额债务和赔偿金。[③] 而后，希盟政府又在与新加坡商谈建设两国间的跨境桥梁时重提供水问题，想借此换取更多谈判筹码。[④]

其二是在东南亚域内事务中，马来西亚通过话语冲突构建区域身份，强化民族认同。东盟是一个包含多元宗教文化的共同体，伊斯兰教是印尼、马来西亚、文莱等国的主要宗教，也是国家的重要象征。希盟政府上台后，尽管在国内倡导建构多元信仰的国族认同，但在对外事务中不断强化马来西亚作为伊斯兰大国的国际形象。例如在缅甸罗兴亚人问题上，马哈蒂尔称缅甸

① Lamont Mark Smith, “Malaysia’s Natural Resources Minister Says Singapore Is Buying Water at An ‘Unreasonable’ Rate that is ‘Too Cheap’”, November 13, 2019, Business Insider Singapore, https://www.businessinsider.sg/malaysias-natural-resources-minister-says-singapore-is-buying-water-at-an-unreasonable-rate-that-is-too-cheap/（访问时间：2020年2月1日）。

② Malaysia PM Says to Cancel High Speed Rail Project with Singapore, May 28, 2018, Xinhua News Agency, http://www.xinhuanet.com/english/2018-05/28/c_137212773.htm（访问时间：2020年2月1日）。

③ “Malaysia, Singapore Ink Agreement to Defer High-speed Rail Project for 2 Years; KL to Pay S$15m for Suspending Work”, September 5, 2018, *The Strait Times*, https://www.straitstimes.com/singapore/malaysia-singapore-ink-agreement-to-defer-high-speed-rail-project-for-two-years（访问时间：2020年2月1日）。

④ Jessica Lin, “Mahathir Says Singapore Refuses to Build New Bridge Although Malaysia ‘Willing to Sacrifice’ for it to ‘Buy Cheap Water’”, November 1, 2019, *Business Insider Singapore*, https://www.businessinsider.sg/mahathir-says-singapore-refuses-to-build-new-bridge-although-malaysia-willing-to-sacrifice-for-it-to-buy-cheap-water/（访问时间：2020年2月1日）。

政府对待这一穆斯林少数群体的行为是“种族灭绝”（Genocide），并频频在东盟峰会、联合国大会等场所公开批评缅甸政府。[①] 相较纳吉布政府口头指责缅甸政府但拒绝接收难民的行为[②]，希盟政府切实承担起了难民救援的国际责任，为客居孟加拉国的罗兴亚难民提供人道主义援助，并为马来西亚国内难民提供医疗和儿童教育保障[③]，这一行为也使得东盟其他成员国视马来西亚为国际道义的承担者，提升了马来西亚在东盟内的道德地位和公信力。但言语的交锋并未影响两国在经济上加强合作。马来西亚和缅甸间的经贸关系在希盟政府时期得到了实质性发展。2019 年马来西亚成为缅甸第十大外国直接投资来源国，马来西亚外长赛夫丁也于当年 4 月访问缅甸。此后马来西亚驻缅甸大使馆组织了诸如“马来西亚—缅甸相联”（Malaysia-Myanmar Connect，MMC）等商务活动，引导和指导马来西亚投资者投资缅甸房地产业、制造业、酒店和旅游业等产业。[④]

希盟政府认识到话语冲突仅仅是一种资源分配的工具而非目的，相较而言暴力冲突具有更加不可控的性质，因此马来西亚在对外交往中始终把冲突压制在话语谈判范围内。实际上，马来西亚在与东盟成员国的互动中更加注重维护规则意识、促进利益合作，而非主动挑起矛盾。马哈蒂尔主张东盟国家相互尊重，将讨论和谈判作为解决纠纷的首要途径。[⑤] 例如在国阵政府一

---

① Abdul Muin Majid, “Let’s End the Rohingya Crisis Now, Says Malaysia’s Mahathir”, September 25, 2019, Prime Minister’s Office of Malaysia, https://www.pmo.gov.my/2019/09/lets-end-the-rohingya-crisis-now-says-malaysias-mahathir/（访问时间：2020 年 2 月 1 日）。

② David Hutt, “Najib’s Dangerous and Self-Serving Rohingya Campaign”, December 24, 2016, The Diplomat, https://thediplomat.com/2016/12/najibs-dangerous-and-self-serving-rohingya-campaign/（访问时间：2020 年 2 月 1 日）。

③ “Malaysia kaji tingkat bantuan pelarian Rohingya di Bangladesh”, July 8, 2019, Sinar Harian, https://www.sinarharian.com.my/article/36444/BERITA/Nasional/Malaysia-kaji-tingkat-bantuan-pelarian-Rohingya-di-Bangladesh（访问时间：2020 年 4 月 1 日）。

④ Tridivesh Singh Maini, “Myanmar-Malaysia Ties: The Road Ahead”, September 14, 2019, *The Geopolitics*, https://thegeopolitics.com/myanmar-malaysia-ties-the-road-ahead/（访问时间：2020 年 2 月 1 日）。

⑤ “Keynote Address at The 33rd Asia-Pacific Roundtable”, Prime Minister’s Office of Malaysia, June 25, 2019, https://www.pmo.gov.my/2019/06/keynote-address-at-the-33rd-asia-pacific-roundtable/（访问时间：2020 年 2 月 3 日）。

直紧追不放的马新白礁岛领土争端问题上，希盟政府表示尊重并接受国际法院（ICJ）的裁决，放弃对白礁岛的主权声索。[①]

可以看出，在整体上马哈蒂尔政府延续了“以东盟为基石”的外交政策，并更加注重对国家经济利益的保护。马哈蒂尔上任伊始，便先后对文莱、新加坡、印尼等东盟成员国开展国事访问，并借助东盟峰会等平台开展频繁的高层对话，加强双边经贸合作与友好往来。在会谈的具体领域，马来西亚新政府延续了以经济交往为主线的原则，保持双边贸易的友好往来，与东盟《2025 年东盟经济共同体蓝图》所提出的建立高度一体化和具有凝聚力的经济共同体的构想相契合。[②]

（二）马来西亚在东盟一体化进程中的作用

作为东盟的创始成员国之一，马来西亚一直以来在东盟扩张和系统功能完善的过程中发挥着重要作用。国内学者葛洪亮认为马来西亚在“大东盟”形成过程中扮演着“积极的推动者”角色。[③] 黄云静认为马来西亚为东盟规范的构建贡献了智慧，在东盟中处于“军师地位”。[④] 国外学者阿米塔夫·阿查亚将马新关系、马菲关系、马泰关系及其潜在冲突视为东盟内部张力较大的几组关系形态。[⑤] 2015 年东盟经济共同体宣告成立，东盟成员国提出了在纵向上加深一体化程度，在横向上将共同体的内涵延展至政治安全共同体、经济共同体和社会文化共同体的发展诉求。为了适应全球化的不断发展

① Yiswaree Palansamy, “Dr M Says Malaysia Accepts Pulau Batu Puteh Loss to Singapore”, June 25, 2019, *Malay Mail*, https://www.malaymail.com/news/malaysia/2019/06/25/dr-m-says-malaysia-accepts-pulau-batu-puteh-loss-to-singapore/1765314（访问时间：2020 年 2 月 3 日）。

② ASEAN Secretariat (2015), ASEAN Economic Community 2015: Progress and Key Achievements, Jakarta, ASEAN Secretariat, p. 10.

③ 葛红亮：《马来西亚与东盟的区域一体化发展》，《学术探索》2017 年第 11 期，第 36～45 页。

④ 梁志明、张锡镇：《东盟发展进程研究——东盟四十年回顾与展望》，香港社会科学出版社，2008，第 95 页。

⑤ A. Acharya, ASEAN 2030: Challenges of Building a Mature Political and Security Community, ADBI Working Paper 441, 2013, Tokyo: Asian Development Bank Institute.

以及东盟一体化进入新时代的需求，希盟政府的东盟政策和马来西亚在东盟中的角色也有了新的调整，具体而言可概述为以下几点。

1. 东盟区域系统内的核心角色

马来西亚一直积极参与东南亚区域一体化进程，其在东盟系统内的核心角色在马哈蒂尔 2018 年上台后更加突出，客观上表现为马来西亚与东盟国家的依存度提升，主观上表现为马来西亚的东盟政策和措施更加积极和主动。

马来西亚作为东南亚海岛国家的主要成员之一，其人种结构中以马来族为主体，语言体系中以马来/印尼语为国语，宗教信仰中以伊斯兰教逊尼派为主要信仰流派，与印尼、文莱等其他东南亚海岛国家具有高度的社会文化相似性。截至 2018 年底，东盟总人口约 6.45 亿人，这三国总人口在东盟总人口中的占比超过 45%。[①] 基于此，东盟域内海岛国家在东盟体系内具有社会凝聚的良好基础，这一客观基础培养了马来西亚对东盟的强共同体感。相较之下，柬埔寨、泰国等东盟域内的陆地国家的社会结构与文化结构异质性更突出，对东盟共同体的认同感更弱。2019 年新加坡东南亚研究所针对东盟成员国公民做的一份调查报告显示，93.1% 的马来西亚受访者更希望东盟能成长为对东南亚地区有较大政治和政策影响力的区域力量。[②]

此外，作为首批倡议并响应东盟零关税壁垒的国家之一，马来西亚为提升东盟域内的经济凝聚力做出了卓越贡献。截至 2019 年 9 月的统计数据显示，2018 ~2019 财政年度马来西亚服务类商品占东盟成员国之间服务贸易总额的约 10%，列东盟第三位；马来西亚与东盟成员国之间的货物类贸易额在东盟系统内的占比超过 17%（见图 1）。为了适应东盟打造区域内产业链、形成集群效应的发展方案，马来西亚积极开展经济转型，2018 ~2019 财政年度服务业占比超过制造业，成为马来西亚的支柱产业。[③]

---

① 《东南亚国家联盟》，中华人民共和国外交部，2019 年 12 月，https://www.fmprc.gov.cn/web/wjb_673085/zzjg_673183/yzs_673193/dqzz_673197/dnygjlm_673199/dnygjlm_673201/（访问时间：2020 年 2 月 1 日）。

② "The State of Southeast Asia: 2020 Survey Report", Singapore: ISEAS-Yusof Ishak Institute, 2020.

③ ASEAN Secretariat, ASEAN Key Figure 2019, Jakarta, ASEAN Secretariat, 2019, p. 34.

在新的外交政策框架中，希盟政府提出了在安全领域以东盟为区域核心组织和对话平台，在经济领域进一步推动东盟发挥市场潜力，加强成员国之间经济要素流通的发展方针。① 马来西亚的角色也逐步得到东盟其他成员国的认可和支持，在第33届东盟峰会前夕的非正式会议上，与会者表示对马哈蒂尔的角色“寄予厚望”，希望他在重返政坛后能进一步推动东盟的团结和包容性发展。②

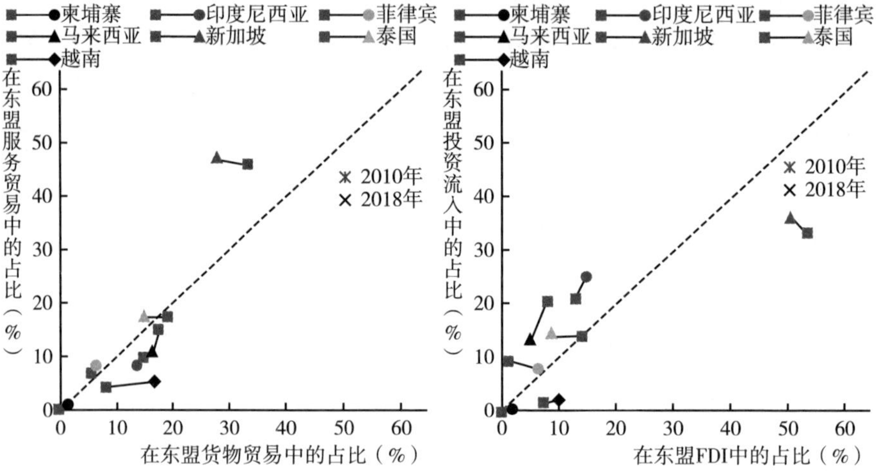

图1　2018～2019财年东盟成员国贸易和投资总额对比

资料来源：ASEAN Integration Report 2019, Jakarta: The ASEAN Secretariat, 2019。

2. 东盟系统的正向输入主体

对东盟而言，其特有的协商一致的议事原则使其有别于自上而下的权威嵌套关系，因此在东盟范围内没有一个绝对的政治权威，所谓权威角色更多是一种约定俗成的制度规范。因此考察马来西亚对东盟系统的支持，可视为

① “Foreign Policy Framework of The New Malaysia: Change in Continuity”, Ministry of Foreign Affairs of Malaysia, June 2019.

② Sharanjit Singh, “33rd ASEAN Summit: High Hopes for Dr Mahathir”, November 12, 2018, *New Strait Times*, https://www.nst.com.my/news/nation/2018/11/430278/33rd-ASEAN-summit-high-hopes-dr-mahathir（访问时间：2020年2月1日）。

度量其对东盟制度规范的构建以及对东盟共同体建设做出的贡献。

从冷战结束至今，东盟逐步完成了从政治安全组织向经济组织的转型。[①] 马哈蒂尔第一个任期内提出的“东亚经济集团”倡议被视为东盟加强经济功能并确立“东盟中心”（AESAN Centrality）原则的源起。[②] 东盟在发展中确立了通过协商一致、渐进的方式推动决议落实，避免使用谈判、投票等强硬的决策模式。协商一致的模式起源于马来人乡村议事方式，即通过反复磋商、讨论以求达成一致认同。[③]

希盟政府上台以来，在国际上面临着更为严峻的贸易保护主义挑战以及恐怖主义等非传统安全威胁。马哈蒂尔多次强调东南亚国家政商两界需要联合起来，拓宽东盟内部市场，借助东盟的整体力量与贸易保护主义做斗争，并通过“东盟+”的机制保持东盟在东亚区域合作中的中心地位。[④] 在具体措施上，希盟政府更加关注被视为东盟经济一体化发动机的私有企业，逐步取消敏感产业的补贴和进口配额限制等贸易保护措施，推动中小企业融入东盟经济共同体。2018 年希盟政府取消了马来西亚稻米公司（Padiberas Nasional Berhad）长达 22 年的稻米进口垄断权，为私营部门开放参与 30% 进口配额的机会。[⑤] 此举为东盟工业合作组织（AICO）框架下的稻米储备合作提供了更多机会。为进一步推动构建东盟经济伙伴关系，马来西亚对外贸易发展局在 2018 ~2019 财年扩大了中小企业参加文莱—印尼—马来西亚菲律宾东盟增长区（BIMP-EAGA）和印尼—马来西亚—泰国成长三角区

① 周玉渊：《从东盟自由贸易区到东盟经济共同体：东盟经济一体化再认识》，《当代亚太》2015 年第 3 卷，第 92 ~112、158 ~159 页。

② 陆建人、孙玉红：《东盟的亚太一体化战略评析》，《东南亚研究》2016 年第 1 期，第 38 ~48、55 页。

③ 梁志明、张锡镇：《东盟发展进程研究——东盟四十年回顾与展望》，香港社会科学出版社，2008，第 25 页。

④ “Dr Mahathir: ASEAN Most Stable Regional Organisation in the World”, *New Straits Times*, November 4, 2019, https://www.nst.com.my/news/nation/2019/11/535828/dr-mahathir-ASEAN-most-stable-regional-organisation-world（访问时间：2020 年 2 月 1 日）。

⑤ Hidir Reduan Abdul Rashid, “30 Percent of Bernas Monopoly to Be Opened to Other Players”, *New Strait Times*, October 17, 2018, https://www.nst.com.my/news/nation/2018/10/422059/30-percent-bernas-monopoly-be-opened-other-players（访问时间：2020 年 2 月 1 日）。

（IMT-GT）贸易博览会的规模。[①] 2020年2月，马来西亚人力资源部在IMT-GT人力资源开发工作组下开设了2项技术职能教育与培训计划课程，为三国从业者提供技能培训。[②]

在防务方面，希盟政府视东盟为“解决安全问题的重要平台”（important platforms to address security issues），进一步认可了东盟的中心地位。希盟政府将保护马来西亚的陆地和海上边界、解决领土争端以及消除超越传统边界概念的网络空间威胁视为国防优先事项。[③] 马来西亚尚未形成东盟范围内的集体安全概念，希盟政府提出的国防优先事项在某种程度上延续了马哈蒂尔第一个任期内“全面防御”（total defence）的国防概念。在东盟框架下，希盟政府的传统安全合作重点仍放在与成员国双边防务关系的持续发展上。作为域内伊斯兰大国，印尼是马来西亚防务合作的重点对象。2019年4月，马来西亚国防部代表团访问印尼，两国就军事交流、访问、培训协作以及演习等事项拟定合作框架。[④] 在非传统安全方面，希盟政府从吉隆坡的“东南亚地区反恐中心”（SEARCCT）获取打击海盗和恐怖主义方面的智力支持，并依托东盟整体平台，利用与域外国家的多边对话合作框架增设反恐议题，争取外界援助与合作。如近来举行的第十三届东盟防长会议及第五届东盟防长扩大会、东盟峰会等，都将反恐议题放在重要位置。

3. 东盟系统压力的调解者

与欧盟相比，东盟成员国之间的社会、经济差异更为显著，这种客观差

① “Malaysia terus manfaat perkongsian ASEAN untuk lonjak perdagangan”, *Berita Harian*, July 20, 2018, https://www.bharian.com.my/bisnes/lain-lain/2018/07/451561/malaysia-terus-manfaat-perkongsian-ASEAN-untuk-lonjak-perdagangan（访问时间：2020年2月1日）。

② 《人资部开设2技职教育与培训计划课程》，〔马来西亚〕《东方日报》2020年2月15日，https://www.orientaldaily.com.my/news/nation/2020/02/15/326881（访问时间：2020年2月20日）。

③ Elina Noor, “Foreign and Security Policy in The New Malaysia”, Lowy Institute, November 7, 2019, http://www.lowyinterpreter.org/publications/foreign-and-security-policy-new-malaysia#_edn98（访问时间：2020年2月20日）。

④ Prashanth Parameswaran, Defense Meeting Highlights Malaysia-Indonesia Military Ties, The Diplomat, April 6, 2019, https://thediplomat.com/2019/04/defense-meeting-highlights-malaysia-indonesia-military-ties/（访问时间：2020年2月20日）。

异通常会导致不同单元的发展需求存在差异，需求的差异化过大则会导致系统压力增强，出现分裂和离心趋势。除了必要的系统支持以外，马来西亚还扮演着系统压力调解者的角色。在东盟建立初期，马来西亚经历了与新加坡的对抗与和解，与菲律宾在沙巴主权问题上达成谅解，与印尼达成了和平解决领海争端的共识。马来西亚在冲突中主动妥协，出让自身利益从而为共同体提供弥散性支持的行为，促成了东盟成员国之间的谅解，缓解了东盟系统中各单元行为体间的利益冲突产生的压力，有效提升了东盟系统的内聚力。

希盟政府上台后，在处理马新两国领海争端问题上，两国外交部长在马来西亚签署协议，并成立划界委员会以寻求达成和解。[①] 这种不诉求于暴力的争端解决方式遵循协商一致的东盟原则，也为缓解系统的压力提供了制度支持。此外，马来西亚积极为东盟成员提供调停争端的公共产品，在泰国南部叛乱和棉兰老岛冲突的解决中扮演着和平缔造者的调解员角色，促成涉事方进行和平谈判。[②] 2019 年 8 月，马来西亚率先签署了《新加坡调解公约》，进一步健全了跨境商事争议的调解制度，为东盟域内外国家贸易争端提供了疏解渠道。[③]

三　希盟执政后马来西亚在区域互动中的角色变化

当下，东南亚地区在大国博弈和全球经济要素的流动中占据重要位置。马来西亚作为东盟系统的单元之一，通过东盟参与的区域间互动有两类指涉对象，第一类是介入东南亚事务的域外国家，第二类是涉及马来西亚本国利

---

① "Joint Press Statement by Minister of Foreign Affairs of Malaysia and Minister for Foreign Affairs of the Republic of Singapore", Ministry of Foreign Affairs Singapore, March 14, 2019, https: //www. mfa. gov. sg/Newsroom/Press – Statements – Transcripts – and – Photos/2019/03/14032019 – Joint – Press – Statement – Meeting – on – Bilateral – Issues（访问时间：2020 年 2 月 20 日）。

② Chanintira na Thalang, "Malaysia's Role in Two South-East Asian Insurgencies: 'An Honest Broker'?", *Australian Journal of International Affairs*, Vol. 71, 2017, Issue 4, pp. 389 – 404.

③ "46 Countries Sign International Mediation Treaty Named after Singapore," *New Strait Times*, August 7, 2019, https: //www. straitstimes. com/singapore/key – facts – about – the – singapore – convention – on – mediation（访问时间：2020 年 2 月 20 日）。

益关切的域外国家。然而，在域外国家与东盟体系的互动中，东盟的松散和灵活属性削弱了其输出话语的权威性。因此希盟政府多次呼吁东盟成员国对外"一个声音说话"，以提升东盟中心地位以及在地区事务中的话语权。马来西亚也在特定议题中有意识地引导东盟成员国形成一致的对外政策和声音。

在与美国等介入东南亚区域事务的域外大国相处中，马来西亚扮演着东盟系统内的"守门者"角色。戴维·伊斯顿认为"守门者"是政治系统的边界，会影响系统内部需求的输入。[①] 同样，在处理从系统外传导进系统内的需求时，"守门者"可以通过弃置或排斥的方式降低需求的数量；或者主动传导该需求，成为议题的引导者。在东盟语境中，美国希望通过实施其"印太战略"与东盟加强军事合作，提高美国在亚太地区的军事存在。这种干涉性行为与马来西亚主张的反对冲突对抗、反对域外势力介入本地区事务的观点相悖。2019 年 8 月，马来西亚外交部长赛夫丁表示，马来西亚希望"南海行为准则"（COC）能在 3 年期限内或更短的时间内完成，希望美国能在准则通过后尊重它。[②] 在 2019 年 9 月举行的美国—东盟海上联合军演中，马来西亚并未派出船只参演。[③] 希盟政府坚定践行东盟均衡策略和"不选边"政策，代表了更广泛东盟国家的集体利益。因此域外国家试图干涉地区事务的需求会经由马来西亚的冷处理，从而进一步被削减，使其难以在东盟范围内达到理想的反馈效果。

相较之下，马来西亚对于日韩两国参与东亚区域合作持欢迎态度。作为东盟 + 日本合作机制的倡议者，马哈蒂尔在 2018 年上任后三次访问日本，并继续采用其第一个任期内的"向东看政策"，积极推动日本加入东盟构建的"区域全面经济伙伴关系协定"（RCEP）等区域合作框架。希盟政府在

① 〔美〕戴维·伊斯顿：《政治生活的系统分析》，王浦劬译，人民出版社，2012，第 127 页。

② 《马来西亚外长："南海行为准则"通过后，希望美国尊重它》，《环球时报》2019 年 8 月 6 日，https：//world. huanqiu. com/article/9CaKrnKm0r0（访问时间：2020 年 2 月 20 日）。

③ 《美与东盟联合军演"刷"地区存在感》，新华网，2019 年 9 月 9 日，http：//www. xinhuanet. com/mil/2019 – 09/09/c_ 1210273743. htm（访问时间：2020 年 2 月 20 日）。

国内发起了“改变生活2020”（Nah Ubah Hidup 2020）活动，鼓励中小企业家赴日本学习经验，拓展商机。① 此外，马哈蒂尔在2019年11月28日举办的东盟—韩国特别峰会期间，借助东盟平台与韩国总统文在寅举行会晤，双方就2020年将马韩关系升级为战略合作伙伴关系达成共识。② 马来西亚的一系列措施进一步带动了东盟国家加强与日韩两国合作的意愿，包括越南在内的东盟国家积极向日本学习发展机械化农业、打造智慧城市以及应对老龄化趋势等先进经验。这种氛围促进了东盟内形成与日本开展“工业4.0”合作的共识，2019年5月13日，东盟秘书长林玉辉（Lim Jock Hoi）与日本外务大臣河野太郎（Taro Kono）签署日本与东盟技术合作协议。③

在涉及马来西亚以及东盟其他成员国自身关切的事务时，马来西亚有将自身政治欲望和需求转化为东盟系统的政策输出的能力，从而通过东盟集体力量达成目标。该类需求在政治系统内部大多会形成约束性政策。在解决西方国家“洋垃圾”给东盟国家造成的环境问题时，希盟政府率先停止颁发新的塑料垃圾进口许可证，并将本国囤积的洋垃圾遣返至出口国。④ 马来西亚的行为在东盟内引起了连锁反应，越南、菲律宾、印尼等国也纷纷采取了取消进口许可证与遣返相结合的措施以解决洋垃圾问题。尽管洋垃圾问题并未通过东盟框架进行统一解决，但马来西亚带头采取的强硬政策联动形成了地区性的政策集聚效应，达成了区域一致所带来的权威效能。此外，在解决欧盟削减棕榈油进口问题时，马来西亚积极联合印尼共同发声，争

---

① “Hanya dengan berniaga baru boleh jadi jutawan – Dr Mahathir”, *Mystar*, January 27, 2020, https://www.mstar.com.my/lokal/semasa/2020/01/27/nuh2020（访问时间：2020年2月20日）。

② 《详讯：文在寅会见马来西亚总理马哈蒂尔》，〔韩国〕韩联社，2019年11月28日，https://cn.yna.co.kr/view/ACK20191128003400881（访问时间：2020年2月20日）。

③ “Secretary-General of ASEAN and Minister of Foreign Affairs of Japan Signed the Agreement on Technical Cooperation between ASEAN and the Government of Japan”, ASEAN Secretariat, May 14, 2019, https://ASEAN.org/secretary – general – ASEAN – minister – foreign – affairs – japan – signed – agreement – technical – cooperation – ASEAN – government – japan/（访问时间：2020年2月20日）。

④ 《东南亚国家强化“洋垃圾”进口限制》，《人民日报》2019年9月17日，第17版。

取本国经济权益。欧盟委员会于2019年通过决议，逐步淘汰棕榈油生物燃料并减少进口，马来西亚和印尼作为棕榈油出口大国将受到严重冲击。对此马印两国多次联合呼吁东盟成员国支持本国棕榈油产业发展，将棕榈油问题上升为东盟—欧盟伙伴关系所面临的战略挑战，并在2019年4月举办的欧盟—东盟部长级会议上决定成立一个新的联合工作组，以解决与棕榈油有关的问题。① 希盟政府在议程设置上的能力提升，突出了马来西亚在东盟中的代表性地位，也使得马来西亚在与域外国家的互动中更具有主动性和话语权。

四 希盟政府的东盟政策的困境与挑战

尽管马来西亚在东盟中的核心地位愈发凸显，在国际舞台上的曝光度和受重视程度不断提升，但在参与区域事务和区域议程设置的过程中，希盟政府仍然面临着几项挑战。

其一，马来西亚的宏观愿景受制于本国客观经济实力的不足。2018年马来西亚GPD总量为3584亿美元，占东盟经济共同体GDP总量的12%，位列东盟第四，但连续三年呈下降趋势。② 在地区经济合作上，印尼、新加坡、泰国等国也优于马来西亚。因此在绝对经济实力比较中，马来西亚活跃的议程设置意愿与其经济地位不匹配，无法真正发挥领头作用。此外，马来西亚直接债务占当年GDP的比重从2017年的50.1%增至2018年的51.2%，债务总额占2018年GDP的75.4%。③ 在政府债务压力下，希盟政府接连取消或重议前任政府签订的大型工程，其中最具有代表性的是与中国交通建设

① "Indonesia, Malaysia Send Letter Protesting EU Palm Oil Curbs", Reuters, April 9, 2019, https://www.reuters.com/article/us-indonesia-malaysia-eu-palmoil/indonesia-malaysia-send-letter-protesting-eu-palm-oil-curbs-idUSKCN1RL0Y6（访问时间：2020年2月20日）。

② ASEAN Integration Report 2019, Jakarta: The ASEAN Secretariat, 2019, p. 7.

③《直接债务微增，政府拒操弄财政把戏》，〔马来西亚〕《东方日报》2019年9月29日，https://www.orientaldaily.com.my/news/nation/2019/09/29/308437（访问时间：2020年2月20日）。

股份有限公司就东海岸铁路项目进行的谈判。财政状况决定了马来西亚欠缺主动为东南亚地区提供实质性经济公共产品的能力，也难以为东盟地区新机制的建构提供有力的物质支撑。2019～2020财年马来西亚外交部获得约8亿林吉特的财政拨款，占预算总拨款的0.26%，这一拨款涵盖所有海外使领馆的运营费用和外交项目的发展经费。[①] 这导致在通过东盟平台参与区域事务的过程中，马来西亚只能尽可能选取与国家经济发展目标相一致的特定议题，或引导东盟议题与国内发展目标相契合。在路径选择上，马来西亚更依赖东盟框架下的现有机制，而缺乏机制创新的意愿和能力；或者采取搭便车的策略，借助东盟平台提升自身在APEC、“一带一路”倡议等国际合作方案中的参与分量。

其二，希盟政府的东盟政策带有浓厚的领导人个人色彩特点，缺乏制度性的参与方案。希盟政府的《外交政策框架》强调重视防卫安全、伊斯兰事务和经济发展，这与马哈蒂尔第一个任期内的施政重点相契合。在借助东盟平台向外发声的过程中，马来西亚更多是借助马哈蒂尔的个人魅力和犀利的话语风格，从而获得更大的国际关注度。这种依赖克里斯玛型领导人吸引来的国际关注和话语地位，缺乏制度性的保障，并且易随着政权的更替发生改变。在受领导人个人主观因素影响较大的情况下，政策的连贯性也难以得到保证。

其三，在国内议程优先的情况下，马来西亚对特定区域议题的决策可能破坏东盟凝聚力。希盟政府上台后以国内改革和经济发展为重点，出于减轻国内债务的考量，希盟政府取消了上届政府与新加坡签订的隆新高铁项目，并有意识地重提水价问题作为谈判筹码。此举一定程度上对东盟成员国之间的互信造成压力。此外，希盟政府进一步强化了马来西亚在伊斯兰合作组织框架下的积极作用，在涉及穆斯林群体的国际事务中，马来西亚更偏向于为穆斯林群体发声。马哈蒂尔多次提出希望东盟拿出解决缅甸罗兴亚人危机的

① “Budget 2020：Wisma Putra Allocated With Rm 0.818 Billion”, Ministry of Foreign Affairs Malaysia, October 12, 2019, https://www.kln.gov.my/web/guest/-/budget-2020-wisma-putra-allocated-with-rm-0-818-billion（访问时间：2020年2月20日）。

方案，并公开指责缅甸政府“侵犯人权”。此举被批评有违东盟成员国之间互不干涉内政的原则。

总体而言，希盟执政后，马来西亚依托“东盟基石”政策，在东盟中更加积极和主动，开始更多地主动参与议程设置。此外，马来西亚还充分发挥东盟多边议事框架的功能，以东盟为依托，积极针对国际议题发声。受制于希盟繁杂的改革议程和国家经济实力，马来西亚缺乏在东盟内主动设定发展型议题、提供区域经济公共产品的能力。但在参与东盟框架下的既定议题的过程中，马来西亚能发挥协调作用，积极引导议题走向和发展，并充分发挥领导人的个人作用，以成为地区事务的代表。

五　马来西亚新政府东盟政策展望

在马哈蒂尔于 2020 年 2 月 24 日辞去总理职务后，希盟政府也因土团党的脱离和人民公正党的分裂而走向终结。穆希丁・亚辛（Muhyiddin Yassin）于 3 月 1 日正式就任马来西亚第八任总理，并着手组建包含土团党、巫统、伊斯兰教党、沙捞越政党联盟等在内的国民联盟（Perikatan Nasional）内阁。穆希丁政府的首要事务是稳定执政联盟地位和恢复国内经济。希盟议员可能在议会复会后提交对于现政府的不信任动议；此外，如何组建新的行政班子以应对 2020 年突发的新冠肺炎疫情及其后续导致的全球经济波动，也是马来西亚的燃眉之急。外交政策并非穆希丁政府的优先处理事项。2020 年在马来西亚举行的亚太经合组织（APEC）领导人非正式会议是穆希丁政府展示外交形象，以及外界观察穆希丁政府外交特点的最佳窗口。根据马来西亚长久以来在应对地缘政治态度上的连贯性来看，可以预见除了长期的多边主义、实用主义和中立外交政策传统外，马来西亚的外交政策将基本保持不变，仍将与《外交政策框架》保持大体一致。

就个人职业生涯而言，穆希丁历任马来西亚青年和体育部部长、农业部部长、国际贸易和工业部部长等职务，关注点始终在国内，很少涉及对外事务的处理。在其任内，穆希丁也鲜有针对国际议题对外表态的情况。

在当下以国内政治为先，且自身缺乏外交背景的双重因素下，穆希丁委任了具有丰富的大国交往经验的前国防部部长希山慕丁（Hishammuddin Hussein）担任外交部部长职务。可以预见，作为巫统青壮派代表人物的希山慕丁将以更专业的偏技术型官僚角色，在马来西亚外交事务中拥有更大的话语权。希山慕丁担任国防部部长期间，一直积极拥护东盟基石地位，把东盟作为解决地区事务的重要平台，并主张通过东盟国防部长会议等机制保障东盟在亚太地区的中心地位。在诸如海上安全、反恐和救灾等安全问题上，更多通过双边或多边涉事国的直接对话与交流来解决。① 这种域内问题的解决方式一定程度上避开了东盟系统内不干涉他国事务的约定，但也要求马来西亚在与东盟国家的互动中更加主动地进行议程设置和方案规划，以便达成高效的交流成果。

技术型官僚的特色在国民联盟内阁的职务设置中也有更多体现。财政部部长（扎法鲁·阿齐兹，Tengku Datuk Seri Zafrul Tengku Abdul Aziz）、总理府（经济部）部长（穆斯塔法·穆罕默德，Mustapa bin Mohamed）及国际贸易和工业部部长（阿兹敏·阿里，Datuk Seri Mohamed Azmin Ali）等经济决策的关键职位都启用了具有广泛国际合作经验和从业经历的官员。东盟商会发函称，从新领导集体的任用上可以预见，马来西亚在国际经济合作中会展现更专业的形象，也将促进东盟非政府合作的蓬勃发展。②

值得注意的是，国民联盟是马来西亚政治历史上最明确的以马来人为中心的联盟，而伊斯兰教党这类以马来民族主义为标志的族群政党加入内阁，势必会影响马来西亚面对国际伊斯兰事务的态度。在涉及巴以问题、罗兴亚人等穆斯林群体的问题上，伊斯兰教党或向政府施压，促使马来西亚对外采

① "Asean Should Fill Vacuum if US Scales Back Presence in Region: Malaysian Defence Minister", *Strait Times*, January 23, 2017, https://www.straitstimes.com/asia/asean-should-fill-vacuum-if-us-scales-back-presence-in-region-malaysian-defence-minister（访问时间：2020年3月17日）。

② "Asean Chamber, Cooperative Commission Laud New Cabinet Line-up", *Malay Mail*, March 10, 2020, https://www.malaymail.com/news/malaysia/2020/03/10/asean-chamber-cooperative-commission-laud-new-cabinet-line-up/1845181（访问时间：2020年3月17日）。

取更果断的态度以巩固其信仰基础。在伊斯兰议题上，马来西亚或许会采取比东盟其他成员国更加强硬的措辞。

总体而言，在外交政策上，穆希丁和国民联盟政府可能会继续延续希盟政府的保守态度，并以东盟为基石扩大马来西亚的影响力和活跃度，尤其是在影响伊斯兰世界的事务上，国民联盟政府可能会采取更强硬的立场。

B.12

2019年国内外关于马来西亚研究述评

薛松 李可*

摘 要： 本文对2019年国内外针对马来西亚政局和社会变迁的研究成果进行了梳理，目标是介绍2019年若干国家和地区在马来西亚研究领域的新观点和研究成果，并比较其关注主题的差异。本文发现，中国学界对2018年以来马来西亚政坛变局的分析和预测比较准确，学术共同体的国际化程度和组织程度有所提升；各国媒体对马来西亚动态的关注程度和主题差异较大；在英文学术刊物中，2018年大选结果的归因分析、巫统权力被逐步削弱的机制研究及中马"一带一路"合作三个主题得到较多关注。

关键词： 马来西亚 区域国别研究 媒体

2019年，马来西亚政治、经济、社会和外交等各领域都面临一系列挑战。概括地讲，其国内挑战为大选前后的政治分化重组及新政府上任后国家、社会关系的调整，国外挑战则是以中美战略竞争为核心的国际体系压力

---

* 薛松，政治学博士，复旦大学国际问题研究院助理研究员，研究方向为印尼政治和外交、中国与东南亚关系，负责本文第二部分"国外对马来西亚的研究情况"中印尼、英美和日本媒体资料的搜集和撰写，以及第三部分"英文学界对马来西亚研究的进展"的资料搜集和撰写。李可，北京外国语大学亚洲学院硕士研究生，负责本文第一部分"中国对马来西亚的研究情况"的资料搜集和撰写，以及第二部分"国外对马来西亚的研究情况"中菲律宾和新加坡媒体资料的搜集和分析。

的增强。上述问题得到了国内外研究者和大众媒体的广泛关注。本文对2019年国内外针对马来西亚政局和社会变迁的研究成果（学术论文和新闻报道）进行梳理，研究目标是介绍2019年若干国家和地区在马来西亚研究领域的新观点和研究成果，并比较其关注主题的差异。文中纳入参考范围的文献包括中国知网收录的学术期刊、SSCI索引期刊来源中的相关文献，以及英美、东亚（日本）和东盟邻国（印尼、新加坡、菲律宾）有影响力的报刊，也涉及部分国内外的图书、报告、时评等。本文首先介绍了2019年中国学界对马来西亚的研究情况，继而比较分析了各国媒体对马来西亚的报道，最后总结了英文学术期刊关于马来西亚政局变迁的最新研究成果。

一　中国对马来西亚的研究情况

本部分回顾了2019年中国学界[①]针对马来西亚国别研究的期刊发表成果、著作出版和大型会议动态。

（一）期刊发表成果

2018～2019年中国学界对马来西亚的研究主要关注2018年大选、中马关系、政党政治和最高元首制度四个议题。笔者搜集了中国知网中收录的社会科学类中文学术期刊的文献，也兼顾其他公开出版的作品。2018～2019年中国知网刊载了44篇马来西亚国别研究相关文章（期刊名称和发文数量见表1）。从所涉议题来看，25篇论文关注马来西亚政治，此外还有军事领域4篇、外交领域6篇、社会领域6篇和经济领域3篇。2018年研究者主要关注以下议题：马来西亚大选及对中马关系的影响、希望联盟新政府的政策走向和马来西亚政党政治。此外，马来西亚外交、马哈蒂尔交权、南海问题等议题也偶有涉及。2019年研究者的关注点与2018年相似，增加了对以下

① 中国学界是指在中国内地出版环境下使用中文作为语言的学术研究圈。国外学者在中国使用中文出版的成果也归为此类。

议题的讨论：族群政治[①]、宗教政治、最高元首制度、社交媒体与民主化、马来西亚特别行动指挥部[②]等。

表 1　2018～2019 年马来西亚相关期刊文章汇总

期刊	2019 年	是否 CSSCI 或北大核心期刊	期刊	2018 年	是否 CSSCI 或北大核心期刊
《东北师大学报》（哲学社会科学版）	1	核心期刊，CSSCI	《国际论坛》	1	核心期刊，CSSCI
《东南亚研究》	1	CSSCI	《东南亚研究》	1	CSSCI
《世界知识》	5		《南洋问题研究》	1	CSSCI
《南亚东南亚研究》	2		《和平与发展》	1	CSSCI
《现代世界警察》	4		《当代世界》	1	CSSCI
《八桂侨刊》	1		《亚太安全与海洋研究》	1	CSSCI
《国际研究参考》	1		《文化纵横》	1	CSSCI
《互联网天地》	1		《比较政治学研究》	1	CSSCI
《公共外交季刊》	1		《世界知识》	2	
《西部学刊》	1		《南洋资料译丛》	3	
			《社会科学动态》	1	
			《东南亚纵横》	3	
			《洛阳师范学院学报》	1	
			《南亚东南亚研究》	1	
			《现代世界警察》	1	
			《国际研究参考》	1	
			《中国城市金融》	1	
			《北京警察学院学报》	1	
			《山西高等学校社会科学学报》	1	
			《金融博览》	1	
			《产业与科技论坛》	1	
总计	18		总计	26	

说明：表格数据统计自中国知网（http：//www. cnki. net/），只统计研究论文，书评、访谈、会议报道等类型的文章不包含在内。

资料来源：笔者整理。

① 〔马〕朱崇彰：《从反国际公约看马来西亚种族政治》，载吴宗玉、翟崑主编《马来西亚发展报告（2019）》，社会科学文献出版社，2019，第 109 页。

② 畔舟：《马来西亚特别行动指挥部》，《现代世界警察》2019 年第 5 期，第 18～21 页。

中国学界对2018年马来西亚大选的介绍和归因分析较为全面、层次丰富。除了指出巫统腐败和社会不平等是国阵大选败北的主要原因的一般性结论外，也出现了对不同地区和不同阶层选民的投票行为的细致分析。例如资源收益分配的央地矛盾激化，导致东马选民倒戈并成为选情逆转的核心；[①]中产阶级选民群体的扩展，压缩了族群和宗教票箱等[②]，体现出中国学界对马来西亚政治研究的深度在提升。

2018年大选对马来西亚国家和社会的影响是全方位的，中国学界最关注的是马来西亚政治制度变迁的发展方向和希望联盟新政府的稳定性。随着国民阵线败选，马来西亚首次实现执政党轮替，出现了民主化趋势。[③] 国内学者普遍认为短期内希盟新政府的前路并不平坦，希盟的内部团结和新政府的执政能力将受到考验。[④] 从2020年3月马来西亚政党联盟和内阁重组结果来看，中国学界对马来西亚政局变化趋势的把握基本准确。

关于2018年大选后政权更迭对中马关系的影响，中国学界普遍认为中马关系可能在短期内受到负面影响，但从长远看两国友好合作的趋势不会改变。[⑤] 短期的负面影响是因为中国在马来西亚的投资项目在竞选期间被希盟和国阵“政治化”，而希盟政府的对华新政必须要区别于纳吉布的亲华政策，与中国关系“后退一步”并不是针对中国。从中期看，基于地缘政治考量[⑥]，马

① 兰旻：《马来西亚61年大变局：动力与前景》，载吴宗玉、翟崑主编《马来西亚发展报告（2019）》，社会科学文献出版社，2019，第180页。

② 葛红亮：《马来西亚“两线制”轮替及其对中马合作的影响》，《西部学刊》2019年第17期，第13页。

③ 葛红亮：《马来西亚“两线制”轮替及其对中马合作的影响》，《西部学刊》2019年第17期，第10～16页。

④ 傅聪聪、陈戎轩：《马来西亚政治形势与政党政治发展》，载吴宗玉、翟崑主编《马来西亚发展报告（2019）》，社会科学文献出版社，2019，第46～48页。

⑤ 葛红亮：《马来西亚“两线制”轮替及其对中马合作的影响》，《西部学刊》2019年第17期，第10～16页。

⑥ 〔马〕饶兆斌：《马来西亚外交形势》，载吴宗玉、翟崑主编《马来西亚发展报告（2019）》，社会科学文献出版社，2019，第67～85页。

来西亚对经济外交的重视[①]和马哈蒂尔的对外政策传统[②]，中马两国关系至少在马哈蒂尔任期内不会出现大转向。[③] 从长期看，“中国对马来西亚的重要性不会因为执政党轮替而改变”。[④]

关于马来西亚政党制度，中国学界提出希望联盟根基不稳和马来西亚政党联盟“两线制”瓦解[⑤]的观点。2018 年大选以来巫统和伊斯兰教党的合作受到关注。[⑥] 若马哈蒂尔不能在两年内交权于安瓦尔，政党联盟或将再次洗牌。[⑦] 从长期来看，这意味着马来西亚不再保持固定的政党联盟（“两线制”），而是政党自由组合、竞争权力。[⑧] 此外，族群政治重新得到关注：印度人政党[⑨]和华人政党[⑩]在独立后的发展以及实施“新经济政策”时期，华人与印度人的政治参与受到中国学界的关注。[⑪]

2019 年，中国学界对马来西亚政坛的一个新关注点是君主立宪制下的

---

① 兰昊：《马来西亚 61 年大变局：动力与前景》，载吴宗玉、翟崑主编《马来西亚发展报告(2019)》，社会科学文献出版社，2019，第 182 页。

② 兰昊：《马来西亚 61 年大变局：动力与前景》，载吴宗玉、翟崑主编《马来西亚发展报告(2019)》，社会科学文献出版社，2019 年，第 181 页。

③ 葛红亮：《马来西亚“两线制”轮替及其对中马合作的影响》，《西部学刊》2019 年第 17 期，第 13 ~ 14 页。

④ 〔马〕饶兆斌：《马来西亚外交形势》，载吴宗玉、翟崑主编《马来西亚发展报告(2019)》，社会科学文献出版社，2019，第 85 页。

⑤ 葛红亮：《马来西亚“两线制”轮替及其对中马合作的影响》，《西部学刊》2019 年第 17 期，第 10 ~ 16 页。

⑥ 陈戎轩、傅聪聪：《马来西亚两党合作：新的“马来圣战”开始?》，《世界知识》2019 第 16 期，第 34 ~ 35 页。

⑦ 兰昊：《马来西亚 61 年大变局：动力与前景》，载吴宗玉、翟崑主编《马来西亚发展报告(2019)》，社会科学文献出版社，2019，第 181 页。

⑧ 兰昊：《马来西亚 61 年大变局：动力与前景》，载吴宗玉、翟崑主编《马来西亚发展报告(2019)》，社会科学文献出版社，2019，第 182 页。

⑨ 石沧金：《独立后的马来西亚印度人政治》，《南亚东南亚研究》2019 年第 1 期，第 95 ~ 119、153 ~ 154 页。

⑩ 原晶晶：《论马来西亚华人公会的派系政治——以梁维泮与陈群川党争为例》，《东北师大学报》（哲学社会科学版）2019 年第 2 期，第 117 ~ 123 页。

⑪ 吴多情：《新经济政策时期马来西亚华人与印度人政治参与比较分析》，《八桂侨刊》2019 年第 1 期，第 31 ~ 38、48 页。

最高元首轮替制度。[①] 相关讨论包括从历史制度主义对马来西亚元首制度的分析[②]，并结合执政党轮替对传统君主立宪制度的时代化解析。[③]

（二）著作出版成果

中国学界在2019年出版了一些马来西亚国别研究著作（见表2）。主题集中在“一带一路”倡议下中国在马来西亚的投资实践、马来西亚语言和文学，以及马来西亚政治和对外关系三个领域。

表2　2019年中国学界出版的马来西亚研究著作

编者/作者	书名	出版社	出版时间
罗圣荣(编著)	《当代马来西亚政治》	社会科学文献出版社	2019年1月
胡波(著)	《“一带一路”沿线华侨华人史话丛书·马来西亚华侨华人史话》	广东教育出版社	2019年2月
龚晓辉、刘勇、文一杰(编著)	《马来西亚现当代文学作品选读》	世界图书出版公司	2019年3月
苏莹莹(著)	《马来西亚南海政策研究》	时事出版社	2019年5月
〔越南〕斐春梅(主编)	《马来西亚财经素养教育》	中国财政经济出版社	2019年6月
王贵国、李鋈麟、梁美芬(编)	《“一带一路”沿线国法律精要:柬埔寨、马来西亚、新加坡卷》	浙江大学出版社	2019年7月
赵振江(主编)	《“一带一路”沿线国家经典诗歌文库:马来西亚诗选》	作家出版社	2019年8月
葛红亮(编著)	《“一带一路”国别概览:马来西亚》	大连海事大学出版社	2019年9月
吴宗玉、翟崑(主编)	《马来西亚发展报告(2019)》	社会科学文献出版社	2019年12月

资料来源：笔者整理。

（三）举办学术会议

随着中国学界对马来西亚国别研究的扩展和深入，各类学术组织蓬勃发

① 傅聪聪：《主动退位与跳跃接班：马来西亚最高元首轮替》，《世界知识》2019年第5期，第32～33页。

② 张孝芳：《马来西亚国家元首制度：历史制度主义的分析》，《东南亚研究》2018年第2期，第76～93页。

③ 张孝芳：《马来西亚的国家元首制度》，《文化纵横》2018年第3期，第18页。

展。2019 年中国学界组织了如下相关大型会议。[①]

（1）2019 年 1 月 4 日，首届中国马来语专业发展圆桌会议在北京外国语大学召开，全国十所高校马来语教师代表与会。会议决定成立“中国马来语专业发展工作委员会”，首届发展工作委员会秘书处设在北京外国语大学，为期三年。

（2）2019 年 10 月 12 日，由云南民族大学和马来西亚理科大学联合举办、南亚东南亚语言文化学院承办的第二届中国—马来西亚翻译、语言和文化研讨会暨第二届全国大学生马来语演讲大赛在云南民族大学举行。

（3）2019 年 11 月 1 日，中马青年友谊杯马来语歌唱比赛在马来西亚驻华大使馆举办。大赛由北京外国语大学亚洲学院、中国马来语专业发展工作委员会和马来西亚驻华大使馆共同举办。

（4）2019 年 12 月 19 日，北京外国语大学和社会科学文献出版社联合主办的“《马来西亚发展报告（2019）》发布会”在北京外国语大学举行。

（四）中国学界的研究特点

从以上介绍可见，2019 年中国学界对马来西亚的国别研究有三个特点。

（1）时政分析快速准确。涉及第 14 届大选以来马来西亚政治变局的研究成果内容丰富、角度多样、传递及时。许多成果在分析时事的过程中展现出较强的历史深度、理论素养和比较意识。大部分研究对未来短期内马来西亚政局走向及中马关系的预判基本准确，对研究界、决策机构和普通读者具有较高的参考价值。

（2）国际化程度提升。在中国学界用中文出版著作或发表论文的作者中不乏外籍研究者。由于马来西亚华人有掌握中文的优势，他们与中国研究界的沟通没有语言障碍。邀请马来西亚和其他国家的研究者在中国学界发表论文和出版著作，将有利于中国的读者获得更丰富的信息和差异化的观点。

（3）学术团体组织程度提高。2019 年成立了中国马来语专业发展工作

① 讲座和小型会议未统计。

委员会，并在该委员会的推动下举办了两国教育文化交流活动。成立这一组织有利于国内各机构集中资源、发挥优势，拓宽中马两国文化和社会的双向沟通渠道。这一做法值得在马来西亚国别研究领域继续深化（如成立马来西亚华人华侨研究学会等机构），并向其他国别区域研究领域输出经验。

国内对马来西亚的研究也有一些值得补充的领域。目前研究中马关系的成果多是从中国的政策和马来西亚国情两方面着手，未来也希望看到更多将中马关系和马来西亚对外政策放到地区秩序和全球秩序变革的情境下分析的作品。另外，鉴于近些年中马两国社会交往日益密切，对马来西亚文化和教育领域新发展的研究也值得关注。结合新形势对马来西亚文教事业进行研究，也可以作为国内学者的一个切入角度。

二　国外对马来西亚的研究情况

本部分介绍2019年国外对马来西亚时政的分析和国别研究情况。参考资料主要来自东盟国家（印尼、新加坡和菲律宾）的英文报刊、英美主要报纸和杂志、东亚（日本）的主要报纸和SSCI索引来源期刊。

（一）东盟国家的报道和分析

1. 印尼《雅加达邮报》

《雅加达邮报》是在印尼发行的英文日报，是亚洲新闻联盟（Asia News Network）成员，受众为受教育程度较高的印尼中上阶层和在印尼的外国人，曾因对国外政治的高质量报道而获得2009年“亚当·马利克奖”。2019年，《雅加达邮报》的网站发布的报道中，标题中含有“Malaysia”的共132篇。其中35篇为《雅加达邮报》记者撰稿，其他97篇为转载。其中转载自法新社48篇、路透社26篇、马来西亚《星报》15篇、彭博社7篇、新加坡《海峡时报》1篇。[①] 在转载的报道中，马来西亚政府追回“一马丑闻”贪

① 〔马来西亚〕《星报》和〔新加坡〕《海峡时报》也是亚洲新闻联盟成员。

污款、棕榈油产业政策、野生动物保护和环境保护、马来西亚的宗教和种族相关政策和现象是关注重点。爱尔兰少女在马来西亚失踪死亡案也是西方媒体关注的焦点事件。

《雅加达邮报》记者原创的35篇涉马报道全部与印尼有关。得到关注最多的三个主题为2019年印尼大选在马来西亚选区的假票风波、欧盟对棕榈油设限和印尼山火导致的空气污染。2019年4月14日，客居在马来西亚的印尼人即将去当地投票站参加印尼立法机构和总统选举。此前几天，在雪兰莪州发现4万至5万张已经写好投给佐科的选票，计划以每张15林吉特的价格从选民手中收购。此事提前被印尼大选委员会发现，但未导致当地的选举延期。针对欧盟对棕榈油使用的限制，棕榈油产量位居全球第一和第二的印尼和马来西亚就反对欧盟设限的立场达成一致，不排除两国就此进行合作的可能。印尼将加强对印度市场的关注，并视马来西亚为竞争对手。[①] 苏门答腊岛和加里曼丹岛旱季山火几乎每年都会导致印尼、马来西亚和新加坡空气质量下降。佐科总统在2019年8月访问马来西亚时未将此问题作为商谈要点，2019年印、马、新三国也未推出合作新举措。

《雅加达邮报》的132篇报道中涉及中国[②]的有19篇，占14.4%。报道集中在以下两个话题：（1）马来西亚政府调整“一带一路”大型基建项目，以期降低财政负担。2019年4月，中马两国重新商定东海岸铁路项目价款并重启项目。7月，马来西亚政府扣押中石油子公司账户10亿林吉特，该款项为暂停的燃气管道项目款。（2）南海问题。10月，中美合拍的电影《雪人奇缘》遭到马来西亚禁映。同月，马外长公开表示需对南海形势恶化做好准备。

2. 新加坡《今日报》

《今日报》（*Today*）是新加坡的主流报纸之一，也是新加坡阅读量最大

① Riyadi Suparno, “Indonesia’s Palm Oil Exports to India Losing Out to Malaysia,” *The Jakarta Post*, July 1, 2019, https://www.thejakartapost.com/news/2019/07/01/ri-palm-oil-exports-to-india-losing-out-to-malaysia.html.

② 涉及中国，指报道全文中至少有1处提到中国。

的报纸之一。该报使用英文，日发行量约 70 万份，读者几乎覆盖所有社会群体。2019 年，《今日报》共刊登马来西亚相关新闻 159 篇。[①] 其中政治领域 35 篇、经济领域 13 篇、社会领域 55 篇、生态领域 14 篇、关于马哈蒂尔的报道 21 篇、外交领域 35 篇（其中含中马关系 8 篇、新马关系 23 篇）。可见，马来西亚社会、政治、外交及马哈蒂尔相关话题是《今日报》关注的重点。

在政治领域，《今日报》关注的马来西亚热点事件包括：（1）新任马来西亚第 16 任国家最高元首宣誓就职，有相关报道 6 篇。（2）安瓦尔接班。安瓦尔对于自己即将接任总理职务信心十足，并致力于澄清自己的性丑闻事件，获取民众信任，有相关报道 8 篇。（3）马来西亚恐怖主义肆虐。马来西亚作为伊斯兰国家，对国际极端恐怖主义保持高度警惕，有相关报道 3 篇。

在社会领域，《今日报》关注的马来西亚热点事件包括：（1）马来西亚飞行汽车。马来西亚致力于研究高科技飞行汽车，以缓解道路交通压力。目前飞行汽车原型已经问世，但并未正式投入使用，马来西亚各界对这项新科技褒贬不一，有相关报道 6 篇。（2）马来西亚航空公司。“马航 MH370 事件”发生后，相关调查仍在继续，马航评级下跌，并且面临被收购的风险，有相关报道 7 篇。其余社会领域的报道涉及马来西亚各类犯罪事件、民生情况等。

马哈蒂尔于 2018 年 5 月再次就任马来西亚总理。这位政坛老将在东南亚拥有举足轻重的地位，对于马来西亚各个领域一向有独特、果敢的评断。《今日报》报道了马哈蒂尔发表的主要社会评论，覆盖政治、经济、外交、文化等各个方面。

《今日报》关于中马关系的报道集中于“一带一路”合作项目及南海问题。中马东铁项目经历了希盟上台后的暂停，到马哈蒂尔访华后的重启，中马“一带一路”合作保持良好态势。南海问题上，中美合拍的电影《雪人

① 因新闻主题分类中存在重合，故各分类中新闻的总数量多于总新闻数，后文同。

奇缘》被马来西亚禁映。

在新马关系方面，新加坡和马来西亚的海事纠纷成为《今日报》追踪的重点。2019 年 2 月，马来西亚船只与希腊籍散装货船“皮里斯”号（Pireas）在新加坡与马来西亚之间的争议水域相撞。马来西亚扣押“皮里斯”号并拘押船员，而新加坡则认为该地区为本国领海，呼吁马来西亚从大士岛附近海域撤出船只。此事件激化了新马两国长期存在的海上主权争议。另外，新马“柔新高铁”（新加坡—吉隆坡高速铁路）项目在马来西亚政治发生变局后也经历了一波三折，最终确认重启。

3. 菲律宾《星报》

《星报》是菲律宾的三大报纸之一，创立于 1986 年，总部位于马尼拉，发行语言为英语。2019 年，菲律宾《星报》共刊登马来西亚相关报道 31 篇。其中经济领域 2 篇、社会领域 5 篇、生态领域 2 篇、中马关系 3 篇、菲马关系 15 篇、与马哈蒂尔相关的报道 4 篇。可见，《星报》的关注点在于菲律宾与马来西亚间的外交情况，在总报道数量中占 48.4% 。

马菲关系方面的主要新闻包括：（1）马哈蒂尔总理于 2019 年 3 月 7 日对菲律宾进行国事访问。杜特尔特总统会见马哈蒂尔后，两国发表联合新闻公报指出：菲马决心合作解决安全问题，特别是打击恐怖主义、海盗和跨国犯罪；双方将进行更广泛的经济合作（包括贸易、投资和基础设施建设）；杜特尔特感谢马来西亚对菲律宾“大建特建”计划①的大力支持，并提及马来西亚公司在菲律宾建设可持续发展、智能、绿色大都市克拉克新城②中发挥的积极作用；双方强调在区域和多边平台上开展合作，特别是在东盟内部开展合作；双方赞同国际社会对朝鲜半岛和平稳定的希望，注意到有关各方为通过对话取得进展所做的努力。③ （2）马菲加强海上安全合作。两国在 2019 年 4 月开展了为期 5 天的海洋军事联合演习（MTA）。两国海军于宿务

① 菲律宾政府推出的一项大规模基础设施投资计划。

② 克拉克新城位于菲律宾北部，是由菲律宾政府规划的一个新型绿色城市项目。

③ 《杜特尔特会见马哈蒂尔 双方发表联合新闻公报》，中国新闻网，2019 年 3 月 7 日，http：//www.chinanews.com/gj/2019/03－07/8774325.shtml。

周边海域进行了旨在加强海上安全合作、共同打击跨国犯罪的联合演习。这一联合军演是两国传统合作项目之一，每两年举办一次。（3）东南亚运动会。2019 年东南亚运动会在马尼拉举办，新闻中对马来西亚运动员的战况进行了报道。

（二）其他地区的报道和研究

1. 美国

《外交》（*Foreign Affairs*）是美国外交关系协会主办的、在外交政策领域影响力最大的杂志之一。2019 年 3 ~ 4 月刊登了马哈蒂尔的署名短文《重建民族和地区》。他称 2018 年推翻国民阵线政府，宣告马来西亚“盗贼统治”（Kleptocracy）的灭亡，新政府已着手进行行政机构的透明度和效率改革，并借清查“一马丑闻”恢复法治和马来西亚的名誉，这也是未来政府工作的重心。在对外政策方面，马来西亚作为一个以贸易为本的国家，将坚持中立的原则，为发展中国家发声，将东盟国家视为最紧密的盟友。

《纽约时报》是美国亲自由派报纸。2019 年 1 月 1 日至 12 月 31 日，《纽约时报》的网站上刊载 13 篇标题中含有“Malaysia”的报道，其中原创报道 10 篇、转载 3 篇。在 10 篇原创报道中，6 篇介绍了马来西亚政府起诉“一马丑闻”相关的高盛经理人和《华尔街之狼》制片人的情况。其他 4 篇原创文章中，有一篇报道了中马重新商定东海岸铁路项目价款。[①] 另外 3 篇分别是关于马来西亚最高元首退位，以及马航 MH17 事故调查、公布 4 名嫌犯。

《华盛顿邮报》是一份对美国政界影响力很大的主流日报，在全球多个大城市设立了记者站。2019 年，《华盛顿邮报》的网站刊载 17 篇标题中含有“Malaysia”的报道，文章数量排在前 3 位的主题分别为马航 MH17 空难

---

① Alexandra Stevenson, “China Yields on Malaysia Rail Project as Global Infrastructure Program Is Re-Examined,” *The New York Times*, April 12, 2019, https: //www. nytimes. com/2019/04/12/business/chinese - high - speed - rail - malaysia. html.

的调查（4篇）、马来西亚起诉涉“一马丑闻”的高盛经理人（3篇）、对马来西亚民主转型的评论（2篇）。乔希·罗金（Josh Rogin）撰写的《美国是否将支持马来西亚脆弱的民主实验?》① 一文认为，马来西亚的民主转型趋势在美国未得到应有的关注，他强调马来西亚的民主化转型是美国强化民主价值观并与中国进行战略竞争的难得机遇。此外，《华盛顿邮报》有1篇文章涉华，是关于电影《雪人奇缘》因涉“九段线”而遭马来西亚禁映一事。

2. 英国

《每日电讯报》（*The Daily Telegraph*）是英国销量最高的日报之一。2019年《每日电讯报》的网站登载了13条标题中含有“Malaysia”的报道，其中原创报道12篇、转载1篇。原创报道中关注“一马丑闻”的报道数量最多（4篇），分别关于马来西亚诉高盛、纳吉布受审、《华尔街之狼》制片人涉洗钱案、马来西亚在伦敦拍卖收缴的豪华游艇。关于马来西亚与东盟国家关系的报道有2篇，分别关于马来西亚禁止向新加坡出口海沙，以及马来西亚拘捕柬埔寨异见领袖——救国党副主席莫淑华。

3. 日本

《读卖新闻》是日本发行量第一的全国性报纸。2019年《读卖新闻》网站的标题中出现“マレーシア”的报道仅有3篇，分别是关于：（1）马哈蒂尔表示将在APEC领导人非正式会议后让位给安瓦尔；（2）马来西亚将推出新国产车品牌，由日本大发工业提供技术支持；（3）马来西亚和印尼出现职业围棋选手。

《朝日新闻》是日本发行量第二的全国性报纸，政治立场偏左。2019年《朝日新闻》的网站上标题中出现“マレーシア”的报道有21篇。出现最多的主题是介绍马来西亚的多元文化、休闲娱乐和生活方式（5篇）。关于马来西亚内政，《朝日新闻》在2019年12月特别刊登了对马

① Josh Rogin, “Will U. S. Support Malaysia's Fragile Democratic Experiment?”, *The Washington Post*, February 13, 2019, https://www.washingtonpost.com/opinions/2019/02/13/will-united-states-support-malaysias-fragile-democratic-experiment/.

哈蒂尔的专访。该报纸对马哈蒂尔的支持率、安瓦尔的动向、最高元首轮替也有报道。另外，针对马来西亚与日本的关系，《朝日新闻》特别关注两国的二战历史和解问题（3 篇）。此外，也偶有涉及马来西亚治理环境污染、缉毒、马航 MH17 空难调查、马来西亚经济表现、围棋等广泛的主题。

《日经亚洲评论》（*Nikkei Asian Review*）是日本经济新闻社下属的英文报纸，该报纸致力于从亚洲视角对亚洲事务进行深入报道。2019 年《日经亚洲评论》的网站刊登的与马来西亚相关的文章 164 篇，绝大部分与马来西亚经济相关，既涉及马来西亚的宏观经济表现、经济和产业政策，也对重要的上市公司业绩和动向进行及时报道和分析。2019 年涉马的几个重要主题包括：（1）棕榈油产业：因棕榈油出口受欧盟限制，马来西亚与印尼一道向世界贸易组织（WTO）提起诉讼，并加快与印度合作，调整国内棕榈油行业税率和行业政策以优化产能和库存，相关文章 17 篇。（2）马来西亚与日本的经济和产业合作。马哈蒂尔再次提出“向东看政策”，与日本加强资本、产业、科技和教育合作，该提议与马来西亚的“第四次产业革命计划”（Industry 4WRD）一道在日本产业界受到关注，相关文章 7 篇。重要动向如下：马来西亚主权基金国库控股（Khazanah Nasional）与软银集团商议投资后者规模达 1000 亿美元的二期“愿景基金”（Vision Fund）；马来西亚向日本和中国寻求 5G 技术支持；日本企业柯尼卡美能达（Konica Minolta）加入马哈蒂尔政府启动的“新产业园智慧产业中心项目”（Smart Industrial Centre Project），投资并入驻马政府支持的新产业园（Bukit Rambai Industrial Park）；2019 年马来西亚在日本发行了规模为 2000 亿日元的第一轮武士债券（Samurai Bonds），并准备发行第二轮，以解决纳吉布政府留下的财政赤字问题。（3）马航重组。有 5 家公司有意参与马航重组，其中包括日本航空公司（JAL），相关文章 7 篇。《日经亚洲评论》涉及中马两国的报道主要关注 5G 和华为、东海岸铁路项目和中美贸易摩擦三个议题。中美贸易摩擦对马来西亚加工出口产业造成巨大负面影响，《日经亚洲评论》刊发的文章认为，马来西亚与中国台湾一道可能成为受贸易摩擦影响最大的经济体。[1] 尽管华为公司遭到美国的打压，马哈蒂尔政府仍坚定地支持使用华为技术[2]，寻求与中国的5G技术合作。[3]

（三）国外研究报道的特点

从上述国外媒体对马来西亚动态的报道来看，东盟、英美和东亚国家对马来西亚的关注程度和聚焦主题有较大差异。马来西亚的东盟邻国（印尼、新加坡、菲律宾）对马来西亚的关注程度普遍较高，东亚国家紧随其后，英国和美国对马来西亚的关注度最低。在聚焦主题方面，东盟国家最为关注马来西亚与本国双边关系直接相关的话题：印尼关心2019年印尼大选在马来西亚选区的违规事件、印尼山火和欧盟的棕榈油限制令，新加坡关注新马海事纠纷和柔新高铁项目，菲律宾关注2019年马哈蒂尔访菲和两国的海事、基建等领域合作。英美媒体则关心“一马丑闻”后续问题，主要是马来西亚政府向高盛等西方资本追回赃款的进展；关于马航MH17空难调查也有一些报道（涉俄罗斯和乌克兰主题）。日本媒体对马哈蒂尔重启“向东看政策”并与日本进行资本、技术和教育合作的话题十分感兴趣。对于马来西亚国内政局的变化动态，新加坡的关心程度超过其他东盟国家和域外国家，美国似乎轻视了2018年马来西亚大选中展现出的向民主迈进的潜力和在国际社会中塑造民主价值观的战略意义。在外媒涉及中马关系的文章中，东盟国家普遍关注南海争议的动向，英、美和日本更关心中马“一带一路”合作。

---

① Alex Fang, “Taiwan and Malaysia Likely Biggest Losers in US-China Trade Deal,” *Nikkei Asian Review*, March 14, 2019, https://asia.nikkei.com/Economy/Trade-war/Taiwan-and-Malaysia-likely-biggest-losers-in-US-China-trade-deal.

② CK Tan and P. Prem Kumar, “Malaysia Will Use Huawei Tech ‘As Much As Possible’, Says Mahathir,” *Nikkei Asian Review*, May 30, 2019, https://asia.nikkei.com/Spotlight/The-Future-of-Asia-2019/Malaysia-will-use-Huawei-tech-as-much-as-possible-says-Mahathir.

③ P. Prem Kumar, “Malaysia Seeks Chinese and Japanese Expertise on 5G, Minister Says,” *Nikkei Asian Review*, December 13, 2019, https://asia.nikkei.com/Editor-s-Picks/Interview/Malaysia-seeks-Chinese-and-Japanese-expertise-on-5G-minister-says.

三 SSCI期刊中关于马来西亚的研究

笔者搜集了2019年SSCI索引来源期刊中有关马来西亚政局和对外关系的文献。虽然文献数量多且研究主题极为多样，但有3个新研究主题与本文最为相关，相关新研究发现值得关注。

第一个主题是对2018年大选中巫统败北的归因分析。一项综合性研究指出，巫统大选失败是民众生活成本提高、巫统领导人和政党形象败坏、希盟的团结、社交媒体的作用、马哈蒂尔的个人影响力、140万年轻选民首次参加选举等诸多因素共同作用的结果。① 另一项研究认为，巫统的失利是其建立的庇护制度自噬的结果：执政党长期动用大量国家资源收买商界精英和政治经理人的政治支持，削弱了国家的经济基础，导致人民生活成本提高，反而削弱了执政党的绩效合法性。② 尽管大选前马来西亚宏观经济指标表现不错，但高失业率和社会不平等最终冲击了国民阵线在土著群体和东马的基本盘，以至于巫统的精英政客倒戈成为压倒国民阵线的“最后一根稻草”。③

第二个主题是讨论巫统的权力是如何被逐步限制和削弱的。尽管大多数观察者没有预料到巫统会如此迅速地下台，但反对党和市民社会对巫统形成实质性挑战至少从2008年就已经开始（国阵没能维持传统的三分之二国会席位并输掉了5个州的执政权）。2018年国阵败选后，更多研究开始关注在过去10年中反对党和市民社会对执政党的挑战方式和巫统政治权力逐渐被

---

① Junaidi Awang Besar, “Perubahan Politik dalam Pilihan Raya Umum (PRU) ke - 14, 2018 di Malaysia,” *Malaysian Journal of Society and Space* 15.4 (2019): pp. 220 - 232.

② Johan Saravanamuttu and Maznah Mohamad, “The Monetisation of Consent and Its Limits: Explaining Political Dominance and Decline in Malaysia,” *Journal of Contemporary Asia* 50.1 (2020): pp. 56 - 73.

③ Cassey Lee, “Economic Voting and the End of Dominant Party Rule in Malaysia,” ISEAS Economics Working Paper, February 2019, https://www.iseas.edu.sg/wp-content/uploads/pdfs/ISEASEWP2019-1Lee.pdf.

削弱的过程。一项研究指出，市民社会曾推动了马来西亚政党财务改革。在两个关键时期——2009 年纳吉布刚上台和反对党在国会的实力提升之时，以及 2015 年“一马丑闻”曝出后，市民社会将抽象的改革意愿具象化为实际的政党财务改革提议，迫使政府采纳规范，以约束向执政党的政治献金。该研究将市民社会这一在威权政府改革中常被忽略的因素纳入考虑，指出其作用是明晰化执政党和反对党之间的政治辩论，并对双方施加压力，迫使双方回应和持续互动。[①] 马来西亚的政局变化，为威权制度韧性的比较研究提供了一个新案例，在未来将得到更广泛和深入的研究。

第三个主题是关于中国与马来西亚的关系。两项新研究阐述了马来西亚与中国进行“一带一路”合作中：一是中国投资令马来西亚担忧其经济过度依赖中国和产生债务危机[②]；二是与中国在“一带一路”框架下密切合作将影响马来西亚作为中等强国的国际定位。[③] 中国正在进行的“一带一路”财务监管和信息公开制度改革是解决问题的根本途径。同时，研究者对中马经贸关系的实证研究也起到揭示事实的作用。一项研究对 2008～2018 年中国对马来西亚投资的季度数据分析显示，中国投资提升了马来西亚消费品行业和服务业股票价格、降低了生产成本，对生产和雇用情况没有显著影响，诸变量在较长时间中具有协整性。[④]

结　语

本文梳理了 2019 年国内外对马来西亚研究的论文、著作和媒体报道，

① Sebastian Dettman, Edmund Terence Gomez, “Political Financing Reform: Politics, Policies and Patronage in Malaysia,” *Journal of Contemporary Asia* 50.1 (2020): pp. 36－55.

② Muhamad Azwan abd Rahman, “Laluan Sutera Baharu Maritim China dan Implikasinya ke atas Autonomi Negara Malaysia dan Indonesia,” *Akademika* 89.1 (2019): pp. 17－32.

③ Faisal S. Hazis, “Malaysia in 2017: Strong Economic Growth Amidst Intense Power Struggle,” *Southeast Asian Affairs* (2018): pp. 201－218.

④ Noor Azryani Auzairy et al., “The Impact of China's Investment on Malaysia,” *Iranian Journal of Management Studies* 13.1 (2020): pp. 51－68.

得出以下初步结论。

第一，在梳理2019年关于马来西亚国别研究的论文、专著和大型学术活动之后，发现中国学界对2018年马来西亚政坛变局的分析和预测比较准确，学术共同体的国际化程度和组织程度有所提升。

第二，各国媒体对马来西亚动态的关注程度差异较大：东盟国家最为关注马来西亚局势，东亚国家紧随其后，英国和美国对马来西亚的关注度最低。东盟国家主要关注本国与马来西亚双边关系的具体问题（如新马印的山火烟霾问题、新马海洋划界争议等）；日本关注马哈蒂尔重启“向东看政策”和在马来西亚的产业合作机会；英美关注马来西亚政府向高盛经理人追回“一马丑闻”款项进展和马航MH17空难调查。各国媒体对涉中马关系的新闻主题选择具有较高的一致性，中马东海岸铁路项目重启（或“一带一路”合作）和南海争端是被报道最多的两个主题。

第三，2019年在SSCI索引来源的学术刊物中，关于2018年大选巫统败北的归因分析、巫统权力被逐步削弱的机制研究，以及中马“一带一路”合作三个主题得到较多关注。

中马关系篇

China-Malaysia Relations

B.13 马来西亚希望联盟政府对华政策及中马关系

葛红亮　孙润晨*

摘　要： 2020年马来西亚政局出现“二月危机”，以马哈蒂尔辞职为起点，穆希丁·亚辛领导的国民联盟上台执政为终点。希望联盟再度沦为反对党联盟，自2018年“509大选”上台以来执政了22个月。在希望联盟执政时期，马哈蒂尔主导下的马来西亚对华政策出现微调，中马关系的发展由此经历了“拨云见日”的过程。以此为背景，本文将希望联盟执政的这一时期作为考察周期，深度剖析马来西亚希望联盟政府的对华政策诉求及其所呈现的主要特点，在此基础上从政治安全、

* 葛红亮，博士，副研究员，广西民族大学马来西亚研究所所长；孙润晨，广西民族大学东盟学院2019级硕士研究生，广西民族大学马来西亚研究所研究助理。

经贸往来与人文交流三个层面梳理了中马关系在希望联盟政府时期的发展，以及就此展望在新冠肺炎疫情和马来西亚政局变动双重影响下的中马关系未来。

关键词： 希望联盟　国民联盟　二月危机　中马关系

2020 年 2 月 23 日，马来西亚的政局开始出现动荡，24 日马哈蒂尔辞职，马来西亚政局“二月危机”由此发生。到 3 月 1 日，这场被马来西亚华文媒体及评论家称为“喜来登政变”或“喜来登行动”的危机正式落幕。结果，马来西亚政局出现变动，希望联盟（下文简称“希盟”）再度沦为在野党联盟，穆希丁·亚辛（Muhyidin Mohammad Yassin）率土著团结党、人民公正党阿兹敏派系与国民阵线（下文简称“国阵”）、伊斯兰教党合作重新组成新的执政联盟——国民联盟（简称“国盟”）。以此，希盟政府 2018 年 5 月上台，2020 年 2 月下台，执政时长 22 个月。从时间上来看，希盟执政时间的确不长，但对于中马关系而言，希盟政府上台后两国关系的变化发展却是显著的。在这一背景下，希盟政府的对华政策及其所影响下的中马关系无疑是一个值得探讨及具有现实意义的话题，而希盟从上台到下野的这 22 个月则恰恰为问题的探讨提供了一个完整周期。

国内外现有针对希盟政府对华政策及中马关系的研究大多带有预测性质，而少有对希盟政府的对华政策进行系统分析。鉴于此，本文将以希盟执政的这 22 个月作为考察周期，系统分析希盟政府对华政策的诉求内容及其特点，并将以这一时期的中马关系发展来进行经验分析，进而在此基础上对中马关系进行展望。

一　希盟政府的对华政策诉求

第 14 届大选出现了马来西亚政坛“两线制”的首次变天，希盟则由此成为马来西亚独立以来第一个推翻国阵成为执政联盟的政党联盟。对于马来西亚的政治发展来说，这无疑是具有里程碑意义的事件，但对马来西亚的对外交往而言，因“两线制”轮替具有显著的内在矛盾[①]，希盟政府对外政策的诉求不可避免地出现了相互矛盾的一面。其中，尤其以对华政策体现得最为明显。从内容上来看，希盟政府对华政策诉求及其内在的矛盾主要体现在处理内政与外交关系、中资问题与中马关系及对华政策调整所具有的微妙性。

首先，希盟政府对华政策服务于其处理国内的肃贪及针对“一马公司”的调查，而希盟在这一内政问题上的诉求清晰明了，也就是将纳吉布与巫统彻底拉下马与向选民兑现承诺。在理论上，外交是内政的延伸，服务于内政问题的处理。对希盟政府来说，它的角色从在野党联盟到执政党联盟的改变在很大程度上已经表明，处理好内政问题以巩固执政地位及应对来自反对党联盟的挑战，构成了希盟政府执政的首要课题。而对希盟来说，在执政期间履行竞选承诺和推动竞选政纲落地则是其中的关键。例如，希盟在竞选时提出“百日宣言”，对选民承诺一旦赢得大选将会在100天内兑现7项目标，包括废除消费税、稳定油价、专注减轻人民负担、全面启动改革程序、从基层开始肃贪、成立“一马公司”丑闻皇家调查委员会、复兴联邦土地发展局。[②] 其中，肃贪及针对“一马公司”的调查，既是希盟政府百日新政的重点，又因其发起了对纳吉布政府时期所有项目的审查，对希盟政府短期的对华政策有着看得见的影响。也就是说，希盟政府对华政策的调整与其有意借针对“一马公司”的调查开展强力肃贪有关联。

其次，希盟政府在中资问题上存在着短期重新审查与长期发展中马经贸合作的两重需求。中资问题“政治化”在2018年马来西亚大选中表现得尤其明显。在内涵上，中资话题“政治化”，是指中国企业走进马来西亚进行

---

① 葛红亮：《马来西亚“两线制”轮替及其对中马合作的影响》，《西部学刊》2019年9月上半月刊，第12~13页。

② 〔马来西亚〕潘永强：《新政开局顺利，前路漫漫》，《世界知识》2018年第12期，第15页。

项目投资的经济行为，由于马来西亚党争的影响发展成为“国阵”与“希盟”争论的政治敏感话题。[①] 因而，希盟政府上台后，马哈蒂尔借批评纳吉布暗指中资项目，也就顺理成章地演化为针对中资项目的审查。以此，希盟政府一方面希望在短期内将纳吉布等送上法庭，另一方面也希望修订那些被视为不平等内容的协议条款。与此同时，我们必须指出，希盟政府也是在假借重新审查来回应选民对中资议题的态度。针对中资企业在马来西亚投资的民意，新加坡尤索夫伊萨东南亚研究院高级研究员谭小燕曾在题为《中国投资大增引发马来西亚社会关切》的文章中指出，中国对非制造业领域的大规模投资，引发了马来西亚舆论的明显关注，包括中国籍工人和专业人士增加、当地中小企业遭挤压，以及大型项目由政府担保贷款融资兴建，而非获得直接投资等。马来西亚默迪卡民调中心在2017年还曾就此进行过民调，结果显示，柔佛人对中国投资的欢迎程度明显下滑；而在各族群当中，马来族对中国投资的满意度最低。[②]

与此同时，希盟政府为迎合民意与兑现承诺对中资项目的重新审查，实际上并不符合希盟长期发展对华经贸合作的诉求，而与中国的经贸合作对于马来西亚经济的健康发展与稳定的重要性不言而喻，也符合希盟政府经济发展与社会进步政策纲领主轴及以经贸为中心与他国发展合作关系的主张。在涉及中资的话题上，希盟政府有短期利益诉求，也有长期诉求，而这就要求其对华政策不得不在二者之间寻找平衡，也即在实现希盟政府短期诉求的基础上不能影响国家经济与社会稳定发展的长期利益。

再者，希盟政府的对华政策在马哈蒂尔主导的马来西亚外交战略调整中具有重要意义。一方面，希盟政府对于马来西亚经济可持续稳定发展的诉求，决定了其对加强与地区和国际经济合作伙伴的经济外交关系延续性的重视政策，因而马哈蒂尔一再强调对“一带一路”国际合作倡议的支持；但

① 葛红亮：《马哈迪中资言论的多重含义》，〔新加坡〕《联合早报》2018年5月17日，第22版。

② 吴汉钧：《马来西亚选战中的中国元素》，〔新加坡〕《联合早报》2018年5月3日，http://www.zaobao.com/news/sea/story20180503-855668。

另一方面，希盟政府在面对地区大国角逐与竞争关系方面则将维持“不选边”及维护地区稳定的政策，同时不希望任何一个大国在马来西亚形成巨大的影响力，进而希望从提高马来西亚国际地位的角度寻求本国在东南亚地区更为“中心性”的位置。[①]

这就表明，希盟政府的对华政策既包含短期、长期目标，还包括战略目标与技术性的目标，也即马哈蒂尔不愿意看到马来西亚对华依赖或中国在马来西亚的影响力迅速扩大，因此不愿意沿着纳吉布政府时期的对华政策轨道往下走，而是希望重拾对华政策的主导权及对纳吉布政府与中国合作中的所谓“不平等”问题进行“纠错”。诚然，希盟政府在涉华问题上的短期、长期目标能够以某种方式兼容，战略目标与技术性的目标也能够以某种方式实现平衡，但无可置疑的是，希盟政府对华政策的相关目标难免呈现明显微妙性。

二　希盟政府对华政策的特点

希盟政府对华政策的诉求是多样的、多重的，既有短期的，也有长期的，既有政府层面的目标，也有马哈蒂尔个人的诉求。但与希盟政府对华政策诉求的多样性相比，其对华政策所呈现的特点显得单一。从希盟政府的组成来看，它的涉外事务团队，除马哈蒂尔外，其他主要成员包括时任副总理阿齐扎、外交部长赛夫丁和国防部长萨布，实际上在外交领域并无太多经验；[②] 而综观马来西亚的近几位领导人，马哈蒂尔与他的继任者阿卜杜拉·艾哈迈德·巴达维（Abdullah Ahmad Badawi）和穆罕默德·纳吉布·拉扎克（Mohammad Najib Abdul Razak）相比，更深谙和热衷对外交往与国际事务。在这一情形下，希盟政府成立以后，马哈蒂尔在马来西亚对外交往中实际上处于强势主导的地位。受此影响，马来西亚的对外交往格局再次被打上

---

① Richard Javad Heydarian, The Strategic Implications of Malaysia's Election Stunner, Council on Foreign Relations, May 16, 2018.

② 吴宗玉、翟崑主编《马来西亚发展报告（2019）》，社会科学文献出版社，2019，第80~81页。

了浓厚的马哈蒂尔个人色彩,[①] 而这在希盟政府的对华政策上体现得也尤为明显。

首先，在马哈蒂尔个人强烈的民族主义和实用主义作用下，希盟政府的对华政策呈现显著的“国家利益”至上的特点。第14届大选后，马哈蒂尔二度出任马来西亚总理，再次将他个人的民族主义情结和实用主义精神烙印在马来西亚的对外交往中，将他所认可的国家利益置于对外交往的首要地位。而在希盟政府对华交往实践中，马哈蒂尔完成对华政策的调整以及东海岸铁路、“大马城”等项目跌宕起伏的命运已然成为这一特点的诠释。

对马哈蒂尔来说，完成对华政策的调整既包括战略的层面，也包括技术的层面，而两者均与马哈蒂尔所认可的国家利益有着密切关系。众所周知，马哈蒂尔对国家利益的强调也经常表现为不容他国对马来西亚事务指指点点。诚然，中马关系近年来的发展是全面的，双方的合作在政治、经济、人文与安全等方面均有建树，但正是基于此，马哈蒂尔在2018年大选前就对纳吉布政府的对华政策甚为指责，认为其与中国走得太近。[②] 因此，重新调整对华政策的战略意义之一，就是马哈蒂尔不愿意看到中国对马来西亚形成巨大影响及影响其国家利益。而在技术层面，东海岸铁路、“大马城”等项目跌宕起伏的命运[③]则是马哈蒂尔希望重新主导对华政策和对纳吉布政府与中国合作中所谓“不平等”问题进行“纠错”的展现。就此，马哈蒂尔曾

① Aron Connelly, “Malaysia’s Diplomacy Is Trapped in Mahathir’s Shadow,” June 20, 2018, https: //foreignpolicy. com/2018/06/20/malaysias – diplomacy – is – trapped – in – mahathirs – shadow/.

② 葛红亮:《马哈迪中资言论的多重含义》,〔新加坡〕《联合早报》2018年5月17日，第22版。

③ 马来西亚内阁2019年1月24日开会后决定终止“东铁”项目。这是该项目在不到一年内经历的第二个结果。马来西亚单方面终止“东铁”项目，但并没有暂停与中国承建公司的磋商，而磋商的过程所涉及的内容则包括后续善后与赔偿的问题。4月12日，中国交建公司与马来西亚铁路衔接公司负责人重新签署了“东铁”项目的有关补充协议，就恢复与继续实施建设该项目达成一致。4月25日，第二届“一带一路”国际合作高峰论坛期间，中国国务院总理李克强和马哈蒂尔共同见证了“东铁”沿线开发、恢复“大马城”项目等双边合作文件的签署。

在记者会上说得很直白。他强调，自己虽然重申会重新审核相关项目，但同时也强调，重新修订的是那些被视为包含有“不平等”内容的项目条款。[①]与此同时，希盟政府与马哈蒂尔还强调，将以经济发展与社会进步为政策纲领的主轴，要以经贸为中心与他国发展合作关系。鉴于此，重新审查东海岸铁路等项目并非战略性问题，而是技术性问题。希盟政府与马哈蒂尔对东海岸铁路与“一带一路”倡议并不排斥，所谓的“重新审查”，本质上是马哈蒂尔民族主义情结甚而强烈的心理所致，他希望在这一过程中借机纠正中马合作中存在的、在他看来对马来西亚不利的问题。[②] 这也就意味着，一旦这些技术性问题得到解决，完成对华政策的调整与东海岸铁路等项目的重新开工也就水到渠成。例如，根据马来西亚《星报》报道，在2019 年 4 月来华参加第二届“一带一路”国际合作高峰论坛后，马哈蒂尔对于“一带一路”倡议的看法明显转变，他的认可和赞赏态度十分鲜明，他认为“一带一路”倡议是一个参与国共同协商和共同决定的联合发展计划，所有参与国均能从中受惠。[③] 可见，马哈蒂尔的对华态度出现了明显的转变。

其次，希盟政府的对华政策还带有鲜明的亚洲价值观烙印。马哈蒂尔是一个亚洲主义者，坚定地信奉“亚洲价值观”。早在马哈蒂尔执政的 20 世纪 90 年代，他就曾积极提出“东亚经济集团”（EAEC）以落实“亚洲价值观”。在“亚洲价值观”的主导下，马哈蒂尔更新了“向东看”政策（Look East Policy）。这一政策是马哈蒂尔在 20 世纪 80 年代提出的，是其“亚洲价值观”的重要体现，其本质在于强调经济发展的“重商”理念。彼时，“向东看”政策的要义是，马来西亚要向日本和韩国学习，学习日本国内企业自身独特的管理模式和国民工作文化，而一改马来西亚以往对英

① 葛红亮：《马哈迪中资言论的多重含义》，〔新加坡〕《联合早报》2018 年 5 月 17 日，第 22 版。

② Katsuiko Hara, “Mahathir Strives for Balance on Ties with China, Nikkei ,” May 13, 2018.

③ Dr M, “BRI beneficial for all Nation ,” The Star Online, April 25, 2019, https: //www. thestar. com. my/news/nation/2019/04/29/dr – m – bri – beneficial – for – all/.

国等西方国家在政治、经济和文化价值的依赖。借此，马哈蒂尔极大地推动了马来西亚工业的腾飞发展，也成就了马哈蒂尔作为国家“工业之父”的美誉。随着马哈蒂尔二度出任总理，中国的快速发展及东亚地区国际经济格局的巨变，已经构成了其处理对外交往时所不可忽视的因素。在这一背景下，马哈蒂尔虽然在任职之初强调要对中资项目进行审查，但实际上在多个场合表达了向中国学习的态度。例如，马哈蒂尔与中国驻马大使白天见面相谈时强调，马来西亚会支持和参与中国所提出的“一带一路”倡议；在会见阿里巴巴集团董事局主席马云时则阐明，马来西亚作为投资接收国，欢迎中国到马来西亚投资，同时他还认为马来西亚必须向中国学习，也希望能到中国来看一看，借助中国的资本和技术引领给马来西亚国内发展带来契机。[①] 以此，马哈蒂尔完成了对“向东看”政策的更新，马来西亚在继续将日本作为“向东看”学习对象的同时，也在2019年逐步将目光转向中国。

最后，希盟政府的对华政策还体现出全面的大国平衡与接触的特征。马哈蒂尔强调马来西亚国家利益至上的另外一层含义，即马来西亚要在外交层面保持高度的战略自主和独立，避免陷入大国竞争的旋涡或对某一个大国形成过度依赖。在这一认知引导下，马哈蒂尔在再度出任总理后着力从三个层面来构筑马来西亚全面的大国平衡与接触对外交往格局。

一则，借机重塑中马关系来重新平衡中国在东南亚地区的影响力。菲律宾国际问题专家理查德曾在文章中明确分析了马哈蒂尔重新上台对中马关系的意义。他说，马哈蒂尔再度出任总理对中马关系而言将是一次重新调整的机会，因为他会坚决反对中国在东南亚地区日渐扩大的战略影响[②]，因此马

---

① 何宜贤：《马哈蒂尔向东学习2.0：中马关系和中国软实力输出的推进剂》，澎湃新闻，2018年6月22日，https://www.thepaper.cn/newsDetail_forward_2211715。

② Richard Javad Heydarian, “The Strategic Implications of Malaysia’s Election Stunner,” *Council on Foreign Relations*, May 16, 2018, https://www.cfr.org/blog/strategic-implications-malaysias-election-stunner.

哈蒂尔将借机重新平衡和塑造中马关系。[①] 2019 年，随着东海岸铁路等项目技术调整的完成，马哈蒂尔实际上完成了重塑中马关系与平衡中国在东南亚地区影响力的目标。

二则，马哈蒂尔深刻地认识到，马来西亚与其他东盟国家一样，在当前对外采取大国平衡战略过程中日益面临着来自中美大国战略角逐与权力博弈的深刻影响，平衡而“不选边”如今对于马来西亚及其他东盟国家来说面临着日益增大的压力。在这一情形下，2019 年 5 月 30 日，马哈蒂尔在第 25 届亚洲未来国际会议的主旨演讲中清晰地阐明了他对中美竞争的态度，主要包括：其一，美国不能永远是世界上拥有最好技术的超级大国，而包括中国、东南亚国家在内的东方国家在研发领域正变得越来越强；其二，美国在与中国关于华为等一系列争端事件上应该保持磋商与对话的姿态，而不应该因为华为的技术领先优势就采取封锁、打压等威胁性的举措；其三，马来西亚不希望中美角逐继续升级，而中美贸易摩擦已经给全球经济环境带来了不利影响，其他中小国家也深受其害。[②] 鉴于此，他既希望中美在地区形成某种动态平衡关系，也不愿意看到中美大国角力在地区形成破坏性的影响。

三则，马哈蒂尔十分注重在对外交往中形成与各国全面接触的格局。除了多次到访中国、日本及东盟其他国家外，马哈蒂尔还特别访问了俄罗斯。正是在马哈蒂尔的积极推动下，马来西亚与俄罗斯的防务关系在这一年再度升温。

三　希盟政府时期的中马关系发展

（一）政治转圜与安全合作

政治引领及其所形成的高层共识是中马两国在希盟政府执政时期能够保

① Nile Bowie, “Malaysia's Election a de Facto Vote on China,” *Asia Times*, April 26, 2018; Katsuiko Hara, “Mahathir Strives for Balance on Ties with China,” Nikkei , May 13, 2018, https: //asia. nikkei. com/Politics/Malaysia – election/Mahathir – strives – for – balance – on – ties – with – China.

② 葛红亮：《马哈迪日本演讲情感色彩与折射意义》，〔新加坡〕联合早报网，2019 年 6 月 10 日，http: //www. zaobao. com/forum/views/opinion/story20190610 – 963312。

持友好政治磋商的基础，因而也是中马关系实现“拨云见日”的关键。据不完全统计，自2018年7月马来西亚总理特使达因来华访问及随后中国外长王毅访问马来西亚以来，中马双方截至2020年3月共进行了十余次高层会面与访问（见表1）。在高层会面与访问中，中马两国领导人就目前面临的挑战与问题达成了多项共识及合作协议。

2018年7月18日，来华访问的马来西亚总理特使、元老理事会牵头人达因与国务院总理李克强举行会晤，达因不仅带来了马哈蒂尔的亲笔信，还表示“不论两国关系在发展过程中出现任何问题，马中双方都可以找到解决问题的办法”。[①] 随后，中国外长王毅赴马来西亚进行回访，与马哈蒂尔、达因、赛夫丁、林冠英、刘镇东等举行会面，并敲定马哈蒂尔8月中旬的访华事宜。2019年1月28日，中国外交部副部长孔铉佑访问马来西亚，开启了2019年两国高层友好互访的新篇章，而双方在访问期间也形成了“推动中马全面战略伙伴关系取得更大进展”的共识。4月14日，马来西亚外交部秘书长沙鲁尔来京参加两国第四轮战略磋商。4月25日，马哈蒂尔再度来华访问并参加第二届“一带一路”国际合作高峰论坛。访问期间，马哈蒂尔先后与国家主席习近平、国务院总理李克强、全国人大常委会委员长栗战书会晤。通过对话，中国再次就与马来西亚巩固政治互信、深挖合作潜力与推动中马全面战略伙伴关系迈上新台阶阐明了立场，马哈蒂尔则再次明确表示支持“一带一路”倡议，愿与中方开展多层次、多领域的合作，以促进马来西亚的发展。也正是在马哈蒂尔此次访华期间，两国通过政治磋商与双边协调，在东海岸铁路和“大马城”项目恢复建设上形成共识并签署了项目恢复与扩大棕榈油贸易等多份重要文件。[②]

---

① 《李克强会见马来西亚总理特使》，中华人民共和国外交部，2018年7月19日，https://www.fmprc.gov.cn/web/gjhdq_676201/gj_676203/yz_676205/1206_676716/xgxw_676722/t1578562.shtml。

② 《李克强会见马来西亚总理马哈蒂尔》，中华人民共和国外交部，2019年4月25日，https://www.fmprc.gov.cn/web/gjhdq_676201/gj_676203/yz_676205/1206_676716/xgxw_676722/t1657930.shtml。

表1　马哈蒂尔再任总理以来中马高层互访行程（2018年8月至2020年3月）

时间	互访事件	访问接待	主要内容
2018年8月20日	马哈蒂尔来华正式访问	李克强等	推动中马全面战略伙伴关系长期健康稳定发展
2019年1月28日	外交部副部长孔铉佑访问马来西亚	马方外交部长赛夫丁等	推动中马全面战略伙伴关系取得更大发展
2019年4月14日	马来西亚外交部秘书长沙鲁尔访京	国务委员兼外长王毅	马方愿同中方加强高层往来，深化各领域友好合作，推动两国关系进一步发展
2019年4月16日	沙鲁尔出席中马第四轮战略磋商	外交部副部长孔铉佑	中方坚定致力于发展中马友好关系
2019年4月25日	马哈蒂尔出席第二届"一带一路"国际合作高峰论坛	习近平	推动中马关系沿着确定的轨道继续高水平发展； 马方期待通过共建"一带一路"加快自身发展
	马哈蒂尔	李克强	推动中马全面战略伙伴关系迈上新台阶；签署马来西亚东海岸铁路沿线开发、恢复"马来西亚城"项目、加强棕榈油贸易等双边合作文件
	马哈蒂尔	全国人大常委会委员长栗战书	推动中马全面战略伙伴关系迈向更高水平； 马方欢迎"一带一路"倡议
2019年5月27日	中国-马来西亚建交45周年招待会	马来西亚外交部长赛夫丁等	马方期待两国人民通过"马中文化旅游年"进一步加强交往与了解
2019年5月31日	习近平与马来西亚最高元首阿卜杜拉互致贺电；李克强同马哈蒂尔互致贺电		中马建交45周年，中方希望以共建"一带一路"为契机，为中马全面战略伙伴关系注入新内涵；马方希望同中方不断拓展两国合作
2020年1月19日	"中国马来西亚文化旅游年"开幕式	李克强、马哈蒂尔分别致开幕式贺词	中方希望双方以文化旅游年为契机，为发展中马全面战略伙伴关系进一步夯实民意和社会基础
2020年3月11日	王毅应约同马来西亚新任外长希沙慕丁通电话		马方愿进一步加强马中全面战略伙伴关系，推动两国关系迈上新台阶，并与中方交流防控经验，加强抗疫合作； 中国坚定支持马方主办2020年亚太经合组织领导人非正式会议

资料来源：笔者根据中华人民共和国外交部报告整理而成。

同时，以“中马建交45周年”为契机，中马双方积极推动双向政治往来。2019年5月27日，希盟政府举办“庆祝马中建交45周年招待会”，马来西亚时任外交部长赛夫丁、时任财政部长林冠英、时任交通部长陆兆福等多名政要和朝野政党领袖等上千人出席。在招待会上，赛夫丁等政要就加强马中合作清晰地阐明了马方的立场。5月31日是中马两国建交45周年纪念日，习近平主席同马来西亚最高元首阿卜杜拉、李克强总理与马哈蒂尔总理互致贺电，两国领导人均对以建交45周年为契机加强双边关系发展和实现关系内涵的提升有着一致的认知与看法。

诚然，希盟政府时期中马关系在地缘政治与经贸两个领域也呈现了一定的矛盾与压力，战略层面的再平衡与经济方面的技术性调整均成为考验中马关系的关键因素，正如一些学者的评价，中马关系其间经历了“踟蹰”到“再携手前进”的演进。[①] 与此同时，随着两国关系“拨云见日”，中马两国在安全领域的合作也稳步向前发展。除了延续中马战略磋商外，2019年1月中马两国就跨境执法安全合作等深入交换看法；9月，中马正式建立海上问题双边磋商机制，以实质性的举措回应了马哈蒂尔关于重启涉及南海权利主张谈判的看法。[②]此外，中马两军在防务交流与合作方面保持着密切往来。2018年10月，中马与泰国共同举办了“和平友谊2018”海上联合军演；2019年4月，中马两国企业在兰卡威国际海事与航空航天展期间建立合作伙伴关系，将在马来西亚本土为全球客户生产运－12多用途运输机和AC312多用途直升机。10月14日上午，中国海军第32批护航编队“西安”舰、“安阳”舰、“高邮湖”舰抵达马来西亚巴生港，并进行了为期5天的友好访问。

（二）经贸往来与投资

马哈蒂尔在对外交往中素来奉行“重商主义”，希盟政府也以经济建设

---

① 《中马关系这一年：踟蹰、携手与向前》，中国－东盟传媒网，2019年6月8日，http：//www.china－asean－media.com/show－11－21091－1.html。

② 《马哈蒂尔：积极看待“一带一路”，但慎重对待外国项目》，FT中文网，2018年8月20日，http：//www.ftchinese.com/story/001079014？archive。

与社会发展为政纲主轴，同时中马两国的经贸合作与投资关系也正处于“提质升级”的关键阶段。在这一背景下，2018 年 8 月马哈蒂尔访华时就在《中华人民共和国政府和马来西亚政府联合声明》中与中国领导人就共同规划双边经贸合作达成共识。声明提到，中马两国同意共同编制《经贸合作五年规划（2018 ~ 2022）》，鼓励双方在信息通信技术、数据分析、人工智能、电子商务等领域开展技术转移等合作。[①] 正是在两国高层的积极推动和政治引领下，中马经贸与投资合作获得了进一步发展。

2018 ~ 2019 年，中马贸易规模持续扩大。从 2016 年以来，中马贸易总额直线上升态势明显，2016 年双边贸易额仅为 868.76 亿美元（见图 1）。目前，中马双边关系不断紧密，根据马中商务理事会的议程，中国与马来西亚企业签署了诸多新增备忘录。因此，在东南亚国家中，马来西亚保持着中国第二大贸易伙伴的地位（见图 2）。同时，随着区域经济合作伙伴组织（RCEP）不断成熟发展，中马双边经贸合作可能获得更大的推动力量。

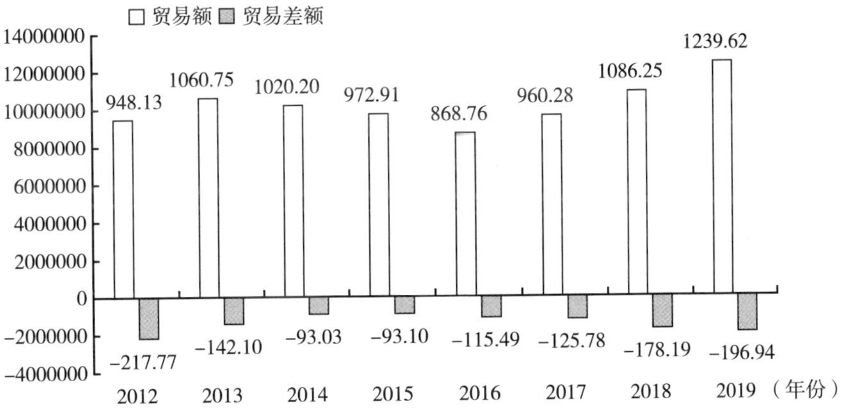

图 1　2012 ~ 2019 年中马贸易额与贸易差额

资料来源：中国海关总署。

① 《中华人民共和国政府和马来西亚政府联合声明》，中华人民共和国外交部，2018 年 8 月 21 日。

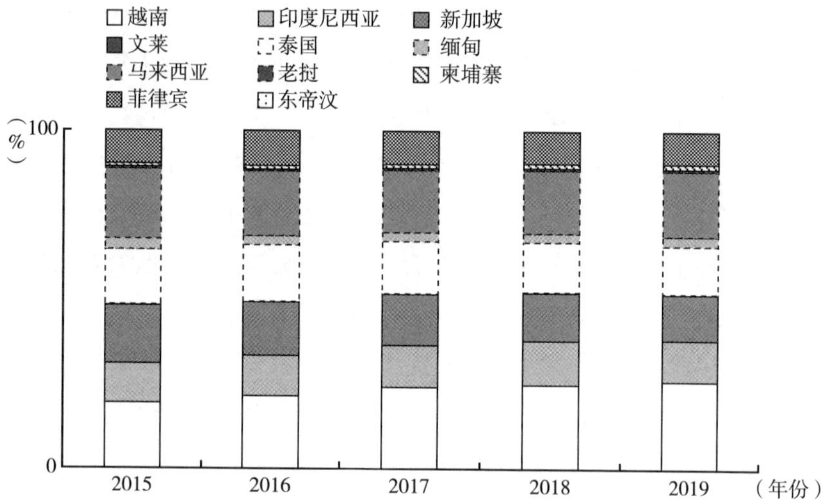

图2　2015～2019年东南亚国家对华进出口贸易占比

资料来源：中国海关总署。

与此同时，可以看到中马贸易差额与贸易额之间的高度相关性。2010～2019年，中国对马来西亚的贸易额始终处于逆差状态。这具体又可分为三个阶段：第一阶段是2010～2011年，贸易逆差由2010年的266.45亿美元扩大至2011年的342.51亿美元，增长幅度为28.55%；第二阶段为2011～2014年，贸易额虽仍处于逆差状态，但贸易差额有所减少，其规模减少至2014年的92.99亿美元，降幅达72.85%；第三阶段则为2014～2019年，贸易逆差再次扩大，增长98.49亿美元至191.48亿美元，涨幅约106%。实际上，这与中马贸易总额的发展趋势高度一致（见图3）。

从贸易往来的商品结构来看，以2019年为例，中马贸易逆差的产品细项主要为机电产品、原材料及制品（见图4）。具体来看，机电产品的贸易逆差为219.89亿美元、原材料及制品的贸易逆差为85.10亿美元。除逆差产品外，也不乏一些顺差产品，以传统劳动密集型产品为首，该类产品贸易顺差为45.11亿美元。

2019年中国从马来西亚进口产品结构中，进口的大宗商品主要以机电产品、原材料及传统劳动密集型产品为主。具体来看，机电产品位居第一，

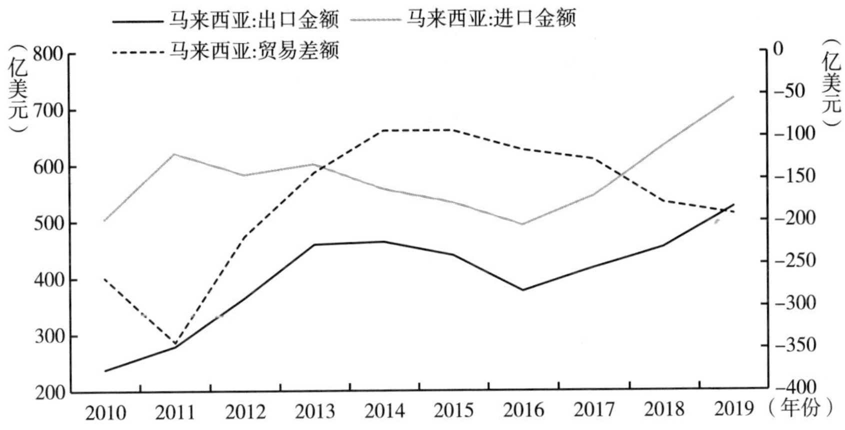

图3　2010～2019年中国与马来西亚贸易情况

资料来源：中国海关总署。

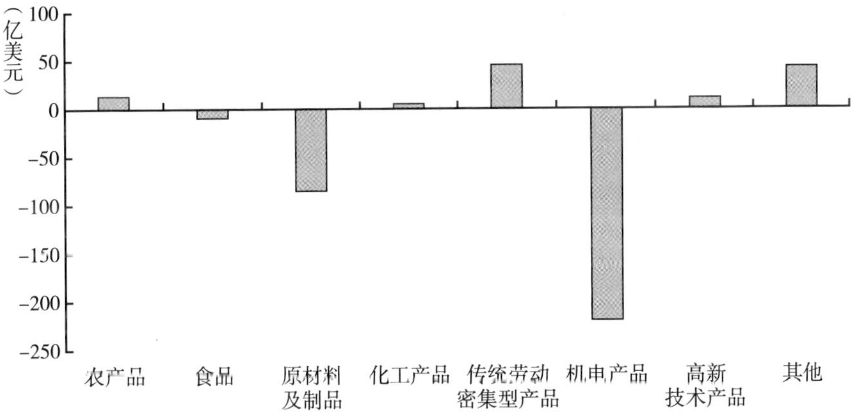

图4　2019年中国对马来西亚细分项贸易差额

资料来源：中国海关总署。

进口规模达425.85亿美元，占中国对马来西亚进口总额的59.29%，其中电机、电气、音响设备及其零部件占机电产品进口额的主要比重；原材料及制品次之，其进口额为173.67亿美元，占比为24.18%（见图5）。

从2019年中国向马来西亚出口产品来看，依旧以传统劳动密集型产品为主，出口额达83.73亿美元，占中国向马来西亚出口总额的41.76%，其

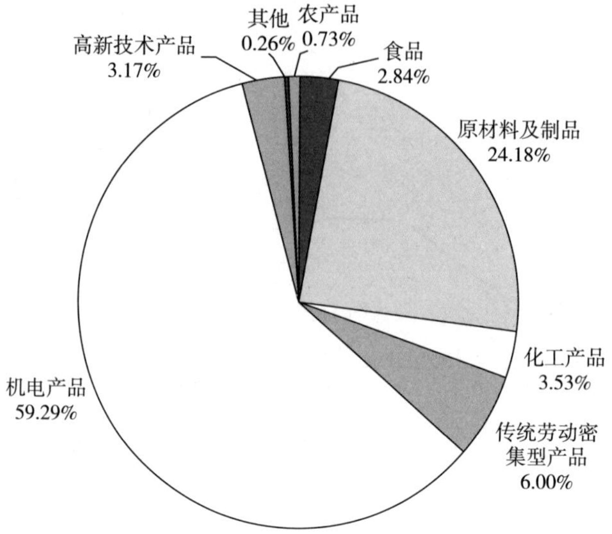

图5　2019 年中国从马来西亚进口产品情况

资料来源：中国海关总署。

中纺织原料和纺织制品占传统劳动密集型产品的主要部分。出口的原材料及制品和化工产品所占比重仅次于传统劳动密集型产品，出口额分别为 37.50 亿美元、30.52 亿美元，分别占中国出口产品总额的 18.70% 和 15.22%（见图 6）。

在共建“一带一路”倡议的机制作用下，中国对马来西亚的直接投资净额有所增长。虽然 2016 年以来中国赴马投资下滑（见图 7），但 2018 年中国对马来西亚的直接投资净额已从 2013 年的 6.16 亿美元增至 16.63 亿美元，而就 2018 年的数据来看，在中国对东南亚主要国家的直接投资净额中，中国对马来西亚的直接投资净额仅次于新加坡及印尼（见图 8）。

马来西亚投资发展局（MIDA）数据显示，2018 年，马来西亚共吸收中国大陆对其投资约 1420.00 亿美元，吸收中国香港投资约 1120.00 亿美元，吸收直接投资总额居各国对马来西亚投资总额第一位。与此同时，马来西亚来华投资总额近年虽有波动，但相比 2009 年，其规模的扩大与增长也是显而易见的（见图 9）。

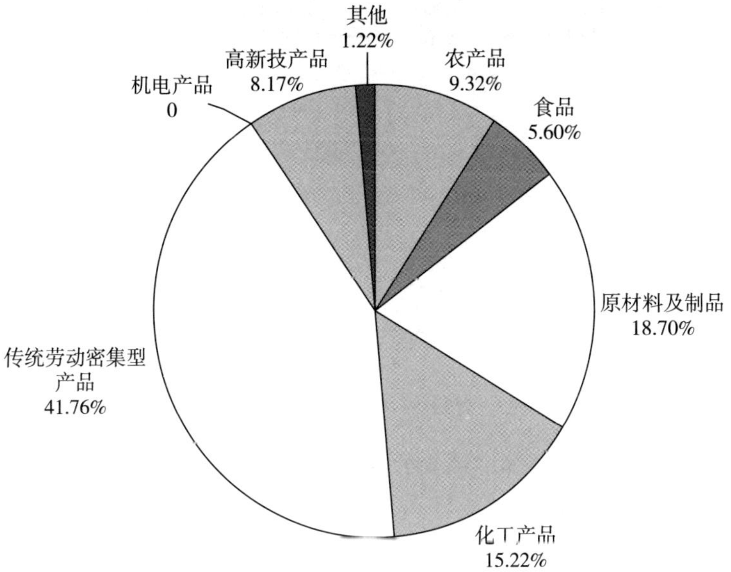

图6　2019年中国向马来西亚出口产品

资料来源：中国海关总署。

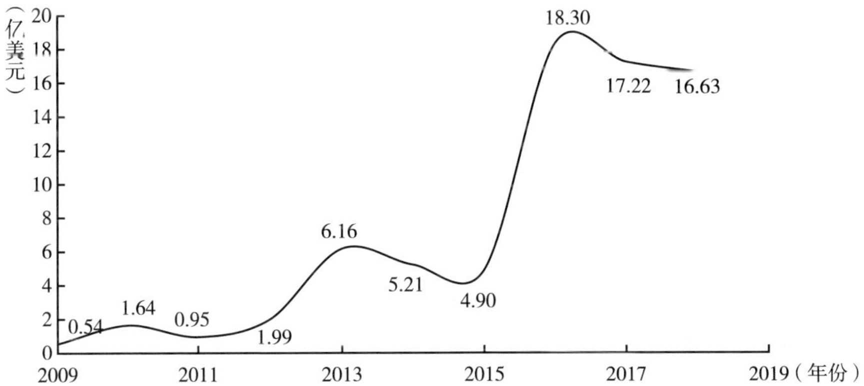

图7　2009～2018年中国对马来西亚直接投资规模态势

资料来源：CEIC Date。

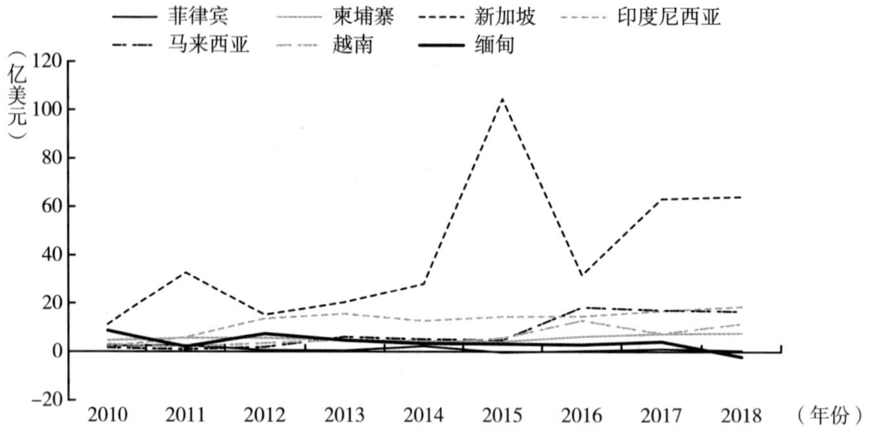

图 8　2010～2018 年中国对东南亚部分国家直接投资净额

资料来源：中国商务部。

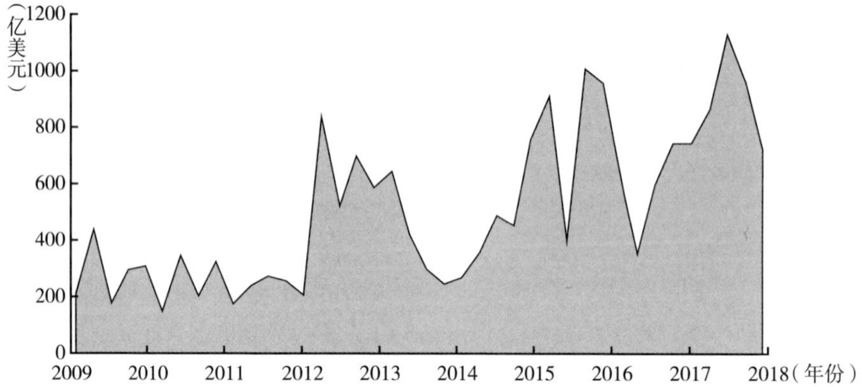

图 9　2009～2018 年马来西亚赴中国直接投资变化

资料来源：CEIC Date。

（三）人文交流

2018 年 8 月，马哈蒂尔应李克强邀请对中国进行正式访问。其间，双方达成一致意见，认为旅游在促进人文交流、社会经济可持续发展及增进两国相互理解方面具有重要意义。为此，双方同意加强、深化并扩大旅游等有关合作，并宣布2020年为“中马文化旅游年”。2019年7月29日，“一带一路”中马人文交流与经济合作论坛在吉隆坡举行。时任马来西亚财政部长林冠英认为，中马两国在5G等科技领域以及旅游、医疗等服务业领域有望进一步加强交流与合作。[①] 此外，习近平主席在2019年倡议实施亚洲旅游促进计划，希望进一步促进中国与亚洲国家的旅游交流与发展。在高层引领与制度的积极推动下，中马两国人文交流近年来规模日增。

以人员往来为例，资料显示，45年前两国人员交往规模每年不到10万人次。截至2018年底，中马每年人员往来超过420万人次，每周有约460个航班往来于两国之间，在中马两国间学习交流的留学生至2018年底已达2.5万名。[②] 根据中国文化和旅游部发布的2019年旅游市场基本情况报告，按入境旅游人数排序，马来西亚在中国2019年主要国际客源市场排名中位于第八位[③]，马来西亚2019年前10个月更是中国除边境游以外最大的东盟客源国。此外，2019年，仅仅是在中资企业的组织下，就有近2万人次的马来西亚员工接受技术培训。与此同时，中国已连续7年成为马来西亚在东盟外最大旅游客源国。2019年上半年，中国赴马游客总数为155万人次，与2018年同期的146万人次相比增长了6.4%，而马来西亚在2018年就接待了294万名中国游客。这些游客为马来西亚贡献了123亿林吉特（约合190亿元人民币）的收入，占马来西亚旅游总收入的14%。[④] 因此，中国成为马来西亚第三大入境客源市场、第二大国际旅游收入来源国。

---

① 《中马建交45周年：马来西亚将举办“一带一路”中马人文交流与经济合作论坛》，环球网，2019年7月18日，https://world.huanqiu.com/article/9CaKrnKlBQj。

② 《中国驻马大使：“我们是永远的朋友”》，〔马来西亚〕当今大马，2019年5月31日，https://www.malaysiakini.com/news/478084。

③ 中国旅游研究院：《2019年旅游市场基本情况》，2020年3月10日。

④ TOURISM MALAYSIA LEADS DELEGATION TO PARTICIPATE IN CHINA INTERNATIONAL TOURISM INDUSTRY EXPO 2019（CITIE 2019），马来西亚旅游局，2019年8月30日，https://www.tourism.gov.my/media/view/tourism-malaysia-leads-delegation-to-participate-in-china-international-tourism-industry-expo-2019-citie-2019。

四 中马关系展望

对于中马关系来说，2020 年的开局并不顺畅，全球新冠肺炎疫情和“二月危机”后马来西亚政局的变动对两国关系构成了双重冲击。

马来西亚政局“再变天”对该国的影响还需要一定的时间来消化，而未来马来西亚对中国“一带一路”倡议及相关合作的应对势必会受到国内利益分配的影响。不过，目前由于新冠肺炎疫情的影响，政局变化对中马关系所产生的影响需要继续观察。虽然如此，我们可以回顾穆希丁就任马来西亚前副总理时的对华态度，其表现出了充分的积极性与合作意向。穆希丁曾在“第 25 届亚太圆桌会议”“第四届华人经济论坛”等活动中多次表示，中国在东盟区域扮演着关键角色，东南亚各国都从中国雄厚及惊人的经济发展中获利①，马来西亚需利用中国广阔的机遇以增强自身发展。此外，慕希丁在旅游签证、翻译出版中国文学等各方面也做出过积极举措与表态。无疑，这对于中马两国 2020 年及接下来几年形成更为务实的合作关系带来利好。

然而，无论如何，新冠肺炎疫情对中马两国经贸、人文往来产生的影响是深刻的。由于疫情影响，中国经济在很长一段时间内处于“停摆”状态，而这对地区产业供应链条的稳定性产生了极其深刻的影响。疫情的发生充分暴露了东南亚国家对中国的依赖程度，其中就包括马来西亚。中国制造业原材料供应的骤减冲击着马来西亚贸易链与行业发展，而交通运输的不便将使制造业原材料运输到马来西亚受到不利影响。在这一情势下，马来西亚国内中小型制造企业因原材料匮乏而陷入运作困境，原本从中国进口的原材料，如太阳能板、食品的添加原物料、衣服布料、医疗面膜、口罩、酒精及消毒液等都无法如期抵达马来西亚，马国内大型制造业的缺位导致市面上物资紧张。

---

① 《马来西亚副总理慕尤丁表示东盟从中国发展中获利》，〔马来西亚〕《南洋商报》2011 年 6 月 14 日，http：//my. mofcom. gov. cn/article/fuxin/201106/20110607597622. shtml。

同时，中国是马来西亚最大的旅游客源国。中马旅游企业对双方的旅游往来一直持有浓厚的兴趣与信心。数据显示，有超过80%的马方参会企业对中方旅游产品兴趣浓厚，逾85%的中方参会企业有信心在2020年继续开发在马业务。[①] 但是，为应付疫情和油价暴跌所带来的经济冲击，穆希丁内阁专门成立经济行动理事会以应对经济问题，[②] 并在3月18日宣布实施限行令，封锁全国出入境关口两周。[③] 同时，为响应《限制活动令》、减少人员流动与防止疫情更严重扩散，马来西亚旅游、艺术及文化部也决定取消2020年马来西亚旅游年活动。[④] 在这一情势下，中马旅游年活动受到冲击已在所难免。

不过，值得庆幸的是，中马双方就合作抗击新冠肺炎疫情以及深入发展中马关系等议题已经形成共识。马来西亚提出希望得到中方在抗击疫情方面的支持与帮助，中方也明确表示将提供一切可能的技术、经验和物资支持。[⑤] 如今，在共同抗击疫情中，中马已然形成了“遇山一起爬，遇沟一起跨”的守望相助关系。这也表明，随着全球疫情的发展及未来的缓解，中马两国在各个领域的合作势必会出现复苏与反弹，进而为持续推动两国全面战略合作的深化发展及为实现两国合作关系的“提质升级”创造有利条件。

① 数据来源于2020年1月19日“中国马来西亚文化旅游年”开幕日的调查问卷环节。

② 《为应对新冠肺炎疫情和油价暴跌，马来西亚成立经济行动理事会》，央视新闻，2020年3月12日，http://m.news.cctv.com/2020/03/12/ARTIQTIqBqR5Ip0ZZ70KjReb200312.shtml。

③ 《马来西亚宣布“封关”两周，数十万马新“通勤族”受冲击》，澎湃新闻，2020年3月18日，https://www.thepaper.cn/newsDetail_forward_6556208。

④ 《受新冠肺炎疫情影响　马来西亚宣布取消2020马来西亚国际旅游年活动》，央视新闻，2020年3月19日，http://m.news.cctv.com/2020/03/19/ARTIxbgV8oB6onMLrm4fA1AG200319.shtml。

⑤ 《马来西亚新任外长：推动马中关系迈上新高度》，澎湃新闻，2020年3月17日，https://www.thepaper.cn/newsDetail_forward_6547923。

B.14

东盟东部增长区合作：中马合作的新增长点

许利平*

摘　要：　东盟东部增长区合作是中国与东盟升级合作的重要路径之一，也是中马合作的新增长点。中马在东盟东部增长区合作具有政治优势、区位优势、资源优势和人文优势。双方在能源、基建、交通和人文四个领域开展了卓有成效的合作。展望未来，中马可以在互联互通的基础设施、热带农业、海洋经济、数字经济、旅游等方面开展深度合作，提升中马全面战略伙伴关系水平。

关键词：　东盟东部增长区　沙巴　沙捞越　中马合作

东盟东部增长区（以下简称“东增区”）于1994年成立，旨在促进东盟东部偏远与欠发达地区的社会经济发展，以缓解成员国之间经济发展的不平衡。东增区占地面积约160万平方公里，拥有超过5750万人口，涵盖文莱的全境，印尼的加里曼丹省、苏拉威西岛、马鲁古群岛和巴布亚省，马来西亚的沙巴州、沙捞越州和纳闽联邦直辖区以及菲律宾的棉兰老岛和巴拉望岛。东增区合作机制为东盟三大次区域合作机制之一。2005年，中国成为东增区的发展伙伴。2018年中国与东增区合作提升为部长

---

* 许利平，博士，中国社会科学院亚太与全球战略研究院研究员，东南亚研究中心主任，博士生导师，研究方向为东南亚政治与国际关系。

级合作机制[①]，中国与东增区的合作开始进入快车道。

自2008年“308”大选以来，以巫统为核心的国民阵线失去国会2/3议席，马来西亚的政治版图开始松动，涵盖沙巴、沙捞越两个州以及纳闽联邦直辖区在内的东马的地位日益凸显，东马地区越来越成为马来西亚政坛动向的风向标。当前，东马人的不满是马来西亚联邦政府需要考虑的优先问题。要消除东马人的不满，除了协商解决相关法律条文的争议外，更重要的恐怕是实现东马人的获得感、平衡感与满足感。东马的沙巴、沙捞越和纳闽联邦直辖区属于东增区的范畴。东增区合作则可能是破解这一难题的路径，并且有可能成为中马合作的新增长点。

一　中马在东增区合作的优势

东增区虽然涵盖东盟四国，但马来西亚在东增区具有独特地位，特别是东马地区。一方面，东马地区相对于东盟其他三国的落后地区，经济相对发达，现代化程度相对较高，与区域外交往或合作相对密切；另一方面，历史上东马地区曾是马来文化的传播中心，菲律宾的苏禄王国、文莱的勃泥王国等在这一地区进行过行政管辖，传播马来文化。东马地区在东增区的文化认同感较高。中马可以充分发挥东马地区在东增区的独特地位，利用各种优势，深化在东增区的合作。

（一）政治优势

政治优势是开展次区域合作的前提。中国与马来西亚合作的政治优势在于历史上形成的政治互信。这种政治互信不仅体现在中央政府层面，而且还体现在地方政府层面，具有很强的根基。在全面战略伙伴关系的框架下，中马政治互信不断加强，高层互动与交往频繁，政府各部门、政党、立法机

① http：//www. mofcom. gov. cn/article/ae/ai/201811/20181102812081. shtml（访问时间：2020年4月1日）。

构、军队等交流与合作全面推进，在治国理政经验交流、双边关系战略规划、重大地区和国际问题沟通等方面不断累积了政治互信基础，推动中马关系全方位、宽领域、多层次发展。

中国各省市政府与沙巴、沙捞越等东马地方政府的互动交流日益机制化、正规化，凝聚着不少合作发展的政治共识。2019 年 4 月 20 日，江西省与马来西亚沙巴州在南昌签署缔结友好省州关系意向书。省长易炼红会见了沙巴州州长沙菲益·阿达并共同签署意向书①，双方希望在工贸、旅游、教育、文化等方面开展合作和交流。此前，沙巴州还与河南省等签订了建立友好省州关系的协议。而在 2015 年 9 月，沙捞越州就与福建省签署了友好省州意向书。2016 年 11 月，“福建省副省长洪捷序访问马来西亚期间，在古晋与沙捞越州政府负责人共同签署了《中华人民共和国福建省与马来西亚沙捞越州建立友好省州关系协议书》。此系沙捞越州签署的第一份国际友好省州协议书，该州希望通过与中国的互利共赢合作加快经济发展，进一步扩大与中国特别是福建的双边经贸交流，吸引更多福建企业到沙捞越投资”。②此外，沙捞越还与山东、云南等签署建立友好省州关系协议书。

（二）区位优势

区位优势是开展次区域合作的重要先决条件。东马地区的区位优势明显，它是连接菲律宾、印尼和文莱的重要陆路、海上和空中的交通枢纽。沙巴地处北婆罗洲的东部，南部与印尼的东加里曼丹接壤，西面南海，北面苏禄海，面积 7.6115 万平方公里，是马来西亚面积仅次于沙捞越的第二大州，与中国拥有众多的空中航线，“目前中国十多个城市已开通直飞沙巴的航班，每周多达上百个班次”③。沙捞越位于婆罗洲西北部，毗邻文莱和印尼，

① http://www.jiangxi.gov.cn/art/2019/4/21/art_20302_688206.html（访问时间：2020 年 3 月 1 日）。

② http://www.scio.gov.cn/dfbd/dfbd/Document/1515004/1515004.htm（访问时间：2020 年 2 月 25 日）。

③ http://www.xinhuanet.com/world/2018-10/23/c_129977830_2.htm（访问时间：2020 年 2 月 2 日）。

面积 12.445 万平方公里，为马来西亚面积最大的州，在东增区的区位优势明显。

（三）经贸优势

经贸优势是次区域合作的直接动力。中马经贸合作起步早、成果实、发展快。1974 年中马建交时，双边贸易额不到 2 亿美元，2019 年双边贸易额就达到了 1239.6 亿美元[①]，中国连续 11 年成为马来西亚最大的贸易伙伴。一批“一带一路”合作重大项目相继在马来西亚落地，“两国双园”、东海岸铁路、大马来西亚城等项目全面推进。

中国与东马地区经贸往来密切。在工程承包、农业、能源、钢铁等领域开展了卓有成效的合作。广垦橡胶公司 2006 年进驻沙捞越，其主营业务为天然橡胶种苗研发、种植、管理、割胶及加工销售，总投资 7.8 亿元人民币，是迄今中国在沙捞越最大的农业投资项目。

（四）资源优势

资源优势是次区域合作的重要支撑。东马地区自然资源十分丰富。沙捞越海岸线长达 1051 公里，年捕鱼量达 67 万吨，可耕种土地面积达 220 万公顷，泥碳地面积达 170 万公顷，森林覆盖面积达 820 万公顷，石油储量达 12.98 亿桶，天然气 4090 兆立方尺，水力发电 2 万兆瓦。沙巴的森林资源丰富，油气蕴藏量不亚于沙捞越，旅游、自然资源也十分丰富。

（五）政策优势

政策优势是次区域合作的助推器。马来西亚联邦政府鼓励外商及本地投资者投资马来西亚的制造业、农业、环境保护、科技研究开发、技术培训和转让等，相应给予优惠。根据《投资促进法》和《马来西亚工业投资指南》的优惠政策框架，马来西亚政府主要通过“新兴工业地位”和“投资税赋

① http：//my.china－embassy.org/chn/sgxw/t1735040.htm（访问时间：2020 年 4 月 1 日）。

减免”来给予外国投资者奖励，其中制造业、农业及服务业等被列入“新兴工业”范围内。“新兴工业”的外商投资项目，可仅就其法定所得的30%缴纳所得税，免税期为5年。此外，马来西亚联邦政府对于从事高科技、科学研发、清真食品加工业等行业的企业，5年内免所得税。

沙巴和沙捞越根据马来西亚联邦宪法《独立十二条款》所赋予的较大自主权，在土地权属、移民、土著权力、税收、森林、地方政府事务等方面相对独立，在土地价格、水电价格和税收等方面，相比西马给予投资者更大的优惠。

（六）人文优势

人文优势是次区域合作的社会基础和民意基础。中马友好交往历史跨越千年。郑和7次下西洋，5次驻足马六甲，给中马友好交流留下了不少佳话。“明初的郑和下西洋，不仅将这条海上丝绸之路再延续到东非等地，而且忠诚地奉行睦邻友好政策，解决了暹罗不断入侵马六甲的问题，并帮助马六甲正式建立国家，增强了中国与马六甲之间的友好交往。”① 同时，占马来西亚总人口1/4的华人则是中马合作的重要人文纽带。

二　中马在东增区合作的现状

中马在东部增长区以务实合作为核心，通过工程承包、直接投资等形式在东马地区开展多领域合作，并取得了一定成效。

（一）能源领域

能源领域是中马在东马地区合作的重点领域，其中电力合作是一项重要内容。一方面，东马地区拥有丰富的电力资源；另一方面，中方拥有开发电

① 李金明：《海上丝绸之路与中马友好往来》，载苏莹莹、傅聪聪主编《和谐共生　携手共赢：纪念中马建交40周年暨北京国际研讨会论文集》，外语教学与研究出版社，2016，第35页。

力资源的资金和技术。2010～2019 年，中马双方多次共同建设旗舰型电力项目。由中国水电承建的巴贡水电站，于 2010 年竣工，成为该公司在海外承建的最大装机容量的水电站。2015 年，上海电气公司承建的沙捞越州巴林基安燃煤电站项目，大大缓解了当地的用电紧张状况。2019 年，中国水电承建了巴莱水电站导流洞项目。此外，在生物能源、海洋能源等共同开发方面，双方也取得了一定的成绩。

（二）基建领域

基建领域是中马在东马地区合作的主要方向。基建领域包括重点产业及其配套工程，对当地经济产生重要支撑作用。2016～2019 年，中资企业通过独资、合资和承建等方式，在当地开展基建合作。2016 年，河北一家钢铁企业与中冶集团联合投资，在沙捞越州共同建设资源综合利用型钢铁企业。2019 年，山鹰国际控股有限公司与当地企业合作，拟共同出资 18 亿美元建设纸浆和纸张厂。2019 年，中国水电在沙巴中标恬雅苑公寓主体工程。

（三）交通运输领域

交通运输是中马在东马地区合作较快的领域，这体现了双方的共同需求和强大的合作动力。无论海运、航空合作，还是网络通信等合作，都展现了双方合作的强大潜力。在海运方面，沙巴港加入“中马港口”联盟，进一步便捷双方的物流，在航空方面，沙巴和沙捞越首府开通了多条国际航线，方便中马双方人员往来，中国地方航空公司也开辟了多条直飞沙巴首府的航班；在网络通信方面，中资企业华为等不断拓展在东马市场，并取得良好成效。

（四）人文交流领域

人文交流是中马在东马地区合作的基础，具有广阔的发展前景。无论是旅游交流，还是文化交流、教育交流等，都大大增进了双方民众的相互了解与认知，提升了双方对彼此的好感度与亲近度。2019 年前 11 个月，中国游客赴沙巴旅游达 56 万人次，每周往返沙巴与中国各大城市的直航航班达 120 班次。中国与沙巴文化交流丰富多彩。“沙巴媒体魅力中国行”、“中国电影节”、“华文教师巡讲团”乐学营等取得良好效果。孔子学院相继在沙巴大学和沙捞越大学建立。

三 中马在东增区合作的前景

中马在东增区合作应考虑双方战略的对接，比如“一带一路”倡议与《东增区 2025 愿景》、《东盟愿景 2025》以及《东盟互联互通总体规划 2025》对接，这符合《中国—东增区合作行动计划（2020～2025）》的具体部署。

2019 年 11 月 24 日，中国与东增区合作第二次部长级会议在沙捞越首府古晋市举行，会议通过了《中国—东增区合作行动计划（2020～2025）》（以下简称《行动计划》）。《行动计划》聚焦九大优先合作领域，即互联互通，农业、渔业加工和食品产业，旅游和社会文化交流，贸易与投资，数字经济，减贫和包容发展，人力资源发展，环境，电力和能源。① 这九大优先合作领域，成为未来中马在东增区合作的指南。根据中马合作的特点，未来应该聚焦以下几个领域发展。

（一）加强互联互通的基础设施建设

充分利用东马地区的独特区位优势，在东增区的互联互通建设方面，发挥东马地区的示范或带头作用。根据《东增区 2025 愿景》，在空中联通、海上联通等方面加强基础设施建设。中国可以利用资金、人才和技术优势，在机场扩建、港口扩容、公路建设等方面，深度参与到东马东增区的互联互通项目中。特别是沙巴的旅游胜地斗湖，其机场容量有限，需要扩建，可将

① http：//www. mofcom. gov. cn/article/jiguanzx/201911/20191102916230. shtml（访问时间：2020 年 1 月 3 日）。

其打造成连接菲律宾、印尼和文莱的区域旅游航运中心，真正发挥其经济潜力。

此外，马来西亚实邦加湾集装箱港口“是增长区的转运枢纽，计划至2030年，扩建后港口的处理能力从每年50万标箱增加到每年120万标箱，为从事港口服务和物流供应链企业带来更多投资机遇”。[①] 跨婆罗洲公路是东增区互联互通的重点工程，“由沙巴和沙捞越两个部分组成。该高速公路是连接沙巴州和沙捞越州的重要交通枢纽。项目预计耗资70亿美元，其中沙巴路段30亿美元，沙捞越路段40亿美元”。[②] 该项工程有部分中资企业参与，由于该工程经过不少沼泽地，施工难度较大，成本也比较高。

（二）深耕热带农业合作

东增区被称为“东盟的菜篮子”基地，东马地区具有发展热带农业的天然条件。一方面，这里拥有大量的廉价土地，租赁土地从事农业成本较低；另一方面，这里气候炎热湿润，适合农作物四季生长。根据笔者在东马的实地考察，这里蔬菜产业尚未发展起来，主要原因是种植蔬菜的技术还比较原始，没有科技手段抵御暴雨对蔬菜的侵袭。另外，蔬菜种植也没有形成产业化、规模化。海南与沙巴、沙捞越地理位置相近，气候相似，可以利用海南种植蔬菜的经验、技术，开展与沙巴、沙捞越的热带农业合作。此外，在橡胶、油棕树等种植方面中马合作潜力也较大。

（三）加强海洋经济合作

2018年11月，中国和东盟国家领导人在新加坡联合发布《中国—东盟战略伙伴关系2030年愿景》。该愿景指出：“鼓励中国—东盟蓝色经济伙伴关系，促进海洋生态系统保护和海洋资源可持续利用，开展海洋科技、海洋

---

① http：//kotakinabalu. mofcom. gov. cn/article/dzqgk/201711/20171102665153. shtml（访问时间：2020年1月4日）。

② http：//kotakinabalu. mofcom. gov. cn/article/dzqgk/201711/20171102665153. shtml（访问时间：2020年3月1日）。

观测及减少破坏合作，促进海洋经济发展等。”①

东增区作为东盟次区域合作的重要组成部分，其优先发展方向可以与东盟自身优先发展方向相衔接。海洋经济作为中国—东盟合作2030年愿景之一，也可以纳入中国与东增区合作的愿景之中。沙巴和沙捞越海域辽阔，开展海洋经济合作前景广阔。可以依靠近海养殖技术，在东马开展鱼虾养殖。同时，开展渔业加工合作，做大海洋经济产业链。在这方面，可以利用广东、福建等海洋经济规模化、现代化的优势，开展与沙巴、沙捞越的海洋经济合作。

（四）推动数字经济合作

2020年是中国与东盟数字经济合作年，数字经济是中国与东增区合作的优先方向。在2020年抗击新冠肺炎疫情中，数字经济的潜力被不断挖掘，比如网上视频会议、网上诊疗、云支付、无接触快递等，催生了一批新经济业态。数字经济将是中马在东增区合作的亮点。2016年，华为公司与沙巴签署谅解备忘录，计划将沙巴打造成ICT中心和智慧州。华为“将向沙巴州输出包括高速宽带、广泛无线覆盖、智慧旅游、安全城市、ICT人才培养等在内的最先进的专业知识，以巩固沙巴支柱产业发展，打造安全的投资、旅游环境”。② 此外，华为还与沙捞越州开展了数字经济合作。

除了华为，阿里巴巴、腾讯、京东等数字经济巨头也开始布局马来西亚市场，尤其在沙巴、沙捞越等东马地区，将开辟一片新天地。

（五）打造贸易新高地

东增区互联互通不畅，造成区内贸易成本较高，贸易量与区内人民的日常需求存在显著反差。随着东增区互联互通基础设施的稳步推进，区内贸易

① http://www.xinhuanet.com/world/2018-11/15/c_1123718487.htm（访问时间：2020年3月4日）

② https://www.huawei.com/cn/press-events/news/2016/3/regional-ICT-hub（访问时间：2020年3月5日）。

的硬联通和软联通将不断得到提升，贸易量将可能随之提升。

目前，马来西亚的东增区促进中心设在沙巴，可以利用沙巴的组织和区位优势，以中小企业联合会等牵头，在沙巴举办年度“中国—东增区贸易博览会”，吸引区内外贸易商参加展会，打造东增区贸易新高地。

（六）扩大旅游合作

鉴于中国庞大的出境游市场，目前需要在沙巴、沙捞越等东马地区开展旅游基础设施建设合作，特别是大型豪华酒店的建设。比如共同开发可以接待千人以上的大型五星级酒店，未来可以接待大规模出境的中国奖励团队或国际会议团队。此外，以旅游为抓手，适度开发更多适合中国老年人的养老休闲产品。

与此同时，我们也应该清醒地认识到，中马在东增区合作还面临着一些挑战，比如沟通协调问题、伙伴之间的竞争问题以及对敏感议题的处理等。这些挑战不仅需要中国与东盟、中国与马来西亚政府通过相关机制或平台进行沟通协调，而且还需要中国地方政府与东马地方政府进行密切交流互动。

总而言之，中马在东增区合作具有天时、地利、人和的优势，未来前景广阔。目前来看，中马双方需要以项目合作为导向，以互联互通为抓手，打造中马在东增区合作的示范性项目，增强东增区合作的吸引力和牵引力，真正把东增区合作打造成中马合作的新增长点，从而提升中马合作水平，为全面战略伙伴关系注入更多新的内涵。

参考文献

陈达生：《郑和与东南亚伊斯兰》，海洋出版社，2008。

〔马〕饶兆斌、连惠慧：《当代马来西亚：经济与金融》，〔马来西亚〕华社研究中心，2016。

苏莹莹、傅聪聪主编《和谐共生　携手共赢：纪念中马建交40周年暨北京国际研讨会论文集》，外语教学与研究出版社，2016。

B.15

希盟执政以来中国对马来西亚投资分析

潘 玥*

摘 要： 自2018年希望联盟执政以来，马来西亚国内的政治环境动荡，受此影响，中国投资一定程度上成为马来西亚国内政治角力的牺牲品。2020年初马哈蒂尔突然辞职和穆希丁履新，加剧了中国对马投资的不稳定性，加之马来西亚亟待优化的投资环境，中国对马的投资额有所下降，在建大型项目不确定性增加，迫使中国对马投资进行调整与升级。但这些不利情况在马哈蒂尔执政的后期得到一定的改善，并在穆希丁在任期间进一步优化。基于此，在"一带一路"倡议下，两国政府、社会、媒体和企业应采取各项针对性的举措，加强顶层设计和沟通交流，加强"一带一路"倡议的精准对接，促进人文与学术交流，重视对外宣传工作，进一步促进与优化中国对马来西亚的投资合作，深化两国的双边关系。

关键词： 希望联盟 中国-马来西亚关系 对外投资 "一带一路"倡议

2018年5月9日，在马来西亚第14届大选中，92岁的前总理马哈蒂尔领导的希望联盟（Pakatan Harapa，简称"希盟"）赢得国会下议院超过半数的席位，成为马来西亚的执政联盟，结束了国民阵线自马来西亚独立以来长期执政的局面，也使得马来西亚联邦首次实现执政党的轮替。

---

* 潘玥，法学博士，暨南大学国际关系学院/华侨华人研究院副研究员，主要研究领域为印尼政治、族群与社情。

一个国家的国内政治对国际投资有着显著的影响，如果该国国内政治博弈频繁，政局不稳，来自国外的投资将有所下降，反之亦然。马来西亚大选前激烈的选举形势，希盟执政后马哈蒂尔政府对华政策的调整，尤其是马哈蒂尔对前任总理纳吉布积极参与“一带一路”倡议、大力引进中国投资的猛烈抨击，一定程度上打击了中国投资者的信心，不少中国投资者持观望的态度，对马来西亚的投资额出现一定程度下降，中国对马来西亚的投资出现了新变化与新趋势。实际上，这反映了中国对马来西亚投资由来已久的问题与困境，如债务问题被反复炒作、国内政治不稳和中国企业风险意识有待提高等。

然而，希盟执政以来，政局依然动荡不断。2020 年 2 月 24 日，马哈蒂尔突然宣布辞职。3 月 1 日，前副总理、土著团结党主席穆希丁宣誓就任第 8 任总理。马来西亚的政治环境依然迷雾重重。在这样的背景下，阻碍中国对马投资的因素有哪些？中国应如何进一步深化对马投资？因此，阐明希盟执政以来中国对马来西亚投资的变化与趋势，分析背后的阻碍因素，将对进一步扩大中国对马来西亚的投资规模，继续优化投资结构，并对如何开展对马来西亚投资的顶层设计提供一定的智力支持。

一 中国对马来西亚投资的变化

虽然自 2001 年底中国实施“走出去”并加入世界贸易组织，中国政府和企业利用自身的比较优势走向国际市场，获取发展条件和持续竞争优势，中国对外投资开始逐步升级。但是直至 2012 年前，中国对马来西亚的投资额总体较低。新加坡是中国在东南亚地区最大的投资目的地，东盟 6 国中印尼、泰国和越南紧随其后。节点出现在 2013 年底“一带一路”倡议实施后，尤其是 2015 年底，中国广核电力集团（CGN）以 23 亿美元的价格收购了第二大独立电力生产商埃德拉全球能源公司（Edra Global Energy Bhd）[①]，

① “1MDB Menjual Aset di Bidang Energi US＄2，3 Miliar”, *Kontan*, November 25, 2015, https：//internasional. kontan. co. id/news/1mdb－menjual－aset－di－bidang－energi－us－23－miliar.

方才引起了公众对中国在马来西亚投资的关注。希盟自 2018 年 5 月执政到下台，虽然不到两年，但对中国对马来西亚投资已产生显著的影响，中国对马投资出现了新变化和新趋势。

（一）中国对马来西亚投资额下降

自 2013 年起，中国对马来西亚的净直接投资额直线上升，从数亿林吉特激增至 2016 年和 2017 年的数十亿林吉特，2017 年达到历史高位 68.86 亿林吉特[①]（见图 1）。随着"一带一路"倡议在马来西亚的不断推进，中马双方在许多领域合作日益紧密，尤其是制造业、房地产业、基建和金融业等，中国对马来西亚的投资显著增加，出现了不少具有代表性的合作项目，如马来西亚东海岸铁路（ECRL）、南部铁路、马六甲皇京港深水码头项目、马六甲临海工业园、马中关丹产业园、碧桂园森林城市项目等。然而，2018 年受大选政治的影响，反对党希望联盟对纳吉布大量引入中国投资提出批评后，中国对马来西亚的净直接投资额迅速回落到 7.15 亿林吉特的规模，跌幅达 89.62%，甚至低于 2014 年的 9.75 亿林吉特。[②] 而这种颓势一直持续到 2019 年。根据马来西亚投资发展局（MIDA）的数据，2019 年前 9 个月，中国对马来西亚的投资较 2018 年减少了 50%，仅为 17 亿美元。[③] 虽然马哈蒂尔任职的后期有意改善和促进中马贸易投资关系，但曾经多次作为马来西亚最大投资来源国的中国，已跌至次于美国和日本的第三位。2020 年，受到马哈蒂尔辞职、中美贸易摩擦和新冠肺炎疫情的影响，预计中国对马来西亚的投资规模将出现一定的萎缩。但中马两国已计划尽快重新拟定中马经贸合作的五年规划，以应对全球投资环境的不利因素，从 2020 年到 2024 年，两国将从合作大方向上达成一致，将来在政策上

① R. Hirschmann, "Net FDI Flows from China to Malaysia 2012 – 2018", *Statista*, July 25, 2019, https://www.statista.com/statistics/653723/malaysia-net-fdi-flows-from-china/.

② R. Hirschmann, "Net FDI Flows from China to Malaysia 2012 – 2018", *Statista*, July 25, 2019, https://www.statista.com/statistics/653723/malaysia-net-fdi-flows-from-china/.

③ 凌杉：《中国在马来西亚投资减半　美资猛增 7 倍》，希望之声，2019 年 11 月 30 日，https://www.soundofhope.org/post/317749。

马来西亚会给予中资企业税收减免、土地优惠等措施，进一步促进中马经贸合作。

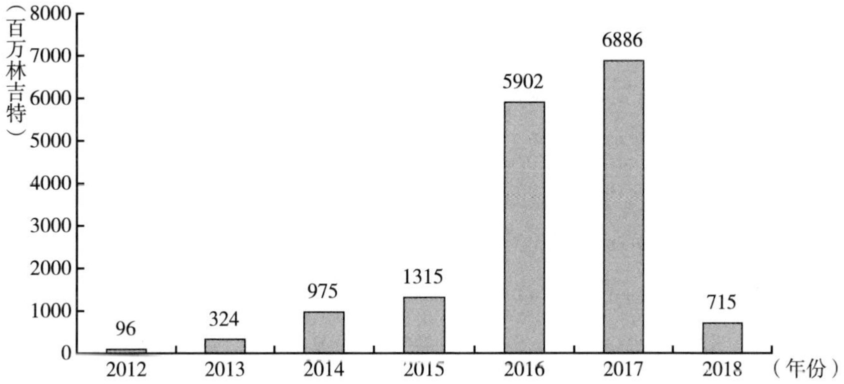

图1　2012～2018年中国对马来西亚的净直接投资额

资料来源：R. Hirschmann，“Net FDI Flows from China to Malaysia 2012－2018”，*Statista*，July 25，2019，https：//www. statista. com/statistics/653723/malaysia－net－fdi－flows－from－china/。

（二）在建投资项目不确定性增大，但不断改善

纳吉布执政和竞选期间，都将“吸引大量中国投资，振兴经济”作为自己的竞选筹码。作为回应，马哈蒂尔多次批评纳吉布大打“中国牌”，批评中资在马来西亚“抢走本地人饭碗”，并且表示如果胜选，将检视纳吉布政府与中国签订的合作项目，包括东海岸铁路和碧桂园森林城市项目等。① 果然，在希盟执政后，权力结构的变化引起了新一轮的政商利益再分配。不少在旧权力结构下签署的中马合作项目，尤其是耗资巨大的大型基础设施和房地产项目，在希盟执政之初面临着极大的不确定性。上台不久的马哈蒂尔在访华途中宣布取消部分中国参与建设的大型基础设施项目，包括耗资约200亿美元的东海岸铁路项目、价值23亿美元的沙巴（TSGP）与马六甲天

① 《马来西亚大选：朝野争打“中国牌”　纳吉布或连任》，《大公报》2018年5月8日，http：//news. takungpao. com/world/exclusive/2018－05/3567375. html。

然气管道（MPP）项目。[①] 2018 年 8 月底，马哈蒂尔以“‘森林城市’房价过高，超出本地人的承担水平，整个社区恐成‘外国飞地’”为由，明确表示：“我们不会对外国人出售‘森林城市’，不会给来这里居住的人发放签证。”[②] 虽然经过多番谈判和协商，东海岸铁路项目于 2019 年 4 月恢复，但造价锐减 1/3，中国交通建设集团有限公司还将与马来西亚组建合营公司，负责线路的运营与维修[③]，项目的商业价值已大大降低。而马哈蒂尔“钦定”的接班人马来西亚前副总理安瓦尔也明确表示，将延续马哈蒂尔对华投资的政策，支持新政府重审中资合同，清除前政府签订的一些不规范交易。[④] 而 2020 年初马来西亚政府换届，更是对当地在建的中国项目带来更多的不确定性和负面影响。比如，自 2018 年以来，马来西亚政府已两次更换国际贸易和工业部长以及副部长，并更换马来西亚总理对华特使。这对两国如何在双边高层推动合作、协同发展构成了不小的挑战。可以说，马来西亚国内政治与政策的不确定性导致一些项目出现重大反复，甚至陷入无限期的停滞，使得中国企业蒙受巨大的损失，进一步打击中国对马的投资信心和积极性。

可喜的是，这种情况在马哈蒂尔执政的后期也得到了一定的改善。2019 年 12 月 17 日，中马合作建设的马来西亚大马城（Bandor Malaysia）项目签约仪式在马来西亚行政首都普特拉贾亚举行。马哈蒂尔参加并指出该项目不

---

① “Malaysia's Mahathir Cancels China-Backed Rail, Pipeline Projects”, Reuters, August 21, 2018, https://www.reuters.com/article/us-china-malaysia/malaysias-mahathir-cancels-china-backed-rail-pipeline-projects-idUSKCN1L60DQ.

② “Malaysia Bars Foreigners from Johor's US $ 100b Forest City Project That Drew Chinese Buyers”, *Straits Times*, August 27, 2018, https://www.straitstimes.com/asia/se-asia/johors-forest-city-project-off-limits-to-foreign-buyers-says-malaysian-pm-mahathir.

③ “Dr M: Govt Renegotiated ECRL to Avoid Paying RM21.78bil Termination Fee”, *The Star*, April 15, 2019, https://www.thestar.com.my/news/nation/2019/04/15/dr-m-govt-renegotiated-ecrl-to-avoid-paying-rm21-78bil-with-nothing-to-show-for-it.

④ Bhavan Jaipragas, “Anwar Backs Mahathir's Review of Chinese Deals—But Not To Annoy Beijing”, *South China Morning Post*, June 1, 2018, https://www.scmp.com/week-asia/politics/article/2148911/anwar-backs-mahathirs-review-chinese-deals-not-annoy-beijing.

但会有利于马来西亚未来的经济发展，也将进一步促进马中两国由来已久的友好关系和互惠互利的贸易往来。他在致辞时表示欢迎中国中铁来马投资兴业，并期待通过大马城项目促进中马共建“一带一路”务实合作，推动马来西亚自身发展。

（三）投资领域升级和投资主体转型

在希盟执政之前，中国对马来西亚超过半数的投资集中在基础设施、能源、制造业、房地产业等领域。由于项目造价高、耗资大，上述领域的投资主体也多是中国的国有企业。以基础设施为例，中马两国大多数大型基础设施项目以“政府对政府”（G to G）的形式进行合作，项目也多由中国国有企业主要负责实施，如中国企业境外在建的最大工程、由中国交通建设集团有限公司承建的、合同总额约550亿林吉特的马来西亚东海岸铁路项目。但类似的项目往往被诟病为“中国债务陷阱”或“中国威胁论”而饱受争议，越来越多的中国工人和企业对马来西亚本地企业和劳动力形成了竞争挤压，项目进展不畅。希盟政府对华投资的态度也在不断地调整，尤其是2019年在东海岸铁路项目恢复后，马哈蒂尔多次明确表示欢迎中国投资，尤其是高科技、高附加值的非“政府对政府”项目，以期为马来西亚创造就业并带来技术转移。2019年9月，马来西亚政府为中国企业设立了投资特别渠道，这也是该国唯一一个针对特定国家或地区企业的投资特别渠道。① 因此，为继续推进“一带一路”倡议在马来西亚的落地与建设，中国对马来西亚投资出现显著的转型升级，转向高新科技、智能产业和人才培训等领域；投资主体也将从国有企业逐步转向非国有企业。

马来西亚经济对外来依存度比较大，正在实施经济转型计划，转型计划主要发展电子设备、化学工程、机电设备、医疗设备、航空等，在这方面会给予外资企业很多优惠政策。随着“一带一路”倡议的推进，中国投资马

① 《马来西亚官员表示欢迎中国科技企业投资》，新华网，2019年12月14日，http://m.xinhuanet.com/2019-12/14/c_1125347606.htm。

来西亚日益活跃，而马来西亚也正处在经济转型的重要阶段，中马双方都希望将中国更多的高新科技产业带进大马，推进马来西亚工业发展。

二　影响中国对马投资的因素

希盟执政以来，中国对马来西亚的投资额明显下降，在建的投资项目不确定性上升，使得投资领域与投资主体出现新转变。可以看到，希盟执政以来，中国对马投资的信心有所减弱，那么，影响中国对马投资的因素是什么？

（一）被污名化的“中国债务”

希盟成立后，马哈蒂尔猛力抨击纳吉布引进中国资本，要求重审“一带一路”倡议下的中马合作项目，认为大量的中国投资使马来西亚深陷“债务陷阱”。马来西亚政府债务水平在东南亚国家中属中等水平，但是其法定最高的政府负债上线为 GDP 的 55%。[①] 根据马哈蒂尔政府的数据，2017 年底马来西亚政府的债务占 GDP 的 79.3%。[②] 由此看来，马来西亚的债务问题已经相当严重。需要注意的是，这一算法包括政府负债、租赁支付和“表外项目”，这与国际货币基金组织（IMF）、世界银行和马来西亚央行的算法都有一定的出入。诚然，过高的债务会拖累马来西亚的经济增长，虽然马来西亚政府希望在 2019 年将债务负担率降低至 45%，但受到宏观经济因素的影响，这个目标将很难达成。财长林冠英指出，2019 年 6 月底，马来西亚政府债务负担率仍高达 77.1%，其中直接债务占 52.6%、政府担保占 10.4%，一马发展公司占 2.1%。[③] 根据 2019 年 12 月的数据，马来西亚

① 陶杰：《马来西亚债务接近“红线”》，《经济日报》2013 年 12 月 24 日。

② 《财长：世行和 IMF 核实大马经济状况》，*Bernama*，2019 年 12 月 20 日，https://www.bernama.com/man/news.php?id=1801354。

③ 《财长：世行和 IMF 核实大马经济状况》，Bernama，2019 年 12 月 20 日，https://www.bernama.com/man/news.php?id=1801354。

政府债务占国内生产总值的比重为 52.5%，远超 45% 的目标。[①] “中国债务不利于马来西亚经济”、“马来西亚深陷中国债务陷阱”的争议，在马来西亚社会有一定的市场与影响力，加深了其社会与民众对中国投资的顾虑与质疑。

但马来西亚政府的高债务负担率并不能简单归因于中国投资。首先，根据马来西亚的债务构成，外债仅占其总债务的 24.78%，而来自中国的债务仅占很小的比重。[②] 目前，马来西亚政府负债高企的主要原因包括原油价格的下跌、国内 GDP 增速放缓、汇率风险等，其中影响最大的为原油价格的持续下跌，这直接造成马来西亚财政收入减少。其次，马来西亚当前的债务问题并非像马哈蒂尔宣传的那么严重。一是马哈蒂尔的算法夸大了马来西亚的债务负担，并非所有政府担保都应被视为债务，因为部分担保是可能被收回的债务，故马来西亚的实际债务负担并没有宣传中那么“耸人听闻”。二是马来西亚的债务风险仍处于可控范围，而马来西亚近年来的 GDP 增长较快，具有一定的债务偿付能力。因此，“中国债务破坏马来西亚经济”一说，显然被污名化，甚至政治化[③]，将高债务负担归咎于中国，更多是马哈蒂尔政府出于政治博弈和赢得民心的考虑。

（二）卷入政治角力的中国投资

2015 年希盟成立之后，马来西亚国内的权力斗争就非常激烈，在大选前后更甚。中国投资一方面成为纳吉布吸引外资、发展经济、增加民意支持的“筹码”。纳吉布积极参与“一带一路”倡议，大量引进中国投资。2016 年 10 月 31 日至 11 月 6 日，马来西亚前总理纳吉布访华，中马两国政府签署了 16 项政府对政府、14 项企业对企业的谅解备忘录和协议。在此期间中

① 《马来西亚 - 经济指标》，全球经济指标，2020 年 10 月，https：//zh. tradingeconomics. com/malaysia/indicators。

② “Gross External Debt”, *Bank Negara Malaysia*, November 5, 2019, http：//www. bnm. gov. my/index. php? ch = statistic_ nsdp&pg = statistic_ nsdp_ extdebt&lang = en.

③ 张应进：《马来西亚债务问题政治化：“债务陷阱论”凸显的根源》，《国际展望》2020 年第 1 期，第 140 页。

国对马来西亚的投资迅速增加。据北京大学《2015 年“一带一路”沿线国家五通指数报告》，在 63 个国家中，马来西亚属于“顺畅型国家”，排名第二，仅次于俄罗斯。[①] 这说明，相比其他国家，中国和马来西亚在“五通三同”方面取得了非常突出的总体成绩。

另外，中国投资也成为希盟抨击国阵和纳吉布的重要议题之一，中国投资被迫卷入马来西亚的政治角力中，与其国内诸多权力斗争和深层问题“捆绑”在一起。[②] 在希盟的引导下，中国投资从经济问题逐渐变成政治问题，甚至变成安全问题。希盟对纳吉布大力引进中国投资的批评从未停止，并将中国投资与其国内的贪腐问题联系起来，甚至将中国投资定性为助长马来西亚贪腐现象的“元凶”。在中国不断增加对马来西亚投资的同时，“一马公司”腐败案也浮出水面。腐败和贫富分化是影响民众对政府评价和政治稳定的两大问题。国民阵线长期执政，积累了庞大的政商网络和权钱交易，存在较严重的腐败行为。据“透明国际”的清廉指数（CPI），2014 ~ 2018 年马来西亚的廉洁程度得分不断下降，从 2014 年的 52 分下降到 2018 年的 47 分。[③] 这也成为希盟批评国阵放任政府内部贪腐问题的证据。由于“一马公司”广泛参与了中国在马来西亚的投资，尽管马来西亚国内对外国直接投资总体持欢迎态度，但仍有相当多的人士对中国在马来西亚投资日益增多持不同意见。

希盟对中资的主要不满与批评之一，就是“中国投资抢夺马来西亚本地人的就业机会”。马来西亚一些舆论风向不断传播，引起了当地社会的关注。他们称中国对基础设施建设的投资未能缓解马来西亚的失业问题。一些媒体以中国公司在马来西亚投资建设的沐若水电站为例，指出中国在基础设施行业的投资主要是完整项目的产出，没有雇用大量本地劳动力和基础设施

① 北京大学“一带一路”五通指数研究课题组编《2015 年“一带一路”沿线国家五通指数报告》，经济日报出版社，2016，第 38 页。

② 钟飞腾、张帅：《地区竞争、选举政治与“一带一路”债务可持续性——剖析所谓“债务陷阱外交”论》，《外交评论（外交学院学报）》2020 年第 1 期，第 20 页。

③ “Corruption Perceptions Index 2019”, *Transparency*, January 24, 2020, https://www.transparency.org/cpi2019.

人才，类似的舆论环境导向会使中方企业赴马投资处于不利的地位。而实际上，截至2018年，单是制造业，中国在马来西亚投资的422个项目就为当地居民创造了7.3万个就业岗位。[①] 马来西亚政局不稳定，政府与民众的质疑与猜忌，也使得很多中国资本望而却步。

（三）亟待优化的投资环境

虽然在东南亚各国中，马来西亚总体的投资和营商环境不错，但政治权力更替，导致投资环境出现了许多变化与不确定性。马来西亚颁布多项投资法规，详细列明鼓励外商投资的领域，主要是制造业、农业、旅游业、环境保护、科研开发等，鼓励外商到东马投资，对这些投资领域提供减免税收等优惠措施。马来西亚的投资指南、优惠措施和法规清晰明确，适合外国投资。但这些政策不是自动可用的，中国企业必须向马来西亚政府主管部门提出申请，政府将根据企业情况给予某些优惠政策。实际上，一些中国企业通常对这些优惠政策的内容、适用条件和程序知之甚少，并在没有专业人员指导的情况下向政府申请有关优惠政策。一项优惠政策的批准可能涉及多个政府部门，企业享有的优惠政策取决于多个政府部门的最终协调结果。因此，批准时间可能会很长，一些政策内容也可能会在此期间出现调整。另外，马来西亚的工业基础薄弱，没有形成完整的产业链，本地化程度有限，这使得一些原材料、零部件或生产设施严重依赖进口，从而使产品的生产成本更高，优势与竞争力减少。

由于马来西亚《1955年劳动法》对工人权益的“过度”保护，以及实行严格的劳工限制，增加了劳动密集型企业的生产成本，体力工人供给明显不足。马来西亚当地劳动力大多不愿意从事重体力工作，这恰好是制造业、建筑业等中国大量投资的领域，因而，中国企业的劳动力主要依靠来自印尼、缅甸、孟加拉国的大量劳工，其中有部分为非法劳工，给社会治安带来

---

① 《中企422计划 创造逾7万就业机会》，东方网，2019年7月8日，https：//www.orientaldaily.com.my/news/nation/2019/07/08/297456。

了负面影响，也引起马来西亚政府和社会对中国投资的批评。用工问题也成为中国企业投资大型基建项目的主要顾虑之一。

三 进一步深化中国对马投资的建议

针对中国投资马来西亚的新变化，以及阻碍中国对马投资的因素，如何进一步深化与优化中国对马投资，需要中马两国政府、社会、媒体与中国企业的“精耕细作”与共同努力。

（一）加强顶层设计和沟通交流，加强“一带一路”倡议的精准对接

“一带一路”倡议给中马两国合作带来了新的机遇，尤其是港口合作，给“21 世纪海上丝绸之路”建设带来了广阔前景。另外，发挥中国制造业的优势，进行产能合作，同时带动马来西亚产业发展，是推行“一带一路”建设在马来西亚的重要目标。因此，针对中国投资“被污名化”和卷入马来西亚国内政治角力的问题，需要两国政府加强顶层设计和沟通交流。这不仅有利于加强两国的双边关系，更有利于两国在地区发挥更强的推动和协调作用。一方面，要从顶层设计和制度安排的层面，加强两国领导人、高官与地方官员的互访与沟通，尤其是中方有必要针对马来西亚方面的核心关切，就“一带一路”倡议下中国投资的背景、定位、目标和方案，进行进一步地澄清与阐明。比如，“一带一路”倡议的目标是共赢、共商和共建，建构“人类命运共同体”则是更高的要求与更美好的愿景。此外，与对外投资直接相关的中国政府部门，也应加强与马方相关单位的协调与沟通，加强监管，逐步引导和规范在马投资的中国企业开展投资合作。另一方面，应加强两国各个领域的政府级合作机制，尤其是在海上合作、双边贸易、人文交流和基础设施建设等方面，以加强“一带一路”倡议的精准对接。比如，能否借鉴中国印尼副总理级人文交流机制会议，探讨定期举办中马副总理级人文交流机制会议的必要性与可能性，以进一步深化“一带一路”中国—马来西亚人文交流与经济合作机制。

（二）促进人文与学术交流，增进与马来西亚社会的理解与信任

文化交流应逐渐从“政府推动”转向“民间自发”。政府无须过多地策划文化交流活动。文化流动有自发性，但政府仍然需要设立监督机制和引导性政策，以引导民间的文化艺术交流朝着健康的方向发展。文化艺术交流应该以丰富民众文化生活、促进文化艺术发展、增进中马两国的相互了解为目的。文化艺术交流与国家间的政治合作、经济合作确实存在相互促进的作用，但是文化艺术交流本身不应承担政治任务，不应带有太浓重的商业气息，同时还要提防民族主义的膨胀。另外，国之交在于民相亲，民相亲在于心相通。中马两国年轻一代是推动两国关系永续发展的重要新生力量，应加强推动中马两国青年的交流，为双边未来的友好关系奠定更坚实的基础。另外，中国与马来西亚应进一步加强学术合作，拓展人员往来，夯实合作的民意基础。2011 年，两国签署《中马高等教育学位互认协议》后，双方的留学生显著增多。马来西亚的数据显示，在该国的中国留学生数量已超过所有国际学生的四分之一，在 160 多个国家中占据绝对优势，中国成为马来西亚最重要的教育输出市场。[①] 中国教育部的统计数据也显示，2018 年马来西亚在华留学生为 9479 人，在 200 多个国家和地区中排第 15 位。[②] 因此，应继续大力促进两国间的学生交换计划，尤其是提高给予非华人群体学生的机会。

（三）重视对外宣传工作，消除疑虑与猜忌

外宣工作一直是中国外交的弱项，如何基于“一国一策”来“讲好中国故事”，从而实现“民心相通”，也一直是中国对外交流与对外交往中的难点与重点。实际上，“一带一路”倡议在马来西亚还属于新事物，社会各界

---

① 《马来西亚留学：期待中马两国推动学历互认》，网易教育，2012 年 10 月 23 日，http：//edu. 163. com/12/1023/09/8EG9SNHU00294IIH. html。

② 《2018 年来华留学统计》，中华人民共和国教育部网站，2019 年 4 月 12 日，http：//www. moe. gov. cn/jyb_ xwfb/gzdt_ gzdt/s5987/201904/t20190412_ 377692. html。

对“一带一路”倡议存在猜疑实属正常。故需要消除马来西亚各方面对“一带一路”倡议的疑虑和偏见，尤其是政府和智库层，集中力量推进“一带一路”倡议的落地与合作，实现中马两国的繁荣共建。实际上，消除疑虑的重要途径之一，就是应注重在马来西亚民众内，尤其是在非华人群体中，树立真实、积极且正面的中国国际形象。故此，应重视对马来西亚外宣工作的方方面面，包括载体媒介、宣传的内容、合作对象、传播逻辑等。其中，用好马来西亚民众喜爱的社交媒体，突破传统的传播途径和载体，是外宣工作的突破口之一；宣传的内容和方式应更“接地气”，中文、英语与马来语三语结合，融入彼此媒体的语境，使用中马两国人民听得懂、能接受的方式，讲述“一带一路”合作的故事，让更多民众了解“一带一路”倡议，了解真实的中国；最后，也有必要与当地的主流媒体合作，借助它们了解马来西亚民众对中资的顾虑与猜疑，再逐一应对。

（四）中国企业应转变思维，重视马来西亚政府的核心关切，适应投资环境

中国企业应转变思维，从“走近”转为“走进”马来西亚。要实现这个经营目标，中国企业必须得到马来西亚政府与社会的普遍认可，扫除对中国企业的政策和舆论障碍，尊重当地社会的宗教与文化习俗，重视马来西亚政府的核心关切，适应当地投资环境。中企在投资马来西亚前，应建立评估、投保、退出、本土化和多元化机制，根据其市场的实际情况制定投资策略，合理规避各类商业风险。在马来西亚的投资者需要考察、了解大量的法律法规、政令和国际条约，尤其是劳工法律法规，合法用工，逐步实现用工本土化。同时，中国企业还要随时关注其法律环境的变动，适应法律环境的复杂性。中国企业在马来西亚投资遇到投资纠纷需要仲裁的情况，双方一定要进行沟通，达成对裁决地及裁决机构的一致认同，避免出现境外裁决境内失效的结果。中企要仔细研读合同条款，并就此咨询熟悉当地法律的律师，尽早与业主、业主融资银行、开函行、转开行进行沟通，以免合同不能及时或不能生效。中方企业在海外投资时，应加强企业社会责任感，努力做到

“惠己”和“利人”，营造双赢局面。

总体而言，虽然希盟执政以来，中国对马来西亚的投资规模有所减小，不确定性有所增加，但这些情况均在马哈蒂尔执政的后期就得到一定的改善，并在穆希丁执政时期得以延续和进一步优化。现在，中国已经连续四年成为马来西亚制造业最大的外资来源国，中方一系列项目过程虽有波折，但目前进展均比较顺利。这也从一个方面说明，中国的投资者从关注投资数量或“一拥而上”，转而更加理性地审视对马来西亚的投资，这将有利于中国对马来西亚投资的可持续、良性发展。在中国对马来西亚投资的过程中，两国合作成绩斐然，虽然也有负面声音，也面临着一定的阻碍，但在两国现有大政方针积极的情况下，中国对马来西亚投资的大方向依然向好，未来依然可期。通过两国政府、社会、媒体和中国企业的不懈努力，中国对马来西亚的投资必将迎来新发展。

参考文献

Bloomberg, “Trade War Spurs Manufacturing Investment in Malaysia”, *Industry Week*, 2019.

Dinh Hoang Bach Phan, Chwee Ming Tee, Vuong Thao Tran, “Do Different Types of Political Connections Affect Corporate Investments? Evidence from Malaysia”, *Emerging Markets Review*, 2020, No. 42.

Tham Siew Yean, “Chinese Investment in Malaysia: Five Years into the BRI”, *Iseas Perspective*, Issue 2018, No. 11.

王秋彬、李龙龙：《“中国债务陷阱论”的兴起及其实质》，《吉林大学社会科学学报》2020 年第 1 期。

周玉渊：《发展中国家债务问题政治化的影响与反思》，《国际展望》2020 年第 1 期。

许少民、李江：《“中国债务陷阱外交论”的发展及其谬误》，《国际问题研究》2020 年第 1 期。

邱煜、潘攀：《“一带一路”倡议与沿线国家债务风险：效应及作用机制》，《财贸经济》2019 年第 12 期。

郭建峰、杨治廷：《中国对外直接投资与“一带一路”沿线国家负债水平关系研究》，《江西社会科学》2019 年第 8 期。

李金明：《“一带一路”建设与菲律宾“大建特建”规划——对“债务陷阱论”的反驳》，《云南社会科学》2019 年第 4 期。

陈奕平、赖明姬：《当前在马来西亚投资的中资企业面临的风险及前景展望》，《广东农工商职业技术学院学报》2019 年第 2 期。

徐林、温新捷：《基于熔断机制的“一带一路”沿线东南亚基建项目投资风险控制研究——以马来西亚某填海造地项目为例》，《项目管理技术》2018 年第 10 期。

刘云：《中、马在建项目双方博弈的应对之策》，《产权导刊》2018 年第 10 期。

王正毅：《东盟 50 年：走出边缘地带发展的困境了吗？——对“东盟方式”和“东盟为中心”的反思》，《世界政治研究》2018 年第 1 期。

李好、黄潇玉：《对马来西亚投资：中国的机遇与风险》，《对外经贸实务》2018 年第 1 期。

B.16

中国—马来西亚“两国双园”：稳步创新，形势向好

马燕冰　廖博闻*

摘　要： 由中马钦州产业园和马中关丹产业园组成的“两国双园”是中国和马来西亚两国投资合作的旗舰项目，也是中国与东盟合作的示范区。建成8年来，中马钦州产业园已经形成以棕榈油、燕窝、清真食品、生物医药、高新电子、新能源等为主的产业集聚，马中关丹产业园形成以钢铁、轮胎、玻璃、铝型材等为主的产业集群，为推动中马经贸合作及两国全面战略伙伴关系发展做出了积极贡献。2019年4月25日，中国国家主席习近平在会见马来西亚总理马哈蒂尔时提出了把“‘两国双园’做大做强，使其成为‘陆海新通道’重要节点，促进两国和地区联通和发展”的新定位、新要求。目前，在国民联盟政府执政的新形势下，中方应积极主动与马方新任领导层展开沟通，继续执行“两国双园”中长期规划，提升双园发展建设速度。

关键词： “两国双园”　中马钦州产业园　马中关丹产业园

马来西亚是中国提出的“21世纪海上丝绸之路”倡议的重要节点国

* 马燕冰，中国现代国际关系研究院研究员；廖博闻，新加坡国立大学马来研究系硕士研究生。
本文为中央高校基本科研业务费专项资金资助项目“‘一带一路’下中国企业在马来西亚投资面临政治风险研究”（2019JX083）阶段性成果。

家，也是中国在东盟最大的贸易伙伴，中国是马来西亚最大的贸易伙伴。中马两国友好交往源远流长，政治互信日益提升，经贸合作愈发紧密，人文交流不断深化，两国的密切合作尤其表现在以关丹港、马中关丹产业园、东海岸铁路以及东海岸人文建设为代表的对马来西亚东海岸经济区的合作开发上。习近平总书记在党的十九大报告中指出，中国要坚持对外开放、加强中外合作；坚持和平发展道路，推动构建人类命运共同体。中马钦州产业园（China-Malaysia Qinzhou Industrial Park，CMQIP）与马中关丹产业园（Malaysia-China Kuantan Industrial Park，MCKIP）是在中马两国政府大力支持下开创的“两国双园”（Two Countries，Twin Parks）国际产能合作新模式，期望以此设立未来中国与东南亚其他国家进行产业园合作的典范，也是支持国家“一带一路”建设的先行探索和积极实践。

在2018年5月9日举行的马来西亚第14届全国大选中，推动“两国双园”从构想到落成的国民阵线政府失去中央政权及多个州政权，以马哈蒂尔为首的新政府对纳吉布执政时期的项目进行重新审核，给“两国双园”当下的处境、未来发展方向以及发展的模式带来较大的不确定性。2020年2月马来西亚政局再次发生变动，这将给中马关系、中国在马来西亚的投资以及“一带一路”倡议在东南亚推行造成一定影响。本文将从中马钦州产业园和马中关丹产业园的发展情况、面临的挑战与发展前景三个角度，归纳产业园的发展历程与最新进展，在新政府时期面临的政治、经济和社会挑战，并对中马两国未来的“两国双园”合作提出可行性建议。

一　中马“两国双园”的设立及发展

改革开放以来，园区经济始终是中国经济发展的主要窗口，也是主要的发展动力。根据学界此前的研究，结合采访内容①，笔者认为中国园区经济的发展

① 廖博闻于2017年8月7日对马中关丹产业园负责人刘茜、关丹港负责人Leanne Lim Yea Kuan进行采访；2018年4月26日就中马关丹产业园对中共钦州市委副书记、中马钦州产业园区管委会常务副主任高朴进行采访。

可划分为工业集中园、产城结合园、科教创新园和“两国双园”四个阶段。

近年，随着中国国际化程度的日益提升和“一带一路”倡议的提出，中国需要在中外合作中共同完善政策和体制机制，实现机制上的创新；中国本土企业亦有“走出去”、在国际合作中探索新贸易体制和贸易政策的需求，逐渐孕育出具有自由贸易功能的新一代产业园，即“第四代开发园区”。中马“两国双园”就诞生在这样的大环境下。2011 年 4 月，两国政府达成共建中马钦州产业园共识；两国领导人在此后两年内分别为钦州产业园、关丹产业园揭牌，标志着中国—马来西亚“两国双园”模式正式形成。

“两国双园”是指分别建立在中国广西壮族自治区钦州市和马来西亚彭亨州关丹市的“中马钦州产业园”与“马中关丹产业园”。2011 年 4 月，为了进一步升级中马两国的经济合作，两国总理决定在广西钦州共同建立中马钦州产业园；[①] 次年 4 月，两国总理对在马来西亚关丹设立钦州产业园的“姐妹园”——“马中关丹产业园”达成一致[②]，确立了两个国家在对方城市互相设立国家级产业园区的产能合作模式。根据两国领导人的构想，中马钦州产业园与马中关丹产业园应在实现互相投资、产能合作、优势互补等基础功能上，分别与中国的钦州港和马来西亚的关丹港实现联动；如果港口扩建工程与马来西亚东海岸铁路计划顺利完成，“双园”与“东铁”将实现连通，分担马六甲海峡的航运压力。

习近平主席 2014 年 11 月出席 APEC 领导人非正式会议会见时任马来西亚总理纳吉布时，提出要“将钦州、关丹产业园区打造成中马投资合作旗舰项目和中国—东盟合作示范区”。[③] 中马“双园”是两国政府间合作的旗

---

① 《温家宝在中马经贸投资合作论坛上的致辞（全文）》，中国外交部网站，2011 年 4 月 28 日，https://www.fmprc.gov.cn/web/gjhdq_676201/gj_676203/yz_676205/1206_676716/1209_676726/t818888.shtml（访问时间：2019 年 4 月 8 日）。

② 《黄家定：中方料 4 月 1 日宣布，钦州产业园或列国家级》，〔马来西亚〕星洲网，2012 年 3 月 28 日，http://www.sinchew.com.my/node/1266703（访问时间：2019 年 4 月 8 日）。

③ 管克江、赵益普、林芮：《打造中马合作旗舰项目（共商 共建 共享·一带一路倡议五周年）》，人民网，2018 年 8 月 25 日，http://world.people.com.cn/n1/2018/0825/c1002-30250161.html（访问时间：2019 年 4 月 8 日）。

舰项目，是继中国—新加坡苏州工业园区、中国—新加坡天津生态城后中外政府合作建设的第三个园区[①]，也是马来西亚首个国家级产业园。[②] 其发展目标是通过互相投资、共同招商、协调管理、优势互补，促进国际产能合作与国际贸易发展，打造中国第四代产业园区，并为中国与东盟国家的长期合作提供“样板”。

二　国内外有关中马“双园”的研究

笔者通过对中国知网、谷歌学术等数据库进行检索发现，关于“两国双园”的新闻报道较为丰富，但研究成果相对匮乏。这些研究主要关注园区建设推进情况、如何实现中外产能合作以及如何加速推进园区建设发展。

国内的相关研究基本认为“双园”的合作开局良好，建设进程稳定高效，同时也有学者指出“双园”合作有待突破且面临一定风险。整体而言，国内外针对“两国双园”以及产业园模式的研究大致可分为以下两类。

第一，国内学者大多从中国政府、园区管委会或主要负责公司的角度出发，讨论“双园”制度上存在的问题，往往涉及投资风险特别是政治风险的讨论。第二，外国学者往往从中国的“一带一路”倡议、中国在东南亚经济和政治影响力的角度切入，结合东道国的国内政局和经济情况，从中资项目能否满足东道国的经济发展或政治斗争需要、东道国当地社群对中资态度的角度，探讨产业园的发展前景。此类研究更重视中国经济影响力在东南亚国家的提升，以及这些国家对中国经济依赖度的提高可能引发国家安全问题。同时，此类研究一般从东道国的视角出发，根据其国内政治、经济形势对中资项目进行考量。总体而言，以上两类研究从政策或宏观层面提出了产业园发展过程中面临的主要问题，并从合作机制以及投资风险角度提出了建

① 《中马产业园》，北部港湾集团官网，http：//www. bbwgw. com/cms/category/282. dhtml（访问时间：2019 年 4 月 8 日）。

② China-Malaysia Qinzhou Industrial Park，China Qinzhou For Malaysia，http：//www. qinzhou. gov. cn/malaysia/PB/PP/201401/t20140126_ 319615. html（访问时间：2019 年 4 月 8 日）。

议。但这些研究通常仅仅针对产业园本身，较少关注与产业园起到联动作用的港口、铁路等配套基础设施的开发建设情况，忽视了产业园—港口—铁路的联动作用；在投资风险领域，国内鲜有从马来西亚主体民族马来族的视角分析以“两国双园”为代表的中资项目，继而在项目建设过程中忽视了马来族群的利益，造成项目风险提升。而且国外学者的研究往往建立在认定中国在东南亚或马来西亚的投资带有一定的政治目的或地缘考量之上，一定程度上忽视了中马产能合作的互补性和中资项目给东道国及地方民众带来的切实利益。同时，马来西亚在 2018 年 5 月大选后出现较大政局变动，此前的相关研究可能并不适用于马来西亚的现状。

因此，本文通过廖博闻赴关丹、钦州两地产业园和港口的实地考察与深度访谈，梳理“两国双园”特别是关丹产业园的发展历程与现状，归纳其发展过程中面临的机遇，分析其背后“双园”合作的深层问题和挑战。为“两国双园”管委会以及投资“两国双园”的中国企业提出对策建议，以便园区管委会完善“两国双园”合作机制，帮助中国企业在理解马来西亚国内政治、经济、社会问题的基础上得以有效规避风险，推进“一带一路”倡议在马来西亚的落实，深化两国的合作与双边关系，为我国与其他国家产能合作提供参考与样本。

三 2019年“两国双园”发展情况

2019 年 4 月 27 日，第二届“一带一路”国际合作高峰论坛圆桌峰会召开，峰会通过了《共建“一带一路”开创美好未来——第二届“一带一路”国际合作高峰论坛圆桌峰会联合公报》。该公报明确将中马“两国双园”列为由互联互通带动和支持的经济走廊和其他项目。这是继 2018 年 8 月《中华人民共和国政府和马来西亚政府联合声明》明确双方同意发挥好“两国双园”联合合作理事会机制作用，共同推进中马钦州产业园区和马中关丹产业园区建设后，“两国双园”再次迎来的利好政策。6 月 14 日，中马“两国双园”联合合作理事会第四次会议在马来西亚吉隆坡举行，会议审议通过了“两国双园”联合合作理事会架构和工作方案，听取了关于中马钦州产业园和马中关丹产业园开发建设情况的报告，并就下一步推进“两国双园”合作“升级版”建设达成了重要共识。

（一）钦州产业园

2019 年是推进中马钦州产业园“五年见成效”的关键之年。2019 年 8 月 26 日，国务院批复同意设立中国（广西）自由贸易试验区等六个自由贸易试验区，中马钦州产业园共有 16.05 平方公里被纳入钦州港片区，园区由此迈入“自贸新时代”。

按照习近平总书记提出的将园区建设成为“中马两国投资合作旗舰项目”、“中国—东盟合作示范区”和“陆海新通道重要节点”的三大定位，钦州产业园旨在通过“两国双园”合作架构优势，围绕建设跨国自贸试验区、中国—东盟自贸试验区“升级版”、陆海新通道统筹示范区等战略发展方向，进一步做好园区产业和城市配套项目建设，将园区打造成为国际金融开放门户、离岸数据中心及国际科技、教育、文化、服务业和医疗合作开放平台，构建更加高效便利的跨国产业链，连片带动广西自贸试验区钦州港片区以外区域的开放开发；同时为深化自贸试验区改革创新工作提供“中马钦州产业园区经验”。

1. 配套设施与片区开发持续推进

按照广西壮族自治区部署，园区实施“市园一体化，园区一盘棋”的开发策略，推进园区与钦州主城区、钦州保税港区和钦州港经济技术开发区联动发展，持续完善园区基础设施建设，推行“片区开发”模式。

根据国务院批复，中马钦州产业园规划总面积 55 平方公里。截至 2019 年末，园区 7.87 平方公里启动区“七通一平一绿”等基础设施基本建成，“三纵九横”主干道及相关支路已建成通车，其余供电、供排水、燃气、蒸汽、通信等管道已基本建成投入使用。目前园区实现征地面积达 23 平方公里，2020 年开发范围有望延伸至 30 平方公里，达到园区规划面积 55 平方公里的 50% 以上。产业配套设施方面，燕窝加工贸易基地项目建成，扶贫创业小镇顺利交房入住，“四个一”城市综合体项目建成，互联网创教空间、智慧物联产业园等产业及城市配套项目陆续建成。

2019年3月13日，园区金鼓江区域综合治理开发与建设项目进入实质性建设阶段。7月12日，中马钦州产业园区中马广场建成，园区城市配套设施进一步完善。8月，广西自贸试验区钦州港片区综合服务大厅和展示中心正式启用，钦州保税港区、钦州港区和园区行政审批相关部门入驻园区。此后，科技园食堂、中马海湾国际酒店、园区农贸市场等配套设施相继正式投入运营。

2019年11月27日，中马钦州产业园区中盟新能源产业园、云顶大街、金谷大街等5个项目正式开工，主要涵盖产业项目和基础设施配套两部分，其中云顶大街和金谷大街是产业园区金鼓江区域开发的重要组成部分，被列入2019年广西第二批统筹推进重大项目，两个项目总投资约7.33亿元，预计将成为未来“产城合一”的城市主干道，有利于加快推进园区基础配套设施建设，完善园区路网体系，提升园区基础配套设施服务水平，加快园区开发建设步伐。

2. 重大项目建设取得新进展

园区围绕“强龙头、补链条、聚集群”发展思路，积极引进高新技术企业落户，推进产业项目建设，加快构建跨国产业链和服务链。截至2019年4月，园区注册企业超过350家，实施工业项目50多个。一批高新技术项目相继投产，鑫德利光电（一期）、凯利数码（一期）、慧宝源医药、科艺新能源（一期）、浦晶光学、中动科技、天昊生物、由你造3D打印、蛋壳机器人等10多个高新技术项目相继实现投产。

泰嘉超薄玻璃基板深加工项目、中盟新能源产业园项目、扶贫创业小镇、燕窝加工贸易基地项目等重大项目布局实现突破，投资100亿元的泰嘉7.5代线液晶面板、投资约35亿元的中农批国际冷链物流基地、投资15.4亿元的科艺新能源充电桩、一期投资10亿元的恒源新能源物流汽车等产业项目开工建设。传统优势产业提质增效，港青油脂粮油加工项目实现正常投产并不断扩大生产规模，云波食品钙镁盐项目已开工建设，10家燕窝加工企业完成工程装修，12 家燕窝加工企业等待入园。

3. 国际产能合作实现新突破

2019 年 5 月 30 日，中国海关总署批准合规的马来西亚冷冻整果（带果壳）榴莲进口。7 月 8 日，园区成功采购第一批优质带壳马来西亚“猫山王”榴莲在中马国际科技园展销。榴莲是马来西亚主要的水果之一，马来西亚本土注册的品牌种类超过 200 种，每年约生产 30 万吨榴莲，但每年仅向中国出口 1.7 万吨，占其年产量的 5.7%。海关总署允许马来西亚整果（带果壳）榴莲出口到中国后，其占比将大幅提高，在造福中国消费者与马来西亚榴莲商的同时促进两国农业种植技术合作，继而更好地服务两国榴莲消费市场和贸易往来。

8 月 5 日，海关总署公布进口毛燕指定加工企业名单及设计年加工能力，包括 5 家入园燕窝加工企业，设计年加工能力合计达 150 吨。11 月 20 日，全球首批出口至中国的 150 公斤毛燕运抵园区进行深加工。这是中马于 2016 年 11 月签订输华毛燕议定书后首次实现毛燕正常贸易，园区燕窝产业项目正式投产。

12 月 10 日，总投资近 7 亿元的燕窝加工贸易基地全部建成，成为中国首个全产业链、集群式燕窝产业发展平台，全部投产后可引进超过 50 家毛燕加工、燕窝深加工企业，年加工毛燕可达 500 吨，年产值达 100 亿元，有望成为中马国际产能合作与经贸交流的标志性平台。

中马钦州产业园是两国经贸合作的重要平台，榴莲和燕窝产业则是马来西亚传统优势特色产业，马来西亚带壳冷冻榴莲出口至中国、5 家企业获批为进口毛燕指定加工企业、马来西亚输华毛燕加工首批产品发布标志着中马国际产能合作实现新的突破。

4. 探索“飞地经济”模式

中马钦州产业园通过与中国西南地区在园区共建跨区域合作园区，打造面向东盟的国际产能合作产业园，探索“飞地经济”模式。目前川桂国际产能合作产业园顺利开工建设，与重庆等地的合作正在积极推进。

2019 年 10 月 24 日，川桂国际产能合作产业园项目正式开工，标志着四川省与广西壮族自治区共同推进西部陆海新通道建设、深化两地产业互动合作迈出标志性的一步，该项目占地566亩，总投资约42亿元。12月31日，泸州老窖中马钦州产业园红酒罐装生产项目开工建设，项目总投资约1.6亿元，是中马钦州产业园推进西部陆海新通道建设、落实川桂两省区产能合作的重要项目，有望带动川桂产能合作和园区产业集群发展。

（二）关丹产业园

位于彭亨州首府关丹市的马中关丹产业园，与关丹港、关丹市、甘邦、北根同属马来西亚东海岸经济特区下辖的特别经济区。[①] 园区分三期建设，分别占地约6.07平方公里、5.93平方公里、3.24平方公里[②]，共包含产业区、物流区、配套区三个功能分区。[③] 现代服务业是马中关丹产业园发展的重点，产业布局方面以钢铁及有色金属、电气电子信息工业、机械装备制造和科学技术研发等为主。

中马合资组建的马中关丹产业园有限公司（MCKIP Sdn. Bhd.）负责园区开发建设与运营。[④] 该公司马方持股51%，由马来西亚怡保工程（IJM）集团、森那美产业（Sime Darby Property Bhd.）和彭亨州经济发展机构共同参股；中方持股49%，由钦州市开发投资有限公司和广西北部湾国际港务

---

① ECER Special Economic Zone, East Coast Economic Region Official Website, http://www.ecerdc.com.my/en/about-ecer/key-development-area-kda/ecer-special-economic-zone/.（访问时间：2018年9月11日）。

② Malaysia-China Industrial Park Attracts More Projects, *Belt and Road Portal*, March 16, 2017, https://eng.yidaiyilu.gov.cn/wtfz/sslt/9478.htm（访问时间：2018年9月11日）。

③ 数据来自马中关丹产业园官网，http://www.fdi.gov.cn/CorpSvc/Temp/T3/Product.aspx?idInfo=10000040&idCorp=1200000025（访问时间：2018年2月11日）。

④ TAMAN INDUSTRI KUANTAN MALAYSIA-CHINA（MCKIP）CATAT KEMAJUAN MEMBANGGAKAN, East Coast Economic Region Official Website, April 4, 2015, http://www.ecerdc.com.my/en/media_releases/taman-industri-kuantan-malaysia-china-mckip-catat-kemajuan-membanggakankerja-kerja-pembinaan-oleh-ecerdc-alliance-steel-berjalan-lancar-ijm-land-dan-sime-darby-property-diumum-sebagai-rakan-kong/（访问时间：2018年9月11日）。

集团参股。[1] 经过6年的规划建设，关丹港正通过三期港口扩建计划与产业园实现联动。

清洁能源及可再生能源、钢铁及有色金属、机械装备制造、石油化工工业、电气电子信息工业以及以科学技术研发为主的现代服务业是关丹产业园重点发展领域，有助于其发展成为物流基地、高水平的现代制造业集群和马来西亚对外开放的东部门户。截至2019年12月，关丹产业园已签约项目11个，预计投资总额超323亿林吉特（约合540亿元人民币），全部运营后可望实现工业年产值超过407亿林吉特（约合680亿元人民币），为关丹港年增3000万吨吞吐量。

1. 基础设施日趋完善

马来西亚东海岸经济特区发展理事会（ECERDC）于2016年拨款6.5亿林吉特用于包括关丹港的扩建和关丹港、关丹产业园、东海岸大道之间道路的修建与扩建工程。[2] 截至2019年末，关丹产业园外部主要道路通行无阻，公路配套设施完善，园区二期正式启动；园区门口设有专门的保安亭，园内办公大楼和员工宿舍区均已投入使用；基本生活设施配备齐全，宿舍区根据园区工人需求分设清真食堂与非清真食堂，近4000名来自中马两国的员工入驻园区工作。[3] 园区还为不在园区内居住的本地劳工提供餐补和交通补贴，便利员工的工作生活。由于关丹产业园属工业园区，对电力需求较大，园区自备电厂将拥有两个8000KW燃气发电机组和一个275KV总降变电所和两个区域变电站，可以满足园区用电需求。

2. 园区入驻企业部分投产

在中马联合招商引资机制下，一批代表中国优势产能的项目已经入驻园

---

① Malaysia-China Kuantan Industrial Park (MCKIP), Kuantan Port Consortium Sdn. Bhd. Official Website, http://www.kuantanport.com.my/en_GB/industrial-area/mckip/（访问时间：2018年9月11日）。

② ECERDC labur RM650j bagi projek infrastruktur MCKIP, *Berita Harian*, May 17, 2016, https://www.bharian.com.my/node/154570（访问时间：2018年9月11日）。

③ Hasnoor Hussain, We just wanna go home, *The Malaysian Insight*, July 20, 2018, https://www.themalaysianinsight.com/g/79231（访问时间：2018年9月11日）。

区并开工建设。按照马来西亚政府的要求，在马海外企业的外籍工人和当地工人的比例必须维持在2∶8，以保证当地就业。考虑到技术难度和施工问题，马中关丹产业园内联合钢铁项目的用工比例放宽到了3∶7[①]，加快了项目推进。根据马来西亚 IJM 公司和关丹港官网信息，产业园已批准联合钢铁、瓷器餐具和瓷砖、混凝土搅拌桩制造和节能汽车电池制造领域的投资企业，轮胎制造、石油产品精炼等企业承诺投资或已签订意向书，层压纸回收、造纸及纸浆生产等企业处于观望状态（见表1）。

截至2019年末，首个入园项目联合钢铁项目全面竣工投产，为当地创造4000多个就业岗位。[②]联合钢铁落地产业园得到了时任彭亨州州务大臣达图斯里·旺罗斯迪的肯定[③]，他表示州政府将一如既往支持联合钢铁项目和马中关丹产业园的发展，并致力于为关丹产业园的投资者提供便利。[④]

此外，浦林成山（山东）轮胎有限公司年产1200万套汽车轮胎和260万套大型车用轮胎项目、广西仲礼企业集团公司年产20万吨日用陶瓷项目等其他项目陆续开工或加紧准备。河北普鑫纸业有限公司年产11.5万吨纸浆及4.5万吨再生塑料颗粒项目以及一批有意向入园的生物制药、精细化工、钢厂下游企业投资者正在积极展开前期工作。

---

① 《中国速度背后的“硬磨合”：国产脚手架“沉睡”马来西亚两年》，四川在线，2018年8月13日，https://sichuan.scol.com.cn/dwzw/201808/56434927.html（访问时间：2018年9月11日）。

② 联合钢铁是由广西北部湾国际港务集团和广西盛隆冶金有限公司共同出资建设，由中国冶金科工集团总体设计，项目占地面积710英亩，总投资14亿美元。项目于2016年11月正式启动建设，于2018年5月实现全流程生产线贯通，比原计划的建设工期整整提前了一年。主打产品为高碳钢和H型钢，年产量为350万吨，项目的建成投产填补了马来西亚全流程钢铁产业的空白。

③ 旺罗斯迪称联合钢铁项目的正式投产为彭亨州经济增长带来正面效应，直接或间接地为本地创造了财富，促进了彭亨州和关丹的发展和转型，优厚的待遇和福利吸引本地年轻人返乡就业并成为就业首选，同时也为本地提供了众多的商业机会，联合钢铁已与本地企业累计签订了5.3亿林吉特的合约，为地方发展做出了突出贡献。

④ 《马中关丹产业园年产350万吨联合钢铁项目全面竣工投产》，国务院国有资产监督委员会网站，2019年6月27日，http://www.sasac.gov.cn/n2588025/n2588129/c11593773/content.html（访问时间：2020年4月7日）。

新加坡2019年发布的研究报告①显示，截至2019年1月，除了中国投资者外，园区还有来自新加坡和澳大利亚的投资者，关丹园1期大约80%的土地以及2期30%的土地已经被入驻企业占用。②

表1　2013～2019年关丹产业园招商引资情况

已批准投资企业	承诺投资企业	潜在投资企业
联合钢铁集团 瓷器餐具和瓷砖生产 混凝土搅拌桩制造 节能汽车电池制造	轮胎制造 石油产品精炼 铝零件加工 钾肥生产 炼油催化剂生产	层压纸回收 造纸及纸浆生产 废油回收 PVC添加剂特种化学品生产 制药公司 制冷剂生产 原料加工
累计投资额:66.4亿林吉特	累计投资额:106.9亿林吉特	累计投资额:252.3亿林吉特

资料来源：IJM公司。Trade War Adds FDI Lure to Kuantan, October 1, 2018, http://www.kuantanport.com.my/en_GB/trade-war-adds-fdi-lure-to-kuantan/（访问时间：2020年6月18日）。

3. 关丹港港口扩建持续推进

距离马中关丹产业园仅10公里的关丹港是马来西亚东海岸最大的港口，也是该园物流服务的重要门户。广西北部湾国际港务集团与马来西亚关丹港母公司怡保工程集团于2015年4月完成股权交割手续③，广西北部湾国际港务集团持有关丹港40%股权。

---

① Tham Siew Yean, The Belt and Road Initiative in Malaysia: Case of the Kuantan Port, *ISEAS Perspective*, 2019 No. 3.

② C. Tay, "Kuantan Port: ECRL's Phase 2 Crucial for Direct Transfer of Cargo to Port Klang. *The Edge Malaysia*, September 4, 2017.

③ IJM, Sime Join as Partners in Malaysia-China Kuantan Industrial Park, *The Star*, April 6, 2015, https://www.thestar.com.my/business/business-news/2015/04/06/ijm-land-sime-darby-join-as-new-malaysian-consortium-partners-in-mckip/#QAyCxmqBGluDBxJS.99（访问时间：2018年9月11日）。

为适应马来西亚东海岸经济特区发展，特别是关丹产业园建成后的运输需求，关丹港在现有码头的基础上开发建设新深水港区。新深水泊位投产后，关丹港总吞吐能力将增至5200万吨，有望成为连通亚太和中国的主要航运门户。根据关丹港口财团信息（见表2），新深水泊位第1A阶段已于2018年4月完成[①]，第1B阶段于2019年第二季度完成；第2阶段扩建工作正在开展。随着关丹港先后与钦州港、青岛港建立姐妹港关系[②]，中马港口间合作交流及业务往来愈发密切；广西北部湾国际港务集团开通了钦州港至关丹港集装箱班轮航线。[③] 建设现代化、高效率的港口码头等基础设施和公共物流服务平台，为关丹产业园的发展提供优质的港口物流服务，并根据产业规划，充分发挥以港引工、港工互动的优势，积极争取一批临港工业项目落户。[④]

表2　马来西亚关丹港深水码头建设情况

深水泊位第1A阶段	深水泊位第1B阶段	深水泊位第2阶段
竣工时间:2018年第二季度 泊位长度:400米 泊位深度:16米 货场面积:20公顷 最大船舶吨级:15万吨位	竣工时间:2019年第二季度 泊位长度:600米 泊位深度:16米 干散货场: 22.5公顷 最大船舶吨级:15万吨位	泊位长度:1000米 泊位深度:18米 后备场:47公顷 最大船舶吨级:20万吨位

资料来源：关丹港口财团（KPC）。Tham Siew Yean, The Belt and Road Initiative in Malaysia: Case of the Kuantan Port, *ISEAS Perspective*, 2019 No. 3.

---

① 《镇海企业提前完成承建的马来西亚关丹深水港码头工程》，中国宁波网，2018年4月15日，http://news.cnnb.com.cn/system/2018/04/15/008742974.shtml（访问时间：2018年9月11日）。

② 《两国“并蒂花”“双园”结硕果》，人民网，2018年9月14日，http://gx.people.com.cn/n2/2018/0914/c179430-32058150.html（访问时间：2019年4月21日）。

③ 《港口合作发力，中国东盟海上互联更紧密》，新华网，2017年9月15日，http://www.xinhuanet.com/silkroad/2017-09/15/c_129704627.htm（访问时间：2019年4月21日）。

④ 黄宏群：《中马钦州“两国双园”建设回顾及2015年态势》，《广西北部湾经济区开放开发报告（2014~2015）》，社会科学文献出版社，2016，第88页。

总体而言，尽管关丹产业园在园区建设、基础设施配套、招商引资等方面的进度相比钦州产业园较为滞后，考虑其项目启动相对较晚、土地获批流程复杂且漫长、建设开发需遵循当地法律法规等因素，关丹产业园的发展可以算是稳步推进，园区已经初具雏形。第 14 届大选后，中资在马项目面临一些波折，但政府更替基本没有影响关丹产业园的建设步伐，产业园在新政府的认可与支持下不断加速发展。但是也需要看到，“双园”在高度发展的同时出现了一些产生负面影响的恶性事件，产业园的建设发展面临着政治、经济、社会等多个领域的挑战与风险。

四　“两国双园”发展面临的挑战

随着“两国双园”的先后启动，园区的建设与招商工作在双方的联动下稳步迈进，为国内其他产业园以及中国与其他国家的合作起到示范作用。同时，“两国双园”的未来发展仍面临不小的挑战，中马两国要在不同政治、经济、文化背景下，实践“两国双园”的规划、保证该模式持续健康发展，总体上面临政治、经济和文化方面的挑战。

（一）经济风险

1. “双园”享受政策支持不对等

中马钦州产业园与马中关丹产业园的互动发展是“两国双园”模式的重要体现，也有利于中马两国以产业为纽带深化经贸关系。双园构建了以投资为纽带的双园投资合作机制，以合资公司的形式负责园区基础设施建设，并根据管委会规划和计划进行园区开发和运营。未来，两园还需进一步落实政策共享机制，即按照对等原则，钦州产业园与关丹产业园分属中马两国的国家级产业园，两园中一园区所在政府给予的优惠政策，另一园区所在政府也应该给予其同样的优惠政策。

双园成立初期，钦州产业园享受广西专门的政策扶持与高效服务，尤其在重大产业布局、土地、税收、资金等方面拥有充分的自主权。此外，竞争力较强与发展潜力较大的龙头企业享有“一事一议”“一企一策”“特事特办”的特别待遇等“十大优惠政策”。作为对等，关丹产业园享受政府给予的系列优惠政策。①

在随后的发展进程中，钦州产业园陆续享受到中央和地方政府的优惠政策，② 国家级产业园往往具有政策依赖性强的特点，需要国家和地方政府给予丰富的政策支持，吸引大批企业和高级人才入驻，后续优惠政策的出台为钦州产业园的可持续发展提供了保障。反观关丹产业园，成立之后再未得到马来西亚中央或州政府的政策和资金支持，仅在各项行政审批手续方面给予入驻企业一定便利，园区的招商引资工作和后续发展稍显乏力。

2. 如何实现大推动理论有待观察

中马钦州产业园与周边的经济技术开发区、保税港区和高新技术开发区同处于中国—东盟自贸区、泛北部湾经济合作区等多个区域合作的交汇点；马中关丹产业园邻近的格宾工业区占地8600公顷，是彭亨州连接东海岸高速公路和西海岸的主要石化集群产业园；同样位于关丹附近的北根汽车工业园（PAP）聚焦于生产高附加值的产品，设有研发中心和国家汽车测试中心。③

---

① 优惠政策包括长达15年（从公司取得法定收入时间起）的100%企业所得税减免，惠及生产高附加值产品和涉及高科技技术转让的投资或研发活动的投资。与此同时，2014年1月1日至2020年12月31日，在马中关丹产业园内，符合资格的高级技术员工可享有15%的特别所得税率的豁免。另外，投资商可享有印花税豁免（工业园区发展、农业和旅游项目），原料、部件及零件、厂房、机械及设备的进口税及销售税豁免，高达2亿林吉特（约合3.2亿元人民币）基础设施扶助基金A，公私合营单位提供项目总成本的10%或最高2亿林吉特的基础设施建设补助等财务奖励。此外，投资商还可享受优惠的土地价格、利用具有完善配套基础设施的产业园区、灵活雇用外籍员工以及协助开展人力资源培训等支持性的政策。

② 优惠政策如广西壮族自治区人民政府关于延续和修订促进广西北部湾经济区开放开发若干政策规定的通知（桂政发〔2014〕5号）、企业所得税法规定的税收优惠政策、钦州市加快推进“千百亿产业崛起工程”和承接产业转移的优惠政策以及针对引入高级人才的系列优惠政策等。信息引自广西中马钦州产业园区开发有限公司网站，http://www.cmqip.com.cn/Home/ArticleList?sn=yhzc（访问时间：2020年4月9日）。

③ 关丹港官网，http://www.kuantanport.com.my/zh_CN/industrial-area/pekan-automotive-park-2/（访问时间：2020年4月9日）。

周边园区和港口的产业发展为双园的发展奠定了良好基础，马来西亚前总理纳吉布在设立关丹产业园之初也是希望能够通过大推动理论“以点带面”，带动区域经济发展，发挥辐射效应，让产业园的带动作用在工业的下游、加工业、运输、物流、培训、零售和港口相关产业上得以体现；而关丹港的升级，也将像巴生港发展对于巴生谷经济助推效应一样，带动整个东南亚的经济发展。如何实现双园与周边园区和港口在功能、空间和产业上相互补充、协调和促进，是双园发展需要重点考虑的问题。双园不仅需要明确自身的功能定位，还要重点发展中马两国企业互相开拓市场和两国产业转型及高端化发展共同需求的产业，与其他园区实现错位发展，还需要积极构建与周边产业园区在招商引资、产业布局、相关配套等方面相互协调机制，争取利用周边产业园区已有优惠政策和物流优势，最终将中马钦州产业园、钦州港经济技术开发区和钦州保税港区，以及马中关丹产业园、格宾工业园、北根汽车工业园和关丹港乃至整个东海岸经济特区打造为一个有机整体，不仅成为钦州市和关丹市的重要经济增长极，带动地方就业，也是中国北部湾经济和马来西亚东海岸经济未来几十年内极具潜力的经济增长点。

（二）政治风险

1. 马来西亚政权更迭频繁引发投资忧虑

政治局势稳定、政治风险较低向来是马来西亚吸引外资的主要优势，但国内党派斗争等潜在政治风险近年来逐渐激化。关丹产业园的设立、选址具有极强的政治意义。产业园坐落的关丹市距离前总理纳吉布的家乡北根市仅45 公里，反映出纳吉布强烈的个人因素，是纳吉布执政时期的重点项目之一。在第 14 届大选中，国民阵线丢失中央政权、纳吉布宣布辞去国阵主席职务，关丹产业园失去了重要的政治力量支撑。但是，国阵赢得关丹产业园所在的彭亨州 14 个国会议席、42 个州议席中的 9 个国会议席和 25 个州议席，再次执政彭亨，作为国家级产业园的关丹产业园由此成为一座位于在野党州、却需要由中央政府（执政党）推动发展的产业园。

2020 年 2 月 23 日，随着希望联盟内部一系列矛盾持续发酵，时任总理马哈蒂尔宣布率领土团党退出希望联盟，并于次日向最高元首递交辞呈，卸下总理一职，继而导致希望联盟瓦解。经过慎重考虑，最高元首认为穆希丁取得了大多数国会议员的信任，于 2 月 29 日根据联邦宪法委任他出任总理，穆希丁领导的由国阵、土著团结党、伊斯兰教党、沙捞越政党联盟和沙巴团结联盟组成的国民联盟执政中央。

马来西亚自 2018 年“509”大选起的两年内，执政联盟二度变更，引发许多企业和投资者对马来西亚政治风险的担忧。2019 年 12 月至 2020 年 2 月中旬，马来西亚中华总商会商业和经济情况调查（M－BECS）显示[①]，投资者和企业需根据清晰、一致及持续性（3Cs）的政策制定更清晰和更优的规划。实际上，政府政策、林吉特波动两个因素很大程度上受马来西亚政局的影响。马来西亚财经媒体 *The Edge* 报道，2020 年 2 月的政治动荡导致投资者退场，马来西亚交易市值蒸发 430 亿林吉特，24 日股市开盘后当即下跌，当日收盘时，富时隆综指下跌 2.69%，报 1490.06 点，为 11 年以来最低；林吉特兑新元和美元持续走弱[②]，不确定性和不稳定成为经济增长的最严重障碍之一。受此影响，关丹产业园在招商引资上面临较大困难，此前仅签署意向书的企业可能会观望一段时间，推迟甚至取消入驻产业园的计划。

2. 马方主要负责人更迭频繁，导致双边机制难以推行

受马来西亚政权频繁更迭影响，“两国双园”双边机制的马方主要负责人同样更替频繁。为推进园区顺利发展，目前中马双方建立了四个层级的园

① 《马来西亚中华总商会：政府振兴计划应加速落实》，中国侨网，2020 年 3 月 17 日：http：//www.chinaqw.com/hqhr/2020/03－17/249802.shtml（访问时间：2020 年 4 月 9 日）。

② 马来西亚中华总商会对 2019 年下半年及 2020 年上半年马来西亚商业和经济状况预测的调查指出，从业者认为影响及冲击商业表现的五大因素是马来西亚政府政策（51.5%）、竞争（47.3%）、林吉特波动（39.5%）、政治局势（38.8%）及人力短缺（31.3%）。其中，“政府政策”最受企业界关注。《政治动荡投资市场蒸发 430 亿　经济学家警告经济衰退之险》，〔马来西亚〕透视大马，2020 年 2 月 25 日，https：//www.themalaysianinsight.com/chinese/s/221896（访问时间：2020 年 4 月 9 日）。

区领导和组织机构[①]。

受马来西亚政府换届影响，马方自2018年以来两次更换国际贸易和工业部部长和副部长，一次更换马来西亚总理对华特使，特别是2020年2月国民联盟执政中央后，现任总理穆希丁暂未任命新的对华特使，仍由希望联盟时期的对华特使、现为反对党行动党阵营的陈国伟担任。马来西亚总理对华特使通常由执政联盟的华人政党成员出任，代表着马来西亚政府对对华关系的高度重视，在促进中马经贸合作与人文交流中扮演重要角色。作为反对党阵营的陈国伟暂时留任对华特使不仅会让现任执政联盟成员马华公会不满，并且马来西亚反对党往往缺乏调动政治资源的能力和影响政府决策的话语权，这对两国推动高层交流、双园协同发展构成了不小的挑战。

3. 马方各届政府对双园态度矛盾，给发展带来不确定性

以马来西亚总理划分，“两国双园”的发展可以分为纳吉布时期（2009年4月~2018年5月）、马哈蒂尔时期（2018年5月~2020年2月）和穆希丁时期（2020年2月至今）。

纳吉布执政时期，中马两国政府就燕窝、清真食品、棕榈油等马来西亚传统优势产业合作进行了多次讨论，并在2017年中国—东盟博览会期间签订协议，要求在联合招商、产业合作规划、两国政府政策支持、建立产业项目落地支援机制、设立国际产业合作基金等方面开展紧密合作，寻求建立联合工作组并建立定期会晤机制，以加快重点合作项目发展进程。

在第14届大选结束后，新任总理马哈蒂尔着重对“森林城市”与东海岸铁路计划两个中资项目展开攻击，引发海外投资者的疑虑与担忧。当时

① 第一层级为中马双边经贸联委会，由中国商务部部长和马来西亚国际贸易和工业部部长担任共同主席，研究决定产业园的重大事项；第二层级为中马“两国双园”联合合作理事会，由中国商务部副部长、马来西亚总理对华特使、广西壮族自治区政府副主席、马来西亚国际贸易和工业部副部长共同担任理事长，对园区事务进行经常、及时协调；第三层级为广西壮族自治区政府成立的“两国双园”领导协调服务小组，小组办公室设在自治区商务厅；第四层级为中马钦州产业园区管委会，为自治区政府派出机构，由自治区政府副主席担任管委会主任、党工委书记。其中第一和第二层级主要负责统筹协调双园发展，第三和第四层级主要负责中方钦州产业园的发展工作。

“两国双园”合作并未成为马哈蒂尔关注的焦点，中马两国在马哈蒂尔8月访华期间发表的《联合声明》中也强调要“共同推进中马钦州产业园和马中关丹产业园建设”[①]，外界普遍认为“双园”合作符合马哈蒂尔对外国直接投资的要求，理应得到希望联盟政府的支持。

然而，马哈蒂尔在结束访华行程后接受媒体采访时表示，自己会重提马中关丹产业园问题，希望重新彰显马来西亚在该区的主权，再次指责中资企业“不尊重马来西亚法规”，批评关丹产业园筑起高墙的行为侵犯马来西亚领土主权；马哈蒂尔还直接表态要拆掉关丹产业园的“万里长城”。[②] 然而，经过产业园联合钢铁集团的澄清以及同马来西亚国际贸易和工业部副部长王建民的讨论[③]，证实马哈蒂尔批判的“万里长城”属于园区内部安保围墙，并未违反当地法令。尽管最终证实联合钢铁集团已经获得批准建设围墙，但联合钢铁集团仍决定降低围墙高度以显示同当局合作的诚意。

究其原因，一方面，新上任的希望联盟政府由多个党派组成，首次执掌中央政府，在党派利益与立场上各有不同，在执政经验和默契上也有所欠缺，不同党派之间缺乏充分交流和信息互通。另一方面，马哈蒂尔对关丹产业园和森林城市的“单方面抨击”可能旨在“隔山打牛”，通过对中资项目的强硬表态“敲打”中国，表达自己坚决捍卫主权和国家利益的决心。

目前，刚刚走马上任的第八任总理穆希丁忙于国内事务，暂时无暇顾及双园合作，国民联盟政府是否继续推动双园发展仍有待观察。

总体而言，无论马来西亚总理与政府主要部门对关丹产业园、森林城市和对华特使任命等问题的三缄其口、自相矛盾出自何种原因，政府领导人与职能部门的“自相矛盾”让广大投资者对马来西亚的投资环境产生诸多疑

---

① Joint Statement by Governments of China and Malaysia on Bilateral Ties, *The Star*, August 20, 2018, https://www.thestar.com.my/news/nation/2018/08/20/joint-statement-by-governments-of-china-and-malaysia-on-bilateral-ties/#d3M1vq7pS8t8F4qP.99（访问时间：2018年9月6日）。

② 《“工业园不是外国领土”，马哈迪要拆关丹万里长城》，〔马来西亚〕当今大马，2018年8月23日，https://www.malaysiakini.com/news/440083（访问时间：2018年9月6日）。

③ 《降低围墙就不卖国了？纳吉讥讽“怎不早说”》，〔马来西亚〕当今大马，2018年9月6日，https://www.malaysiakini.com/news/442016（访问时间：2018年9月6日）。

虑。面对两方不同的态度与评价，马中关丹产业园和已经入驻的中资企业在沦为抨击对象的“传声筒”的同时，也难以准确把握希望联盟政府的最终态度，这种充满猜疑的经贸合作关系不利于“两国双园”的持续发展。

五　针对“两国双园”的政策建议

总体而言，“双园”合作促进了就业、人才培训和产能互补，符合马来西亚政府对外资的基本要求，有利于进一步提升中马经贸合作水平。政府更迭尚未对关丹产业园乃至“两国双园”模式的发展带来明显的冲击。笔者认为，当前产业园与园区内入驻企业可以通过以下几点继续推动“两国双园”模式的发展。

（一）继续执行“两国双园”中长期发展规划

在2019年举行的中马“两国双园”联合合作理事会第四次会议上，双方达成了落实高层共识、对接双方发展战略、统筹制定“两国双园”中长期发展规划的共识，制定了努力实现“两园两港”“2＋2＞4”发展效应的发展规划。受马来西亚政局和高层人员变动影响，双园的一些双边机制和规划暂时中断或受到阻碍，中方可积极与马方高层负责人重新进行沟通，组织线上双边会议，推动双方继续执行中长期发展规划，共同筹划中马“两国双园”联合合作理事会第五次会议。

同时，双园可以借鉴苏州工业园区的领导和组织机构①，由两国政府各派一名主要领导人担任双边协调机构的负责人，牵头协调解决开发建设中遇到的产业合作、优惠政策、法律法规、贸易谈判等方面的问题。中马“两

① 中国—新加坡联合协调理事会由中国国务院总理担任中方主席，下含商务部、外交部、国家发展改革委、财政部、国土部、建设部、海关总署、江苏省政府、苏州市政府；新加坡内阁副总理担任新方主席，下含新加坡外交部、国际贸易和工业部、国家发展部、环境部、经发局。中新双边工作委员会则由苏州市政府和新加坡裕廊镇管理局组成；另设有苏州工业园区管理委员会，由苏州新加坡工业园区借鉴新加坡经验办公室与新加坡国际贸易和工业部软件项目办公室组成。

国双园”联合合作理事会目前主要由中国商务部与马来西亚国际贸易和工业部、广西壮族自治区政府与马来西亚彭亨州政府领导，作为国家级产业园，两国政府参与开发建设的部门以及重视程度有待提升。由于选址远离市区，双园在建设初期在基础设施建设方面耗资较大，需要充足的资金支持以及财政部门与建设部门的参与协调。钦州产业园与关丹产业园分别毗邻白海豚栖息地和红树林区，需要环保部门的参与指导和监督，避免出现环境问题引发当地民众不满，或是上升到对在马中资企业的批评。燕窝与榴莲贸易以及清真食品产业是双园合作的特色项目，在进出口贸易和产品检测等领域需要两国海关部门和农业部的通力合作。在双边推介、联合招商以及共同应对双边关系突发事件等领域，则需要外交部等相关部门的参与。由此，两国政府可通过将更多中央政府部门纳入“两国双园”联合合作理事会，为园区发展争取更多的部门和政策支持，确实夯实合作基础和加强合作机制。

（二）推动园区企业多元化，规避政治风险

自“两国双园”成立以来，以马中关丹产业园为代表的在马中资企业多次成为马来西亚反对党攻击执政联盟倒向中国、宣扬“债务陷阱论”、煽动马来民族主义情绪的目标，其中部分原因在于中资企业对马来西亚的法律、国情和文化缺乏了解，海外投资经验稍显不足，但主要原因还是马来西亚国内政治纠纷波及中资企业。

对此，关丹产业园可加大招商引资力度，推动园区企业多元化，吸引来自印尼、新加坡、澳大利亚等其他国家的企业入驻园区，既避免给马来西亚当地民众造成大批中资或中国员工“入侵”的错误观感，又可由多国企业共同分担政治风险，避免反对党或一些非政府组织刻意将中马经济合作政治化。

此外，由于马来西亚自英国殖民时期起渲染的华族与马来族对立的族群关系以及经济差距，马来西亚政府往往充当马来族利益捍卫者的角色，相应的马来人在政治权利和话语权方面的权重更高。“双园”可利用马来人在马来西亚话语权更高的特点，任命部分马来人担任管理层职务，一方面马来高层在管理马来人方面更有经验，更容易被马来员工接纳和与他们沟通，另一

方面可借由马来高层与当地政府沟通，在必要时通过马来员工表达诉求，捍卫双方利益。

（三）加强中马两国人文交流

在中马“两国双园”合作框架乃至中马经济项目的合作中，人文交流、民间互信始终是确保项目平稳顺利发展的基础。在“一带一路”倡议以及关丹产业园等相关项目在马宣传、落地的过程中，华人族群明显表现出更积极的姿态，相比之下马来族、印度族对“一带一路”倡议与中马合作项目的知晓度、参与度都不高，这体现了中马两国间特别是中国与非华族群的社会人文交流有待提高。

一方面，双方可继续推动中马以及钦州与关丹两市人文交流。钦州和关丹是经济合作伙伴城市，已拥有姐妹园区、姐妹港。双方加强城市互动交流，推动钦州和关丹正式缔结友好城市关系，并在此框架下开展青年交流、教育交流等深化民间互信和两国人民友谊的活动；钦州港与关丹港也可进一步开展港航合作，促进互联互通，共享“一带一路”新机遇。

另一方面，产业园及入驻企业可继续开展交流活动。关丹产业园在2018年6月首次开放现场面试，吸引当地数千名青年前来应聘的照片在网上流传①，也让此前批评关丹产业园禁止马来西亚公民入内的言论不攻自破，继而受到当地群众欢迎。钦州产业园和关丹产业园在过去的一年中分别邀请了时任马来西亚外长赛夫丁、马华公会会长魏家祥、马来西亚总理对华特使陈国伟等人赴园区参观并召开情况交流会，就如何进一步推进“两国双园”合作探讨交流；双园还举办“关丹日”活动，邀请马来西亚代表团赴中马钦州产业园考察。

未来，产业园和园区企业还需继续积极开展各项活动，通过举办介绍会等形式帮助当地民众了解产业园发展情况和中国投资给当地带来的实惠，组

---

① Erma Yusnida Jusoh, MCKIP: Kerajaan buat persepsi buruk, *Sinar Harian*, May 27, 2018, http: //www. sinarharian. com. my/edisi/pahang/mckip - kerajaan - buat - persepsi - buruk - 1. 839444（访问时间：2018年9月6日）。

织和参与当地的社区活动，或是通过派发小食品、生活用品等形式拉近与当地社区的关系，让关丹周边的乡村乃至东海岸地区民众了解并参与到园区建设和发展之中，改变长期以来被塑造为他者的神秘的“中国形象”。

结 语

目前来看，马来西亚政府换届对“两国双园”架构特别是关丹产业园的发展造成了一定影响，但两国政府共同推动双园建设、促进经济发展的趋势不会改变。在国民联盟政府执政的新形势下，中方应积极与马方新任领导层开展沟通，继续执行“两国双园”中长期规划，并继续与彭亨州政府、东海岸经济特区发展理事会就关丹产业园、关丹港等项目深入合作，尝试让中马两国更多部门和相关机构参与到双园合作机制中，提升双园发展建设速度，鼓励马来西亚新政府继续推动“两国双园”协同发展，探索出一条符合两国政府及民众利益、可持续发展且可适用于中外其他合作的产业园合作模式。

B.17 2019～2020年中国—马来西亚人文交流

钟大荣　何宜贤*

摘　要： 中国与马来西亚的人文互动源远流长，为现今两国之间开展更为广泛的交流提供基础。双方致力于实现人文交流的多元性，形成跨族群、跨文明、跨文化的互动模式。中马人文交流的形式及成果，表现为举办对话论坛、教育交流、文化交流、卫生合作、旅游交流、媒体交流、科技交流、志愿者交流、友好城市交流9个方面。进一步扩大中马人文交流，有助于夯实双边关系的发展。面向未来，持续完善和深化两国人文交流，需要扩大两国的民间交流和实现跨族群人文交流。

关键词： 中国　马来西亚　人文交流

2019年4月25日，习近平主席在人民大会堂会见前来进行国事访问的马来西亚时任总理马哈蒂尔。习近平主席指出：中国和马来西亚建交45年，两国站在新的历史起点上，坚持中马友好，相互尊重和信任。两国共建"一带一路"基础扎实，前景可期，双方要加强规划，做大合作平台，推进高质量合作。① 作为"21世纪海上丝绸之路"沿线国家，马来西亚具有区位

* 钟大荣，华侨大学国际关系学院副教授，华侨大学马来西亚研究中心主任，研究方向为中国与马来西亚双边关系、东南亚、海外华人社会宗教；何宜贤，北京大学国际关系学院硕士研究生。

① 《习近平会见马来西亚总理马哈蒂尔》，新华网，2019年4月22日，http://www.xinhuanet.com/world/2019－04/25/c_1124417369.htm。

优势：毗邻马六甲海峡和南海，也是东西方之间交流的重要交汇口。从历史上来看，马来西亚与中国之间的人文互动源远流长，在马哈蒂尔领导下的马来西亚政府愿与中方加强人文交流，将两国全面战略伙伴关系提升到新的高度。相比外交和经济两大领域，中马两国的人文交流也是两国关系稳健发展的基础。

习近平主席在2019年亚洲文明对话大会开幕式上强调："文明因多样而交流，因交流而互鉴，因互鉴而发展，我们要加强世界上不同国家、不同民族、不同文化的交流互鉴，夯实共建亚洲命运共同体、人类命运共同体的人文基础。"[①] 马哈蒂尔总理则表示："文明的交流互鉴是推动人类文明进步和世界和平发展的重要动力，中国举办亚洲文明对话大会为亚洲各国不同文明之间提供了相互了解的机会。"[②] 从这些讲话中可以看到，两国首脑都对人文交流高度重视。

一　中马人文交流的形式及成果

中马两国政府2018年8月20日于北京发表的联合声明中，关注双边人文交流的成果和发展前景。声明提到，双方同意保持密切的高层交往，加大治国理政经验的交流。双方将持续扩大两国政府部门、政党、立法机构、军队、地方、民间的交流合作，汇集社会各界的力量，推动中马关系全方位多层次发展。同时，两国宣布2020年为"中马文化旅游年"，将旅游作为促进人文交流的重要部分。[③] 目前，中马两国的人文交流已形成多层次的发展，两国从官方至民间互动的每一环，都是两国人文交流的重要组成部分。本文回顾了2019年中马两国的人文交流，根据主题和交流范围分为对话论坛、教育交流、文化交流、卫生合作、旅游交流、媒体交流、科技交流、志

① 《习近平出席亚洲文明对话大会开幕式并发表主旨演讲》，新华网，2019年5月15日，http：//www.xinhuanet.com/politics/leaders/2019－05/15/c_1124499008.htm。

② 《文明对话：推动世界文明发展》，中华人民共和国中央人民政府，2019年5月13日，http：//www.gov.cn/xinwen/2019－05/13/content_5390960.htm。

③ 《中华人民共和国政府和马来西亚政府联合声明》，新华网，2018年8月20日，http：//www.xinhuanet.com/2018－08/20/c_1123298716.htm。

愿者交流和友好城市交流。

1. 对话论坛

2019年4月25日，由中国亚洲经济发展协会、马来西亚吉打州政府、马来西亚—中国商务理事会、中国中小企业合作发展促进中心共同主办的“2019中国—马来西亚经济发展合作展望论坛”在北京举行。此次论坛取得了丰硕的成果，在中国中小企业合作发展促进中心和马来西亚吉打州政府的推动和见证下，“吉打州黑木山综合食品加工工业园区项目合作备忘录”成功签约，这标志着中国中小企业作为主体参与位于马来西亚的国际产业项目合作。[①] 7月29日，“‘一带一路’中国—马来西亚人文交流与经济合作论坛”在吉隆坡成功举办。该论坛以“中马经贸人文合作”为主题，并包括“中马智库媒体对话”“中马智能产业合作”和“中马文化与健康产业合作”三个分论坛。围绕第一个分论坛，两国发言人表示愿意共同推动智库媒体的务实合作，加深对彼此历史、现实的了解，夯实互信基础，共同发展、共享机遇、共谋未来。在智能产业合作方面，马来西亚国际贸易和工业部行业政策部门总监维玛拉·穆卢甘表示，将积极推动“一带一路”框架下的马中智能产业合作，加强引进机器人、人工智能等领域的技术型人才，以中国先进的互联网技术赋能制造业的发展。在文化与健康产业合作方面，马来西亚同善医院主席丹斯里拿督邱财加强调，传统中医药越来越受到世界各国的承认与重视，希望未来中马双方能够通过交流，提升传统中医的学术水平，促进中医养生文化交流，拓宽健康产业的发展空间。[②]

8月9日，“马来西亚—中国‘一带一路’经济合作论坛”在吉隆坡举行，大会签署了多项合作备忘录，包括《推进中国（河南）—马来西亚农产品跨境供应链平台建设合作备忘录》。中国驻马来西亚大使白天在会议讲话中表示：“马来西亚与中国的立场主张一致，目标和行动一致，以此增进

① 《中国马来西亚经济发展合作展望论坛在京举行》，网易号，2019年4月25日，http://dy.163.com/v2/article/detail/EDKPDPAV05198R91.html。

② 《“一带一路”中国—马来西亚人文交流与经济合作论坛29日在吉隆坡成功举办》，环球网，2019年7月30日，https://3w.huanqiu.com/a/c36dc8/9CaKrnKlS0X?p=4&agt=46。

彼此间的理解和融合。"[1] 马来西亚财政部部长林冠英表示："为中资设立特别管道以促进中资来马投资后，马来西亚政府期望能有更多的中资企业赴马来西亚投资。"[2] 8月16日，"第五届华人华侨产业交易会"（以下简称"侨交会"）在深圳会展中心举行，来自马来西亚的华商出席了会议。马来西亚潮州工商总会总会长吴源盛在会上表示："马来西亚企业将借参加'侨交会'之机，与深圳的企业建立合作关系，促进自身发展。同时，马来西亚也可借'侨交会'境外展举办之机，向深圳企业家及世界各国华侨华人展示自己的发展成果，以吸引他们到马来西亚投资，实现共赢。"[3] 8月30日至9月1日，"侨交会"的"2019（马六甲）中国—马来西亚商品展"在马来西亚马六甲国际会议展览馆（MITC）举办，吸引了中马两国及"一带一路"沿线国家和地区的140多家商家参展。[4] 11月3日，"中国〔河南〕—东盟〔马来西亚〕首届双枢纽供应链平台发展论坛"在河南郑州举行。该论坛主要围绕"供应链"进行讨论。马中商务理事会作为沟通两国、推进双边商务合作的重要政商机构，将与河南贸促会携手，在未来的工作中继续推进各项具有潜能的发展项目，尤其是在物流和供应链领域。[5] 11月5日，由国务院侨办主办的"第一期海外华商'一带一路'暨中国国情研修班"在四川成都开班。"班长"是马来西亚乡青总团联合会主席萧志国，他期待有更多马来西亚商人关注四川乃至中国，来这里投资兴业。[6]

---

① 《白天：中坚定维护全球化，倡议"一带一路"互利共赢》，星洲网，2019年8月9日，https：//www. sinchew. com. my/content/content_ 2097297. html。

② 《2019马来西亚—中国"一带一路"经济合作论坛》，马来西亚—中国商务理事会，2019年8月9日，http：//www. mcbc. com. my/council－update/4611。

③ 《第五届侨交会在深圳开幕 近千名侨团华商汇集》，中共中央统战部，2019年8月16日，http：//www. zytzb. gov. cn/qwxw/314801. jhtml。

④ 《侨交会2019中国—马来西亚商品展在马六甲举行》，新浪网，2019年8月30日，https：//news. sina. com. cn/o/2019－08－30/doc－iicezzrq2333587. shtml。

⑤ 《陈国伟在河南郑州出席"2019年中国（河南）—东盟〔马来西亚〕首届双枢纽供应链平台发展论坛"》，马来西亚—中国商务理事会，2019年11月3日，http：//www. mcbc. com. my/council－update/4750。

⑥ 《第一期海外华商"一带一路"暨中国国情研修班在川开班》，中共中央统战部，2019年11月4日，http：//www. zytzb. gov. cn/qwxw/319047. jhtml。

2019年12月13日，“第11届世界华人经济论坛”在杭州举办。本次论坛由马来西亚国际战略研究院和中国贸促会主办、中国国际商会承办。该论坛是由马来西亚华人于2009年创办的年度论坛。马来西亚国际战略研究院创办人兼主席、世界华人经济论坛主席谢泉勇和马来西亚银行有限公司全球业务主管、拿督慕扎法希山均在论坛上发表讲话，希望借此论坛加强共同联系，实现互相促进。[①] 2019年的对话论坛，中马两国所涉及的主题多样。两国都希望注重相互学习，以深化两国合作。

2. 教育交流

在教育领域，中马两国也有不同程度的交流与互动。2019年10月29日，马来亚大学孔子学院举办成立10周年庆祝活动。该学院成立于2009年7月，由马来亚大学和北京外国语大学合作建立。选择马来西亚最悠久的大学设立系统性的汉语学习和教学基地，具有重要意义。马来亚大学副校长祖丽娜在庆祝活动上致辞说，马来亚大学孔子学院10年来在200多名老师的指导下，培养出了超过3.5万名学生，其中400多人曾获得孔子学院奖学金。孔子学院还举办了各类学术活动，拉近了马中关系，在教育领域产生了积极影响。[②] 11月4日，马来西亚华校教师会总会考察团一行16人到访中国华文教育基金会。东道主将基金会近年来开展的项目，特别是利用互联网开展的华文教育项目以及全球华语朗诵大赛等向来宾做了介绍。此外，还建议马来西亚华校关注基金会的项目，希望有更多的当地华校加入远程师资培训、实景课堂及动漫中文等互联网课程。华校教师会总会主席、考察团团长拿督王超群表示，希望基金会在华文教师来华参访培训、华裔学生体验中华文化等方面给予更多支持。[③]

11月9日，第四届中马“一带一路：海上丝绸之路”国际学术研讨会

① 《第11届世界华人经济论坛杭州举办　近千名代表出席》，中共中央统战部，2019年12月13日，http://www.zytzb.gov.cn/qwxw/321277.jhtml。

② 《马来西亚首家孔子学院庆祝成立10周年》，新华网，2019年11月1日，http://www.xinhuanet.com/world/2019-10/30/c_1125168664.htm。

③ 《马来西亚华校教师会总会到访中国华文教育基金会》，中国侨网，2019年11月7日，http://www.chinaqw.com/hwjy/2019/11-05/235858.shtml。

在厦门举行。来自中国、马来西亚、菲律宾等国家的45名专家学者，齐聚华侨大学厦门校区，围绕“一带一路”背景下中马关系、东盟与“21世纪海上丝绸之路”建设、华侨华人与“一带一路”建设等议题深入研讨。本届研讨会由华侨大学与马来西亚南方大学学院联合主办，马来西亚国民大学、马来西亚中国商务理事会、菲律宾丝绸之路国际商会等多家高校、商协会和智库机构积极参与。[①] 11月27日，中国云南昆明华文学校主办、马来西亚武吉丁宜华小协办的“2019海外华校教材教法培训班”在云南昆明开班。50名来自马来西亚的华文教师被遴选参与为期16天，即11月27日至12月12日的培训班。武吉丁宜华小董事长陈亚斯表示，希望未来能继续与中方探讨更多深层合作，为国内教师提供到中国接受师资培训的机会，进而推动华文教育的发展。[②]

除马来亚大学，孔子学院也在马来西亚其他地区积极发展，甚至漂洋过海来到东马的沙巴州。2019年12月12日，由马来西亚沙巴大学和长沙理工大学、中交疏浚集团合作建立的马来西亚沙巴大学孔子学院举行揭牌仪式，这意味着东马的第一家孔子学院正式落成。沙巴州教育及革新部助理部长穆罕默德·莫哈玛林在致辞中表示，两国在人文领域的合作亮点频出，孔子学院是各国人民了解中国文化的有效途径，相信中马两国将在汉语教育、人才培养、科学研究等领域取得更好的发展。孔子学院总部副总干事马箭飞发来贺信，他希望两校能够继续精诚合作、齐心协力，把沙巴大学孔子学院建设成在校学生和社区民众学习汉语、了解中国的重要平台，为促进中马人文交流与合作、增进两国人民了解和友谊做出更大贡献。[③] 综上所述，2019年中马两国在教育领域开展不少实质性的合作，也有不少成果。教育网络化、电子化的趋势，也给两国教育资源分享带来更多的便利，为两国深化教

① 《第四届中马“一带一路：海上丝绸之路”国际学术研讨会在厦门召开》，中国新闻网，2019年11月9日，https：//www. chinanews. com/hr/2019/11－09/9003149. shtml。

② 《全马50华文教师获遴选，参与教材教法培训班》，星洲网，2019年7月14日，https：//www. sinchew. com. my/content/content_ 2083325. html。

③ 《马来西亚沙巴大学孔子学院揭牌》，汉办官网，2019年12月16日，http：//www. hanban. org/article/2019－12/16/content_ 796478. htm。

育互动带来更多机遇。

3. 文化交流

中马两国的文化交流定位于各自丰富的多元文化，了解各自背后丰富的文化遗产，促进相互了解。2019 年中马两国文化互动硕果累累。5 月 6 日，来自马来西亚各界的青年领袖 20 余人访问中国银川、西安等地，开启“马来西亚青年领袖友好丝路行”。此次活动由中国驻马来西亚大使馆、马来西亚—中国友好协会（简称“马中友好协会”）、马来西亚青年理事会等主办。访问期间，马来西亚青年领袖代表还参加了 5 月 11 日在西安开幕的“第四届丝绸之路国际博览会”。自 2018 年以来，中国驻马大使馆和马中友好协会合作成立了“中马—马中友好青年交流基金”，并组织两国青年开展多种形式的交流活动；使馆还计划推动更多中马青年交流项目，以增进他们的互相了解和交流。[①]

7 月 16 日，为庆祝马中建交 45 周年，“海丝传琴”音乐会在马来西亚吉隆坡举行，来自中国和马来西亚的音乐家们共同呈现了一场中西合璧的交响盛宴。7 月 18 日、20 日还分别在沙巴和槟城进行了另外两场演出。这些音乐会由两国相关机构共同筹办，马方包括马来西亚旅游艺术及文化部、沙巴州旅游文化与环境部、槟城州政府；中方包括中国驻马来西亚大使馆、驻哥打基纳巴卢总领事馆、驻槟城总领事馆、国家艺术基金等。[②] 8 月 21 ~ 25 日，北京大学马来西亚校友会、马来西亚伊斯兰国际大学校友会及中国儒士社，在吉隆坡和马六甲举办了“第二届马中青年回儒论坛”。这样的文明交流峰会曾于 2016 年在山东曲阜首次举办，旨在开展跨文明、跨族群的回儒交流。[③] 马来西亚副元首暨霹雳苏丹纳兹林殿下也出席峰会并主持开幕式，

---

① 《“马来西亚青年领袖友好丝路行”启动》，中国侨网，2019 年 5 月 5 日，http：//www.chinaqw.com/hqhr/2019/05 - 05/221961.shtml。

② 《“海丝传琴”庆祝马中建交 45 周年音乐会在吉隆坡举行》，人民网，2019 年 7 月 17 日，http：//culture.people.com.cn/n1/2019/0717/c1013 - 31238752 - 2.html。

③ 《马中青年回儒论坛，21 至 25 日分两地举行》，星洲网，2019 年 8 月 20 日，https：//www.sinchew.com.my/content/content_ 2103353.html。

他在致辞中提到，回儒文明成就互鉴，扩大交流将会带来更加深远的影响。①

2019年9月18～22日，广西东盟国学易经研究院和马来西亚中华文化研究院等单位于吉隆坡共同举办“2019中国东盟—马来西亚国际易学高峰论坛”。来自东南亚各国的传统文化学者就中华传统文化的当代价值、传统文化与中国梦、传统文化与中华民族的复兴、易经智慧社会价值与运用等研究课题，进行了深入的探讨交流，并举行了为期两天的马来西亚人文地理科考活动。此次论坛旨在加强世界传统文化领域的交流，加强中马传统文化成果的合作，提升中华优秀传统文化的国际影响力和号召力。② 11月4～10日，中国驻马来西亚使馆与马来西亚研究、咨询和科技中心实施了“第二届马来西亚—中国青年交流计划”，来自马来西亚的22名青年领袖代表参观了北京大学、天安门、故宫以及阿里巴巴总部等。12月9日，“2019中国文化行‘一带一路’完美广东冬令营”在完美华南基地举行开营仪式，来自马来西亚的100余名营员出席了开营仪式。参与本次冬令营的营员还赴珠海、深圳、惠州、肇庆、开平等地参观访问，领略当地的风土人情，了解该地区经济社会发展情况，体验中华优秀文化。③

4. 卫生合作

随着卫生问题逐渐成为一国乃至本区域的非传统安全问题，中马两国在卫生领域的合作日益重要。2019年9月14日，中国心血管健康联盟及海峡两岸医药卫生交流协会心血管专业委员会，在吉隆坡举办了“中国·马来西亚‘一带一路’AMI国际交流项目会”，双方就两国现有的胸痛中心管理

---

① “The 2nd Malaysia-China Youth Civilisational Dialogue On Islam And Confucianism In Conjunction With The 45th Anniversary Of Malaysia-China Diplomatic Relations,” Sultan Nazrin Shah, August 21, 2019, https://sultannazrinshah.com/the-2nd-malaysia-china-youth-civilisational-dialogue-on-islam-and-confucianism-in-conjunction-with-the-45th-anniversary-of-malaysia-china-diplomatic-relations/.

② 《2019马来西亚国际易学高峰论坛在吉隆坡成功举办》，中国网，2019年9月24日，http://zjnews.china.com.cn/yuanchuan/2019-09-24/189907.html。

③ 《2019中国文化行“一带一路”完美广东冬令营开营》，中国华文教育基金会，2019年12月12日，http://www.clef.org.cn/news/2019/1212/5/2878.shtml。

模式、在建立过程中遇到的挑战及所积累的丰富经验等进行了深度交流，并着重对未来的合作发展方向进行了讨论与展望。中马双方也更新并签署了胸痛中心国际合作备忘录，以深入推动两国卫生管理体系的合作。[①] 10 月 23 日，“第三次中马传统医学双边工作会谈”在北京举行，马来西亚卫生部部长拿督斯里祖基菲利及其部门成员亲自赴京参会。双方一致认为，中马在传统医学领域的合作卓有成效，取得了丰硕成果，同意继续落实《中华人民共和国政府和马来西亚政府关于传统医学领域合作的谅解备忘录》，为下一阶段合作制定具体的行动计划，积极推动将传统医学合作纳入中马政府间合作框架。[②]

2020 年伊始，新冠肺炎疫情横扫全球，中马两国也在抗击新冠肺炎方面开展防治合作。当中国受到疫情影响时，马来西亚国内有关厂家立刻生产大量手套，手套生产商如 Smart Glove 等 10 家公司向武汉捐赠了 1800 万只医用橡胶手套，其中顶级手套（Top Glove）和速柏玛（Supermax）通过设立在中国的分公司向武汉捐赠了 230 万只橡胶手套。在新闻发布会上，中国驻马来西亚大使白天表示感谢马来西亚在抗疫的紧要关头伸出援手，也承诺将继续与马方密切配合，共享疫情动态和防治经验。[③] 随后，马来西亚中华总商会（中总）也发起物资捐赠活动，号召其会员和负责人联合向中国捐赠医用手套。[④] 在马来西亚国内受到新冠肺炎疫情影响时，中国也立刻对马来西亚的防疫给予帮助。2020 年 4 月 2 日，中国驻马大使白天前往马来西亚卫生部，代表中国驻马使馆、国强公益基金会和“碧桂园森林城市”，向

---

① 《“一带一路”开创中马医疗合作新纪元——双方胸痛中心国际合作备忘录在马来西亚“圆满”签署》，搜狐网，2019 年 9 月 16 日，https://www.sohu.com/a/341245859_186367。

② 《第三次中马传统医学双边工作会谈在北京举行，于文明同马来西亚卫生部长祖基菲利共同主持》，国家中医药管理局，2019 年 10 月 23 日，http://ghs.satcm.gov.cn/gongzuodongtai/2019-10-23/11607.html。

③ 《白天大使出席马来西亚政府向武汉捐赠橡胶手套新闻发布会》，中华人民共和国驻马来西亚大使馆，2020 年 2 月 1 日，http://my.china-embassy.org/chn/tpxw/t1738467.htm。

④ 《中总捐赠 350 万只医用手套到中国》，马来西亚中华总商会（中总），2020 年 2 月 5 日，https://www.acccim.org.my/acccim-donate-3-5-million-pieces-of-medical-gloves-to-china/。

马来西亚卫生部捐赠4万只N95口罩和35万只医用口罩。大使馆和在马的中资企业继续尽力筹措物资，为马方抗击疫情提供支持与帮助。同时，应马方要求，中方还向马派遣医疗顾问专家组，与马来西亚医护人员交流分享疫情诊疗及防控经验。①

中马两国的卫生交流专注在医学知识方面的交流，也扎根于两国传统医学之间的互学互鉴。如今面临全球公共卫生问题，防疫资讯共享和人员之间的交流相信会成为中马在医学领域交流的重点。

5. 旅游交流

中马拥有的丰富旅游资源和文化遗产。截至2018年底，中国公民赴马来西亚旅游人数已达294.41万人次，中国已连续7年是马来西亚在东盟国家外的最大游客来源国，马来西亚日益成为中国游客青睐的旅游目的地②，推进中马两国在旅游领域的相关交流也备受重视。

2019年2月23日，马来西亚友好交流考察团到访中国广州市越秀区，对广府文化进行考察，还就广州市越秀区和马来西亚方面的旅游合作进行交流。③ 6月26～28日，中国文化和旅游部代表团应马来西亚旅游、艺术和文化部的邀请访问马来西亚。中国文化和旅游部副部长李群与马来西亚旅游、艺术和文化部部长莫哈末丁举行工作会谈。两国部长一致同意做好2020年中国—马来西亚文化旅游年的提前对接和谋划，鼓励社会和企业开展优质交流项目，进一步促进中马文化和旅游领域的交流与合作。④ 8月30日至9月1日，马来西亚旅游局也参加了位于广州的广东国际旅游产业博览会，这是博览会举办以来马来西亚连续第十年参展。作为主宾国，马来西亚也向中国

① 《中国大使馆及中资企业共同向马来西亚卫生部捐赠医疗物资》，中华人民共和国驻马来西亚大使馆，2020年4月2日，http：//my. china－embassy. org/chn/sgxw/t1765188. htm。

② 《中国游客赴马旅游升温　出游安全引重视》，新华网，2019年7月25日，http：//www. xinhuanet. com/world/2019－07/25/c_ 1124797724. htm。

③ 《马来西亚国家旅游局来穗合作交流》，广之旅国际会展，2019年2月23日，http：//www. gzlmice. cn/exponews/326. html。

④ 《中国文化和旅游部代表团访问马来西亚》，人民网，2019年7月3日，http：//zj. people. com. cn/GB/n2/2019/0703/c186327－33103692. html。

民众展现了其丰富的旅游资源，加大对旅游产品的宣传，为2020年的中马文化旅游年预热。[①]

2020年不仅是中马文化旅游年，也是马来西亚旅游年。作为“双旅游年”，马来西亚方面也在积极准备，民间也有所期待。2020年1月19日，“2020中国—马来西亚文化旅游年”在吉隆坡开幕，中国文化和旅游部副部长张旭和马来西亚旅游、艺术和文化部副秘书长扎姆里出席开幕式，张旭在讲话中表示，相信两国一定能从紧密的文化旅游合作中获得收益最大化。有关机构的现场调查问卷显示，马方参会企业对中方旅游产品，尤其是对与中国冰雪旅游和冬奥会相关产品的合作意愿强烈，而中方参会企业则有信心在2020年继续开发在马业务，尤其是深耕差异化较强的热带风情旅行线路。[②]如何在现有基础上继续推进上述旅游项目，马来西亚入境旅游协会署理会长梁伟虹认为，在承办旅游年的准备过程中，必须考虑到吸引游客的方式、基础设施的建设以及导游的培训。对于地方特色旅游资源也要予以重视，并且使其能够进入到中国游客的视野中，各个环节的方方面面必须考虑和做得周到。

6. 媒体交流

加强两国媒体之间的交流，不仅能促使双方了解国家关系的进展，也有利于媒体领域互学互鉴。2019年是中国—东盟媒体交流年，作为东盟成员国之一的马来西亚也参与其中。2019年2月22～27日，“东盟英才中国行”活动在北京和新疆举行，参与本次活动的11位媒体人中也有来自马来西亚的媒体人。他们走访北京时参观了穆斯林聚居的牛街和中国—东盟中心。在新疆时，他们也走访了南北疆各地，对职业技能教育培训中心的学员和宗教场所的负责人进行采访，从中了解中国的治理经验。[③] 4月18日，中国驻马

① 《聚文旅商机　2019广东旅博会8月30日在广州举行》，广之旅国际会展，2019年8月30日，http：//www. gzlmice. cn/exponews/294. html。

② 《2020中马文化旅游年在吉隆坡开幕》，新华网，2020年1月19日，http：//www. xinhuanet. com/world/2020－01/19/c_ 1125482928. htm。

③ 《东盟英才参访新疆　感受和谐稳定，期待共享中国经验》，新华网，2019年2月28日，http：//www. xinhuanet. com/local/2019－02/28/c_ 1124177814. htm。

来西亚大使白天在吉隆坡举行媒体圆桌会，向马来西亚华文、英文、马来文共11家主流媒体的记者介绍了“一带一路”进展、第二届“一带一路”国际合作高峰论坛、马哈蒂尔总理访华、中马关系等情况，并同记者进行深入交流。[①] 7月29日，环球网承办的“‘一带一路’中国—马来西亚人文交流与经济合作论坛”中马智库媒体对话分论坛在吉隆坡顺利举行，两国媒体就媒体合作开展讨论。环球网执行总编辑石丁提出中马媒体要应对新媒体革命，开展研究与合作。石丁介绍了涵盖5G、人工智能、AR/VR、无人机、大数据、物联网元素等在内的媒体融合采编系统，认为中国的新媒体技术革命更符合发展中国家媒体转型的需求，表示中国愿意在互利互惠基础上为马方媒体提供相关技术平台。[②] 12月22日，“2019丝路万里行媒体团”到访马来西亚吉隆坡Awani电视机构，就两国媒体间的交流合作开展了一系列对话。媒体团随后也与Astro Awani电视新闻频道建立了联系，希望在“一带一路”倡议下，两国文化之间能够有更多的沟通，用媒体来连接中马民心。[③]

除了围绕媒体领域的合作与交流，中马媒体也借助媒体资源推动马来西亚本地教育事业。自2018年开始，中国驻马来西亚古晋总领馆与马来西亚华文媒体《星洲日报》共同启动“爱华文”希望阅读计划。该活动面向沙捞越州222所华文小学，举办一系列活动，如华文报纸阅读推广、华文知识比赛、板报设计比赛等。举办方希望通过这项活动能帮助孩子们从小培养良好的华文阅读习惯，不断传承发展华文教育和中华文化传统。[④] 2019年该活动也陆续开展，于11月26日举办了专辑制作比赛，并让沙捞越州150所华

① 《驻马来西亚大使白天举行媒体圆桌会》，中华人民共和国驻马来西亚大使馆，2019年4月19日，http://my.china-embassy.org/chn/sgxw/t1656105.htm。

② 《“一带一路”中马人文交流与经济合作论坛智库媒体对话分论坛29日顺利举行》，环球网，2019年7月29日，https://world.huanqiu.com/article/9CaKrnKlQw2。

③ 《丝路万里行　中马媒体携手共话促“一带一路”合作新格局》，陕西头条，2019年12月22日，http://news.cnwest.com/bwyc/a/2019/12/22/18294226.html。

④ 《中国总领馆与马来西亚媒体合作推动华文教育》，新华网，2018年10月12日，http://www.xinhuanet.com/2018-10/12/c_1123552603.htm。

小的高年级学生参与，旨在鼓励学生阅读报刊，汲取各类知识，学习整合资讯，培养创作才华。①

7. 科技交流

科技是振兴国家的基础之一，中马在科技领域也开展了互动和交流。2019 年 4 月 27 日，中国检验检疫科学研究院（CAIQ）李新实院长一行到访马中商务理事会，双方就检验检测检疫领域加深交流合作、促进中马贸易发展进行了深入交流。双方领导也见证了《马来西亚维护与发展农业协会与中国中检智科技有限公司关于开展检验检测检疫智能化全方位合作的备忘录》《马来西亚易胜集团与中国中检智科技有限公司关于开展榴莲全产业链智能化技术全方位合作的备忘录》的签署。② 12 月 14 日，中国智能科技展览会在吉隆坡谷中城举行，向公众展示了中国企业在智能科技方面的产品与技术，其中包括智慧城市、各类机器人应用、无人机及各种智能产品。马来西亚—中国企业家联合会（PUCM）总会长拿督李中平在会上提议设立“中国 AI 及智能科技委员会”，与马来西亚政府及科技伙伴一起合作举办更多活动，加强两国之间的合作，例如在未来举办贸易展、论坛及其他活动。③

8. 志愿者交流

志愿者参与到两国的人文交流中，提升了民众对人文交流的参与度。志愿者群体走进民间，是民心相通最为直接和有效的方式。中马两国的志愿者交流取得了一定的成果。为了通过奥运会促进中马两国青少年的文化交流，北京冬奥组委与马来西亚汉文化中心批准了 100 位马来西亚各民族的青少年分批参加北京冬奥会志愿者培训营。马来西亚的两家直销企业——长青（中国）日用品有限公司、完美（中国）有限公司，于 2019

① 《“爱华文　希望阅读”专辑制作赛，收获逾百份作品》，星洲网，2019 年 11 月 27 日，https：//www. sinchew. com. my/content/content_ 2153127. html。

② 《中国检验检疫科学研究院（CAIQ）一行到访马中商务理事会》，马来西亚—中国商务理事会，2019 年 4 月 25 日，http：//www. mcbc. com. my/council – update/4487。

③ 《马科技园打造人工智能园，杨美盈：马中企业可探讨合作》，星洲网，2019 年 12 月 14 日，https：//www. sinchew. com. my/content/content_ 2161899. html。

年7月11日在北京共同签署了合作备忘录，携手赞助此次冬奥会青少年志愿者培训营项目。①

9月20日，中国驻马来西亚大使馆举办全马领事协助志愿者大会暨领事保护视频发布会，中国驻古晋总领事程广中、驻哥打基纳巴卢总领事梁才德、驻马使领馆的领保干部及来自全马各地的领事协助志愿者、领事协助组织代表和热心人士等120余人出席活动。广大领事协助志愿者在驻马各使领馆的指导下，真诚、及时、温馨地向在马来西亚遇到困难的中国公民提供协助，这成为领保机制的重要组成部分。与会的中国驻马来西亚大使白天也希望大家积极投身领事保护与协助工作，有效帮助在马遇到困难的中国公民，为两国人员交流做出更大贡献。②

9. 友好城市交流

友好城市也称为“姐妹城”，是由不同国家指定的两个城市，通过签署友好城市协议书进行全方位合作。城市之间所维系的友好关系，也在一定程度上反映两国之间的关系。中马两国之间也建立了不少友好城市。中国和沙捞越州所建立的友好城市就已经有25对，其中诗巫市是马来西亚与中国建立友好城市最多的城市。③ 马来西亚槟城已与厦门市结为姐妹市，随后又与中山市缔结为友好城市。④ 关丹则与钦州市缔结为友好城市，分别坐落在两国两座城市的中马产业园“两国双园”模式，以及在关丹庆祝“钦州日”和在钦州庆祝“关丹日”的“两市双日”模式，则是具有代表性的国际合

① 《马来西亚青少年志愿者将现身北京冬奥会——长青中国鼎力支持培训营项目》，CNI长青国际集团官网，2019年7月11日，https：//www. cni. com. cn/qiyedongtai/20190711/399. html。

② 《中国驻马来西亚大使馆举办全马领事协助志愿者大会暨领保视频发布会》，中国领事服务网，2019年9月22日，http：//cs. mfa. gov. cn/gyls/lsgz/lqbb/t1700285. shtml。

③ 《中砂友好城市系列（完结篇），先培养感情再“结婚”，促成友好城市如恋爱》，星洲网，2019年10月15日，https：//www. sinchew. com. my/content/content_ 2131171. html。

④ 《槟与中国多市缔结友好　双边关系升温有助商贸》，光华网，2019年12月4日，https：//www. kwongwah. com. my/20191204/% E6% A7% 9F% E4% B8% 8E% E4% B8% AD% E5% 9B% BD% E5% A4% 9A% E5% B8% 82% E7% BC% 94% E7% BB% 93% E5% 8F% 8B% E5% A5% BD－% E5% 8F% 8C% E8% BE% B9% E5% 85% B3% E7% B3% BB% E5% 8D% 87% E6% B8% A9% E6% 9C% 89% E5% 8A% A9% E5% 95% 86% E8% B4% B8/。

作模式。[1] 2019 年的友好城市交流活动，就包括由中国驻古晋总领事馆举办的中国与马来西亚（沙捞越）友好城市文化交流午宴，程广中总领事希望和大家一起携手，为进一步促进双方友好交流、深化两国人民的友谊贡献力量。[2]

二 中马人文交流的特点

从中马关系整体来看，两国的人文交流不如外交和经贸领域那样被视为中马关系的标志。但随着外交互动和经贸发展的深化，两国的人文互动成为实现两国外交再次突破的关键。外交如果能摆脱原有的一以贯之的官方色彩，让百姓也参与到两国外交的次领域中，人文交流则扮演着助推作用。相比官方外交，民间外交更加倾向于贴近民心的互动，是人文交流的特殊形式。经贸也是如此，中马两国人民实际参与两地经贸生产链，人文交流则成为推进器，以更好地对接两地所需，从而实现民间利益最大化。中马人文交流的特点之一，在于其成为外交和经贸关系基础再深化的重要部分，其所扮演的助推作用，都是为了促进中马两国官方和非官方之间的进一步了解。

中马人文交流的另外一个特点，是旅游业极大地促进了服务领域的发展。习近平主席曾在 2019 年亚洲文明对话大会上倡议实施亚洲旅游促进计划，进一步推动中国与亚洲国家的旅游交流发展。中国文化和旅游部副部长张旭指出，中国的各大旅游企业为马来西亚广大消费者策划了品质优良的各类旅游产品，而即将举办的冬奥会和亚运会及许多文化交流活动，期待能吸引马来西亚朋友到中国拜访。马来西亚旅游、艺术和文化部副秘书长扎姆里

① 《关丹钦州缔友好城市》，南洋网，2016 年 4 月 3 日，https://www.enanyang.my/news/20160403/%E5%85%B3%E4%B8%B9%E9%92%A6%E5%B7%9E%E7%BC%94%E5%8F%8B%E5%A5%BD%E5%9F%8E%E5%B8%82/。

② 《驻古晋总领馆举办中国与马来西亚（沙捞越）友好城市文化交流午宴》，外交部，2019 年 7 月 30 日，https://www.fmprc.gov.cn/web/zwbd_673032/gzhd_673042/t1684459.shtml。

也指出，马中两国的文化旅游合作紧密，希望能使其收益最大化。[①] 旅游业的蓬勃发展及随之带来的服务业领域的发展，也为中马两国人文交流提供了更多的发展机遇。

三　中马人文交流的意义

中马人文交流影响深远，对过去的人文交流历程进行回顾并加以总结，可以进一步推动两国人文交流的更大发展。

（一）中马人文交流的持续推进，见证了两国关系的稳健发展

中马两国外交一直稳定发展。20 世纪 90 年代初冷战落幕后，马来西亚逐步开放了中马两国民间交往的大门，这可以说是两国人文交流的初始阶段。随着全球化的逐步发展，中马两国的外交和经贸关系不断加深，人文交流也就顺势而上。如今，两国人民可以相互访问，可以到对方国家旅游、求学等，开展各式各样的人文交流活动。实际上，中马两国人文交流成为中马关系发展最重要的基石。2019 年，马哈蒂尔总理作为中马关系推进的重要领导人，认为紧密和具有意义的合作是下一步中马关系发展的起点。[②]

（二）中马人文交流处在全球文明多元的发展道路上，具有可持续和务实性特点

中马两国人文交流正以不同方式开展，从以上 9 个人文交流领域可见，人文元素在不同领域均有体现，也符合文明互学互鉴。近年“可持续发展”成为各国重视的问题，国家间的人文交流在这方面也发挥着一定的作用。

① 《马中人文交流，有望迈向新高峰》，东方 ONLINE，2020 年 1 月 19 日，https：//www.orientaldaily.com.my/index.php/news/nation/2020/01/19/323398。

② 《马来西亚总理表示将继续致力于发展与中国关系》，新华网，2019 年 5 月 26 日，http：//www.xinhuanet.com/world/2019－05/26/c_ 1124543667.htm。

中马之间的人文交流，也持续推动着两国之间外交、经贸、安全等领域的合作。因此中马人文交流具有务实性和可持续性，促进两国关系持续深入发展，更加务实、开放、包容。两国人文交流互学互鉴，给地区和世界带来积极意义。

当前两国的人文交流虽然频繁且多样化，但仍有需要改进之处。第一，人文交流的民间参与度仍需加强。目前所见，两国的人文交流仍旧是在大使馆、领事馆、官方部门等的推动下开展，而民间组织自发推动两国人文交流的力度较小。在提升民间组织自发地参与人文交流方面，中马两国应该尝试创新。其中，由旅游业推动的两国人民相互交往，并由此拓展人文交流势在必行。应该开展深度旅游、旅游教育、生态可持续旅游等，从中结合人文发展元素，推进行业的多样性发展。让官方组织的人文交流与民间自发的人文交流，互为促进，并适当鼓励自下而上的两地民间交流，则未来中马两国人文交流参与者的范围势必得以扩大。

第二，中国对马来西亚的人文交流，不能仅限于在当地华人中进行，应走进马来人、印度人乃至土著少数民族，开展多元的人文交流。固然，作为海外华人之重要群体的马来西亚华人，在中马人文交流中扮演了重要纽带角色，但两国的人文交流，如仅限于与华人乃至华团的人文交流，显然忽视了与马来西亚主体民族接触的重要性。在马来西亚民间，华人和其他非华人族群对中国的认知有所差别。未来，中马人文交流需要走进“陌生”的人群，与非汉文化圈的其他族群接触。跨族群的文明交流，既让中国社会重新认识马来西亚的多元文化，也可以让马来西亚不同族群与中国进行交流，而这也将对促进马来西亚不同族群之间的关系发挥重要作用。

总体而言，中马人文交流意义深远。人文交流是一个过程，也是不同文明之间学习、反思、进取的重要方式。中马两国在今后的人文交流过程中也要创新，进行更加务实的对接。

参考文献

孔远志：《印度尼西亚马来西亚文化探析》，南岛出版社，2000。
周伟民、唐玲玲：《中国和马来西亚文化交流史》，海南出版社，2008。
唐慧、龚晓辉主编《马来西亚文化概论》，世界图书出版公司，2015。
邢丽菊、张骥主编《中外人文交流与新型国际关系构建》，世界知识出版社，2019。

B.18 中国与马来西亚的安全合作（2013~2019）

苏莹莹　孔金磊*

摘　要： 马来西亚在东南亚具有重要的战略地位，但一直以来，马来西亚政府的发展重心多以经济为主，对其重视程度优于国防安全等其他领域。作为海洋型国家，马来西亚的防务安全一直倾向于海洋安全，并以此为基础与中国展开了积极的双边安全合作。近年来，跨国犯罪、网络安全等非传统安全问题逐渐兴起，成为影响中马关系的一大因素。在希盟政府首份《国防白皮书》的指导下，马来西亚的防务安全也从传统安全扩展至非传统安全领域，与中国的合作范围有待进一步拓宽。

关键词： 中国　马来西亚　安全合作　非传统安全

长期以来，中马两国的合作重点多集中在经济发展和社会文化交流等领域，并在此基础上深化双边关系，推动两国关系进一步发展。随着双边关系的深化与稳固，中马两国不断拓展合作领域，延伸至要求更高、程度更深的防务安全层面，并取得了喜人的进展与丰硕的合作成果。面对风云变幻的亚太格局与动荡不安的全球局势，中马两国在安全领域的合作有着更加广阔的前景与潜力。

---

* 苏莹莹，北京外国语大学亚洲学院院长，马来语专业教授，主要研究领域为马来语言文学、南海问题、东南亚社会文化、非通用语种专业人才培养，中国高校马来语专业发展委员会首任主席；孔金磊，北京大学国际关系学院国际政治专业博士研究生。

一　马来西亚国防安全战略

作为典型的海洋型国家，马来西亚拥有极佳的地理位置，一直以来其国防政策也是以海洋为主要核心，通过双边与多边合作，积极部署自身的国防战略。不过，相比东盟其他国家，马来西亚在国防安全方面的投入一直不高，国防建设也相对落后。

（一）马来西亚面临的国防安全问题

马来西亚位于东南亚地区的中心地带，坐落于印度洋与南海之间，特殊的地理环境，以及优越的战略位置为马来西亚的国家发展营造了良好的发展环境，但同时也给其国防安全带来了一定的挑战。由于当前亚太地区和全球局势的不确定性，马来西亚国防安全面临着极大的不确定性和不可预测性。尽管自1986年后马来西亚再未遭受其他国家的军事侵略，与邻国没有任何形式的军事冲突，但整体来说马来西亚依然面临着两个层次，即传统安全与非传统安全的挑战。

第一，传统安全层面。总的来说，亚太地区复杂多变的大国竞争关系和东盟内部纷争共同构成了马来西亚传统安全层面的安全威胁。首先，在大国竞争方面。亚太地区内的大国竞争加剧了该地区长期以来的紧张局势，使区域合作变得复杂，区域安全环境前景更加不可预测。中美关系是当今世界最重要的双边关系，也是影响马来西亚国家安全的重要外部因素。尽管此前中美两国一直保持着合作与竞争并存的双边关系，但近年来，美国明显调整了对华战略。面对中国快速发展带来的现实主义压力，美国强化了对中国的战略包围。在2017年《国家安全战略》中，美国将中国定义为“修正主义国家”，视中国为头号“战略竞争对手”[①]，从经济、军事两方面向中国施压。

① 黄永富：《美国最新〈国家安全战略〉对华政策简析》，《中国发展观察》2019年第8期，http：//www.chinado.cn/？p=6113。

此后，两国之间的贸易摩擦开始激化，技术脱钩频频出现，海上局势也愈发紧张，增加了地区未来更加分化的风险。其次，在东盟内部方面。作为东盟的重要成员，马来西亚的安全直接影响到东南亚地区的稳定局势。一方面，由于殖民时期的历史遗留问题，马来西亚与许多东盟国家存在陆地边界和海洋边界划分等主权和领土纷争，比如与新加坡的白礁岛争端、与菲律宾和文莱等国的南海主权问题等。另一方面，由于领土和主权问题引发的其他双边问题，如海洋利益冲突、海上安全维护、难民危机等，也影响了马来西亚与邻国之间双边关系的稳定。比如在马六甲海峡和新加坡海峡问题上，马来西亚需要与新加坡、印尼等沿岸国家保持并加强合作，这些国家都没有能力单方面确保战略航道的安全。

第二，非传统安全层面。冷战后，非传统安全逐渐成为世界范围内各国安全的一大威胁。由于全球化带来的人员和资本流动、社交媒体的激进化发展、极端意识和身份政治的快速传播，恐怖主义、网络安全等新非传统安全问题给马来西亚的国防安全带来了新的挑战。同时，海盗等海上安全威胁、自然灾害等旧的非传统安全问题也对马来西亚的国家利益、社会稳定和人员安全带来消极影响。在这些方面，马来西亚无法仅仅依靠自身力量解决这些问题，并消除非传统安全问题对于其经济、政治、社会、环境等各领域的影响。

（二）马来西亚国防安全战略

基于优越的地理位置以及与邻国之间的稳定关系，马来西亚鲜少遭到周边国家的军事侵略，在国防安全战略上以“防守”为主要特点。自 20 世纪 80 年代末，马来西亚政府便以“不存在外部威胁”[①] 为前提，制定和实施自身的国防战略。因此，长期以来，马来西亚的国防开支一直较低。尽管国防开支每年有所上升，但其占 GDP 的比重已从 20 世纪 80 年代的 6% 左右逐

① Mak J. N.，“Malaysian Defence and Security Cooperation：Coming out of the Closet”，in Seng Tan and Amitav Acharya（eds），Asia-Pacific Security Cooperation：National Interests and Regional Order，New York and London：M. E. Sharpe，2004.

步下降至2018年的不足1%（见图1）。在此基础上，马来西亚的国防建设也相对落后，武器装备和军队训练相较邻国新加坡、印尼都存在着一定的差距。

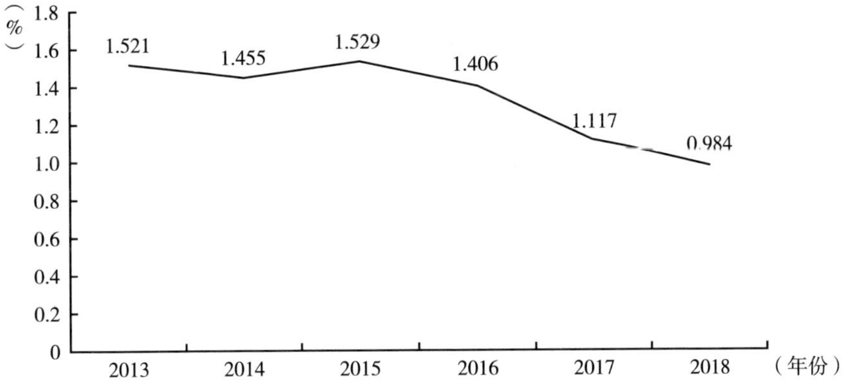

图1　2013~2019年马来西亚国防开支占GDP的比重

资料来源：世界银行，https：//data. worldbank. org/indicator/MS. MIL. XPND. GD. ZS? locations = MY（访问时间：2020年3月17日）。

总体而言，马来西亚的国防战略主要包含三个方面。第一，强调自主与自立。马来西亚的国防战略强调以依靠自身防御能力维护国家利益和安全为根本原则，在此基础上不断完善自身武装力量，达到独立和自立的状态。第二，重视发展区域合作，尤其重视东盟平台，强调在东盟国家间寻求相互支持以应对外部威胁。第三，适当寻求外部援助。马来西亚适当对外求购军备武器，组织人员培训，共同举行军事演习，来不断提升自身的防御能力。①

在此大框架下，马来西亚通过双边和多边两个层面，积极开展国防安全合作，预防可能出现的威胁国家安全以及破坏地区和平的武装冲突。一方面，马来西亚非常重视双边层次的合作，与中国、美国、日本、澳大利亚等亚太地区重要国家都签订了国防合作协议。不过，由于马来西亚奉行“不结

① Alexandria，“Malaysian National Defence Policy”，Virginia，USA，http：//www. globalsecurity. org/military/world/malaysia/policy. htm.

盟策略”，这些合作往往只触及表面，合作的深度和广度均受到一定的限制。另一方面，马来西亚倚重东盟平台，其多边合作主要在东盟地区合作的框架下开展，如东盟地区论坛（ASEAN Regional Forum）和东盟国防部长会议（ASEAN Defence Ministers Meeting）等。通过这样的合作形式，马来西亚与东盟内其他国家，以及域外国家在传统安全和非传统安全领域均展开对话与磋商，寻求以和平方式解决困扰马来西亚和地区和平的防务安全问题。此外，马来西亚也参与了五国联防组织（the Five Power Defence Arrangements），与英国、澳大利亚、新西兰和新加坡等英联邦国家积极展开军事合作，作为其国防政策的重要补充。

二　中马安全合作现状

中马两国在防务安全领域的合作起步较晚，但近年来合作愈发紧密。虽然两国于1974年就建立了外交关系，但直到1995年才开始在安全领域展开合作。当时，两国正式在驻对方使馆中设立了武官处，这标志着两国合作从经贸等传统领域拓展至安全领域。此后，双方军方高层领导人会晤显著增加，两国海军军舰也多次互访。2005年，两国正式在官方发布的《中马联合公报》中，就传统和非传统安全合作达成初步协议。同年，双方签署了《防务合作谅解备忘录》，之后又于2006年签署《海上合作谅解备忘录》，在马六甲海峡的海运海事、安全救援、信息共享和人员培训等方面达成合作意向。[①] 一直以来，双方都秉持着尊重对方的原则，不参与、不组织、不策划任何有损对方国家利益的事件，因此双方在安全领域的合作逐步推进，不断深化。

（一）传统安全领域

传统安全领域合作是中马两国防务安全合作的重要组成部分。多年来，

① Raghanan Sneha, Ben-Ari Guy, *ASEAN Defense Industry Collaboration*, Washington D. C.: Center for Strategic & International Studies, July, 2011.

中马两国始终保持互信互利的友好关系，防务与安全领域的合作不断得到扩展，军事合作关系进一步深化。中马两国在防务磋商、人员往来、军事装备、军事演练等方面均进行了密切的合作。自2013年两国关系提升为全面战略伙伴关系以来，中马两国在传统安全领域的交流显著增加，质量明显提高。

第一，防务磋商层面。自2005年正式签署《防务合作谅解备忘录》以来，中马两国在防务磋商层面的合作日益深化，在防务政策制定、磋商机制建设和共同议题推进方面取得了一定的合作成果。首先，在政策方面，中马两国高层签署了多项合作协议，为两国开展防务合作制定了基本的框架。在前期已经签署《防务合作谅解备忘录》《海上合作谅解备忘录》《中马联合公报》的基础之上，中马双方在2016年纳吉布总理访问中国之际，续签了《防务合作谅解备忘录》，在政策层面延续了双方在防务安全方面的合作意愿，继续深化两国安全合作。其次，双方建立了防务安全磋商机制，定期就中马两军关系和地区安全形势深入交换意见。2012年，中国人民解放军副总参谋长马晓天和马来西亚国防部秘书长伊斯迈共同出席并主持了中马首次举办的防务安全磋商会议。① 2015年，在双方建立全面战略伙伴关系后，中马双方共同主持了第二届中马防务安全磋商，继续就双方感兴趣的共同问题展开积极讨论。② 防务磋商机制的建立不仅有利于双方消除在特定安全问题上对对方的误解，避免战略误判，加深安全互信，更有利于对双方未来的合作方向与领域做出规划，有效控制现有和可能的冲突和危机。再次，中马双方均在东盟等双边和多边框架下推动南海等共同议题的和平解决。一方面，中马在双边框架下积极讨论了建立中马海上问题双边磋商机制，作为两国就海上问题进行合作对话的重要平台。③ 这一机制的建立将增进双方在南海问

① 《中国—马来西亚首次防务安全磋商在吉隆坡举行》，中国政府网站，http://www.gov.cn/jrzg/2012-09/10/content_2221135.htm（访问时间：2020年3月18日）。

② 《第二届中马防务安全磋商在京举行》，中国军网，http://www.81.cn/jmywyl/2015-05/19/content_6496635.htm（访问时间：2020年3月18日）。

③ 《中国与马来西亚建立海上问题磋商机制》，新华网，http://www.xinhuanet.com/politics/2019-09/12/c_1124990886.htm（访问时间：2020年3月18日）。

题上的了解与互信，推进海上合作，维护南海和平与稳定。另一方面，中马两国在东盟等多边框架下展开安全合作。2013 年以来，中马双方共同致力于推动“南海行为准则”的出台。2019 年 9 月，中国外交部长王毅在与马来西亚外交部长赛夫丁会谈后表示，中马将力争推动其他东盟国家在 2021 年底前完成有关“南海行为准则”的磋商。① 同时，中马两国还曾在 2015 年联合主办了东盟地区论坛第四次救灾演习，丰富了两国安全合作的维度。

第二，人员往来层面。长期以来，中马军事人员往来逐步增多，高层互访日益密切，军队访问日渐频繁。一方面，从 2013 年以来，双方高层互访多达数十次，安全互信逐渐加深。2015 年 10 月，中央军委副主席范长龙会见来华出席中国—东盟国防部长非正式会晤及香山论坛的马来西亚国防部长希沙慕丁。② 同年 11 月，纳吉布总理在马来西亚会见了参加第三届东盟防长扩大会议的中国国务委员兼国防部长常万全。③ 2016 年 5 月，中央军委副主席许其亮会见了来华访问的马来西亚海军司令卡马鲁扎曼。④ 2018 年 10 月，国务委员兼国防部长魏凤和在京会见参加第八届北京香山论坛的马来西亚国防部长穆罕默德·萨布。⑤ 数年内高层的多次互访，不仅显示出双方在防务安全层面的互信程度，也为双方深化联演联训、军备购买等方面的务实合作打下基础，为两国安全合作定下了基调。另一方面，中马两国军队的互访次数较之前显著增加。2017 年 1 月、5 月和 9 月，中国海军舰艇编队及机

---

① 《中方：力争两年内完成“南海行为准则”磋商》，央视新闻，http：//tv. cctv. com/2019/09/12/VIDE3JsMWUVO9AgSTxFm0FUJ190912. shtml? spm = C53156045404. PKXC0xLPAnP9. 0. 0（访问时间：2020 年 3 月 18 日）。

② 《范长龙会见马来西亚国防部长》，人民网，http：//cpc. people. com. cn/n/2015/1016/c64094 – 27704143. html（访问时间：2020 年 3 月 18 日）。

③ 《马来西亚总理纳吉布会见常万全》，国防部网，http：//www. mod. gov. cn/leader/2015 – 11/03/content_ 4627149. htm（访问时间：2020 年 3 月 18 日）。

④ 《许其亮会见马来西亚海军司令卡马鲁扎曼》，人民网，http：//military. people. com. cn/n1/2016/0525/c1011 – 28376549. html（访问时间：2020 年 3 月 18 日）。

⑤ 《魏凤和分别与朝鲜、新加坡、马来西亚客人会见会谈》，中国政府网，http：//www. gov. cn/guowuyuan/2018 – 10/24/content_ 5334196. htm（访问时间：2020 年 3 月 18 日）。

密程度极高的常规潜艇曾多次停靠马来西亚海军基地。对于外界的疑问，马来西亚海军发表声明说，中国海军来访只是中马两国海军定期友好交流的一部分。2017 年 10 月，中国海军第 23 批护航编队结束了亚丁湾护航任务抵达马来西亚巴生港，开始对马来西亚进行为期 5 天的友好访问。[①] 这些互访活动均反映出中马之间防务合作不断深化和已逐渐形成更高程度的信赖关系，表明中马两国和两军的互信已经上升到新的高度。

第三，军事装备层面。军事装备合作是近年来中马双方首次涉及的军事合作，为两国防务安全合作拓展了新的合作领域。马来西亚皇家海军计划淘汰现有的 15 个型号的老式舰艇，之后集中采购和建造 5 个种类的新舰艇，其中包括向中国订购的 18 艘濒海多任务舰。2016 年 11 月，中马两国签署了《关于共同开发建造马来西亚海军濒海多任务舰合作框架协议》和第一批 4 艘价值 2.46 亿美元的定购合同，显示出马来西亚在军备采购方面对中国释放了信任的积极信号。[②] 2019 年 4 月，马来西亚皇家海军首艘中国制造的濒海多任务舰“KERIS”（意为“马来短剑”）号在武汉双柳基地正式下水。[③] 这是马来西亚从中国获得的第一艘军舰，在两国的防务安全合作方面有着重要的象征意义，再次凸显了中马两国日益深化的防务安全合作。

第四，军事演练层面。2013 年以来，中马两国已连续多年举办联合军事演习，促进了双方在军事行动中的深度协作，显示出双方共同维护地区和平稳定的决心。中马两国自 2014 年以来连续三年举行了代号为“和平友谊”的双边联合军事演习，并在 2018 年与泰国联合将军演拓展至三边。联合军演囊括陆海空三军，是中国与东盟国家迄今举办的最大规模系列联合军演。演习的举行标志着中马两国防务安全合作的新突破，也是拓展双方军队交流合作的重要机制，将密切两军关系并提升两军友谊。

---

① 《中国海军护航编队访问马来西亚》，国防部网站，http://www.mod.gov.cn/diplomacy/2016-10/07/content_4742371.htm（访问时间：2020 年 3 月 18 日）。

② 《中华人民共和国和马来西亚联合新闻声明》，新华网，http://www.xinhuanet.com/world/2016-11/03/c_1119846165.htm（访问时间：2020 年 3 月 19 日）。

③ 《马来西亚首艘“濒海多任务舰”在武汉下水》，搜狐网，https://www.sohu.com/a/309515325_617301（访问时间：2020 年 3 月 18 日）。

（二）非传统安全领域

2019年12月，马来西亚国防部公布了马来西亚首部《国防白皮书》。白皮书在马来西亚国防战略的基础上进行草拟，对2021～2030年国防发展方向做出了基本的规划。在该份文件中，除了既有的国防政策外，马来西亚政府尤其强调了需要集中精力应对非传统安全对于国家的威胁，包括恐怖主义、海盗和海上安全、网络犯罪和网络安全、跨国犯罪等问题，反映出马来西亚政府未来10年的防务安全重点。中国政府可以在这些方面与马来西亚进行大力合作，扩展两国安全合作的领域和深度。多年来，除了深耕传统安全领域的防务合作外，随着全球局势的不断变化，中马两国也逐渐将安全合作向非传统安全领域拓展，并在反恐行动、维护网络安全与打击跨国犯罪三个方面取得了较为丰硕的合作成果，显示出两国安全合作的广度与深度。

第一，反恐行动。作为以伊斯兰教为国教的国家，马来西亚成为“伊斯兰国”（IS）武装分子理想的人员招募地，并被当作部分极端分子的避难所。2013年2月到2019年9月，马来西亚当局共逮捕了511名涉嫌参与恐怖主义活动的有关人员。[①] 其中，175人是外国人。同时，“伊斯兰国”极端分子组织策划、实施了多起恐怖主义活动，如2016年6月蒲种的酒吧被炸[②]等。这些恐怖主义活动往往带有跨国家和跨区域等特征，单靠马来西亚无法有效解决。近年来，中马两国在反恐行动上达成了多项共识，通过人员交流、共同研究等形式积极打击恐怖主义活动。2019年6月，由公安部主办，中国刑事警察学院承办的2019年马来西亚反恐培训班在中国正式开班。马来西亚警察总署特别调查局反恐部门副警监阿伍陆丁·穆罕默德·莱斯本等学员全程参加了此次培训班，表明了双方共同打击恐怖主义犯罪活动的坚定信念，以及共同提升自身反恐能力的迫切需求。通过此次培训，马来西亚

① Defence White Paper, Ministry of Defense, Malaysia.

② Malaysian Police Confirm Nightclub Blast First Successful Attack by ISIS on Malaysian Soil, Straitstimes, https: //www. straitstimes. com/asia/se－asia/malaysian－police－confirm－isis－elements－behind－nightclub－blast（访问时间：2020年3月19日）。

认真学习、了解中国在打击恐怖主义犯罪领域的宝贵经验和做法，为共同应对安全领域的各种挑战，为助推两国警务执法合作做出积极贡献。[①] 对于两国间的反恐合作，中国外交部涉外安全事务司副司长王立新指出，这是两国关系的重要组成部分，也体现了两国之间的高度互信。[②]

第二，网络安全。网络空间是国家安全与地缘政治中新的议题领域。由于涉及银行系统、电力供应、海港和机场等交通服务，以及医疗服务等领域，网络安全的重要性日益提高。尤其自2006年以来，全球遭受网络攻击事件大大增加，德国、伊朗、乌克兰和其他国家均发生了针对关键基础设施的攻击事件，影响到当地的正常生活与社会发展。根据2018年《亚太地区的网络威胁：确保数字世界中的现代企业安全》研究，由于网络安全事件造成的马来西亚潜在经济损失可能达到122亿美元，占其GDP的4%以上。[③] 因此，马来西亚政府近年来越发重视对网络安全的维护，并选择与中国华为公司展开了战略合作。2017年，华为与马来西亚签署了合作谅解备忘录，宣布支持马来西亚实现跨国网络安全、中小企业发展和大学教育的数字化转型，帮助其创造更加安全、更加稳定的网络安全空间。根据该份备忘录，华为将与马来西亚网络安全机构建立督导委员会，每年就审议机制标准问题和科技创新、制定识别和管理网络安全威胁的方法等议题展开讨论。同时，华为也将在马来西亚开设企业培训课程，培养更多的网络安全人才。此外，在全球大多西方国家压制华为5G技术的推广时，马来西亚仍旧与华为公司达成合作，选择在网络安全领域与中国企业进行深入合作。

第三，跨国犯罪。由于良好的地理位置、较高的国际化程度，马来西亚

---

① 《2019年马来西亚反恐培训班在我院开班》，中国刑事警察学院官网，http://www.cipuc.edu.cn/info/2707/4399.htm（访问时间：2020年3月19日）。

② 《两国关系重要组成部分，马中反恐体现高度互信》，光华网，https://www.kwongwah.com.my/20190620/（访问时间：2020年3月19日）。

③ Cybersecurity Threats to Cost Organizations in Malaysia US $12.2 Billion in Economic Losses, Microsoft News, https://news.microsoft.com/en-my/2018/07/12/cybersecurity-threats-to-cost-organizations-in-malaysia-us12-2-billion-in-economic-losses/（访问时间：2020年3月19日）。

成为许多跨国犯罪行为的温床。许多犯罪行为如电信诈骗、走私毒品、人口贩卖或起源于马来西亚，或将该国作为中转站，极大地危害了其社会稳定，成为新的安全难题。中马自2012年起便开始了在打击跨国犯罪领域的合作。2012年8月，中国公安部与马来西亚内政部正式签署了《关于打击跨国犯罪的合作协议》。基于该协议，双方同意从2012年起每两年轮流在中马召开联合工作组会议。2012年10月，中马打击跨国犯罪合作联合工作组首次会议在吉隆坡召开[①]；2014年11月，中马打击跨国犯罪合作联合工作组第二次会议在北京举行[②]；2017年6月，中马打击跨国犯罪合作联合工作组第三次会议在吉隆坡召开。[③] 该会议机制自建立以来已经取得了丰硕的合作成果，有效维护了两国的国家安全与社会稳定。2018年，中国和马来西亚禁毒部门联合成功侦破一起重大跨国走私贩毒案，在马来西亚雪兰莪州和槟城共抓获“龙哥”等11名马来西亚籍犯罪嫌疑人，缴获冰毒245.2公斤。[④] 此外，马来西亚也在中国警方的帮助与支持下，破获了一起涉案金额超千亿元人民币的电信诈骗案。[⑤] 在中马双方的合作下，跨国犯罪得到了有效的遏制。

不论是传统安全层面，还是非传统安全层面，中国和马来西亚的安全合作，都突破了以往中国与东南亚地区国家的安全合作模式，为东南亚其他国家提供了新的合作模版，打造了新的合作范式。[⑥]

---

① 《孟建柱会见马来西亚内政部长并出席中马执法合作首次联合工作组会议》，《参考消息》，https：//world. cankaoxiaoxi. com/2012/1022/108353. shtml（访问时间：2020年3月19日）。

② 《郭声琨会见马来西亚内政部部长扎希德》，人民网，http：//legal. people. com. cn/n/2014/1118/c188502 - 26045370. html（访问时间：2020年3月19日）。

③ 《中马第三次打击跨国犯罪合作联合工作组会议在吉隆坡举行》，新华网，http：//www. xinhuanet. com//2017 - 06/03/c_ 1121080610. htm（访问时间：2020年3月19日）。

④ 《中马两国禁毒部门联手破获一重大跨国走私贩毒案》，新华网，http：//www. xinhuanet. com/legal/2018 - 08/01/c_ 1123207586. htm（访问时间：2020年3月19日）。

⑤ 《马来西亚破获最大中国公民电信诈骗，680人被捕》，观察者，https：//www. guancha. cn/internation/2019_ 11_ 22_ 526034. shtml（访问时间：2020年3月19日）。

⑥ 《中国潜艇再访马来西亚　开创军事合作“新样板”》，中华网，https：//military. china. com/important/11132797/20170918/31459615_ all. html#page_ 2（访问时间：2020年3月19日）。

三　中马安全合作存在的问题与展望

2013~2019年，中国和马来西亚在安全领域开展了密切的合作，无论合作项目的数量还是质量，较之前都有了新的突破。然而，相较于两国成熟的经贸领域的合作，中马两国在安全领域的合作刚刚起步，依然存在一定的问题和可待改进的空间。

总体而言，中马两国之间的安全合作存在两个方面的问题。第一，合作面仍然较窄。尽管中马两国在人员交流、军备采购和联合军演等方面都已经开展了合作，在传统安全和非传统安全领域均达成了合作协议，但是相比较经贸领域合作的广度，两国在安全领域的合作面依然较窄。诚然，这一部分与中马两国自身的"不结盟战略"有一定关系，但两国依然可以在其他领域，尤其是非传统安全领域展开新的合作，比如维护海上安全、疾病防治和自然灾害救助等。

第二，合作深度依然较浅。当前，中马国防安全合作尚在起步阶段。虽然两国已经达成了防务合作的多个意向和协议，但这些意向与协议仅仅是政策框架，后续仍然需要有实质性的进展。比如说中马双方签订的《防务合作谅解备忘录》，两份协议相隔了11年，存在着极大的滞后性。又如双方在反恐合作方面只有意向和合作态度，却没有实质性的工作小组或合作机制。另外，一些工作组会议和双方活动也经常存在不按时举办等问题，失去了其固定沟通交流渠道的意义。特别是自希望联盟政府上台后，两国此前例行的许多安全合作突然陷于停滞状态。虽然这与马来西亚更换新政府，行政工作方面有一定的滞后性有一定的关系，但是中国政府仍可以单方面敦促马来西亚完成既有的合作协议，并向新政府表达合作诚意，进一步深化两国的合作关系。

对此，中马两国可从以下三个层面着手，切实推进双边安全合作。

第一，安全合作制度化。中马双方应就达成共识的防务合作，以制度化、法律化的形式确定下来，保证这些合作不会因为更换政府或者其他事件而中途突然停滞，破坏合作的延续性和完整性。双方应在已有的如军事演习、打击跨国犯罪、反恐等领域建立长效合作机制，规定两国在这些合作中应尽的义务，以及不应该做的、可能影响对方利益的、危害对方国家安全的行为，有效约束双方的行动，保证安全合作的可持续性。

第二，人员往来扩大化。尽管两国高层往来频繁，但在军队层面，中马两国的人员往来仍有较大的增长空间。首先，双方可以扩大交流的军种，从海军延展至空军和陆军。双方的军队可组织经常性地实地考察，前往对方训练、学习的地方，相互学习对方在国防现代化中的优秀经验。同时，双方也可就特定的议题，如打击恐怖主义和跨国犯罪等，定期举办培训课程和讲座，提高双方在这些方面的业务能力，提升合作质量。可借助互联网等新兴教育方式，进行“云”学习，并在线上互相分享知识与经验。此外，双方也应有意识地培养懂得对方语言的军事人才，方便双方的交流沟通。

第三，合作项目多元化。对于两国安全合作领域较窄的问题，中马两国可考虑在适当的范围内，一方面深化既有的合作领域，如跨国犯罪等，一方面拓展新的合作领域，比如维护海洋安全和能源安全、自然灾害防治等。首先，对于现有的但合作程度较浅的领域，如打击跨国犯罪，鉴于该问题的日益严重性和高发生概率，中马双方可以考虑增加双方沟通的次数，扩宽沟通渠道。中马两国可以特设专门的打击跨国犯罪合作部门进行定期对接，频率定为3～6个月一次，密切追踪横跨两国的犯罪事件，推动案件的尽快解决。同时，双方也应进行司法合作，考虑对在对方国家进行违法犯罪的人员实行引渡，并做好善后工作。其次，中马双方可借助自身的优势，在海洋安全领域开展合作，从侧面推动南海问题的切实解决。对于马六甲海峡和南海部分海域猖獗的海盗现象，中国可在与马来西亚达成合作协议的基础上，展开海洋外交，派出中国的精良舰队驱逐海盗，维护马六甲海峡的安全稳定。同时，双方可共同开发海洋经济，对双方各自的海洋资源进行更深层次的开发利用。因为中国海洋开发的历史较久，经验较为丰富，技术更为发达，马来西亚可借鉴中国在海洋渔业、海洋运输业、海盐业、滨海旅游业等领域的经验，推动自身海洋产业结构的转型，不再一味地依赖油气资源开发。再次，在自然灾害防治方面，数据显示，1998~2018年，马来西亚共遭受51次自然灾害的侵袭，逾300万人受到影响，造成直接经济损失达6亿美元。[①] 尤其是近些年，吉兰丹、登嘉楼和彭亨等州每年都会遭遇洪水，灾民人数高达数十万。与此同时，每年旱季时，马来西亚又有数州面临严重的干旱，对当地人民的生活和农业发展均造成了极大的负面影响。由于基础设施的不断完善、气象监测预报预警和气象服务能力持续提高，中国应对和防治旱涝等自然灾害的能力明显增强。对此，中国可在自然灾害防治领域与马来西亚开展合作，将自身的防治经验推广至马来西亚，帮助马来西亚解决自然灾害的问题。

中马两国是可互信互赖的战略伙伴。在全球局势愈发紧张的今天，中马两国应更加积极地深化双方在安全领域的合作，共同维护各自的国家安全，维持地区的安宁与稳定。

参考文献

Batau M. F. B. A., Osman N., Keling M. F., "Importance of Malaysian Defense Industry Towards National Security," *Malaysian Journal of Social Sciences and Humanities*, 2020, 5 (2), pp. 7-12.

Gong X., "Non-traditional Security Cooperation between China and South-east Asia: Implications for Indo-Pacific Geopolitics," *International Affairs*, 2020, 96 (1), pp. 29-48.

Lai C. J., "Rhetorical Traps and China's Peaceful Rise: Malaysia and the Philippines in the South China Sea Territorial Disputes," *International Relations of the Asia-Pacific*, 2019, 19 (1), pp. 117-146.

Ngeow C. B., "Malaysia's China Policy and the South China Sea Dispute Under the Najib Administration (2009-2018): A Domestic Policy Process Approach," *Asian Politics & Policy*, 2019, 11 (4), pp. 586-605.

Sulaiman A., Yahaya M. N., Ananthan S., et al., "Defense Expenditures of Selected

① 《20年51自然灾害　大马281死失80亿》，〔马来西亚〕《诗华日报》，http://news.seehua.com/?p=398002（访问时间：2020年3月19日）。

Countries in Southeast Asia," *International Journal of Academic Research in Business and Social Sciences*, 2019, 9 (6).

Wei Y., "Territorial Disputes: China and Its Neighbors," *Issues Decisive for China's Rise or Fall*, Singapore: Springer, 2019, pp. 51 - 82.

Yahaya M. N., "Is Malaysia Defense Industry Geared towards Self Reliance Capability? A Conceptual Analysis," *International Journal of Academic Research in Business and Social Sciences*, 2019, 9 (1).

〔马来西亚〕达图·阿卜杜勒·马吉德:《中马关系与马来西亚的对外政策》,张洁译,《当代亚太》2003 年第 9 期,第 3 ~ 6 页。

谷名飞:《马来西亚的国防外交策略与中马安全合作前景》,《东南亚纵横》2015 年第 7 期,第 20 ~ 24 页。

骆永昆:《浅析中国—马来西亚全面战略伙伴关系——以马来西亚外交战略为研究视角》,《东南亚之窗》2013 年第 3 期,第 27 ~ 33 页。

骆永昆:《浅析马来西亚外交战略的发展及其特点》,《和平与发展》2013 年第 5 期,第 104 ~ 111、116 ~ 117 页。

廖小健:《马来西亚国家利益与对华政策转变》,《南洋问题研究》2006 年第 3 期,第 1 ~ 18 页。

饶兆斌:《马来西亚外交与国防》,华社研究中心,2018。

附录

Appendix

B.19

马来西亚大事记（2019年1~12月）

廖博闻*

1月2日　马来西亚总理马哈蒂尔表示将与中方谈判缩减东海岸铁路计划规模。

1月6日　吉兰丹州苏丹穆罕默德五世宣布正式辞去第15任最高元首职务。

1月8日　马来西亚外长赛夫丁赴新加坡会晤该国外长，商讨两国领空问题。

1月26日　巫统在金马伦补选中获胜。

1月31日　马来西亚彭亨州苏丹阿卜杜拉·苏丹艾哈迈德·沙阿宣誓就任马来西亚第16任最高元首。

3月2日　巫统在士毛月州席补选中获胜。

3月14日　马来西亚与新加坡发表共同声明，同意停止扩大港口海域

* 廖博闻，新加坡国立大学马来研究系硕士研究生。

边界。

4月3日 马来西亚吉隆坡高等法院开始审理前总理纳吉布被控背信、滥用权力和洗钱的有关案件。

4月12日 马来西亚国家耆老理事会主席达因宣布重启东海岸铁路计划。

4月13日 巫统在晏斗选区补选中获胜。

4月16日 中国国务委员兼外交部长王毅会见马来西亚外交部秘书长沙鲁尔。

4月18日 马来西亚通信与多媒体部主办的马来西亚5G技术展开幕，华为等中国企业参展。

4月25日 中国国家主席习近平在人民大会堂会见马来西亚总理马哈蒂尔。

4月25日 中国国务院总理李克强在钓鱼台国宾馆会见马来西亚总理马哈蒂尔。

4月25日 中国全国人大常委会委员长栗战书在人民大会堂会见马来西亚总理马哈蒂尔。

5月11日 希望联盟成员民主行动党在山打根补选中获胜。

5月26日 马来西亚总理马哈蒂尔表示，马政府将致力于继续加强马中关系，与中方开展更加紧密和具有意义的合作。

5月28日 马来西亚葵花籽油首次通过陆海新通道运至重庆。

5月30日 马来西亚能源、科技、气候变化与环境部长杨美盈敦促发达国家停止向包括马来西亚在内的发展中国家输出塑料等垃圾废品。

5月31日 中国国家主席习近平同马来西亚最高元首阿卜杜拉就中马建交45周年互致贺电。国务院总理李克强同马来西亚总理马哈蒂尔互致贺电，马哈蒂尔在贺电中盛赞中国的可持续增长及和平发展，表示马中关系亲密友好，马方希望同中方不断拓展两国合作。

6月13日 中共中央政治局委员、广东省委书记李希在普特拉贾亚会见马来西亚希望联盟名誉主席、政府总理马哈蒂尔。

6月17日 马来西亚首批冷冻带壳猫山王榴莲发往中国。

6月21日 马来西亚柔佛出现空气污染事件，多名学生呼吸困难。

6月30日 艾哈迈德·扎西德宣布结束告假重新领导巫统。

7月1日 中共中央对外联络部部长宋涛在北京会见马来西亚民主行动党秘书长、财政部长林冠英。

7月8日 应中国国务院副总理孙春兰邀请，马来西亚副总理兼妇女、家庭及社会发展部长万·阿齐扎于7月8~11日对中国进行正式访问。

7月9日 中国国家副主席王岐山在北京中南海会见马来西亚副总理万·阿齐扎。

7月25日 马来西亚教育部考虑将加威文书法艺术纳入华泰小国语课纲引起争议。

7月30日 马来西亚第16任最高元首阿卜杜拉·苏丹艾哈迈德·沙阿在首都吉隆坡的国家王宫正式登基。

8月2日 中国国务委员兼外交部长王毅在泰国曼谷会见马来西亚外长赛夫丁。

8月21日 中共广东省委书记李希、省长马兴瑞在广州会见马来西亚财政部长林冠英。

8月27日 马来西亚原粒榴莲首次以包机形式运往中国。

8月28日 马来西亚前总理纳吉布涉“一马公司”案开庭审理。

8月31日 马来西亚庆祝独立62周年。

9月3日 中共中央政治局委员、全国人大常委会副委员长王晨在京会见由马来西亚国会下议院副议长、民主行动党副秘书长倪可敏率领的执政联盟议员考察团。

9月4日 中共中央对外联络部部长宋涛在京会见由马来西亚国会下议院副议长、民主行动党副秘书长倪可敏率领的执政联盟议员考察团。

9月9日 应中国国务委员兼外交部长王毅邀请，马来西亚外长赛夫丁于9月9日至14日访华。

9月10日 马来西亚烟霾污染导致400多所学校停课。

9月12日 中国国务委员兼外交部长王毅和马来西亚外交部长赛夫丁在北京会谈后达成一致，同意建立中马海上问题双边磋商机制，作为两国就海上问题开展对话合作的重要平台。国家副主席王岐山在中南海会见马来西亚外长赛夫丁。中共中央政治局委员、中央外事工作委员会办公室主任杨洁篪在北京会见马来西亚外长赛夫丁。

9月14日 巫统与伊斯兰教党正式结盟。

9月18日 马来西亚与中国开展篮球交流活动。

10月30日 马来西亚首家孔子学院——马来亚大学孔子学院庆祝成立10周年。

10月31日 马来西亚总理马哈蒂尔宣布马新捷运系统项目（RTS）重启。

11月16日 国民阵线成员马华公会在丹绒比艾补选中获胜。

11月19日 首批马来西亚毛燕出口中国。

11月22日 马来西亚财政部长林冠英削减拉曼大学拨款引起争议。

12月9日 2020年亚太经合组织（APEC）领导人非正式会议12月9～11日在马来西亚兰卡威举行。

12月12日 董总联合17个华教组织计划举办《华团联席会议》，随后被迫取消。

12月17日 中国中铁股份有限公司旗下全资子公司中国铁路工程（马来西亚）有限公司参与组建的联营体，与马来西亚财政部下属企业TRX City签署协议，收购“马来西亚城”项目60%股权。

12月29日 加威文书法行动组织召开全国加威文大会。

Abstract

The year of 2019 was another important year in Malaysian history. During this year, new changes have taken place in Malaysia's politics, economy, diplomacy and national defense. Pakatan Harapan, the ruling coalition led by Tun Dr. Mahathir witnessed its first anniversary of administration, but the internal conflict within the coaliton intensified. The public's dissatisfaction and criticism to the government increased, and the relationship between Tun Dr. Mahathir and Anwar, the chairman of the People's Justice Party, became more subtle, eventually ending with Mahathir's resignation in February 2020. Due to the power struggle, Malaysia's economy has not performed well in the past year with the slowing down of economic growth and foreign trade and investment failing to meet the expected target. Coupled with the impact of the noval coronavirus epidemic, the downward pressure on the economy will continue to increase. Nonetheless, the Mahathir government within the year launched two important guidance documents, *the Foreign Policy Framework* and the "Defence White Paper", intending to take an active role in diplomatic and defense fields, to give full play to Malaysia's role as a regional power.

At the same time, the year of 2019 was also the 45th anniversary of the establishment of diplomatic relations between China and Malaysia. 45 years ago, on May 31, China and Malaysia built its diplomatic relations against the background of the Cold War between the United States and the Soviet Union. In the past 45 years, although China and Malaysia experienced ups and downs, bilateral relations have always moved forward steadily. Especially since May 2018, when Malaysian regime changed, China-Malaysia relations steadily developed amidst fluctuations. Cooperation between the two parties in political, economic, security, social and cultural fields has strengthened. Currently, China and Malaysia have become important trading partners to each other, and Malaysia becomes a key partner country for China's "Belt and Road" investment, making China-Malaysia Comprehensive Strategic Partnership a model of relations between China and neighboring countries. However, with the change of the Malaysian regime and the continuous spread of the noval coronavirus pandemic, China-Malaysia relations will usher in new opportunities and challenges.

Focusing on the research of Malaysia's politics, economy, diplomacy, security, social culture and China-Malaysia relations, this report will discuss the latest changes in Malaysia and China-Malaysia relations in order to provide recommandations for Chinese government. The general report highlights the annual characteristics of the situation in Malaysia; the sub-reports focus on the new changes in politics, economy and diplomacy and Malaysia's first "National Defence White Paper"; The sepcial reports concentrate on the key and hotpost issues in 2019, such as the development of the newspaper industry and education industry, and the cooperation between China and Malaysia in East ASEAN Growth Area. The appendix introduces the current status of domestic and foreign scholars' research on Malaysia, as well as major events this year.

Keywords: Malaysia; Political Situation; Economic Situation; China-Malaysia Relations

Contents

I General Report

Abstract: The year of 2019 witnessed intense political struggle in Pakatan Harapan, the ruling coalition in Malaysia. People's dissatisfaction with the Pakatan Harapan-led government increased. Whether Tun Dr. Mahathir, the Prime Minister of Malaysia will hand over his power to Anwar Ibrahim, the President of Parti Keadilan Rakyat, drew great attention. Though the government published its new foreign policy framework and the first *National Defence White Paper* to promote the relations with neighboring countries and enhance defense capabilities, the economy encountered great pressure for sustainable growth and the contradiction among ethnic groups intensified. In February 2020, Tun Dr. Mahathir stepped down unexpectedly in order to seek for the power again by the support of the newly political party alliance called Perikatan Nasional. However, Tan Sri Muhyiddin Yassin, the President of Parti Pribumi Bersatu Malaysia, was finally appointed to become the new Prime Minister, making the situation full of uncertainties.

Keywords: Mahathir; Anwar; Muhyiddin; Handover of Power

Ⅱ Topical Reports

B. 2 Malaysian Politics in 2019 *Fu Congcong* / 027

Abstract: In 2019, Malaysia Pakatan Harapan (Alliance of Hope) government tried to "find a cure through chaos" and staggered to push for political reformation. The halo of reformation had lost its shine on the anniversary of its administration with social discontent on the rise. By-election defeats reflected a decline in support, as campaign promises are difficult to keep, ethnic political figures remained and policies were repeatedly made difficult to implement. In a post-authoritarian Malaysia, the new ruling coalition has split and collapsed amid coalition's internal route divisions, factional strife, and differences in voter base within Pakatan Harapan. Perikatan Nasional (National Alliance), a new coalition of political parties under the leadership of the 8th Prime Minister Tan Sri Muhyiddin Yassin, continues to face such challenges as inter-party conflict, factionalism, intra-party rivalry, as well as entanglement of interests in competition and cooperation within the Alliance and regionalism in East Malaysia.

Keywords: Malaysia; Political Situation; Pakatan Harapan; Party Split

B. 3 Malaysian Economy in 2019 *Kong Tao* / 060

Abstract: Malaysian economy expanded 4. 3% in 2019, reaching a new low of the recent decade. Private consumption remained as the main engine of economic growth. Due to the escalating trade tensions between China and the US and weakened external demand, exports growth slowed down and imports contracted. However, positive net export resulted in increase in current account surplus. Investment in infrastructure declined and growth of construction sector was significantly subdued, resulting in greater downward pressure on growth. Fiscal position of Malaysia was generally robust while public spending experienced moderate contraction. Looking into 2020, Malaysia's economic outlook is facing major challenges. Given the domestic political turmoil and the global pandemic of COVID - 19, Malaysian economy is forecasted to grow between -2.0% and 0.5% by the central bank. However, restrictions imposed on domestic economic and social activities in addition to weakened external demand and disrupted supply chain will likely to create intense negative pressures on the export sector and to further impact labour market and consumption. As a result, negative growth in 2020 seems inevitable, although fixed-asset investment and public spending may ease the downward pressure on the economy to some extent.

Keywords: Malaysia; Economic Situation; Public Policy

Abstract: This chapter reviews developments of Malaysia's foreign relations in 2019. In terms of policy documents, the Ministries of Foreign Affairs and Defense of the Pakatan Harapan government issued two major documents respectively, *Foreign Policy Framework of the New Malaysia and Defense White Paper.* These two documents set the major direction of foreign and defense policy to be undertaken by the Pakatan Harapan government. Foreign Policy Framework stresses that Malaysia will be more proactive in its foreign policy and more open and democratic in the foreign policy decision - making process. *Defense White Paper* determines that Malaysia is a "maritime nation with continental roots." It stresses the international role of Malaysia as a linchpin, which is further understood to be consisting of three component: bridging, building and binding.

2019 was the year where the Pakatan Harapan government started to put into practice its conception of Malaysia as a middle power. In terms of actual development, Pakatan Harapan government attempted to maintain balancing act between rivalries such as China - US - Japan, Saudi - Iran, and India - Pakistan.

Relations with China improved in 2019 after the uncertainties resulted from the change of government in 2018, and the government declared support of China's Belt and Road Initiative. Mahathir also visited Japan frequently in 2019 and Malaysia -Japan relations improved significantly, while Malaysia's defense ties with the US remained robust. In the Islamic world, Malaysia's balancing act took it to lean towards more Iran and Turkey, which made Saudi Arabia unhappy. In terms of India -Pakistan, Malaysia also seemed to be more supportive of Pakistan, which also caused some uncertainties in Malaysia - India relations. Within ASEAN, Mahathir visited Vietnam. Both countries agreed that the maritime security issue has been a major concern and there should be more cooperation.

Keywords: Mahathir; Foreign Policy Framework; Balancing Diplomacy

B. 5 Malaysia's Defence Policy in 2019

—Based on the Analysis of Defence White Paper

Song Qingrun, Chen Rongxuan / 102

Abstract: On December 2, 2019, the Malaysian Pakatan Harapan government officially launched the country's first ever *Defence White Paper.* With the theme of "a secure, sovereign and prosperous nation", the white paper outlines the country's blueprint of defence policy for the next decade. In contrast to the *Dasar Pertahanan Negara* (Malaysian Defence Policy) released in 2010, Malaysia's current *Defence White Pape*r re-evaluates its strategic environment and pays special attention to address non-traditional security issues. The white paper also points out that as a maritime nation with continental roots, Malaysia need to focus on both the land and the sea. However, the implementation of the white paper could be disturbed by the incoherence in the Malaysian government's policies and the uncertainty of the Southeast Asian region as a whole.

Keywords: Malaysia; National Defence Policy; Defence White Paper

Ⅲ Special Reports

Abstract: In May 2018, the Pakatan Harapan government led by Mahathir successfully took office, changing the political process and structure of Malaysia. For more than a year, under the leadership of the new government Pakatan Harapan, Malaysia has steadily followed the path of political reform, meanwhile economic development has progressed steadily, and society has lived in harmony. It substantially has achieved substantial improvement, showing different characteristics compared to the leadership of the Barisan Nasional. However, in the process, the contradictions and differences within the Pakatan Harapan have been more and more intense, which gradually weakened the legitimacy basis of its rule, and eventually leading to the sudden collapse of the Pakatan Harapan government. The fall of the Pakatan Harapan has brought great uncertainty to the development of Malaysian politics.

Keywords: Pakatan Harapan Government; Political Situation; Racism

Abstract: Malaysian Chinese Association (MCA), having contributed to the independence of Malaysia (Malaya), has experienced rise and fall in the Malaysian political arena, with its role switching from a ruling party, to an opposition party, and now to a ruling one once again. Ever since the 2008 General Election, however, MCA has generally fallen into decline. In the following years, MCA was trapped in the dilemma between staying in or quitting *Barisan Nasional* (BN) and finally decided to remain in BN to maintain the diversity of the alliance. Still, MCA faces challenges appealing votes from Malaysian Chinese, having no choice but to rely on support from Malay voters. This article intends to analyse the challenges and possible future of MCA, based on the political landscape where the first ever transfer of political powers took place in 2018, while giving a hint about the classification of political parties and the latest development of the situation in Malaysia.

Keywords: Malaysian Chinese Association; Pakatan Harapan; Parti Islam Se-Malaysia; United Malayan National Organisation

B. 8 Development of Malaysian Newspaper Industry under the Pakatan Harapan Regime *Zhang Jingling* / 162

Abstract: On October 9, 2019, due to the shutdown of the Utusan Group, the 80 year-long-established Malay-language daily newspaper, *Utusan Malaysia*, stopped its publication. On December 16, the same year, the New Straits Times Group (NSTP) announced that it would reduced 543 employees. The two newspaper giants, which were Malaysian mainstream media for over 60 years, have been facing many crises since the general election in 2018, such as the loss of profit, the decline of stock price, layoffs, shutdown, stock replacement and restructuring. Does the change of the Malaysian regime or the decline of traditional media with the rise of the new media lead to the current situation in the mainstream media? By reviewing the changes in Malaysian newspaper industry after the shift of the regime, this article tries to evaluate the impact of the new media, the Pakatan Harapan regime and the media freedom and analyse the prospect of the Malaysian newspaper industry.

Keywords: Malaysian Newspaper Industry; Pakatan Harapan; Mainstream Media

Abstract: For a long time, imported foreign waste has had a great impact on Malaysia. Malaysians have different views on foreign waste, because it involves the interests of many people. There are many ways for imported waste to enter Malaysia, which is caused by complex reasons. The former government paid little attention to the problem. Since Pakatan Harapan came to power in May, 2018, Malaysia has adopted a series of tough new measures to deal with the serious issue of imported waste, which has aroused heated debate internationally. In recent years, waste management in Malaysia has become a key component of waste management and environmental protection in Southeast Asia. The Pakatan Harapan government has taken severe measures to deal with imported waste, which has had certain impact on both domestic and foreign stakeholders.

Keywords: Malaysia; Pakatan Harapan; Imported Waste

Abstract: In 2019, the education in Malaysia shows a good momentum of development. After the new government came to power, it attached great importance to the development of education. The Ministry of Education Malaysia has won biggest proportion of government budget for two consecutive years. The effects of education reform are beginning to show in different fields, as reducing the burden of teachers and students, repairing dilapidated schools, and continuously improving the quality of teaching; paying attention to the education of disabled people, increasing access to education for special groups, and improving the fairness of education; focusing on the development of higher education and increasing the autonomy of universities. Besides those achievements, certain controversial topics have also been generated during the period: the final decision on recognition of the UEC of independent Chinese secondary schools is still a mystery, the restoration of the policy of teaching mathematics and science subjects in English has aroused heated debate among the people, and the issue of teaching Jawi calligraphy in fourth grade of elementary school cannot unify people's opinion in current situation.

Keywords: Malaysia; Education Quality; Special Education

B. 11 Malaysia's Role and Function in ASEAN Under the Pakatan Harapan Administration *Kang Xiao, Yu Lei* / 222

Abstract: After the Pakatan Harapan government came to power, Malaysia has more actively relied on the "ASEAN Cornerstone" policy, used the ASEAN platform to make a voice to the international community, and actively participated in the construction of ASEAN norms and ASEAN integration. As a unit within the ASEAN system, Malaysia gradually builds its core role and critical function within the ASEAN through its interactions with ASEAN Member States and its interaction with countries outside Southeast Asia region. Relying on the framework of political system theory, this article explores the critical role played by Malaysia in the ASEAN system and its role in inter-regional interactions through the analysis of the case. In the consecutive development of the regional system, the role of Indonesia as the leader of ASEAN in the traditional perspective is gradually blurred. Under the leadership of the new government, Malaysia will participate in the construction of the ASEAN Community with a more active attitude.

Keywords: Malaysia; Pakatan Harapan; Political System Theory; ASEAN

Abstract: This article analyzes the domestic and foreign researches on Malaysia's current political and social changes in 2019. The objective is to introduce new perspectives and findings on Malaysia studies, which are derived from researches in various countries or regions in 2019, and compare the differences in their focus on research themes. This article finds that the Chinese academia has made accurate analysis and prediction of the political changes after the 2018 Malaysia general election. The degree of internationalization and organization of the Chinese academic community has improved. The media's attention to the dynamics of Malaysia and the topics vary greatly in various media. Attribution analysis of the 2018 election results, research on the mechanism of the gradual weakening of UMNO's power, and the China-Malaysia cooperation on the "Belt and Road" have received attention among academic journals in English.

Keywords: Malaysia; Area Studies; Media

Ⅳ China-Malaysia Relations

Abstract: There was a "February crisis" in Malaysian political situation in 2020, starting with Mahathir's resignation and ending with the coming to power of the National League led by Muhitin Yassin. As a result, Malaysian politics has changed again, and the "Pakatan Harapan" has once again become an opposition coalition, which has been in office for 22 months since the "509 general election" in 2018. During the reign of the "Pakatan Harapan", the Malaysian policy toward China under Mahathir Mohamad was fine-tuned, and the development of China-

Malaysia relations experienced a process of " dispelling the clouds and seeing the sun" . Taking this as the background, article takes the period during which the "Pakatan Harapan" is in power as the inspection cycle, and deeply analyzes the demands and the main characteristics of the policy toward China made by the Malaysian " Pakatan Harapan " government. On this basis, article combs the development of China-Malaysian relations during the period of the " Pakatan Harapan" government from the three aspects of political security, economic and trade exchanges and cultural exchange. Further more, it looks forward to the future of China-Malaysian relations under the dual influence of novel coronavirus's epidemic situation and Malaysia's "re-change" .

Keywords: Pakatan Harapan; National League; February Crisis; China-Malaysia Relations

B. 14 BIMP-EAGA: The New Growth Strength of China-Malaysia Cooperation *Xu Liping* / 280

Abstract: BIMP-EAGA is not only one of the important path of upgrading cooperation China-Asean, but also become the growth strength of China-Malaysia. The cooperation China-Asean in BIMP-EAGA has the political advantage, location advantage, natural resources advantage and human cultural advantage. The both sides have made successful cooperation in energy , infrastructure, communications and cultural . Looking forward to the future, China-Malaysia can make deeper cooperation in the field of infrastructure of connectivity , tropical-agriculture , maritime economic , digital economic and tourism sectors, elevating the level of China-Malaysia Comprehensive Strategic Partnership of China-Malaysia.

Keywords: BIMP-EAGA; Sabah; Sarawak; Cooperation of China-Malaysia

Abstract: Since the Pakatan Harapan came into power in 2018, Malaysia's domestic political environment has been turbulent, China's investment has become a victim of domestic political struggle in Malaysia. At the beginning of 2020, Mahathir's sudden resignation and Mohieldin's assumption of office have exacerbated the instability of China's investment in Malaysia. In addition, Malaysia's investment environment needs to be optimized. As a result, China's investment in Malaysia has declined and the uncertainty of large-scale projects under construction has increased, forcing China's investment in Malaysia to adjust and upgrade. However, these disadvantages were improved in the later period of Mahathir's reign, and further optimized during the reign of Mohieldin. Under "the Belt and Road" Initiative, the two governments, the society, the media and enterprises should take various measures to strengthen top-level design and communication, strengthen precise docking of the "Belt and Road" initiatives, promote humanities and academic exchanges, pay attention to publicity work, further promote and optimize investment cooperation between China and Malaysia, and deepen bilateral relations between the two countries.

Keywords: Pakatan Harapan; China-Malaysia Relations; Foreign Investment; "The Belt and Road" Initiative

Abstract: "Two Countries, Twin Parks", composed by China-Malaysia Qinzhou Industrial Park (CMQIP) and Malaysia-China Kuantan Industrial Park (MCKIP), marks the flagship project of China-Malaysia investment cooperation and

China-ASEAN cooperation demonstration zone. After eight years of construction and development, CMQIP has formed the industrial agglomeration in the fields of palm oil, bird nests, halal food, biomedicine, high-tech electronics, new energy etc. , which greatly benefits the development of bilateral economic and financial cooperation as well as the comprehensive strategic partnership. On 25th April 2019 after his meeting with Prime Minister of Malaysia, Mahathir Mohamad, President Xi Jinping put forward new positioning and requests to advance the building of "Two Countries, Twin Parks" cooperation, making it an important node of New Land-Sea Corridor and promoting connectivity and development between the two countries and among regions. Under the new circumstances when the National Alliance government is in power, China should play an active role, communicate with the new leadership of Malaysia, continue to implement the medium-and long-term plan of "Two Countries, Twin Parks", and speed up the development and construction of two industrial parks.

Keywords: "Two Countries, Twin Parks"; CMQIP; MCKIP

Abstract: China and Malaysia share a long history in the field of people-to-people exchange, providing the foundation for more interactions. The two sides are committed to realizing the diversity of people to people exchanges and forming a cross-ethnic, cross-civilization and cross-cultural interaction mode. The forms and achievements of people to people exchanges between China and Malaysia are manifested as in nine aspects: conducting dialogue forums, educational exchanges, cultural exchanges, health cooperation, tourism exchanges, media exchanges, scientific and technological exchanges, volunteer exchanges and twin towns exchanges. Further expanding people to people exchanges between China and Malaysia will help to consolidate the development of bilateral relations. Facing the future and continuously improving and deepening the people to people exchanges between the two countries, it is necessary to expand non-governmental exchanges and realize cross-ethnic cultural exchanges between the two countries.

Keywords: China; Malaysia; People-to-people Exchanges

Abstract: Malaysia occupies an important strategic position in the geographical location of Southeast Asia. However, the focus of the Malaysian government's development has been on economic development, which is more important than other areas such as national security. As a maritime country, Malaysia's defense security has always favored maritime security, based on which it has initiated active bilateral defense and security cooperation with China. In recent years, non-traditional security issues such as transnational crimes and cyber security have gradually arisen, which have become a major factor affecting China-Malaysia relations. Under the guidance of the Pakatan Harapan government's first draft of the National Defense White Paper, Malaysia's defense security field has also expanded from traditional security to non-traditional security fields, and accordingly cooperation with China also needs to be further expanded.

Keywords: China; Malaysia; Security Cooperation; Non-traditional Security

V Appendix

皮 书

智库报告的主要形式
同一主题智库报告的聚合

✤ 皮书定义 ✤

皮书是对中国与世界发展状况和热点问题进行年度监测，以专业的角度、专家的视野和实证研究方法，针对某一领域或区域现状与发展态势展开分析和预测，具备前沿性、原创性、实证性、连续性、时效性等特点的公开出版物，由一系列权威研究报告组成。

✤ 皮书作者 ✤

皮书系列报告作者以国内外一流研究机构、知名高校等重点智库的研究人员为主，多为相关领域一流专家学者，他们的观点代表了当下学界对中国与世界的现实和未来最高水平的解读与分析。截至 2020 年，皮书研创机构有近千家，报告作者累计超过 7 万人。

✤ 皮书荣誉 ✤

皮书系列已成为社会科学文献出版社的著名图书品牌和中国社会科学院的知名学术品牌。2016 年皮书系列正式列入“十三五”国家重点出版规划项目；2013~2020 年，重点皮书列入中国社会科学院承担的国家哲学社会科学创新工程项目。

中国皮书网

（网址：www.pishu.cn）

发布皮书研创资讯，传播皮书精彩内容
引领皮书出版潮流，打造皮书服务平台

栏目设置

◆ **关于皮书**

何谓皮书、皮书分类、皮书大事记、
皮书荣誉、皮书出版第一人、皮书编辑部

◆ **最新资讯**

通知公告、新闻动态、媒体聚焦、
网站专题、视频直播、下载专区

◆ **皮书研创**

皮书规范、皮书选题、皮书出版、
皮书研究、研创团队

◆ **皮书评奖评价**

指标体系、皮书评价、皮书评奖

◆ **互动专区**

皮书说、社科数托邦、皮书微博、留言板

所获荣誉

◆ 2008 年、2011 年、2014 年，中国皮书网均在全国新闻出版业网站荣誉评选中获得“最具商业价值网站”称号；

◆ 2012 年，获得“出版业网站百强”称号。

网库合一

2014年，中国皮书网与皮书数据库端口合一，实现资源共享。

S 基本子库
UB DATABASE

中国社会发展数据库（下设 12 个子库）

整合国内外中国社会发展研究成果，汇聚独家统计数据、深度分析报告，涉及社会、人口、政治、教育、法律等 12 个领域，为了解中国社会发展动态、跟踪社会核心热点、分析社会发展趋势提供一站式资源搜索和数据服务。

中国经济发展数据库（下设 12 个子库）

围绕国内外中国经济发展主题研究报告、学术资讯、基础数据等资料构建，内容涵盖宏观经济、农业经济、工业经济、产业经济等 12 个重点经济领域，为实时掌控经济运行态势、把握经济发展规律、洞察经济形势、进行经济决策提供参考和依据。

中国行业发展数据库（下设 17 个子库）

以中国国民经济行业分类为依据，覆盖金融业、旅游、医疗卫生、交通运输、能源矿产等 100 多个行业，跟踪分析国民经济相关行业市场运行状况和政策导向，汇集行业发展前沿资讯，为投资、从业及各种经济决策提供理论基础和实践指导。

中国区域发展数据库（下设 6 个子库）

对中国特定区域内的经济、社会、文化等领域现状与发展情况进行深度分析和预测，研究层级至县及县以下行政区，涉及地区、区域经济体、城市、农村等不同维度，为地方经济社会宏观态势研究、发展经验研究、案例分析提供数据服务。

中国文化传媒数据库（下设 18 个子库）

汇聚文化传媒领域专家观点、热点资讯，梳理国内外中国文化发展相关学术研究成果、一手统计数据，涵盖文化产业、新闻传播、电影娱乐、文学艺术、群众文化等 18 个重点研究领域。为文化传媒研究提供相关数据、研究报告和综合分析服务。

世界经济与国际关系数据库（下设 6 个子库）

立足“皮书系列”世界经济、国际关系相关学术资源，整合世界经济、国际政治、世界文化与科技、全球性问题、国际组织与国际法、区域研究 6 大领域研究成果，为世界经济与国际关系研究提供全方位数据分析，为决策和形势研判提供参考。

法律声明